VIENNE

Directeur	David Brabis
Rédactrice en chef	Nadia Bosquès
Responsable éditoriale	Béatrice Brillion
Édition	Bénédicte Boulan
Rédaction	Aurélia Bollé, Arnaud Léonard, Cécile Bouché-Gall
Cartographie	Véronique Aissani, Josyane Rousseau, Marie-Christine Defait, Patrick Matyja, Jean-Daniel Spies, Michèle Cana, Alain Baldet, APEX Cartographie
Iconographie	Cécile Koroleff, Geneviève Corbic, Cécile Niesseron-Brenot
Secrétariat de rédaction	Pascal Grougon, Jacqueline Pavageau, Danièle Jazeron, Anne Duquénoy
Correction	ZONE LIBRE
Mise en pages	Didier Hée, Jean-Paul Josset, Frédéric Sardin
Maquette intérieure	Agence Rampazzo
Création couverture	Laurent Muller
Fabrication	Pierre Ballochard, Renaud Leblanc
Marketing	Ana Gonzalez
Ventes	Gilles Maucout (France), Charles Van de Perre (Belgique), Philippe Orain (Espagne, Italie), Jack Haugh (Canada), Stéphane Coiffet (Grand Export)
Relations publiques	Gonzague de Jarnac
Régie pub et partenariats	michelin-cartesetguides-btob@fr.michelin.com *Le contenu des pages de publicité insérées dans ce guide n'engage que la responsabilité des annonceurs.*
Pour nous contacter	Le Guide Vert Michelin 46, avenue de Breteuil 75324 Paris Cedex 07 ☎ 01 45 66 12 34 – Fax : 01 45 66 13 75 LeGuideVert@fr.michelin.com www.ViaMichelin.fr

Parution 2007

Note au lecteur

L'équipe éditoriale a apporté le plus grand soin à la rédaction de ce guide et à sa vérification. Toutefois, les informations pratiques (prix, adresses, conditions de visite, numéros de téléphone, sites et adresses Internet…) doivent être considérées comme des indications du fait de l'évolution constante des données. Il n'est pas totalement exclu que certaines d'entre elles ne soient plus, à la date de parution du guide, tout à fait exactes ou exhaustives. Elles ne sauraient de ce fait engager notre responsabilité.

Le Guide Vert,
la culture en mouvement

Vous avez envie de bouger pendant vos vacances, le week-end ou simplement quelques heures pour changer d'air ? Le Guide Vert vous apporte des idées, des conseils et une connaissance récente, indispensable, de votre destination.

Tout d'abord, **sachez que tout change**. Toutes les informations pratiques du voyage évoluent rapidement : nouveaux hôtels et restaurants, nouveaux tarifs, nouveaux horaires d'ouverture… Le patrimoine aussi est en perpétuelle évolution, qu'il soit artistique, industriel ou artisanal… Des initiatives surgissent partout pour rénover, améliorer, surprendre, instruire, divertir. Même les lieux les plus connus innovent : nouveaux aménagements, nouvelles acquisitions ou animations, nouvelles découvertes enrichissent les circuits de visite.

Le Guide Vert **recense** et **présente ces changements** ; il réévalue en permanence le niveau d'intérêt de chaque curiosité afin de bien mesurer ce qui aujourd'hui est très vivement recommandé (distingué par ses fameuses 3 étoiles), recommandé (2 étoiles), et intéressant (1 étoile). Actualisation, sélection et appréciation sur le terrain sont les maîtres mots de la collection, afin que Le Guide Vert soit à chaque édition le reflet de la réalité touristique du moment.

Créé dès l'origine pour **faciliter et enrichir vos déplacements**, Le Guide Vert s'adresse encore aujourd'hui à tous ceux qui aiment connaître et comprendre ce qui fait l'identité d'une ville. Simple, clair et facile à utiliser, il est aussi idéal pour voyager en famille. Le symbole 👥 signale tout ce qui est intéressant pour les enfants : zoos, parcs d'attractions, musées insolites, mais également animations pédagogiques pour découvrir les grands sites.

Ce guide vit pour vous et par vous. N'hésitez pas à nous faire part de vos remarques, suggestions ou découvertes ; elles viendront enrichir la prochaine édition de ce guide.

L'ÉQUIPE DU GUIDE VERT MICHELIN

LeGuideVert@fr.michelin.com

ORGANISER SON SÉJOUR

COMPRENDRE VIENNE

SOMMAIRE

DÉCOUVRIR VIENNE

QUARTIERS ET MONUMENTS

À l'intérieur du premier rabat de couverture, le plan général intitulé
« **Les plus beaux quartiers et monuments**» concerne le centre de Vienne. À
l'intérieur du deuxième rabat de couverture, un autre plan montre l'agglomération.
Ces deux plans donnent :
- une **vision synthétique** de tous les quartiers et lieux traités ;
- les **quartiers et monuments étoilés,** visibles en un coup d'œil ;

Dans la partie « **Découvrir Vienne** » :
- les **quartiers et monuments principaux** sont présentés sous forme d'itinéraires ou de visites et sont numérotés de 1 à 13 pour la ville de Vienne et
de 14 à 20 pour les environs.
- les **informations pratiques** sont présentées dans un encadré vert dans
chaque chapitre.

L'**index** permet de retrouver rapidement la description de chaque lieu.

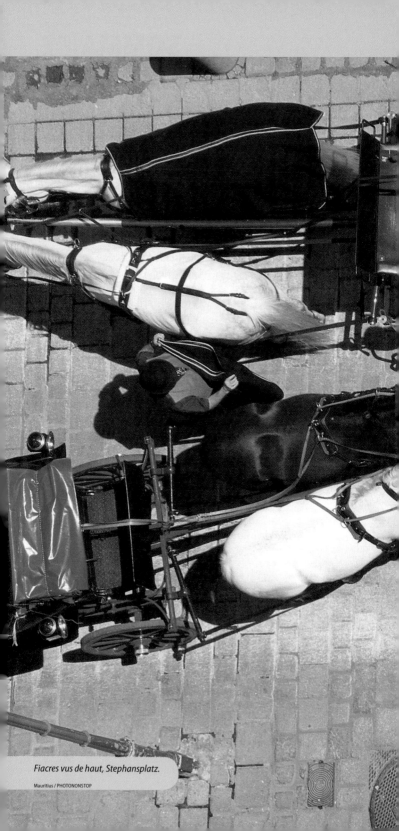

Fiacres vus de haut, Stephansplatz.

Mauritius / PHOTONONSTOP

ORGANISER SON SÉJOUR

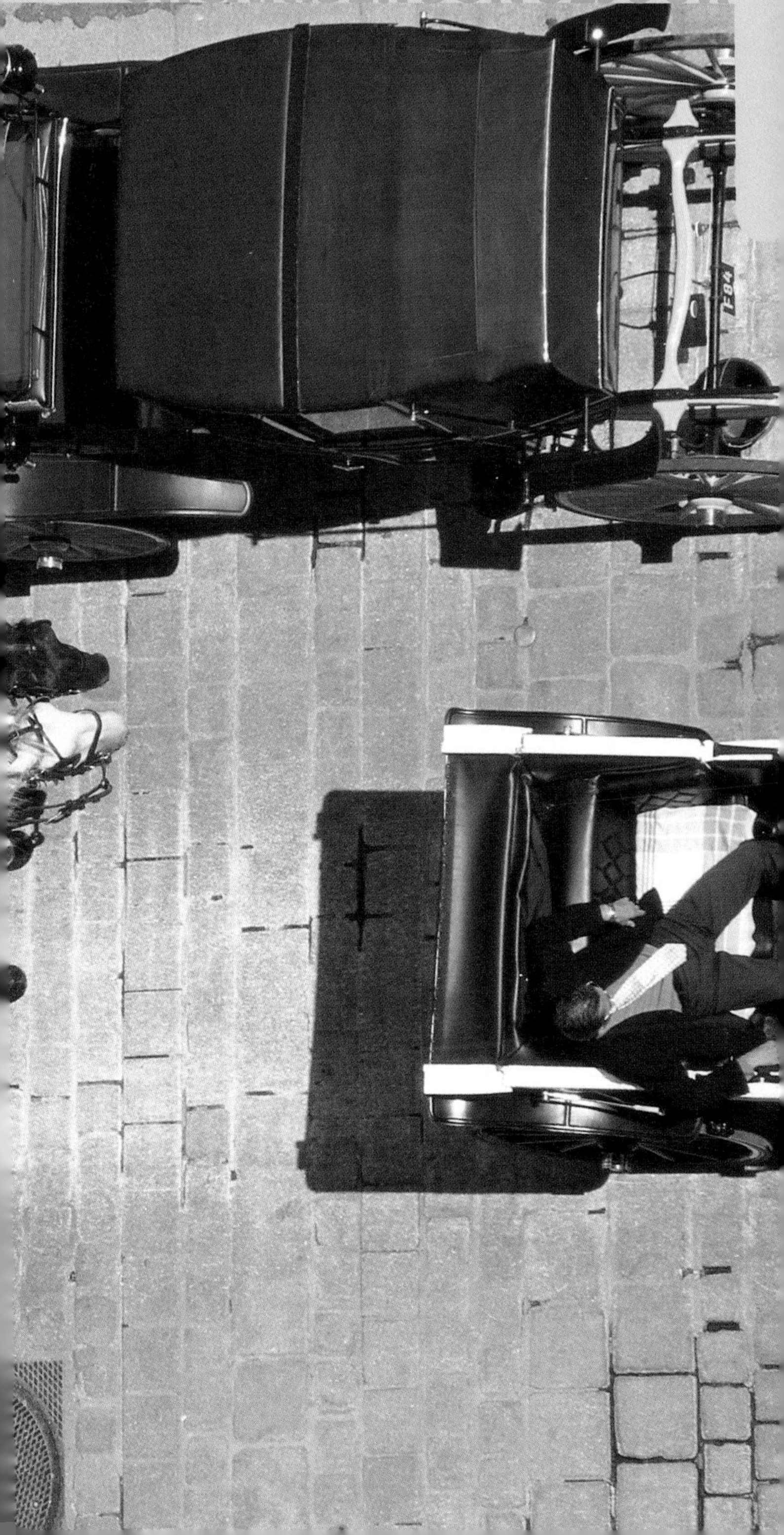

CONSTRUIRE SON SÉJOUR

Au fil des saisons

LE CLIMAT

Vienne est ouverte à tous les vents et connaît le climat des grandes dépressions continentales. C'est le climat des saisons marquées : étés chauds, hivers froids et enneigés, peu de précipitations sur l'ensemble de l'année (715 mm par an à l'ouest de la ville, 561 mm à hauteur du Danube). Les températures moyennes se situent autour de 0 °C en hiver (mais des chutes à – 15 °C ne sont pas rares), autour de 25 °C en été (avec des pointes ne dépassant qu'exceptionnellement 30 °C, les grandes chaleurs étant atténuées par le vent).

Le quartier de Copa Cagrana et ses plages au bord du Danube.

LA MEILLEURE SAISON POUR PARTIR

Vienne mérite le voyage quelle que soit la saison. Les touristes y sont toutefois bien évidemment plus nombreux pendant les mois d'été. Si vous pouvez choisir vos dates et que vous souhaitez profiter de la ville « paisiblement », optez plutôt pour le printemps ou l'automne et évitez les mois de juillet et août.

JOURS FÉRIÉS ET VACANCES SCOLAIRES

Nouvel An (1er janvier), Épiphanie (6 janvier), lundi de Pâques (mi-avril), fête du Travail (1er mai), Ascension (fin mai), lundi de Pentecôte (début juin), Fête-Dieu (mi-juin), Assomption (15 août), fête nationale (26 octobre), Toussaint (1er novembre), Immaculée Conception (8 décembre), Noël (25 et 26 décembre).

Les vacances scolaires à Vienne se situent en général les deuxièmes semaines de février et d'avril et en juillet-août.

Nos idées de séjours

Le découpage du guide est simple puisqu'il est auréolaire : d'abord le centre de la ville, ensuite les quartiers au-delà du Ring et enfin les environs. Il vous permet aussi de programmer vos visites, sachant que plus vous disposez de temps, plus vous pouvez vous éloigner du centre.

La partie **Centre-ville et Ring** correspond aux quartiers que cernent le Ring et le canal du Danube.

La partie **Au-delà du Ring** commence par les éléments les plus importants : le musée des Beaux-Arts et les quartiers de Wieden et Landstraße puis Schönbrunn et les quartiers de Heiligenstadt, Döbling et Grinzing. Sont présentés enfin les autres quartiers de la ville et leurs principales curiosités.

La description des **Environs de Vienne** nous emmène jusqu'à Klosterneuburg et Eisenstadt, en empruntant les routes de la Forêt viennoise, du lac de Neusiedl et de la ville antique de Petronell, mais aussi jusqu'aux frontières slovaque et hongroise, qu'elles franchissent pour s'intéresser à Bratislava et Sopron.

PROGRAMME DE VISITES

Les richesses artistiques et culturelles de Vienne sont très – pour ne pas dire trop – nombreuses pour de courts séjours. Il est donc préférable d'établir un programme de visites en fonction du temps dont on dispose et de ses centres d'intérêt. On peut également s'inspirer des propositions qui suivent. Dans cette programmation, nous n'avons pas inclus certaines visites qui sont un peu isolées (**l'église am Steinhof**★★, le **Cimetière central** et le **Naschmarkt** le samedi matin). N'oubliez surtout pas de compléter votre visite de la capitale par une balade en **fiacre** ni de faire une halte dans un de ses multiples **Kaffeehaus** pour y déguster une des merveilleuses « viennoiseries » ou dans un **Heuriger** pour y goûter le vin nouveau.

EN QUELQUES HEURES

Commencez par visiter la **cathédrale St-étienne (Stephansdom)**★★★ dont la splendide tour St-étienne (14ᵉ-15ᵉ s.), familièrement appelée « Steffi » par les Viennois, se dresse à 137 m au-dessus de la Vieille Ville. Empruntez ensuite le **Graben**★, zone piétonnière particulièrement animée dont l'aspect oscille entre rue et place, bordé de boutiques de luxe et de beaux édifices allant du 18ᵉ au début du 20ᵉ s. Vous y découvrirez la *Pestsäule*, colonne votive baroque élevée selon le vœu de l'empereur Léopold Iᵉʳ après l'épidémie de peste de 1679. À l'extrémité du Graben, prenez sur la gauche le Kohlmarkt, dont l'élégance fait oublier la fonction première de marché au charbon, pour rejoindre la **Hofburg**★★★. Vous n'aurez guère le temps que de vous promener à l'extérieur de la résidence impériale préférée des Habsbourg et d'avoir un aperçu de sa splendeur. La **Heldenplatz** vous offrira une belle perspective sur les différents palais qui composent la Hofburg. De là, en poursuivant vers le sud-ouest, vous pourrez facilement atteindre le **Museumsquartier**★★. Ce dernier occupe la place des anciennes Écuries de la Cour (achevées en 1725), remaniée au 19ᵉ pour accueillir des foires, puis au 20ᵉ s. pour devenir, à l'aube du 21ᵉ s., l'exceptionnel complexe muséographique et culturel que nous voyons de nos jours. De la Museumplatz, le Getreidemarkt puis la Friedrichstraße vous permettront de rallier l'étonnant **pavillon de la Sécession**★★ (**Secessiongebaüde**, 1898) et de comtempler son curieux dôme couvert de 3 000 feuilles de laurier dorées, que les Viennois ont

surnommé de façon quelque peu irrévérencieuse la « tête de chou ». À l'opposé sur la Karlsplatz, l'église baroque **St-Charles**★★ (Karlskirche, 1716-1737), dédiée à saint Charles de Borromée, mérite le détour ; poussez la porte pour admirer l'immense coupole ovale ornée de fresques de Johann Michael Rottmayr. S'il vous reste encore des forces et du temps, prenez la Wiedner Hauptstrasse et traversez le Ring pour gagner l'**Opéra national (Staatsoper)**★★, la plus prestigieuse salle de spectacles d'Autriche. Inauguré en 1869 et reconstruit en 1955 après les dommages de la guerre, ce temple de l'art lyrique sert également de cadre au célèbre bal des débutantes.

EN UNE JOURNÉE

Effectuez le même trajet, mais prenez le temps, dans la Hofburg, de visiter la **Chambre du Trésor (Schatzkammer)**★★★ pour un plongeon dans l'univers fastueux de la maison impériale d'Autriche. Avant de rejoindre le Museumsquartier, faites une halte au **musée des Beaux-Arts (Kunsthistorisches Museum)**★★★, mais concentrez-vous sur la galerie de peinture, notamment sur la salle consacrée aux œuvres de Pierre Brueghel l'Ancien. Enfin, au terme de l'itinéraire, vous pouvez, s'il vous reste un peu de temps, prendre le tram 1 ou 2 pour faire le tour du **Ring**★★.

EN TROIS JOURS

1ᵉʳ jour

Matin :
Effectuez la promenade proposée pour découvrir le quartier de la **cathédrale St-étienne**★★ *(voir p. 129)*. Vous rejoindrez ensuite le quartier de l'église des Capucins, au sud, pour visiter l'émouvante **crypte des Capucins (Kapuzinergruft)**★★, où reposent douze empereurs, dix-sept impératrices et plus de cent membres de la famille impériale d'Autriche. Vous pourrez continuer votre promenade vers l'**Opéra national**★★, le **pavillon de la Sécession**★★ et l'**église St-Charles**★★ *(voir ci-dessus)*.

Après-midi :

Sortez du centre-ville pour gagner au sud-est le **Belvédère★★**. Ce splendide ensemble de l'architecture baroque tardive a été construit pour le prince Eugène de Savoie à partir de 1714. Il se compose de deux palais, reliés par un jardin à la française (magnifique perspective sur Vienne), qui abritent les collections de la **galerie autrichienne du Belvédère★★**. Le palais du Belvédère inférieur est consacré à l'art baroque et son Orangerie à l'art médiéval. Le palais du Belvédère supérieur est dédié aux 19e et 20e s.

Vous pourrez ensuite faire un crochet pour découvrir la **maison de Hundertwasser (**Hundertwasserhaus, 1985), étonnante HLM construite dans des matériaux très variés et coiffée de deux dômes bulbeux dorés (Kegelgasse 36-38, à l'angle de la Löwengasse).

Pour finir la journée en beauté, faites un tour sur la **grande roue★★** du Prater.

2e jour

Matin :

Promenez-vous dans les allées et les places de la **Hofburg★★★** et visitez la **Chambre du Trésor★★★** ainsi que l'**École d'équitation espagnole★★** (exercices du matin ou démonstration) ; si les prouesses des chevaux et de leurs cavaliers vous laissent de marbre, préférez l'**Albertina★★** et ses collections d'art graphiques. Pour clore la matinée, rendez-vous sur la Hoher Markt à 12h précises pour voir défiler en musique tous les personnages de l'**Ankeruhr**, horloge animée datant de 1912-1914 (facultatif).

Après-midi :

Prenez le temps de visiter le **musée des Beaux-Arts★★★**, notamment son extraordinaire galerie de peintures. Vous pourrez ensuite vous consacrer au **quartier des Musées★★**. En soirée, promenez-vous le long du **Ring★★**.

3e jour

Matin :

C'est un baroque presque classique que vous découvrirez au château de **Schönbrunn★★★**, résidence d'été des empereurs qui prit forme sous le règne de Marie-Thérèse. La décoration intérieure rococo témoigne de ses goûts. Les murs de Schönbrunn gardent le souvenir de sa fille Marie-Antoinette qui y passa son enfance, d'un jeune prodige nommé Mozart qui s'y produisait en faisant l'admiration de tous ou encore de Sissi. Les jardins du château, ponctués de diverses curiosités, invitent à la détente. Pour terminer la matinée, une balade dans le **quartier de Hietzing** offre un aperçu de l'architecture privée viennoise entre 1900 et 1932.

Après-midi :

Nous vous conseillons de vous rendre au nord de Vienne pour découvrir le petit bourg viticole de **Grinzing★**, dont les maisons colorées s'étirent au pied de vignobles. Si le temps s'y prête, de là vous pourrez effectuer une excursion au **Kahlenberg** et au **Leopoldsberg★★** qui offrent une très belle vue sur Vienne et ses alentours. De retour à Grinzing, vous passerez une agréable soirée dans l'un des nombreux *Heurigen* des Cobenzlgasse et Sandgasse ; vous pourrez vous y restaurer tout en dégustant un verre de vin local.

La façade d'un heuriger.

ESCAPADES HORS DE VIENNE

Nous vous proposons des excursions d'une journée ou d'une demi-journée, dont certaines peuvent être regroupées si vous disposez d'une voiture et si vous faites une halte pour une nuit. Ainsi, vous pouvez réaliser une boucle comprenant Sopron et Eisenstadt ou

Découvrez le monde

«Destination»
avec Thierry Beaumont

•**Cartes Postales**
lundi et mardi

•**48 heures chrono**
mercredi

•**Les bons plans**
jeudi

•**L'actualité du voyage**
samedi

encore vous arrêter à Petronell en vous rendant à Bratislava (*voir carte des environs de Vienne p. 290-291*). De même, une voiture vous sera indispensable pour effectuer le circuit dans la Forêt viennoise.

Nos propositions à thème

POINTS DE VUE

Les plus belles vues sur la ville sont offertes par ses monuments « phares » :
– les **tours de la cathédrale** présentent l'avantage d'être situées au cœur de la Vienne historique. La tour sud se dresse à 137 m au-dessus des pavés de la Stephansplatz, avec un point de vue à 73 m de hauteur ; la tour nord possède, quant à elle, une plate-forme à 60 m ;
– les **Kahlenberg** et **Leopoldsberg** sont des positions élevées au nord de l'agglomération, la première culmine à 483 m, la seconde à 423 m. Lorsque le temps est clair, la perspective est magnifique sur toute la ville ;
– la **tour du Danube** se dresse à 252 m au milieu du parc du Danube, avec une terrasse panoramique à 165 m de hauteur. La vue y est sensationnelle ;
– le **point de vue du parc animalier de Lainz** offre une vue insolite sur l'église am Steinhof et les Kahlenberg et Leopoldsberg ;
– la **grande roue** du Prater monte ses cabines à près de 65 m au-dessus des manèges et des arbres de ce vaste parc d'attractions. Belle vue sur l'est de la ville ;
– le **parvis de l'église de l'hôpital psychiatrique du Steinhof** est un site un peu inattendu, mais il permet de bénéficier d'une vue assez agréable sur tout l'ouest de l'agglomération viennoise, notamment Schönbrunn ;
– depuis la **Gloriette du parc du château de Schönbrunn** vue sur l'ouest de Vienne jusqu'aux Kahlenberg et Leopoldsberg ;
– après le coucher du soleil, optez pour la **maison de la Musique** (ou son **restaurant Cantino**), les toits du **musée d'Histoire naturelle**

(en hiver), le **Sky Bar** du grand magasin Steffl ou le « **Windows of Vienna** » (Wienerbergstraße 7, 10ᵉ arr.).

LE BAROQUE RELIGIEUX

La fabuleuse **église St-Charles** (Karlsplatz) est sans nul doute le monument baroque le plus beau de Vienne. À voir également : l'**église des Jésuites** (à proximité du Fleischmarkt), l'**église St-Pierre** (près du Graben), l'**église des Servites** (Alsergrund) et l'**église des Piaristes** (Josefstadt).

LE BAROQUE CIVIL

Il est bien sûr représenté d'abord par le **château de Schönbrunn** et les palais inférieur et supérieur du **Belvédère** mais aussi par la superbe **colonne de la Peste** (qui orne le Graben), certaines parties de la Hofburg (**aile St-Michel** et **salle d'apparat** de la Bibliothèque), la **façade du palais Kinsky**, le **palais du prince Eugène de Savoie**, le **Josephinum**, la splendide **Josefsplatz** et le **palais Liechtenstein**.

LA MUSIQUE

Vienne ravira les mélomanes sur les traces des illustres compositeurs viennois…
Vous pourrez y visiter les anciens appartements de Beethoven : la **maison de Beethoven** (« **Pasqualatihaus** », près de la Freyung), la maison du Testament de Beethoven (**Beethoven-Gedenkstätte Testamenthaus**, Heiligenstadt), la **maison de Beethoven dite de l'Héroïque** (**Beethoven-Gedenkstätte Eroicahaus**, Oberdöbling) et sa **maison** de Baden (**Beethoven-Schauräume**). Découvrez également **les maisons de Joseph Haydn** (dans le quartier de Mariahilf et à Eisenstadt), le **château Esterházy** (Eisenstadt), où il travailla, ainsi que **Rohrau**, où il naquit. Le séjour viennois de Mozart est rappelé par la **maison de l'Ordre teutonique** et la maison de Mozart (**Figarohaus**, près de la cathédrale St-étienne). Vienne garde également l'émouvant souvenir de

Schubert, né et mort à Vienne ; vous pourrez visiter sa **maison natale** (Nußdorferstraße 54) et la maison où il est mort.

Pour retrouver la trace de Johann Strauß fils, rendez-vous dans la **maison** qu'il habita près du Prater (Johann-Strauß-Gedenkstätte).

Dans les environs de Vienne, Raiding célèbre la mémoire de Frantz Liszt, qui y vit le jour et dont vous pourrez voir la **maison natale**. Dans le domaine musical, Vienne compte aussi d'autres trésors comme les documents conservés à la **Bibliothèque nationale,** la **collection d'instruments de musique anciens** dans la Hofburg, la **maison de la Musique** (près de l'Opéra national), le **centre Arnold-Schönberg** (Schwarzenberg-Platz), ainsi que l'**Opéra national** (Opernring).

SISSI

Les admirateurs d'Élisabeth d'Autriche, la célèbre Sissi, visiteront le **musée Sissi** qui a ouvert en 2004, ses **appartements** dans la **Hofburg** et dans le château de **Schönbrunn**, la **villa Hermès** dans le Lainzer Tiergarten (Hietzing), l'**église St-Pierre**, la **fontaine** du **Volksgarten**, le tombeau où elle repose dans la **crypte des Capucins** et **Mayerling** (dans les environs de Vienne), où se suicida son fils Rodolphe.

KLIMT ET SCHIELE

Vienne est le lieu idéal pour se familiariser avec l'œuvre de deux peintres autrichiens majeurs, Gustav Klimt (1862-1918) et Egon Schiele (1890-1918).

La **Galerie autrichienne du Belvédère★★** (collections des 19e et 20e s. dans le palais du Belvédère supérieur) abrite des toiles incontournables de ces artistes, dont le célèbre *Baiser* de Klimt. Visitez également le **Leopold Museum** (Museumsquartier), le **Burgtheater** (Dr.-Karl-Lueger-Ring), la **cage d'escalier** du musée des Beaux-Arts (Burgring), le **musée historique de la ville de Vienne** (Karlsplatz), le **pavillon de la Sécession** (près

de la Karlsplatz), les **collections graphiques de l'Albertina** (Hofburg) et le **musée de Hietzing**.

JUGENDSTIL ET SÉCESSION

Dans le domaine architectural, les bâtiments les plus représentatifs du Jugendstil et de la Sécession sont le **pavillon de la Sécession**, l'**église am Steinhof**, les **immeubles de la Linke Wienzeile**, les **pavillons d'Otto Wagner** de la Karlsplatz, la **caisse d'épargne de la Poste** et les **villas Wagner** à Penzing.

SIGMUND FREUD

Le fondateur de la psychanalyse vivait et travaillait dans l'actuel **musée Freud** (Alsergrund) ; il fut professeur à l'**université** (Dr.-Karl-Lueger-Ring) et fréquentait le **café Landtmann** (Dr.-Karl-Lueger-Ring). Le **musée de l'Institut de l'histoire de la médecine** (Josephinum) évoque également le célèbre médecin.

CIMETIÈRES

Vienne vous donne une occasion unique d'assouvir vos penchants morbides. Outres les lieux les plus visités (**crypte des Capucins,** catacombes de la **cathédrale St-étienne**, **Cimetière central**), la ville comprend la **crypte des Cœurs de l'église des Augustins** (qui renferme les cœurs des Habsbourg) et une cinquantaine de cimetières dont l'envoûtant **cimetière St-Marx** (où sont ensevelis Mozart et des représentants de la bourgeoisie du

« L'Ange penseur » de la tombe de Mozart.

Biedermeier), le touchant **cimetière der Namenlosen** (où reposent les noyés « sans nom »), l'enclavé **cimetière juif de la Rossau** (du 16e s.), les **cimetières de Hietzing** (qui abrite les sépultures de Klimt, Moser, Berg) et **de Grinzing** (tombes de Gustav et Alma Mahler). Vous pouvez terminer votre visite par le **musée des Pompes funèbres** (Goldgasse 19, 4e arr.).

LE MOBILIER

Les amateurs de mobilier se rendront au **MAK** (musée autrichien des Arts appliqués ; à Stubenring), dans les appartements du **château de Schönbrunn** et au **dépôt du Mobilier de la Cour - musée du Meuble** (**Kaiserliches Hofmobiliendepot**, Neubau).

BÂTIMENTS CONTEMPORAINS

Certaines constructions des années 1980 font déjà figure de grands classiques comme, en tout premier lieu, la **maison de Hundertwasser**, mais aussi l'**Incinérateur** (**Müllverberennungs** – Fernwärme – Heizwerk), la **maison Haas** face à la cathédrale St-Etienne, la **Kunsthaus Wien** et les quatre impressionnants **Gasometer** (Guglgasse 6-14), au sud-est de la ville.

LES SCULPTURES-FONTAINES

Vienne en recèle de très jolies, notamment celles monumentales de l'**aile St-Michel** (Hofburg, Michaelerplatz), l'**Austria-Brunnen** (« fontaine d'Autriche », Freyung), la **Donaunixenbrunnen** (« fontaine des Ondines », palais Ferstel), la **Vermählungsbrunnen** (« fontaine des Noces de la Vierge », Hoher Markt), l'**Andromedabrunnen** (« fontaine d'Andromède », ancien hôtel de ville), la **Donner-Brunnen** (« fontaine du Danube », Neuer Markt et musée d'Art baroque), la **Pallas-Athene-Brunnen** (« fontaine Pallas-Athena », Parlement) et la **Mosesbrunnen** (« fontaine de Moïse », Franziskanerplatz).

LES PARCS ET JARDINS

La capitale de l'Autriche peut s'enorgueillir de nombreux parcs : les espaces verts publics représentent 25 m² par habitant, contre 1 m² à Paris et 13 m² à Berlin. Le long du Ring s'égrènent plusieurs parcs publics : le **parc de l'hôtel de ville,** le **Volksgarten,** le **Burggarten** et le **parc municipal**. Tous sont des havres de repos entre les visites de musée. Et si l'on est vraiment passionné par les visites culturelles, on pourra admirer leurs belles statues.
Le **Prater** et le parc d'**Augarten** sont devenus de véritables sites touristiques.
Les magnifiques jardins du **Belvédère** donnent l'impression d'être transporté dans une autre époque. Tout proche se trouve le splendide **Jardin botanique**.
Le **Resselpark** de la Karlsplatz est certes plutôt minuscule, mais il est idéalement situé entre l'église St-Charles et les pavillons de métro d'Otto Wagner.
Le **parc du château de Schönbrunn,** chargé d'histoire, est sans doute le plus beau de Vienne. Il renferme de multiples curiosités. Les marcheurs et les amoureux de la nature se rendront avec plaisir au **parc animalier de Lainz**, ancienne réserve de chasse de l'empereur François-Joseph dans la Forêt viennoise.
Le **parc Schubert** et surtout le **Türkenschanzpark** attirent les promeneurs dans cet ancien faubourg devenu très résidentiel. Au nord-ouest de l'arrondissement, le **Pötzleinsdorferpark** fera le régal des enfants avec ses nombreuses aires de jeux.

Dans le parc de Schönbrunn.

Le **Donaupark** est très étendu et très fréquenté en été, de même que la Donauinsel, où affluent joggers et cyclistes quand il fait beau. Plus à l'est, le **Lobau** est une vaste étendue relativement sauvage où un grand nombre de Viennois viennent se baigner et faire du vélo.

LES LIEUX INSOLITES

Comme toutes les capitales, Vienne compte de nombreux lieux assez « improbables ». Pour ceux qui s'intéressent à toutes les malformations possibles et imaginables du monde animal, le **musée de Pathologie et d'Anatomie** est exceptionnel (dans la « tour des Fous » de l'ancien Hôpital général). Si vous souhaitez emprunter un **ascenseur** hors du commun (modèle Paternoster), rendez-vous au Neues Institutsgebaude (Universitätstraße 7, derrière l'université). Et si, tout en déjeunant, vous tourniez à plus de 180 m de haut au-dessus de Vienne ? La **tour du Danube** est faite pour vous. Si la chaleur devient insupportable, baignez-vous dans la piscine du **Badeschiff**, située dans un bateau à quai sur le Donaukanal. Enfin si vous êtes intrigué par le seul hôtel qui ne loue pratiquement pas de chambres pour la nuit, poussez les portes de l'**Orient**, devenu un lieu culte, et pénétrez dans le hall fin de siècle (Tiefer Graben 30-32, 1er arr.). Cherchez aussi où sont les terribles cornets acoustiques de Beethoven.

PATRIMOINE CULTUREL ET NATUREL DE L'UNESCO

Depuis 2001, le centre-ville de Vienne (avec le Belvédère, l'église St-Charles et le Museumsquartier) et le lac de Neusiedl (Neusiedlersee) font partie du patrimoine culturel et naturel de l'Unesco. Le château de Schönbrunn et son parc en font partie depuis 1996.

Visites organisées

EN FIACRE

Le fiacre est un moyen de locomotion très agréable pour découvrir le 1er arrondissement. Le coût de la promenade s'élève à 40 ou 65 €, selon que l'on choisit le petit ou le grand tour. Quoi qu'il en soit, mettez-vous d'accord avec le cocher avant la course. Vous le reconnaîtrez facilement à son chapeau melon noir. Les stations pour fiacres sont situées sur l'Albertinaplatz, la Heldenplatz, la Petersplatz, la Stephansplatz et près du Burgtheater.

EN BUS

Vienna Sightseeing Tours – *Graf Starhemberggasse 25 - 4e arr.* - ✆ *(01) 71 24 68 30 - www.viennasightseeingtours. com.* Visite de la ville avec la « Vienna Line Hop on Hop off ». Treize arrêts (Opéra national, Heldenplatz, Prater, etc.) sont desservis, toutes les demi-heures entre 10h et 17h. Explications en huit langues (guide ou écouteurs). Vous pouvez vous procurer des tickets dans tous les hôtels de Vienne ou toutes les agences de voyages d'Autriche (20 € la journée).

Cityrama – *Börsegasse 1 - 1er arr.* - ✆ *(01) 53 41 30 - www.cityrama.at.* Visites de la ville tous les jours, départ 9h45, 10h30 et 14h45 avec visite guidée (env. 3h30) du château de Schönbrunn (34 €, incluant le transport à partir de l'hôtel).

Reisebuchladen – *Kolingasse 6 - 9e arr.* - ✆ *(01) 317 33 84 - reisebuchladen@aon. at.* Visite de la ville « Rêve et réalité » (Traum & Wirklichkeit), avec un accent sur le Jugendstil et « La Vienne Rouge ». Horaires sur demande (env. 3h - 27 €).

EN TRAMWAY D'AUTREFOIS (STRAßENBAHN-MODELLE)

De début mai à début octobre, les samedi, dimanche et jours fériés, à 11h30 et 13h30 ; départ supplémentaire à 9h30 les dimanche et jours fériés (dép. Karlsplatz - durée : env. 1h. Vous pouvez vous procurer des tickets au bureau d'information des Wiener Linien de la station de métro Karlsplatz (15 €). ✆ *(01) 790 91 00, www.wienerlinien.co.at.*

À VÉLO OU EN SEGWAY

Pedal Power – *Ausstellungstraße 3 (en face de la grande roue du Prater) - 2e arr.* - ✆ *(01) 729 72 34 - www.pedalpower. at (en français).* Visites de Vienne à bicyclette en plusieurs langues : de mai à septembre, tous les jours à 10h (env. 3h - 23 €, 19 € si vous utilisez votre propre vélo, 37 € si vous gardez le vélo pour la journée). Également location de vélos d'avril à octobre.

City Segway Tours – *Ausstellungsstraße 3 (en face de la grande roue du Prater) - 2ᵉ arr. - ℰ (01) 729 72 34 - www.citysegwaytours.com/vienna.* Visites de Vienne en segway en plusieurs langues : de mars à novembre tous les jours à 9h30 (env. 3h - 70 €).

PROMENADES EN VILLE

Audioguide – *www.sightseeing-vienna.at.* Une excellente façon de découvrir le centre de Vienne à votre rythme. L'audioguide (en anglais ou en allemand) se retire à l'office de tourisme de l'Albertinaplatz (13,50 €).

Verein Wiener Spaziergänge – ℰ *(01) 774 89 01 - www.wienguide. at.* L'office de tourisme propose une multitude de promenades thématiques (la vieille ville, les maisons de musiciens, les Habsbourg, Vienne 1900, les juifs…) en de nombreuses langues et accompagnées de guides

viennois (env. 1h30-2h). Rendez-vous différent selon la visite (12 €, sans l'entrée dans les monuments), réservation non obligatoire.

Si vous souhaitez des visites spécifiquement en français, l'office de tourisme vous donnera la liste des guides à contacter.

Vous pouvez vous procurer un programme mensuel (*Monatsprogramm*) des visites auprès de l'office du tourisme de Vienne ou dans les hôtels.

Parmi les visites les plus originales, il y a un parcours « Sur les traces du *Troisième Homme* », célèbre classique du cinéma (qui ne se déroule malheureusement plus dans les égouts viennois). Départ de la visite à la sortie **U**4 du métro (arrêt Stadtpark, côté Johannesgasse), les lundi et vendredi à 16h. Visite en anglais.

Les mêmes guides proposent un parcours « Vienne souterraine » tous les mercredis à 13h30, départ sur la Michaelerplatz, devant l'église. Les guides sont reconnaissables à leur badge aux couleurs de l'Autriche et portant l'inscription « Austria Guide ».

EN BATEAU

DDSG Blue Danube – *Friedrichstraße 7 - A-1010 Wien - ℰ (01) 588 80 - www. ddsg-blue-danube.at.* Croisière simple sur le Donaukanal et le Danube (dép. au Schwedenbrücke 13h45 - durée : 1h30 - 11 €). Plusieurs autres croisières possibles.

Donau Schiffahrt Pyringer Zooper – *Marxergasse 19 - A-1030 Wien - ℰ (01) 715 15 25 20 - www.donauschiffahrtwien.at.* Cette société utilise le même embarcadère. Croisières musicales surtout (24 à 32 €).

R. Mattes / MICHELIN

Marché.

LE *Guide Vert*

Dans la même collection, découvrez aussi :

France
- Alpes du Nord
- Alpes du Sud
- Alsace Lorraine
- Aquitaine
- Auvergne
- Bourgogne
- Bretagne
- Champagne Ardenne
- Châteaux de la Loire
- Corse
- Côte d'Azur
- France
- Franche-Comté Jura
- Île-de-France
- Languedoc Roussillon
- Limousin Berry
- Lyon Drôme Ardèche
- Midi-Pyrénées
- Nord Pas-de-Calais Picardie
- Normandie Cotentin
- Normandie Vallée de la Seine
- Paris
- Pays Basque et Navarre
- Périgord Quercy
- Poitou Charentes Vendée
- Provence

Europe
- Allemagne
- Amsterdam
- Andalousie
- Autriche
- Barcelone et la Catalogne
- Belgique Luxembourg
- Berlin
- Bruxelles
- Budapest et la Hongrie
- Bulgarie
- Croatie
- Écosse
- Espagne
- Florence et la Toscane
- Grande Bretagne
- Grèce
- Hollande
- Irlande
- Italie
- Londres
- Moscou Saint-Pétersbourg
- Pologne
- Portugal
- Prague
- Rome
- Scandinavie
- Sicile
- Suisse
- Venise
- Vienne

Thématiques
- La France sauvage
- Les plus belles îles du littoral français
- Paris Enfants
- Promenades à Paris
- Week-ends aux environs de Paris
- Week-ends dans les vignobles
- Week-ends en Provence

Monde
- Canada
- Égypte
- Maroc
- New York

SE RENDRE SUR PLACE

DÉCALAGE HORAIRE

L'heure en Autriche est fixée sur l'horaire UTC/GMT+1h. Il n'y a donc pas de décalage horaire avec la France. Il est midi à Vienne quand il est 6h du matin à Toronto. L'heure d'été est UTC/GMT+2h entre le 26 mars et le 29 octobre.

COMMENT TÉLÉPHONER

Pour appeler l'Autriche depuis l'étranger : 0043 + indicatif téléphonique de la ville sans le zéro + numéro du correspondant.
D'Autriche pour appeler :
– la France : 00 33
– la Belgique : 00 32
– le Canada : 00 1
– le Luxembourg : 00 352
– la Suisse : 00 41
– la Hongrie : 00 36
– la Slovaquie : 00 421
Vous pouvez vous procurer des cartes téléphoniques pour les cabines téléphoniques auprès des Telekom Austria (www.telekom.at), dans les bureaux de tabac et les hôtels.

Où s'informer

OFFICE DE TOURISME

L'Office national autrichien du tourisme a centralisé ses services sur son site Internet, **www.austria.info.** Il vous suffit de remplir le formulaire pour qu'il vous renvoie des brochures.
Pour tout renseignement :
– en **France** : ✆ 0811 60 10 60, fax 0811 60 10 61.
– en **Belgique** : ✆ 07 81 66 018, fax (02) 640 46 93.
– en **Suisse** : ✆ 0842 10 18 18, fax 0842 10 18 19.
– au **Canada** : ✆ 416 967 33 81, fax 212 730 45 68.

AMBASSADE D'AUTRICHE

– **France** : 6 r. Fabert - 75007 Paris - ✆ 01 40 63 30 63 - www.amb-autriche.fr.

– **Belgique** : 5 pl. du Champ-de-Mars, bte 5, B- 1050 Brüssel - ✆ (02) 28 90 700 - www.aussenministerium.at/bruessel.
– **Suisse** : Kirchenfeldstraße 77/79, CH-3005 Bern - ✆ (031) 35 65 252 - www.aussenministerium.at/bern.
– **Canada** : 445 Wilbrod Street, Ottawa, Ontario K1N 6M7 - ✆ 613 789 1444 - www.austro.org.

ASSOCIATIONS ET CENTRES CULTURELS

L'**Institut autrichien** a fermé ses portes en France en décembre 2001. Il a été remplacé par un service d'ambassade, le **Forum culturel autrichien** – 17 av. de Villars, 75007 Paris - ✆ (01) 47 05 27 10 - www.fca-fr.com.

Association autrichienne – 80 bd Bourdon - 92200 Neuilly - ✆ (01) 47 05 27 10.

Österreichische Vereinigung in Belgien – 30-32 av. de Corthenberg - 1040 Bruxelles - ✆ (02) 375 86 15.

Österreich- Verein Luxembourg – 3 r. des Bains - 1212 Luxembourg - ✆ (+352) 091 635 754.

Verein der Österreicher in Genf – c/o Hôtel de Berne, 26 r. de Berne - 1201 Genève - ✆ (+41) 22 71 54 600.

Société autrichienne de Montréal – 5710 r. Upper Lachine - Montréal - Québec H4A 2B2 - ✆ (001) 514 369 2339.

SITES INTERNET

www.wien.info et **www.viennahype.at**
Excellent site du Wien Tourismus, l'office du tourisme de la ville, avec de nombreuses informations pratiques et culturelles et la possibilité de réserver votre hébergement, des visites guidées et des spectacles (français, anglais).

www.austria.info/fr
Site de l'office du tourisme autrichien avec des renseignements pratiques classés par thème et par région (français).

www.wien.at et **www.wienerzeitung.at**
Site officiel de la ville et de son journal avec des rubriques consacrées au tourisme (anglais).

www.viennaconnect.com
Portail viennois avec de nombreux renseignements pratiques (anglais).

www.wienxtra.at
Site de l'office de tourisme pour les moins de 26 ans (allemand).

www.falter.at
Site du grand hebdomadaire culturel pour connaître toutes les manifestations (allemand).

www.vienna.at
Vienna Online pour tout savoir sur les événements et surtout la vie nocturne (allemand).

AGENCES DE VOYAGE

Autriche pro France – *c/o com'tou - 94 r. St-Lazare - 75442 Paris Cedex 09 (adresse exclusivement réservée à la correspondance écrite) - ✆ 0825 062 063 - www.autriche. com.* Ce groupe d'hôtels propose de multiples formules de séjours.

De nombreuses agences de voyage proposent aussi de courts séjours à Vienne. Consultez vos agences les plus proches ou les agences ci-dessous, axées sur la culture :

Arts et Vie – *39 r. des Favorites - 75015 Paris - ✆ 01 44 19 02 02 - www.artsetvie.fr.*

Clio – *27/34 r. du Hameau - 75015 Paris - ✆ 08 26 10 10 82 - www.clio.fr.*

Austro Pauli – *8 r. Daunou - 75002 Paris - ✆ 01 42 86 97 04 - www.austropauli.com.*

Donatello – *20 r. de la Paix - 75002 Paris - ✆ 01 44 58 30 60 - www.donatello.fr.*

Kore voyages – *86 bd des Batignolles - 75017 Paris - ✆ 01 53 42 12 23 - www.korevoyages.com.*

Transeurope – *5/7 pl. de la Gare - 59000 Lille - ✆ 03 28 36 54 80 - www.transeurope.com.*

Formalités

Papiers d'identité

Les citoyens de l'UE peuvent circuler librement en Autriche munis d'une carte nationale d'identité ou d'un passeport. Les Suisses et les Canadiens doivent posséder un passeport valide. Dans tous les cas, la durée du séjour ne doit pas dépasser 3 mois.

Conducteurs

Le permis de conduire à trois volets (modèle des Communautés européennes) ou le permis international est requis ainsi que la carte internationale d'assurance automobile, dite « carte Verte », délivrée par les compagnies d'assurances.
Pour circuler sur les autoroutes autrichiennes, vous devez acheter une vignette (10 jours, 2 mois, 1 an) en vente près de la frontière.

Santé

La CEAM (carte européenne d'assurance maladie) est disponible sur simple demande à la caisse d'assurance maladie. Elle permet de bénéficier de la prise en charge immédiate des soins médicaux lors de votre séjour en Autriche. Elle remplace ainsi le formulaire E 111.

Animaux domestiques

L'entrée des chiens et des chats est soumise à la présentation d'un passeport européen de vaccination contre la rage et à leur identification par tatouage ou puce électronique.

Réglementations douanières

L'Autriche applique les dispositions internes à l'Union européenne. Pour tout renseignement complémentaire, s'adresser à la section consulaire de l'ambassade d'Autriche.

ESCAPADES À LA FRONTIÈRE

Depuis 2004, les formalités pour la Slovaquie et la Hongrie sont les mêmes que pour l'Autriche (papiers d'identité en cours de validité). Pour tout renseignement complémentaire, s'adresser à la section consulaire de l'ambassade de Hongrie ou de Slovaquie.

Se rendre à Vienne

PAR AVION

Les compagnies suivantes proposent plusieurs vols quotidiens en provenance et en direction de

Vienne. Nous donnons les numéros de téléphone depuis la France. Pour les adresses, vérifiez le bureau ou l'agence le plus proche de votre domicile.

Austrian Airlines – ℘ *08 20 816 816 - www.aua.com.* Vols vers Paris, Lyon, Strasbourg, Bâle-Mulhouse, Nice, Bordeaux (via Munich), Bruxelles, Luxembourg, Genève, Zurich et Toronto.

Fly Niki – ℘ *0811 025 102 - www.flyniki.com.* La compagnie low-cost de Niki Lauda propose des vols directs sur Paris et Zurich.

Air Berlin – ℘ *0811 025 102 - www.airberlin.com.* Cette compagnie low-cost propose aussi des vols directs sur Paris et Zurich.

Sky Europe – ℘ *089 22 36 250 - www.skyeurope.com.* Cette compagnie low-cost utilise l'aéroport de Bratislava pour des vols vers Paris, Bâle-Mulhouse et Nice.

Lufthansa – ℘ *0826 10 35 25 - www.lufthansa.com.* La Lufthansa effectue chaque jour un vol Munich-Vienne via Genève et un vol Bruxelles-Vienne via Francfort.

Swiss – ℘ *0820 04 05 06 - www.swiss. com.* La compagnie helvétique assure des vols sur Zurich, Genève et Bâle-Mulhouse.

Air France – ℘ *36 54 - www.airfrance. com.* Air France assure en moyenne 7 vols par jour depuis Paris.

SN Brussels airlines – ℘ *0826 10 18 18 - www.flysn.com.* La compagnie effectue 4 vols par jour vers Vienne.

Luxair – ℘ *0810 589 247 - www.luxair. lu.* Vols depuis Luxembourg.

Air Canada – ℘ *0825 880 881 - www.aircanada.com.* 3 vols hebdomadaires depuis Toronto.

Pour tout autre renseignement, s'adresser directement à l'aéroport concerné ou à l'aéroport de Vienne (℘ *(01) 700 70 - www.viennaairport.com).*

EN TRAIN

Tous les trains en provenance de Suisse, France et Belgique desservent la Westbahnhof de Vienne. Zurich-Vienne au départ de la Hauptbahnhof (EuroCity Maria Theresia). Paris-Vienne au départ de Paris-Est (Corail 263 « Orient-Express », seul train direct, tlj). Bruxelles-Vienne au départ de Bruxelles-Nord et Bruxelles-Midi.

Vous pouvez obtenir des renseignements sur les différentes liaisons ferroviaires auprès des **Österreichische Bundesbahnen (ÖBB)**, au ℘ 05 17 17 ou sur le site Internet www.oebb.at, de la **Deutsche Bahn (DB)**, au ℘ 11 861 ou sur le site Internet www.bahn.de (on vous proposera des billets à prix réduit pour l'Autriche) et des **Schweizerische Bundesbahnen (SBB)**, au ℘ (0900) 300 300 ou sur le site Internet www. sbb.ch.

VORTEILScard des ÖBB

Cette carte, valable un an, est actuellement vendue au prix de 99,90 € et permet d'acheter les titres de transport des ÖBB (chemins de fer autrichiens) à demi-tarif (le coût du transport des bagages et des vélos est également réduit de moitié). Elle offre, par ailleurs, toute une série d'avantages, tels qu'un tarif préférentiel dans certains hôtels et auprès de certaines sociétés de location de voiture. Les familles bénéficient aussi de tarifs spéciaux intéressants. Vous pouvez vous procurer cette carte privilège dans les gares des ÖBB, les agences de voyages qui vendent des billets de chemin de fer et les grandes gares d'Allemagne et de Suisse. Renseignements au ℘ 05 17 17 ou sur le site Internet www.oebb.at.

EN BUS

La compagnie Eurolines regroupe diverses compagnies européennes de transport présentes dans différents pays ; son réseau couvre toute l'Europe. Vous pouvez vous renseigner dans les pays concernés :

France

www.eurolines.fr.
Paris : *Gare routière internationale de Paris-Galliéni - 28 av. du Général-de-Gaulle - 93541 Bagnolet Cedex.* Selon la saison, un ou plusieurs départs

par semaine. Aller simple entre 75 et 95 € ; AR : entre 135 et 155 € (mais des promotions à 100 € sous certaines conditions).

La compagnie **Eurolines Travel** propose également une formule bus + hébergement. Les prix varient selon le type d'hébergement et la catégorie de l'hôtel. Ils incluent le transport aller et retour + 2 nuits ou plus avec le petit-déjeuner.

Autriche

www.eurolines.at
Vienne :
– *Erdbergstraße 202 - A-1030 Wien -lun.-vend. 6h30-20h30, sam., dim. et j. fériés 6h30-11h30 et 16h30-20h30 -* ☎ *(01) 798 29 00 - fax (01) 798 29 00 20.*
– *Busterminal Südbahnhof - Arsenalstraße - A-1030 Wien - tlj 11h-21h -* ☎ *(01) 79 68 552 - fax (01) 796 85 52 20.*

Suisse

www.eurolines.ch
Agences à Bâle, St-Gall, Genève, Zurich, Lausanne et Lucerne - ☎ *0 900 573 747.*

Belgique

www.eurolines.be
Agences à Bruxelles, Anvers, Gand, Liège et Liévin - ☎ *02 274 13 50.*

EN VOITURE OU À MOTO

Cartes

Les cartes routières et touristiques Michelin National Autriche : **n° 730** au 1/400 000 et Allemagne-Benelux-Autriche-République tchèque : **n° 719** au 1/1 000 000 sont mises à jour régulièrement. On y trouve les indications sur le Code de la route dans chaque pays, les distances et temps de parcours et les lieux à visiter.

La **carte Michelin n° 705** Europe indique les autoroutes, routes nationales et régionales entre les différents pays d'Europe.

Propositions d'itinéraires

Le site **www.ViaMichelin.fr** offre une multitude de services et d'informations pratiques d'aide à la mobilité (calculs d'itinéraires détaillés avec leur temps de parcours, cartes de pays, plans de villes, péages, vignettes nécessaires, sélection des hôtels et restaurant du Guide Michelin France…) sur la France et l'Europe. Les calculs d'itinéraires sont également accessibles sur **Minitel** (3615 ViaMichelin) et peuvent être envoyés par **fax** (3617 et 3623 Michelin).

EN BATEAU

Si vous arrivez de **Bratislava**, sachez que, depuis juin 2006, vous pouvez rejoindre Vienne (Schwedenplatz) par catamaran express (75mn) et ce, trois fois par jour, entre juin et octobre (uniquement le w.-end en hiver). Les départs de Bratislava ont lieu à 10h15, 14h15 et 18h15 ; ceux de Vienne à 8h30, 12h30, 16h30.

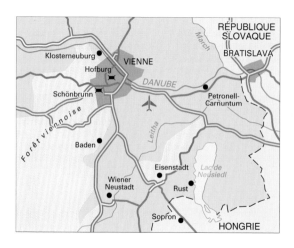

Central Danube

À bord du « Twin City Liner ».

Les prix pour un aller varient selon l'heure du départ (entre 15 et 25 €). Pour tout renseignement : **Twin City Liner** – ☎ *(01) 588 80 - www.twincityliner.com.*

Argent

DEVISE

Monnaie

L'Autriche fait partie de la zone euro. Les pièces spécifiquement autrichiennes ont les motifs suivants : 1 cent : gentiane ; 2 cents : edelweiss ; 5 cents : primevère ; 10 cents : cathédrale St-Étienne ; 20 cents : Belvédère ; 50 cents : Sécession ; 1 € : Wolfgang Amadeus Mozart ; 2 € : Bertha von Suttner, prix Nobel de la paix autrichien en 1905, écrivain et pacifiste.

La monnaie de la République slovaque est la couronne. Au moment où nous achevons la rédaction de ce guide, 100 couronnes équivalent à environ 2,70 € (1 € = 38 couronnes). La monnaie hongroise est le forint. Au moment où nous achevons la rédaction de ce guide, 100 forints correspondent à environ 0,37 € (1 € = 272 forints). En règle générale, dans les régions situées près de la frontière, l'euro est accepté comme moyen de paiement.

Cartes de crédit

Elles sont largement acceptées en Autriche (cartes de crédit courantes, comme la MasterCard et la Visa). Vous pouvez généralement les utiliser sans problème dans les hôtels, restaurants, magasins et stations-service.

Bureaux de change

Ils sont très nombreux dans le centre (et à l'aéroport) et sont ouverts tous les jours, d'où des commissions assez importantes ; mieux vaut demander leur coût avant l'opération.

BUDGET

Si votre budget est un peu serré, mieux vaut éviter le centre-ville, où la majorité des prix est 30 à 40 % plus élevée. Il suffit souvent de s'éloigner à peine du 1er arrondissement pour trouver des prix plus raisonnables. La dépense la plus importante correspond à l'hébergement. Il est assez difficile de se loger pour moins de 80 € en haute saison (prix de la chambre double avec petit-déjeuner). Des tarifs élevés sont aussi pratiqués par les célèbres cafés viennois. Comme dans toutes les capitales, même pour les petites dépenses, mieux vaut regarder les prix avant de commander. En revanche, la restauration est plutôt bon marché et il est possible de trouver à midi un menu pour 9 € (boisson non comprise) si l'on s'éloigne un peu des rues les plus touristiques.

Les transports en commun sont peu excessifs si l'on a trouvé la formule de ticket adéquate (48h…). Le prix d'entrée des musées est aussi raisonnable, de l'ordre de 9 à 10 € pour les plus renommés (mais certains « petits » musées pratiquent des tarifs un peu injustifiés). Sachez aussi que l'entrée dans les parcs et jardins est toujours gratuite, même ceux du Belvédère et de Schönbrunn. Vous pouvez donc tabler sur un budget journalier minimum de 40 à 45 € (sans l'hôtel) par personne.

Pour les bonnes petites adresses, suivez le guide.

Pour dénicher les meilleures petites adresses du moment, découvrez les nouveaux Bib Gourmands du Guide Michelin pour de bonnes tables à petits prix. Avec 45 000 adresses de restaurants et d'hôtels en Europe dans toutes les catégories de confort et de prix, le bon plan n'est jamais loin.

MICHELIN
Une meilleure façon d'avancer

SE LOGER – SE RESTAURER

Les hôtels sont regroupés dans ce chapitre pour vous permettre de faire votre choix avant le départ. Sachez que pour de courts séjours à cheval sur un week-end, il est impératif de réserver le plus tôt possible.
Les restaurants, par contre, sont décrits dans chaque quartier et vous pourrez ainsi choisir en fonction de l'endroit où vous serez. Pour les meilleurs restaurants, mieux vaut réserver.
Nous avons distingué quatre catégories d'hôtels et de restaurants, selon leurs prix. Les piécettes qui précèdent le nom des établissements correspondent, pour les hôtels, au **prix moyen d'une chambre double avec petit-déjeuner en haute saison.**
Pour les restaurants, la gamme de prix indiquée correspond à celle du menu complet entrée-plat-dessert le moins cher, sans la boisson.
Pour une plus large sélection, vous pouvez vous reporter au **Guide Michelin Österreich** (éd. 2007) qui propose plus de 1 700 hôtels et 500 restaurants.

Se loger

LES DIFFÉRENTS TYPES D'HEBERGEMENT

La capitale offre deux grands types d'hébergement : les **hôtels** et les **pensions de famille**.

Les **hôtels** occupent un immeuble entier alors que les pensions se contentent de quelques étages. Ils proposent parfois les mêmes prestations, mais à prix égal, mieux vaut opter pour les hôtels. La basse saison s'étend du 1er novembre au 31 mars (sauf Noël et le Nouvel An).
Il faut savoir que l'immense majorité des hébergements incluent le petit-déjeuner dans le prix. La fourchette de prix que nous indiquons correspond à des chambres avec salle de bains, toilettes privées et grand lit.

Les **pensions** pratiquent une politique de prix un peu plus souple que celle des hôtels. Comme elles disposent souvent de chambres très différentes elles font varier leurs prix selon que les chambres disposent on non de douche ou de WC, selon la surface ou l'emplacement des chambres.

Pour ceux qui voudraient faire une folie, vous pouvez passer une nuit dans un des trois grands **palaces** de la Ringstraße : l'Imperial (environ 700 €, www.luxurycollection.com/imperial), le Bristol (525 €, www.westin.com/bristol) ou le Sacher (à partir de 370 €, www.sacher.com).

LES ÉQUIPEMENTS

Pensez à demander comment s'organise la literie. Beaucoup d'établissements ont des chambres doubles avec deux lits séparés, avec un grand lit à deux matelas ou un lit « français » *(französische bett)* c'est-à-dire en 140. Rares sont ceux qui proposent un grand lit avec un grand matelas.

NOS CATÉGORIES DE PRIX		
	Se restaurer (prix déjeuner)	**Se loger** (prix de la chambre double)
⛀	Moins de 16 €	Moins de 70 €
⛀⛀	de 17 € à 30 €	de 71 € à 120 €
⛀⛀⛀	de 31 € à 50 €	de 121 € à 170 €
⛀⛀⛀⛀	plus de 50 €	plus de 170 €

Il est presque toujours possible de négocier le prix pour des séjours de plusieurs nuits ou d'obtenir une contrepartie (transport gratuit depuis l'aéroport, parking gratuit…).

Sur les 500 établissements que propose la capitale, nous en avons sélectionné plus de 50 dans une gamme de prix suffisamment large et, si possible, possédant un **site Internet** de présentation pour que vous puissiez aussi les voir en photos avant de vous décider (*voir notre carnet d'adresses p. 28*). Nous les avons classés par quartier et nous vous indiquons leurs coordonnées.

Vous pouvez aussi réserver certains hôtels en allant sur le site officiel **www.wien.info** ou en contactant leur **centrale de réservations** au ✆ 0 (43) 1 24 555, fax 0 (43) 1 24 555 666. L'office du tourisme de Vienne travaille surtout avec les grands hôtels mais propose de nombreux forfaits incluant la « Vienna Card » (*voir p. 40*) et des billets pour les expositions en cours.

Pour ceux qui possèdent une voiture, pensez que peu d'établissements, hormis les grands hôtels de chaîne, proposent un **parking**, surtout vers le centre-ville.

HÉBERGEMETS ÉCONOMIQUES

Si votre budget est limité, mieux vaut essayer de trouver un hébergement au-delà du Ring. Les prix chutent très vite en dehors du 1er arrondissement. Nous vous conseillons les quartiers attenants au centre (Neubau, Josefstadt, Mariahilf, Alsergrund et à l'ouest du Praterstern). Nous y avons sélectionné des adresses proches d'une entrée de métro ou d'un transport en commun. Sachez que de nombreux voyagistes proposent même le logement en Slovaquie toute proche avec aller-retour en bus quotidien.

Vienne compte aussi **huit auberges de jeunesse**. Pour y loger, il faut posséder une carte internationale des auberges de jeunesse, que l'on peut acheter sur place. Comptez environ 15 € la nuit (un peu moins si vous logez en dortoir), petit-déjeuner continental inclus. Consultez le site de la Fédération internationale des auberges de jeunesse (*www.hihostels.com*) ou contactez l'**Österreichischer Jugendherbergs-verband** – *Schottenring 28 -1010 Wien -* ✆ *(01) 533 53 53 - fax (01) 353 08 61 - www.oejhv.or.at.*

Vienne compte aussi trois **campings** (à l'ouest, au sud et à l'est), contactez : **Camping Wien** – *Dresdner Straße 81-85 - 1200 Wien -* ✆ *(01) 588 00 222 - fax (01) 588 00 277 - www.wiencamping.at.* Parmi les autres formules plus économiques, citons le logement chez l'habitant, la location d'appartement et pour les étudiants la possibilité de loger dans les résidences universitaires en été (*voir pour les détails p. 32*).

Se restaurer

LES DIFFÉRENTS TYPES DE RESTAURANTS

Les Viennois ne font souvent qu'une pause rapide à midi et la plupart des restaurants servent en général à toute heure. À Vienne, les **Beisl**, restaurants de quartier, en général, préparent entre 11h et 14h des plats traditionnels et proposent des menus économiques à midi. Le soir la carte s'impose. Très peu de restaurants servent après 22h. Les plats sont presque toujours présentés avec un accompagnement, mais le pain est la plupart du temps en supplément. La carafe d'eau plate (*Leitungswasser*) est rarement posée sur la table. N'oubliez pas non plus le pourboire (environs 10 %).

La musique fait partie de l'atmosphère chaleureuse des heurigen.

Pour ceux qui veulent manger sur le pouce dans la journée, ils noteront un peu partout la présence de stands de vente de **saucisses**. On peut y déguster des saucisses grillées, des saucisses de Francfort (viennoises), des saucisses de foie et autres charcuteries.

En ce qui concerne les **boissons**, il est préférable, si l'on veut goûter le vin de l'année, de se rendre dans un *Heuriger (voir ci-dessous)*. Sinon la bière, une des boissons les plus consommées, se boit généralement dans une chope d'un demi-litre *(Krügerl)* ou parfois de 0,3 litre *(Seidl ou seiterl)*, et plus rarement dans un picotin *(Pfiff)*.

Heurigen

Chaque *Heuriger (voir Vienne aujourd'hui)* propose ses spécialités : du rôti de porc à la choucroute, des *Knödel* et salades au *Liptauer* (tranche de pain tartinée avec du fromage blanc, des oignons, de l'ail, du paprika). Et pour le dessert, de l'*Apfelstrudel* (gâteau aux pommes) au *Topfenstrudel* (gâteau de fromage blanc). Mais on va surtout dans les *Heurigen* pour boire. Si l'on y déguste généralement des quarts *(Viertel)* ou demi-ballons *(Achterl)* de vin rouge *(Rot)* ou blanc *(Weiß)* on peut également y apprécier du moût de raisin ou de pomme *(Apfelsaft)* mais aussi des pichets de vin additionné d'eau minérale *(Gespritzter)*.

LES SPÉCIALITÉS LOCALES

Très variée, la cuisine viennoise est également internationale, reflétant les traditions séculaires des peuples du Danube, chacun avec ses traditions. Les *Schnitzel*, escalopes de porc ou de veau, constituent l'aliment de base de nombreux menus de restaurants. Tout le monde connaît la *Wiener Schnitzel*, la célèbre escalope viennoise généralement servie dorée avec des pommes de terre sautées. Autre grand classique de la cuisine viennoise : les *Knödel*, boulettes servies en accompagnement de nombreux plats, y compris des soupes, comme la *Leberknödelsuppe*, bouillon de bœuf garni de boulettes. Le goulasch se décline sous de multiples formes en Autriche, notamment le

Erdäpfelgulasch qui, comme son nom l'indique, est essentiellement à base de pommes de terre et de saucisses de Francfort. Le *Rindsgulasch*, ragoût de bœuf épicé de paprika, est à l'origine un plat hongrois souvent accompagné de *Knödel*. Le *Tafelspitz mit G'röste*, connu pour avoir été le plat favori de l'empereur François-Joseph, est du bœuf bouilli accompagné de pommes de terre sautées et d'une sauce à base de raifort moulu et de purée de pommes. La *Gefüllte Kalbsbrust*, poitrine de veau farcie de viande et de légumes, est aussi souvent au menu. Le *Bauernschmaus*, plat d'origine paysanne, consiste en un assortiment de viandes, de saucisses de Francfort, de porc rôti ou fumé, de jambon, et de Knödel. L'*Eierspeise*, œufs brouillés servis dans un poêlon, est également fort apprécié, tout comme le *Schweinsbraten* (rôti de porc au cumin) et le *Beuschel* (ragoût de porc).

Cette énumération est loin d'être exhaustive ; nombreux sont **les plats de volaille, de gibier et de poisson**. D'un restaurant à l'autre, on se verra proposer de la poitrine d'oie farcie, du chapon à la sauce d'anchois, de la bécasse rôtie, du râble de chevreuil, du lièvre en civet, des œufs de carpe cuits dans le beurre ou du filet de sandre au paprika. On voit ainsi que les recettes viennoises ont été inspirées d'influences bohémiennes, juives, hongroises, croates, slovaques et même italiennes. La cuisine viennoise est riche en produits frais, mais aussi très consistante et donc calorique.

Les **desserts** constituent le point fort de la cuisine viennoise. Outre le célèbre *Apfelstrudel*, gâteau fourré aux pommes et aux raisins secs, on trouve toute une série de spécialités, dont le *Rehrücken*, au chocolat et aux amandes, les *Palatschinken*, épaisses crêpes de froment garnies de fromage blanc ou de confiture, la *Linzertorte*, à la confiture de groseilles ou de framboises et enrichie d'amandes, le *Mohr im Hemd*, gâteau au chocolat nappé de sauce au chocolat, les *Kaiserschmarren*, crêpes aux raisins secs revenues dans du beurre et sucrées, le *Topfenstrudel*, au fromage blanc, la *Marillenknödel*, ou Knödel aux abricots, etc. La liste est infinie.

GLOSSAIRE CULINAIRE

Backhendl poulet frit et pané
Baunzerl petit pain au lait
Buchteln brioche chaude à la crème
Blunzen boudin
Burenwurst saucisse cuite à l'eau
Erdäpfel pommes de terre
Faschiertes viande hachée, boulettes
Fisolen haricots verts
Frittaten crêpes coupées en lanières, plongées dans le potage
Gansljunges abattis d'oie
Geselchtes viande fumée
Golatschen sortes de friands
G'spritzer marquise au vin
G'spritzer Obi marquise au jus de pomme
Häuptlsalat laitue
Hasenjunges petit lièvre
Heuriger vin nouveau d'un an
Hupfauf plat tyrolien à base de farine
Indian gefüllt jeune dindon farci
Jungfernbraten aloyau de porc au cumin
Kaiserfleisch côtes de porc salées et fumées
Kaiserschmarrn crêpe, fourrée aux raisins de Corinthe
Karfiol chou-fleur
Kipferl croissant

Knödel boule de mie de pain cuite à l'eau
Kohlsprossen chou de Bruxelles
Kracherl limonade aux fruits
Kren, Apfelkren raifort, sauce au raifort et aux pommes
Kukuruz maïs
Marillen abricots
Nockerln petites boulettes de pâte à base d'œuf
Obi jus de pomme
Palatschinken épaisse crêpe garnie
Paradeiser tomates
Powidl confiture de prunes
Quargel variété de fromage
Ribisel groseilles
Risibisi riz et petits pois
Schill sandre
Schlagobers crème fouettée
Schmankerl plat sucré à base de farine
Schöberl garniture de soupe
Schwämme, Schwammerln champignons
Steirisches Schöpsernes mouton à la mode styrienne
Strudel chausson fourré
Sturm vin bourru
Tafelspitz bœuf bouilli avec légumes et sauce tartare
Topfen fromage blanc
Zwetschkenröster prunes au sirop

Les célèbres pâtisseries viennoises.

© Wien Turismus

Sélection des hébergements

Les hôtels et pensions sélectionnés sont ici classés par **quartiers**. Ils sont positionnés sur le plan précédent et repérables grâce à des pastilles numérotées de ① à ⑭. Ces numéros sont indiqués ci-après à la suite du nom de chaque établissement.
Nous n'indiquons le petit-déjeuner et son prix que lorsqu'il n'est pas inclus dans le prix de la chambre.

Centre-ville (Ring)

☺☻ **Hotel-Pension Wild** ⑤⑦ plan p. 34-35 A2 – *Lange Gasse 10 - 8e arr. -* ℘ *(01) 406 51 74 - fax (01) 402 21 68 - www.pension-wild.com - 19 ch. - 59/89 €.* Voici une adresse vivement recommandée. Cette pension porte le nom de la famille Wild, qui la fonda en 1960. Elle est bien située, dans le Josefstadt, à deux pas du Ring, l'accueil y est très chaleureux. Le bâtiment, construit en 1907, a été récemment rénové. Les services proposés (téléphone, bar) sont bon marché. Si vous réservez suffisamment à l'avance, vous pourrez choisir parmi trois catégories de chambre. Les lignes de métro U2 et U3, le tramway 46 et le bus 13a sont tout proche.

☺☻ **Pension Dr Geissler** ⑧⑨ plan p. 34-35 D2 – *Postgasse 14 - 1er arr. -* ℘ *(01) 533 28 03 - fax (01) 533 26 35 - www.hotelpension.at - 22 ch. -58/95 €.* Cet établissement, ouvert en 1964, est une des pensions les moins chères du centre si vous acceptez de partager les WC. Elle se situe au 8e étage d'un immeuble (avec ascenseur) mais propose aussi des chambres aux 5e et 7e étages. Vous pourrez choisir entre une vue sur la cathédrale ou sur la cour intérieure, qui est moins bruyante.

☺☻ **Pension Lerner** ⑨④ plan p. 34-35 C1 – *Wipplingerstraße 23 - 1er arr. -* ℘ *(01) 533 52 19 - fax (01) 533 56 78 - www.pensionlerner.com - 7 ch. - 65/88 €.* C'est une toute petite pension, simple et agréable. Évitez les chambres donnant sur la rue, assez bruyante. L'établissement dispose aussi de deux studios avec cuisine près de la cathédrale. Il propose également de bons produits viennois (pain, jambon, saucisses…).

☺☻ **Pension City** ⑧⑤ – plan p. 34-35 C2 – *Bauernmarkt 10 - 1er arr. -* ℘ *(01) 533 95 21 - fax (01) 535 52 16 - www. citypension.at - 19 ch. - 79/89 €.* Cette pension se trouve dans un immeuble de la fin du 19e s. idéalement situé comme l'indique son nom. La décoration est

soignée, pour un très bon rapport qualité-prix. Le poète Franz Grillparzer (1791-1873) est né dans cet immeuble.

☺☻ **Schweizer Pension** ⑩⑨ plan p. 34-35 C1 – *Heinrichsgasse 2 - 1er arr. -* ℘ *(01) 533 81 56 - fax (01) 535 64 69 - www.schweizerpension.com - 11 ch. - 80/89 €.* Cette petite pension propre et bien décorée est très bien située, près de la piste cyclable du Donaukanal. Il vaut donc mieux y réserver sa chambre longtemps à l'avance.

☺☻ **Mozart** ⑦⓪ plan p. 34-35 B3 – *Theobaldgasse 15 - 6e arr. -* ℘ *(01) 587 85 05 - fax (01) 587 75 57 - www.pension-mozart.at - 14 ch. - 90/120 €.* Cette pension de famille se situe dans un bel immeuble tout proche du quartier des Musées, d'où des prix très élevés (mais qui peuvent être négociés). Ne manquez pas, juste à côté de l'établissement, le superbe escalier Fillgraderstiege bâti dans le style Sécession en 1906-1907.

☺☻ **Hotel-Pension Suzanne** ⑤④ plan p. 34-35 C3 – *Walfischgasse 4 - 1er arr. -* ℘ *(01) 513 25 07 - fax (01) 513 25 00 - www.pension-suzanne.at - 26 ch. - 96/117 €.* Les chambres de cette pension, localisée à deux pas de l'Opéra, sont sur plusieurs étages. La décoration est censée vous transporter dans la Vienne 1900 et les chambres disposent de grandes salles de bains avec baignoire. Demandez une chambre côté cour, plus calme.

☺☻ **Hotel Post** ④② plan p. 34-35 D2 – *Fleischmarkt 24 - 1er arr. -* ℘ *(01) 515 830 - fax (01) 515 83 808 - www.hotel-post-wien.at - 107 ch. - 97/120 €.* L'avantage de cet hôtel rénové, tout proche de la Poste centrale (d'où son nom), est qu'il comporte un grand nombre de chambres et propose la demi-pension (env. 15 €).

☺☻ **Pension Christina** ⑧② plan p. 34-35 D2 – *Hafnersteig 7 - 1er arr. -* ℘ *(01) 533 29 61 - fax (01) 533 29 61 11 - www.pertschy.com - 33 ch. - 95/124 €.* Cette pension est très bien située pour profiter du Donaukanal en été. L'atmosphère intérieure est un peu sombre mais la décoration Art déco des chambres compense le manque de cachet extérieur.

☺☻ **Pension Nossek** ⑨⑧ plan p. 34-35 C2 – *Graben 17 - 1er arr. -* ℘ *(01) 533 70 410 - fax (01) 535 36 46 - www.pension-nossek.at - 26 ch. - 110 €.* Une pension sur trois étages souvent complète car plusieurs chambres donnent sur le Graben et la décoration est on ne peut

A. Léonard / MICHELIN

Entrée de l'hôtel « Zur Wiener Staatsoper ».

plus soignée. Attention : les chambres ne disposent pas de grands lits doubles et le paiement se fait uniquement en liquide.

⊜⊜🍽 **Pension Pertschy** ⑩ **plan p. 34-35 C2** – Habsburgergasse 5 - 1er arr. - ℘ (01) 53 44 90 - fax (01) 534 49 49 - www.pertschy.com - 47 ch. - 97/172 €. Installée dans un ancien palais baroque et extrêmement bien située, cette pension pratique des prix très élevés. Les chambres sont parfois un peu vieillottes. Demandez les chambres sur la cour intérieure, plus calmes.

⊜⊜🍽 **Hotel Pension Lumes & Co.** ㊶ **plan p. 34-35 C2** – Weihburggasse 18-20 - 1er arr. - ℘ (01) 513 96 74 - fax (01) 512 10 27 - www.hotelpensionlumes.at - 7 ch. - 110/121 €. Le charme de cet établissement, très bien situé, provient surtout de la façade splendide de l'immeuble, qui rappelle celle de l'hôtel Zur Wiener Staatsoper. Tenue par des Russes, cette pension n'offre malheureusement que peu de chambres.

⊜⊜🍽 **Pension Aviano** ㊶ **plan p. 34-35 C2** – Marco d'Avianogasse 1 - 1er arr. - ℘ (01) 512 83 30 - fax (01) 512 83 306 - www.pertschy.com - 17 ch. - 102/152 €. Cette pension luxueuse, décorée avec soin, s'élève sur deux étages et propose des chambres très spacieuses. Le prix élevé vient surtout de son excellente localisation.

⊜⊜🍽 **Pension Neuer Markt** ㊾ **plan p. 34-35 C2** – Seilergasse 9 - 1er arr. - ℘ (01) 512 23 16 - fax (01) 513 91 05 - www.hotelpension.at - 37 ch. - 120/135 €. Si l'extérieur est magnifique (vieil immeuble aristocratique), l'intérieur (au 2e étage) est beaucoup plus simple, quoique propre et confortable. Demandez impérativement une chambre avec vue sur le Neuer Markt.

⊜⊜🍽 **Zur Wiener Staatsoper** ⑭ **plan p. 34-35 C3** – Krugerstraße 11 - 1er arr. - ℘ (01) 513 12 74 - fax (01) 513 12 74 15 - www.zurwienerstaatsoper.at - 22 ch. - 102/135 €. Voici une des plus belles façades des hôtels viennois, tout près de l'Opéra comme son nom l'indique. Les chambres sont agréables mais ne disposent que de petites salles de bains. Évitez les chambres donnant sur le puits de jour, plus silencieuses mais très sombres.

⊜⊜🍽 **Hotel Austria** ㉒ **plan p. 34-35 D2** – Fleischmarkt 20 - 1er arr. - ℘ (01) 515 23 - fax (01) 515 23 506 - www.hotelaustria-wien.at - 42 ch. - 109/149 €. L'hôtel est situé dans une impasse en plein cœur du Fleischmarkt. La décoration est soignée, le service impeccable. Une jolie petite terrasse intérieure vous permet de déguster en toute quiétude le vin proposé par l'établissement.

⊜⊜🍽 **Pension Domizil** ㊌ **plan p. 34-35 C2** – Schulerstraße 14 - 1er arr. - ℘ (01) 515 31 99 - fax (01) 512 34 84 - www.hoteldomizil.at - 40 ch. - 125/185 €. Cet hôtel est propre et bien tenu mais ses prix élevés ne se justifient que par sa position très centrale.

⊜⊜🍽 **Hotel Wandl** ㊻ **plan p. 34-35 C2** – Petersplatz 9 - 1er arr. - ℘ (01) 534 550 - fax (01) 534 55 77 - www.hotel-wandl.com - 138 ch. - 150/195 €. Voici une excellente adresse, vivement conseillée : l'établissement, fondé en 1851, a énormément de cachet et sa localisation est idéale.

⊜⊜🍽 **Amadeus** ⑥ **plan p. 34-35 C2** – Wildpretmarkt 5 - 1er arr. - ℘ (01) 533 87 38 - fax (01) 533 87 38 38 - www.hotel-amadeus.at - 30 ch. - 150/193 €. Situé dans un bâtiment quelconque des années 1970, cet hôtel offre une atmosphère feutrée due en partie à la présence de velours et de moquette, dans la décoration. Les prix élevés sont surtout liés à son emplacement dans une rue calme.

⊜⊜🍽 **König von Ungarn** ㊅ **plan p. 34-35 C2** – Schulerstraße 10 - 1er arr. - ℘ (01) 51 58 40 - fax (01) 51 58 48 - www.kvu.at - 33 ch. - 203 €. Situé près de la cathédrale, ce splendide hôtel date de 1815. Il a su conserver une ambiance « vieux Vienne ». Il est aussi pourvu d'une remarquable cour intérieure et d'un excellent restaurant.

⊜⊜🍽 **Hotel Am Stephansplatz** ⑱ **plan p. 34-35 C2** – Stephansplatz 9 - 1er arr. - ℘ (01) 53 40 50 - fax (01) 53 40 57 10 - www.hotelamstephansplatz.at - 56 ch. - 185/360 €. Dans cet hôtel rénové, les chambres donnant sur l'avant ont vue sur la cathédrale ; c'est un privilège unique dans la capitale.

À Landstraße

€€ **Hotel-Pension Bosch** (53) **plan 36-37 C3** – *Keilgasse 13 - 3e arr. - ☎ (01) 798 61 79 - fax (01) 799 17 18 - www.hotelpensionbosch.com - 15 ch. - 68/85 €.* C'est une pension calme sur trois étages, dans un quartier résidentiel tout proche du Belvédère. La façade est superbe et les chambres correctes.

Autour de Schönbrunn

€€ **Hotel Kaiserpark Schönbrunn** ㉚ **plan p. 36-37 B3** – *Grünbergstraße 11 - 12e arr. - ☎ (01) 81 38 61 00 - fax (01) 81 38 183 - www.kaiserpark.at - 55 ch. - 80/148 €.* Cet hôtel familial et confortable est situé juste à côté du château.

€€ **Hotel Viktoria** ㊺ **plan p. 36-37 A3** – *Eduard-Klein Gasse 9 - 13e arr. - ☎ (01) 877 11 50 - fax (01) 877 20 42 - www.members.magnet.at/hotel.viktoria - 29 ch - 96/110 €.* Cet établissement est lui aussi tout proche du château mais certaines chambres sont bruyantes.

€€€ **Parkhotel Schönbrunn** (73) **plan p. 36-37 B3** – *Hietzinger Haupstraße 10-20 - 13e arr. - ☎ (01) 87 804 - fax (01) 878 043 220 - www.austria-trend.at/paw - 394 ch. - À partir de 139 €.* C'est le plus grand hôtel de la ville, construit en 1907, juste à côté du château. L'ambiance n'est donc pas des plus intimes.

Quartiers ouest

ALSERGRUND

€ **Pension Ani** (74) **plan p. 36-37 B2** – *Kinderspitalgasse 1 - 9e arr. - ☎ (01) 408 10 60 - fax (01) 408 10 82 - www.freerooms.at - 12 ch. - 56/70 €.* Cette petite pension, au 4e étage, propose des chambres correctes dans un bel immeuble. Le voisinage est cependant un peu bruyant.

€ **Hotel Pension Astra** ㊳ **plan p. 36-37 B2** – *Alserstraße 32 - 9e arr. - ☎ (01) 402 43 54 - fax (01) 402 46 62 46 - www.hotelpensionastra.com - 16 ch. - 65/90 €.* Cette pension se situe à l'ouest de l'Alsergrund, au premier étage d'un bel immeuble aristocratique, et propose des chambres rénovées donnant sur une cour intérieure.

€€ **Pension Ani Falstaff** (77) **plan p. 36-37 C2** – *Müllnergasse 5 - 9e arr. - ☎ (01) 317 91 270 - fax (01) 317 912 710 - www.freerooms.at - 17 ch. - 60/84 €.* Cette pension de famille située au cœur de l'Alsergrund, tout près du musée Freud, propose sur deux étages des chambres correctes et rénovées, avec accès Internet. Demandez des chambres côté rue, calmes et plus lumineuses.

€€€ **Arkadenhof** ⑨ **plan p. 36-37 B2** – *Viriotgasse 5 - 9e arr. - ☎ (01) 310 08 37 - fax (01) 310 76 86 - www.arkadenhof.com - 45 ch. - 145/158 €.* Cet hôtel, au nord de l'Alsergrund et pas très loin de Döbling, est un établissement de standing avec des chambres très bien équipées et un excellent buffet au petit-déjeuner.

JOSEFSTADT

€€ **Hotel-Pension Arpi** ㊿ **plan p. 34-35 A1** – *Kochgasse 15 - 8e arr. - ☎ (01) 405 00 33 - fax (01) 405 00 33 37 - www.hotelarpi.com - 20 ch. - 69/160 €.* Voici une toute nouvelle pension, dans un bel immeuble, tenue par une famille de sympathiques Arméniens. Les prix sont très souples.

€€ **Hotel Graf Stadion** ㉙ **plan p. 34-35 A2** – *Buchfeldgasse 5 - 8e arr. - ☎ (01) 405 52 84 - fax (01) 405 01 11 - www.graf-stadion.com - 40 ch. - 105/140 €.* Ce joli hôtel, avec un intérieur Art déco, a un emplacement idéal. Il propose un excellent petit-déjeuner.

€€€ **Hotel Zipser** ㊾ **plan p. 34-35 A2** – *Lange Gasse 49 - 8e arr. - ☎ (01) 404 540 - fax (01) 404 54 13 - www.zipser.at - 47 ch. - 82/132 €.* Cet hôtel, situé derrière l'hôtel de ville, est réputé pour son excellent petit-déjeuner sous forme de buffet. Il propose dix chambres superbes avec terrasse donnant sur le jardin intérieur. C'est une adresse que nous recommandons.

DÖBLING

€€ **Landhaus Fuhrgassl-Huber** (69) **plan p. 36-37 A1** – *Rathstraße 24 - 19e arr. - ☎ (01) 440 30 33 - fax (01) 440 27 14 - www.fuhrgassl-huber.at - 22 ch. - 115/125 €.* Si vous souhaitez loger dans une maison de vignerons dans le quartier des Heurigen, c'est l'adresse idéale. Les chambres, équipées de meubles rustiques et de style, sont calmes et donnent sur le jardin. Mais attention : l'établissement est assez mal desservi par les transports publics ; réservez à l'avance.

€€ **Grinzinger Hof** ⑭ **plan p. 36-37 B1** – *Grinzinger Allee 86 - 19e arr. - ☎ (01) 320 63 134 - fax (01) 320 63 13 - www.grinzing.com - 10 ch. - 94 €.* C'est une excellente adresse pour ceux qui optent pour les charmes de Grinzing. L'hôtel dispose d'un grand restaurant, d'un jardin et d'un parking. La décoration est simple mais tout est rénové.

€€€ **Hotel Park-Villa** ㊲ **plan p. 36-37 B2** – *Hasenauerstraße 12 - 19e arr. - ☎ (01) 367 57 00 - fax (01) 367 57 00 41 - www.parkvilla.at - 21 ch. - 128/190 €.* L'hôtel se situe dans un bâtiment de style Art nouveau datant de 1888. La décoration des chambres est très soignée. Certaines donnent sur une rue calme mais d'autres, plus chères, diposent d'un balcon avec vue sur le jardin intérieur. C'est un hébergement splendide pour le prix.

Quartiers sud

NEUBAU

⊖ **Pension Hargita** ⑨ **plan p. 34-35 A3** – *Andreasgasse 1 - 7ᵉ arr. - ℘ (01) 526 19 28 - fax (01) 526 04 92 - www.hargita.at - 66 €.* Cette pension, appartenant à des Hongrois (les Fülöp), propose des chambres rénovées et bien tenues.

⊖⊖**Pension Anna** ⑦⑧ **plan p. 36-37 B3** – *Zieglergasse 18 - 7ᵉ arr. - ℘ (01) 523 01 60 - fax (01) 523 01 60 39 - www.pension-anna.at - 20 ch. - 80/100 €.* C'est une pension située entre le Ring et le Gürtel, près du quartier animé du Mariahilf. Elle dispose de chambres propres, toutes avec salles de bains.

⊖⊖ **Hotel Kugel** ㉝ **plan p. 34-35 A3** – *iebensterngasse 43 - 7ᵉ arr. - ℘ (01) 523 33 55 - fax (01) 523 33 555 - www.hotelkugel.at - 40 ch. - 83/100 €.* Cet hôtel est un peu bruyant mais bien situé. Il propose des chambres au décor romantique à des prix très intéressants.

⊖⊖ **Hotel Fürstenhof** ㉖ **plan p. 36-37 B3** – *eubaugürtel 4 - 7ᵉ arr. - ℘ (01) 523 32 67 - fax (01) 523 32 67 26 - www.hotel-fuerstenhof.com - 58 ch. - 93,50/110 €.* Cet élégant immeuble, avec des chambres simples mais chaleureuses, se situe tout près de la Westbahnhof. Demandez impérativement des chambres côté église.

⊖⊖⊖ **Altstadt Vienna** ② **plan p. 34-35 A2** – *Kirchengasse 41 - 7ᵉ arr. - ℘ (01) 522 66 66 - fax (01) 523 49 01 - www.altstadt.at - 44 ch. - 129/189 €.* Cet hôtel est un des rares établissements de ce prix qui figure dans le Guide Rouge Michelin des meilleurs hôtels de la ville. C'est une adresse haut de gamme mais abordable.

MARIAHILF

⊖ **Pension Kraml** ⑨③ **plan p. 36-37 B3** – *Brauergasse 5 - 6ᵉ arr. - ℘ (01) 587 85 88 - fax (01) 586 75 73 - www.pensionkraml.at - 14 ch. - 70 €.* Cette belle pension familiale est très chaleureuse et décorée avec beaucoup de goût. C'est une adresse très appréciée des Français. Réservez à l'avance.

RUDOLFHEIM

⊖ **Pension Stadthalle** ⑩② **plan p. 36-37 B3** – *Hackengasse 20 - 15ᵉ arr. - ℘ (01) 982 42 72 - fax (01) 982 72 32 56 - www.hotelstadthalle.at - 46 ch. - 69/111 €.* Cette pension, proche de la Westbahnhof, propose aussi un service hôtel un peu plus cher.

⊖⊖ **Altwienerhof** ⑤ **plan p. 36-37 B3** – *Herlotzgasse 6 - 15ᵉ arr. - ℘ (01) 892 60 00 - fax (01) 892 60 008 - www.altwienerhof.at - 25 ch. - 87/138 €.* Cet établissement excentré mais cossu est particulièrement intéressant si vous recherchez une demi-pension.

⊖⊖⊖ **Reither** ⑩⑥ **plan p. 36-37 B3** – *Graumanngasse 16 - 15ᵉ arr. - ℘ (01) 893 68 41 - fax (01) 893 68 35 - www.hotel-reither.com - 50 ch. - 120/135 €.* Cet établissement familial symbolise l'hospitalité autrichienne. Les chambres, munies d'un balcon ou d'une terrasse, vous séduiront par leur aménagement pratique.

MEIDLING

⊖⊖ **Gasthof Pension Riede** ⑬ **plan p. 36-37 B3** – *Niederhofstraße 18 - 12ᵉ arr. - ℘ (01) 813 85 76 - fax (01) 813 43 13 - www.gasthof-riede.at - 25 ch. - 78 €.* Cette pension est située dans un immeuble Art nouveau ; elle propose de jolies chambres mais n'accepte pas les cartes de crédit.

Quartiers nord

LEOPOLDSTADT

⊖⊖ **Praterstern** ⑩⑥ **plan p. 36-37 C2** – *Mayergasse 6 - 2ᵉ arr. - ℘ (01) 214 01 23 - fax (01) 214 78 80 - www.hotelpraterstern.at - 40 ch. - 64/79 €.* Voici une excellente adresse, située comme son nom l'indique près du Prater, dans une rue calme. Les chambres simples donnent sur une jolie cour intérieure où le petit-déjeuner est servi en été.

⊖⊖ **Hotel Nordbahn** ㉞ **plan p. 36-37 C2** – *Praterstraße 72 - 2ᵉ arr. - ℘ (01) 21 13 00 - fax (01) 21 13 072 - www.hotel-nordbahn.at - 78 ch. - 87/132 €.* Cet hôtel est situé lui aussi près du Prater. Il est spacieux et propose des chambres simples mais confortables. Max Steiner y est né.

Chaînes d'hôtels

L'avantage de ce type de logement est la souplesse des prix selon le degré d'occupation et le fait qu'ils proposent souvent un parking. Beaucoup se trouvent dans les 2ᵉ et 3ᵉ arrondissements. Le géant Accor possède 15 établissements à Vienne *(www.accorhotels.com)*. Parmi eux, citons :

– Etap Hotel Sankt Marx *(Franzosengraben 15 - 3ᵉ arr. -* ⑩ **plan p. 36-37 D3** *– ℘ (01) 798 45 55 - 272 ch. - 50 €).* C'est l'hôtel le moins cher. Il se situe à proximité du Gasometer et de la vie culturelle et nocturne qui s'y trouve.

– IBIS Messe *(Lassallestraße 7a - 2ᵉ arr.* ㊽ **plan p. 36-37 C2** *– ℘ (01) 217 700 - fax (01) 217 70 556 - 166 ch. - 79 €).* Situé à proximité du Prater, cet hôtel propose des prix très accessibles.

Auberges de jeunesse

(Voir pour réservation p. 25)

Pour y loger, il faut posséder une carte internationale des auberges de jeunesse, que l'on peut cependant acheter sur place. Comptez environ 15 € la nuit (un peu moins si vous logez en dortoir), petit-déjeuner continental inclus.

Les deux auberges les plus centrales sont la **Jugendherberge Myrthengasse** 65 **plan p. 34-35 A2** – *Myrthengasse 7 - 1070 Wien - ℰ (01) 523 63 16)* et la **Jugendgästehaus Brigittenau** 61 **plan p. 36-37 C1** – *Friedrich-Engels-Platz 24, 1200 Wien - ℰ (01) 332 82 940* tandis que la **Jugendgästehaus Meidling** 62 **plan p. 36-37 B3** – *Bendlgasse 10-12 - 1120 Wien - ℰ (01) 813 54 87* est toute proche de Schönbrunn. Ces trois auberges proposent des prestations similaires. Elles sont très simplement décorées mais propres et disposent aussi bien de dortoirs que de chambres individuelles.

Vienne dispose aussi de quelques **auberges de jeunesse indépendantes**, qui proposent globalement les mêmes offres que les précédentes (mais ne nécessitent pas de souscription préalable). Beaucoup se situent près de la Westbahnhof.

Hostel Ruthensteiner 17 **plan p. 36-37 B3** – *Robert-Hamerling-Gasse 24 - 1150 Wien -hostelruthensteiner.com.* C'est une très bonne auberge, avec cour intérieure.

Westend City Hostel 110 **plan p. 36-37 B3** – *Fügergasse 3 - 1060 Wien - ℰ (01) 597 67 29 - www.westendhostel.at.* L'auberge est vaste et propre.

Wombat's City Hostel 113 **plan p. 36-37 B3** – *Grangasse 6 - 1150 Wien - ℰ (01) 897 23 36 - www.wombats.at.* Cette auberge amicale est recommandée si vous recherchez une atmosphère festive.

Saison hotels

De juillet à septembre, il est possible de loger dans les chambres de résidences universitaires (dont beaucoup sont doubles ou triples), pour environ 65 à 85 €. Le confort y est correct, les chambres disposent de salles de bains et le petit-déjeuner est inclus.

La compagnie Academia *(www.academia-hotels.co.at)* propose quatre résidences près du centre. Les deux meilleures sont :

Hotel Atlas 21 *plan p. 34-35 A2 – Lerchenfelderstraße 1-3 - 1070 Wien - ℰ (01) 524 20 40 - fax (01) 524 20 40 222.*
Hotel Avis 25 *plan p. 34-35 A2 – Pfeilgasse 4 - 1080 Wien - ℰ (01) 408 96 60 - fax (01) 401 76 20.*

La compagnie All you need hotels *(www.allyouneedhotels.at)* propose deux résidences près du centre. La meilleure est :
Accordia 1 *plan p. 34-35 C1 – Große Schiffgasse 12 - 1020 Wien - ℰ (01) 21 16 68 - fax (01) 218 34 71.*

Chambre chez l'habitant

Cette formule est peu pratiquée et concerne surtout les longs séjours. L'agence Odyssee centralise les offres particuliers *(Laudongasse 18 - 1080 Wien - ℰ (01) 402 60 61 - fax (01) 402 60 61 11 - www.mwz.at).*

Location d'appartements

Cette solution est elle aussi peu en usage mais s'avère intéressante pour les longs séjours. Un portail internet et une agence centralisent les offres des particuliers :
Apartment Owner Association of Vienne, www.netland.at/wien/index.htm
Pego, Kirchgasse 1 - 6700 Bludenz - ℰ (05) 552 65 666 - fax (05) 552 63 801 - www.pego.at.

Camping

L'Office national autrichien du tourisme et les offices de tourisme locaux diffusent une liste des terrains de camping. Vienne en compte trois, contactez : **Camping Wien** *(voir p. 25).*

Camping Wien-West – *Hüttelbergstraße 80, 1140 Wien, ℰ (01) 914 23 14 - fax (01) 911 35 94 - camping.west@verkehrsbuero.at;* ouvert de début mars à fin janvier, réservation possible.

Camping Wien-Süd – *Breitenfurter Straße 269, 1230 Wien, ℰ (01) 867 36 49 - fax (01) 867 58 43 - camping.sued@verkehrsbuero.at;* ouvert de mai à septembre, réservation possible.

Aktiv Camping Neue Donau – *Am Kleehäufel, 1220 Wien, ℰ (01) 202 40 10 - fax (01) 202 40 20 - camping.neuedonau@verkehrsbuero.at;* ouvert de juin à septembre, réservation possible.

👁 Il est possible de camper en dehors des terrains à condition d'avoir obtenu auparavant l'autorisation des propriétaires. Attention, passer la nuit dans son camping-car en dehors des campings officiels est considéré à Vienne comme du camping sauvage et est donc passible d'une amende.

Le petit chaperon rouge

Mais comme le petit chaperon rouge avait pris sa carte National Michelin, elle ne tomba pas dans le piège. Ainsi, elle ne coupa pas par le bois, ne rencontra pas le loup et, après un parcours touristique des plus pittoresques, arriva bientôt chez sa Mère-Grand à qui elle remit son petit pot de beurre.

Fin

Avec les cartes Michelin, suivez votre propre chemin.

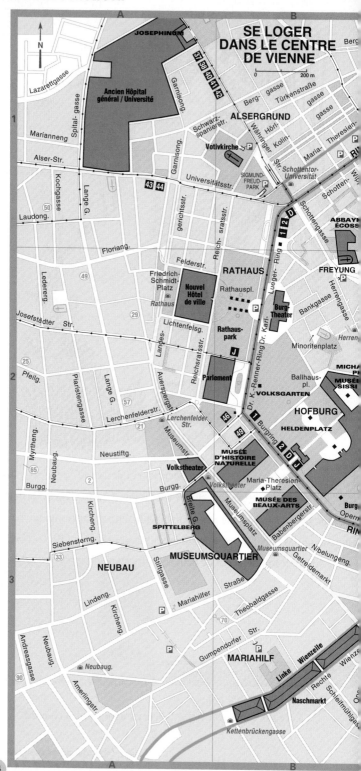

SE LOGER
DANS LE CENTRE
DE VIENNE

0   200 m

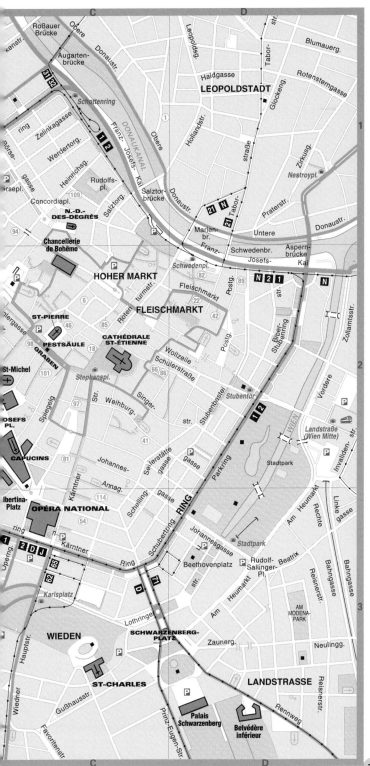

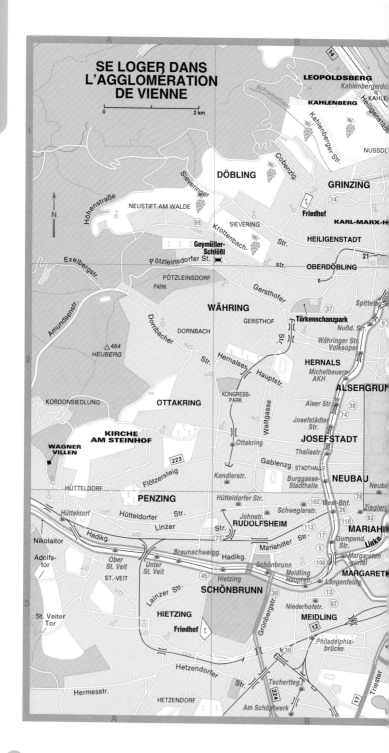

SE LOGER DANS
L'AGGLOMÉRATION
DE VIENNE

0   2 km

N

LEOPOLDSBERG
Kahlenbergerdc
KAHLENBERG   KAHLE
Heiligenstäd

NUSSDC

DÖBLING

GRINZING

NEUSTIFT AM WALDE

SIEVERING

Friedhof

KARL-MARX-H

Höhenstraße

Krottenbach

Str.

HEILIGENSTADT

Geymüller-
Schlößl

Exelbergstr.

Pötzleinsdorfer St.

str.

OBERDÖBLING

21

POTZLEINSDORF
PARK

Gersthofer

Spittela

WÄHRING

37

Türkenschanzpark

Amundsenstr.

Dornbacher

GERSTHOF

DORNBACH

Nußd. Str.

△464
HEUBERG

Str.

Hernalser

Hauptstr.

Währinger Str.
Volksope

9

HERNALS
Michelbeuerr
AKH

ALSERGRUN

KORDONSIEDLUNG

OTTAKRING

KONGRESS-
PARK

Wattgasse

Alser Str.

38

Josefstädter
Str.

74

KIRCHE
AM STEINHOF

223

Ottakring

JOSEFSTADT

WAGNER
VILLEN

Thaliastr.

Gablenzg. STADTHALLE

HÜTTELDORF

Flötzersteig

Kendlerstr.

Burggasse-
Stadthalle

NEUBAU

Neuba

PENZING

Hütteldorfer Str.

102 West-Bhf.

78

Hütteldorf

Hütteldorfer

Str.

Johnstr.

Schweglerstr.

26

Zieglerg

93

Linzer

Str.

RUDOLFSHEIM

113

110

MARIAHI

Nikolaitor

Hadikg.

Braunschweigg. Hadikg.

Mariahilfer Str.

73

Gumpend.
Str.

17

Link

Adolfs-
tor

Ober
St. Veit

Unter
St. Veit

45

Schönbrunn

106

Meidling
Hauptstr.

5

Margareten-
gürtel

MARGARET

St. Veiter
Tor

Hietzing

Lainzer Str.

ST.-VEIT

SCHÖNBRUNN

30

Längenfeldg.

13

Niederhofstr.

62

HIETZING

Grünbergstr.

MEIDLING

12

Friedhof

Philadelphia-
brücke

Hetzendorfer

30

Hermesstr.

Str.

Tscherttegr.

224

Triester

17

HETZENDORF

Am Schöpfwerk

VIENNE PRATIQUE

Adresses utiles

OÙ S'INFORMER

Office du tourisme de Vienne
*Albertinaplatz (angle Maysedergasse/
Tegetthoffstraße) - 1er arr. - tlj 9h-19h -
℘ (01) 24 555 - fax (01) 24 555 666 -
www.wien.info.* Possibilité de réserver
une chambre, de participer à une visite
de la ville ou d'acheter des billets. Vous
pourrez également obtenir sur place
un **plan de la ville** pratique et gratuit
(aussi disponible dans la plupart des
hôtels), répertoriant les principaux
moyens de transport en commun,
ainsi que les musées et d'autres
informations touristiques précieuses.
Précisons que l'office du tourisme de
Vienne ne fournit aucune information
sur la « cité jumelle » de Bratislava.

**Autre point d'information à
Vienne** : *Aéroport - hall des arrivées, en
face du point de réception des bagages -
tlj de 7h à 22h.*

L'office de tourisme sur l'Albertinaplatz.

A. Léonard / MICHELIN

AMBASSADES À VIENNE

France – *Technikerstraße 2 -
1040 Wien - ℘ 50 27 50 -
www.ambafrance-at.org.*

Belgique – *Wohllebengasse 6 -
1040 Wien - ℘ 50 20 70 - www.
diplomatie.be/viennafr.*

Canada – *Laurenzerberg 2 (3e étage) -
1010 Wien - ℘ 531 38 30 00 -
www.kanada.at.*

Suisse – *Prinz-Eugen-Straße 7 -
1030 Wien - ℘ 795 05 -
www.eda.admin.ch/wien.*

EN CAS D'URGENCE

Ambulance – **144**

Police – **133**

Pompiers – **122**

Médecin d'urgence – **141**

Dépannage – **120** ou **123**

Ces numéros doivent être composés
sans indicatif téléphonique.

Pharmacies

Elles sont de garde à tour de rôle la
nuit et le dimanche ; celles qui sont
fermées affichent l'adresse de la
pharmacie ouverte la plus proche.

**Médecin-conseil de l'Ambassade
de France**

*Dr Gabriele BINDER – Tuchlauben 7 -
1010 Wien - ℘ 533 91 60 - consultations
lun., mar., jeu. : 9h- 12h et merc. et vend. :
13h- 16h (et sur RV).*

HORAIRES

Les Viennois aiment commencer
leur journée de bonne heure. Ils se
lèvent tôt, commencent à travailler
vers 8h, font une courte pause à midi,
ce qui leur permet de sortir de leur
travail vers 17h et même plus tôt dans
certains cas.
Les heures d'ouverture des **magasins**
varient selon le type de commerce.
Ils sont généralement ouverts du lun.
au vend. de 9h à 18h ou 19h (12h ou
13h le sam.) et presque tous fermés
le dimanche. Les commerces dans les
lieux touristiques ferment parfois plus
tard (21h en sem. et 17h le sam.) ainsi
que ceux des gares et des aéroports
(jusqu'à 23h).
Les **commerces d'alimentation**
ouvrent dès 8h mais observent une
pause entre 12h30 et 15h.
Les **banques** sont généralement
ouvertes du lundi au vendredi de 9h à
12h30 et de 13h30 à 15h (17h30 le jeu.).
Les **spectacles** commencent souvent
tôt, vers 19h.

Se déplacer à Vienne

DEPUIS L'AÉROPORT

Aéroport de Wien-Schwechat
☏ *(01) 700 70 -*
fax (01) 700 723 805 (accueil central) -
www.viennaairport.com.

En bus rapide

Les bus de **Vienna Airport Lines** desservent quatre destinations (Schwedenplatz pour le centre, UNO City, Südbahnhof, Westbahnhof), durée entre 20 et 35mn, 6 € l'aller simple, ticket au distributeur automatique de l'arrêt de bus ou auprès du conducteur. Pour plus de précisions : *www.wienerlinien.co.at*.

En train

La gare ferroviaire de l'aéroport (Flughafen Wien) dessert le centre-ville en train de banlieue (**S-Bahn** S2 et S7), l'arrêt le plus central étant celui de Wien Mitte-Landstraße (13 km, entre 16 et 25mn), 3 €. Plus cher et plus régulier (ttes les 30mn, 9 € et 16 € pour l'AR), le **CAT** ne s'arrête qu'à Landstraße (16mn exactement). Pour plus de précisions : *www.oebb.at* et *www.cityairporttrain.com*.

En taxi

Pour ceux qui préfèrent le taxi, vous pouvez soit en prendre un directement à l'extérieur de l'aéroport au niveau des arrivées (taxis blancs, Mercedes en général, garés en file), soit avant de sortir de l'aéroport auprès de la compagnie C & K Airport Service (un peu moins cher mais vous devez vous rendre avec le chauffeur dans le parking souterrain de l'aéroport). Comptez entre 27 et 33 € la course jusqu'au centre-ville dans la journée et en semaine.

LES TRANSPORTS EN COMMUN

Vienne est remarquablement desservie par son réseau de transports en commun (*voir plan p. 42*). On se déplace ainsi sans difficulté et rapidement du centre de la ville vers la périphérie, tout

comme d'un arrondissement à l'autre. Métro, tramways et autobus circulent de 5h30 à 24h.

Les « Wiener Linien » (lignes viennoises) desservent le centre de l'agglomération viennoise (zone 100, tous les arrondissements). Vous pouvez trouver des informations sur les transports en commun à Vienne sur le site Internet **www.wienerlinien.co.at** mais le plus simple est de se présenter directement à l'un des **points d'information et de vente** situés dans les stations de métro Stephansplatz, Karlsplatz, Landstraße/Wien-Mitte, Westbahnhof, Schottentor, Philadelphiabrücke, Floridsdorf, Praterstern, Westbahnhof ou Erdberg. Ils sont ouverts en général de 6h30 à 18h30 et fermés le w.-end et les j. fériés. Vous pourrez y obtenir un plan du réseau de transport de Vienne ainsi que l'ensemble des horaires et y acheter des titres de transport (Netz- und Streifenkarten).

Titres de transport

Un ticket individuel coûte 2 € (1,50 € en prévente). Il permet d'utiliser pendant 1h tous les moyens de transport du réseau viennois (zone 100) et autorise tous les changements nécessaires tant que vous n'interrompez pas votre trajet et que vous vous dirigez dans une certaine direction. Il existe toutefois plusieurs formules adaptées aux besoins de chacun. Les forfaits « **24 heures** » et « **72 heures** » coûtent respectivement 5 € et 12 € ; ils couvrent le réseau (zone 100), sauf les bus de nuit. La carte « **8 jours** », qui coûte 24 €, est très avantageuse pour les touristes qui séjournent assez longtemps à Vienne, car sa validité est de huit fois 24h ; elle peut être utilisée par plusieurs personnes et les jours d'utilisation ne doivent pas obligatoirement se suivre (composter une section par personne et par jour) ; elle couvre le réseau (zone 100), sauf les bus de nuit. Si vous restez plus longtemps à Vienne, vous pouvez également acheter une **carte mensuelle**.

À l'exception de la **Vienna Card** (*voir encadré p. 40*), les tickets sont disponibles dans les distributeurs

La Vienna Card

Vous pouvez vous procurer cette carte, valable 72h, dans de nombreux hôtels, dans les points de renseignements touristiques, dans les centres d'information et de vente des Wiener Linien ou depuis l'étranger, avec un numéro de carte de crédit, en appelant le ☎ **(00 43) 1 798 44 00 148**. Elle permet d'utiliser tous les moyens de transports en commun de la ville pendant 72h (à partir de l'oblitération) (métro, bus, tramway – excepté les lignes de nuit ; si vous possédez la Vienna Card, un enfant de moins de 15 ans peut voyager gratuitement avec vous) ; en outre, vous bénéficiez d'avantages dans des musées et certains magasins, cafés, Heurigen et restaurants. Le carnet joint à la carte contient de plus amples précisions. La Vienna Card est vendue au prix de 16,90 €. Renseignements auprès de l'office du tourisme de Vienne.

automatiques de toutes les stations de métro et chez les marchands de tabac. Les enfants de moins de 6 ans voyagent gratuitement. Il en est de même pour les jeunes de moins de 15 ans le dim. et les j. fériés, ainsi que pendant les vacances scolaires de l'Académie de Vienne.

Le métro

Repérables à leur enseigne, un U majuscule blanc sur fond bleu, les cinq lignes de l'**U-Bahn** traversent l'agglomération de part en part. Chacune est reconnaissable à sa couleur : U1, rouge ; U2, mauve ; U3, orange ; U4, vert ; U6, marron (la ligne U5 est depuis longtemps au stade du projet). Une extension vers l'Est de la ligne U2 est en cours de réalisation.

Les quais sont équipés de panneaux électroniques précisant le terminus de la ligne. Il suffit donc de la repérer sur le plan du réseau pour ne pas se tromper de direction. Par ailleurs, l'arrêt est annoncé dans la rame par un système de haut-parleurs. Le métro est le meilleur moyen pour se déplacer, et il offre de nombreuses correspondances rapides avec le **S-Bahn**.

Le tramway

Les tramways viennois **(Straßenbahn)** arborent les couleurs de la ville : le blanc et le rouge. Dans la rue, les arrêts sont repérés par des panneaux blancs ovales cerclés de rouge, affichant l'inscription « Straßenbahn – Haltestelle ». Dans le tram, les arrêts sont annoncés par un système de haut-parleurs. Pour monter et descendre, il suffit d'appuyer sur le bouton placé à côté des portes. Les 34 lignes portent en général des numéros (sauf les lignes D, J, N et O). Les lignes 1 et 2 sont particulièrement intéressantes car elles permettent de faire le tour du Ring.

Le bus

Également rouge et blanc, les autobus sillonnent la ville en traversant les lignes du tramway. Les arrêts sont signalés par des panneaux blancs ovales cerclés de noir et marqués de l'inscription « Autobus – Haltestelle ». Dans le bus, les arrêts sont annoncés par un système de haut-parleurs. Pour monter et descendre, il suffit d'appuyer sur le bouton placé à côté des portes. Les bus sont particulièrement pratiques pour se déplacer dans les arrondissements périphériques.

Le train

Le **S-Bahn** (13 lignes) et les trains des chemins de fer autrichiens **(Österreichische Bundesbahnen)** desservent plusieurs gares de Vienne et de ses environs. Le touriste qui visite Vienne utilisera principalement le S-Bahn (logo bleu) qui permet de nombreuses correspondances avec le métro, le tram ou le bus. Le titre de transport pour le S-Bahn est le même que celui utilisé dans les autres moyens de transport, tant que l'on reste dans la zone 100.

Les lignes de nuit

Il existe 22 lignes nocturnes qui assurent un service minimum quand la ville dort, de minuit au début de la circulation des lignes de jour. Les bus de nuit sont reconnaissables à leur « N » (**Nachtbus** ou **Nightline**, bus de nuit) et circulent toutes les demi-heures. On peut se procurer la liste de ces lignes et leurs itinéraires aux guichets de vente des billets.

À PIED

Dans le centre-ville, rien ne vaut la marche pour se déplacer. Le centre historique de Vienne ne peut du reste s'apprécier pleinement que de cette façon-là. De nombreuses rues du centre-ville sont piétonnes ou très peu fréquentées par les voitures. Cependant, dès que l'on s'écarte du 1er arrondissement, la prudence s'impose. Pour deux raisons : d'une part, une ligne du tram circule sur le Ring dans le sens opposé au flux des automobiles, ce que l'on peut facilement oublier en descendant du train, d'autre part, les Viennois conduisent relativement vite. La loi qui consiste à respecter les passages cloutés lorsque des piétons veulent traverser la rue est toutefois la plupart du temps bien respectée.

À VÉLO

Quelque 700 km de pistes cyclables sillonnent Vienne. Si vous voyagez en train, vous pouvez louer un vélo à la Westbahnhof, la Südbahnhof, ainsi que dans les gares de Vienne Nord et de Florisdorf et la Franz-Josefs-Bahnhof. Vous pouvez aussi expédier votre vélo en bagage dans toutes les gares. On trouve d'autres services de location sur la Donauinsel (près du Reichsbrücke) ou à l'Hundertwasserhaus (à l'heure ; se munir d'une pièce d'identité). La brochure *Tips für Radfahrer*, que vous pouvez vous procurer gratuitement dans les points d'information, contient des informations détaillées.

Un couple de cyclistes dans la rue.

R. Osmark / © Wien Tourismus

Service de location de vélos : **Pedal Power** – *Ausstellungsstraße 3 (en face de la grande roue du Prater) - 2e arr. -* 📞 *(01) 729 72 34 - www.pedalpower.at (en français).* On vous expliquera comment bénéficier de la **Citybike Tourist Card**, qui permet de circuler gratuitement pendant une heure et de déposer votre vélo dans l'un des 50 emplacements de la ville. Pour plus d'informations : *www.citybikewien.at.*

LES TAXIS

Vous pouvez réserver un taxi par téléphone ou vous présenter directement aux têtes de station. La prise en charge est de 2,50 € de jour et 2,60 € de nuit ainsi que les dimanches et jours fériés. Si vous voulez arrêter un taxi, regardez si sa lumière jaune est allumée, cela signifie qu'il est libre. S'il est occupé, sa lumière sera éteinte. Si vous réservez un taxi par téléphone, l'opérateur vous précisera le délai d'attente (2 € supplémentaires) : 📞 *(01) 313 00, 401 00, 601 60* ou *814 00.* Si les courses sont relativement peu onéreuses dans l'agglomération, celles reliant le centre-ville à l'aéroport ou vice versa sont déjà beaucoup plus chères (suppl. de 10 €). L'usage veut que l'on arrondisse la course. Le taximètre affiche, sur la gauche, le prix de la course et, sur la droite, le supplément (w.-end ou nuit). Si vos bagages pèsent plus de 20 kg, vous devrez également vous acquitter d'un supplément.

EN RICKSHAW

Vous pouvez aussi opter pour le taxi écologique, en arrêt devant les principaux lieux touristiques (2,50 € le km) : **Faxi** – *(0699) 120 05 264 - www.faxi.at.*

EN VOITURE

Il est déconseillé de se déplacer en voiture à Vienne, non pas que la circulation y soit plus embouteillée que dans la plupart des autres capitales européennes, mais parce que le réseau des transports en commun y est excellent. Si vous souhaitez toutefois opter pour la voiture, sachez

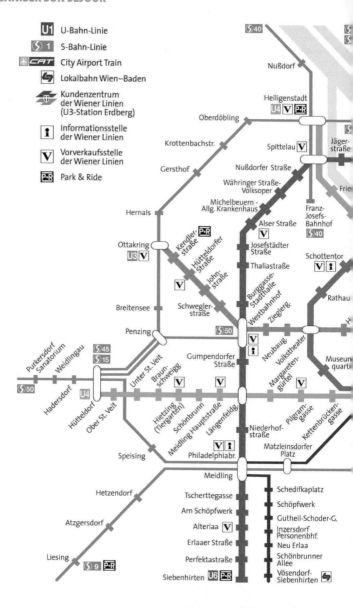

U1	U-Bahn-Linie
S1	S-Bahn-Linie
CAT	City Airport Train
	Lokalbahn Wien–Baden
	Kundenzentrum der Wiener Linien (U3-Station Erdberg)
i	Informationsstelle der Wiener Linien
V	Vorverkaufsstelle der Wiener Linien
P+R	Park & Ride

SCHNELLVERBINDUNGEN IN

Strebersdorf
Jedlersdorf
Brünner Straße P+R
Floridsdorf U6 V i
e Donau
Siemens-
straße
Großfeldsiedlung
Aderklaaer Straße
Rennbahnweg
Kagraner Platz
Kagran V P+R
Handelskai
Traisengasse
Alte Donau
Kaisermühlen-
Vienna Int. Centre
Donauinsel
Vorgartenstraße
Nestroypl.
Wien
Praterstern
V i
weden-
platz
tephansplatz
Stubentor
CAT V i
Landstraße
(Wien Mitte)
Rochusgasse V
Kardinal-Nagl-Platz
Schlachthausgasse
Erdberg P+R
Gasometer
Zipperer-
straße
Stadt-
park
Oper
Rennweg
St. Marx
Enk-
platz
Haidestraße
arlsplatz
V i
aubstummen-
gasse
Geisel-
bergstr.
Simmering U3 V
üdtiroler
platz
Süd-
bahnhof
S8
S80
S60
Zentralfriedhof
Keplerplatz
Grillgasse
Kaiserebersdorf
eumannplatz
V
Schwechat
Kledering
S60
CAT S7

Gerasdorf S2
Leopoldau
U1 V P+R
Süßenbrunn S1
Breitenleer Straße
Erzherzog-
Karl-Straße
Hirschstetten S80
Hausfeld-
straße
Stadlau
Lobau
Praterkai

© WIENER LINIEN

Stand September 2006

WIEN

WIENER LINIEN
Die Stadt gehört Dir.

que la vitesse de circulation est limitée à 50 km/h dans les agglomérations (à moins qu'un panneau de signalisation n'indique autre chose).

Stationnement

La vieille ville de Vienne et les arrondissements alentour (1 à 9 et 20) possèdent des **zones de stationnement payant de courte durée** (1er arr. du lun. au vend. de 9h à 19h, durée maximale du stationnement : 1h30 ; du 2e au 9e et dans le 20e arr. de 9h à 20h, durée maximale du stationnement : 2h). Ces zones de stationnement réglementé ne sont toutefois signalées qu'une fois que vous pénétrez dans l'arrondissement en question (aucun autre panneau dans les rues – un ticket est nécessaire dès la première minute de stationnement). Dans les rues commerçantes, d'autres règlements peuvent toutefois être appliqués notamment quant à la durée du stationnement ; il faudra alors se fier aux panneaux correspondants. Vous pouvez vous procurer des tickets dans la plupart des bureaux de tabac et des banques, dans les gares ainsi que dans les points de vente des « Wiener Linien » (0,40 € pour 30mn, 0,80 € pour 1h et 1,20 € pour 1h50).

Ces tickets (rouge, bleu et vert) doivent être entièrement complétés avant d'être utilisés. Il faut y noter l'année et cocher le jour, le mois et l'heure. Même si vous devez acheter plusieurs tickets pour un même stationnement, l'heure à noter sur chaque ticket est toujours l'heure de votre arrivée.

Si vous avez réservé une chambre dans un hôtel, renseignez-vous avant votre arrivée pour savoir où garer votre voiture (la réception de l'hôtel vous remettra peut-être une carte de stationnement pour la journée ou vous enverra un ticket de stationnement gratuit de 10mn pour décharger vos bagages).

Les 219 **parkings** de la ville, ouverts 24h/24, constituent la solution idéale au problème de stationnement. Vous pouvez vous procurer auprès de l'office du tourisme de Vienne ou sur le site Internet *www.wkw.at/garagen* une liste des différents parkings de la ville.

Les **places park & Ride** fournissent également une possibilité intéressante de contourner le problème de stationnement dans le centre-ville. Il s'agit de laisser sa voiture en périphérie et d'utiliser les transports en commun pour circuler à l'intérieur de la ville. On trouve ces places près des stations de métro Donauinsel (U1), Ottakring et Erdberg (U3), Heiligenstadt (U4), Spittelau et Siebenhirten (U6), ainsi qu'à proximité des stations de S-Bahn Brünner Straße (S3) et Liesing (S1/S2).

Code de la route

Le port de la ceinture de sécurité est obligatoire en Autriche. Le taux d'alcoolémie limite est de 0,5 g pour mille.

La vitesse maximale autorisée en ville est de 50 km/h. Les voitures, motos et camping-cars de 3 t maximum ne doivent pas dépasser les 130 km/h sur autoroute et les 100 km/h sur les autres routes (à moins qu'un panneau de signalisation n'indique autre chose). Pour les voitures tractant des remorques de plus de 750 kg, ces limites sont respectivement de 100 km/h et 80 km/h.

Les enfants âgés de moins de 12 ans et mesurant moins de 1,50 m doivent être assis dans des sièges prévus à leur usage.

Le téléphone n'est autorisé en voiture que si vous disposez d'un dispositif main libre.

Le port d'un casque de protection est obligatoire pour les conducteurs de véhicules à deux roues. Les motocyclistes doivent également laisser leurs feux de croisement (codes) allumés pendant la journée.

En cas d'accident impliquant des dommages corporels, il est obligatoire de prévenir la police ; si les dommages sont uniquement matériels, la police ne doit être prévenue que dans le cas où l'identité des individus impliqués n'est pas prouvée.

République slovaque – Vous devez apposer la lettre correspondant à votre nationalité à l'arrière de votre véhicule. Le taux d'alcoolémie toléré est nul. Si vous empruntez l'autoroute, vous devez acheter une vignette que vous pouvez vous procurer auprès du service de douane. La limite de vitesse

maximale est de 60 km/h en ville, 90 km/h sur les routes et 130 km/h sur les autoroutes (ces limites de vitesse sont moindres par temps de pluie). Le port du casque est obligatoire pour les conducteurs de motos ainsi que pour les passagers.

Hongrie – Comme en Slovaquie, vous devez apposer la lettre correspondant à votre nationalité à l'arrière de votre véhicule et la tolérance vis-à-vis de l'alcool au volant est nulle. Si vous empruntez l'autoroute, vous devez acheter une vignette que vous pouvez vous procurer auprès du service de douane. La limite de vitesse maximale est de 50 km/h en ville, 80 km/h sur les routes nationales, 100 km/h sur les routes nationales avec séparation des voies et 120 km/h sur les autoroutes (ces limites de vitesse sont moindres par temps de pluie). Les feux de croisement (codes) sont obligatoires toute l'année, de nuit comme de jour, en dehors des agglomérations. Le port du casque est obligatoire pour les conducteurs de motos et leurs passagers.

Carburant

Toutes les stations-service proposent du gazole (Diesel), de l'essence sans plomb indice d'octane 91 (Normalbenzin), ainsi que de l'essence sans plomb indice d'octane 95 (Euro-Super). La vente d'essence avec plomb est interdite en Autriche. On peut toutefois acheter dans les stations-service un produit de remplacement vendu en bouteilles de 250 ml et qui peut être ajouté à l'essence sans plomb, afin que les anciens véhicules qui ne fonctionnent pas avec de l'essence sans plomb puissent être utilisés.

On peut importer ou exporter en franchise de douane le contenu du réservoir d'un véhicule, plus un bidon de réserve de 10 l.

Péages

L'utilisation des autoroutes, voies rapides et rocades urbaines (dont la B 302 ou Wiener Nordrandstraße) est soumise au paiement d'une taxe en Autriche. Cette dernière est acquittée sous la forme de l'achat d'une vignette *(Pickerl)*, qui doit être apposée en haut et au centre ou à gauche du pare-brise du véhicule (les vignettes non collées ne sont pas valables). Vous pouvez acheter une vignette valable 10 jours (7,60 €), soit 2 mois (21,80 €), soit un an de décembre à la fin du mois de janvier de l'année suivante (72,60 €). Les caravanes n'ont pas besoin d'avoir leur propre vignette ; les camping-cars (même de plus de 3,5 t) payent le même prix que les voitures. Vous pouvez vous procurer cette vignette dans les automobiles clubs (ARBÖ, ÖAMTC), les grandes stations-service (notamment près de la frontière, sur les autoroutes et à proximité des sorties d'autoroutes), les bureaux de poste et les bureaux de tabac ainsi qu'aux passages frontaliers. En Allemagne (également auprès de l'ADAC) et en Suisse, on la trouve aussi dans les stations-service situées près de la frontière. Renseignements au ☏ *(0662) 62 05 11 32* ou sur le site Internet *www.vignette.at.*

La conduite automobile en hiver

En hiver, les pneus neige et parfois même les pneus à clous (utilisation autorisée du 15 novembre au lundi de Pâques) sont fortement recommandés. L'ÖAMTC (Auto, Moto et Touring club autrichien) et l'ARBÖ (Union des automobilistes, motocyclistes et cyclistes d'Autriche) ont mis en place des lieux de prêt pour les chaînes.

Dépannage automobile

Service de dépannage de l'automobile club ÖAMTC : ☏ *120* ; ARBÖ : ☏ *123*, 24h/24 (composez ce numéro à trois chiffres sans indicatif téléphonique). Tous les conducteurs peuvent faire appel à ce service, en payant s'ils ne sont pas membres du club.
Autres numéros d'appel importants : police – ☏ **133**
service de secours – ☏ **144**.

Info-trafic et état des routes

Vous pouvez appeler le ☏ *0 800 120 120* (24h/24, en allemand et en anglais). Les sites Internet des voies rapides *(www.asfinag.at)* et des automobile clubs *(www.arboe. at* et *www.oeamtc.at)* fournissent également des informations en temps réel sur le trafic routier. À noter aussi que le **GPS** autonome de ViaMichelin (le X-950T) dispose de l'info trafic pour l'Autriche.

Voitures de location

Les principales agences de location de voiture sont situées sur le Ring et à l'aéroport, par exemple :

Avis – *Opernring 5 - 1er arr. - ☏ (01) 587 62 41.*

Denzeldrive – *Erdbergstraße 202 - 3e arr. - ☏ (01) 799 61 76.*

Hertz – *Kärntner Ring 17 - 1er arr. - ☏ (01) 512 86 77.*

Achats

MAGASINS ET BOUTIQUES

Les Viennois faisant leurs courses dans leur quartier, le centre-ville est principalement réservé aux boutiques de luxe. On les trouvera autour de la cathédrale, sur le Graben, la Kärntner Straße, le Kohlmarkt, le Neuer Markt et la Tuchlauben. Dans le 1er arrondissement, les somptueuses **Ringstraßen-Galerien** (Kärntner Ring 7) constituent le centre commercial le plus important.

La plus grande artère commerçante de l'agglomération viennoise est la Mariahilfer Straße qui sépare les 6e et 7e arrondissements et relie le Westbahnhof au Ring. C'est la rue des grands magasins populaires (C & A, Virgin, etc.). La Favoritenstraße (10e arr.), la Taborstraße (2e arr.), la Meidlinger Hauptstraße (12e arr.) et la Landstraße Hauptstraße

La très commerçante Mariahilferstraße.

R. Osmark / © Wien Tourismus

(3e arr.) constituent d'autres artères commerçantes proches du centre. Le plus grand centre commercial de la ville (et du pays) est le **SCS** (Shopping City Süd, à Vösendorf sur l'Autoroute du Sud A 2, sortie SCS, *www.scs.at*) ; il concentre de nombreux magasins, restaurants et salles de cinéma.

Le **Gasometer**, inauguré en 2001 à Simmering (11e arr. ; U3, station Gasometer ; sortie St.-Marx de l'A 23), dispose d'un centre commercial de 20 200 m². On y trouve des restaurants, des cafés, des supermarchés, des magasins d'alimentation, des magasins spécialisés, des cinémas et une salle de spectacle.

SOUVENIRS

Parmi les souvenirs à rapporter, il y a les douillets vêtements en loden, les habits traditionnels alpins ou Trachten (dont les fameux shorts en daim et les robes de Dirndl), la porcelaine d'Augarten, les objets ou affiches aux motifs Jugenstil et Art déco, les reproductions des bijoux, verreries ou céramiques des Ateliers viennois ou une chaise originale Thonet… Et, bien sûr, les amateurs de musique classique se régaleront dans les nombreuses boutiques de musique de la ville.

MODE

Ceux attirés par les créateurs viennois iront dans les boutiques de la Judengasse. Le couturier autrichien le plus connu est **Helmut Lang**, qui a marqué les années 1990 avec son idée d'un minimalisme chic et androgyne. Il est aujourd'hui installé à New York. Sa boutique se trouve Seilergasse 6 (1er arr.). La chambre professionnelle des créateurs de mode, **Unit F**, réunit les talents viennois et présente leur collection *(www.unit-f.at)*, notamment lors du « Festival for fashion, music & photography » (une semaine, vers mi-juin).

GALERIES D'ART

Vienne recèle de nombreuses galeries d'art. Voici une liste des principales d'entre elles :

Charim – *Dorotheergasse 12 - 1010 Wien - www.charimgalerie.at.*

Ernst Hilger – *Dorotheergasse 5 - 1010 Wien - www.hilger.at.*

Hohenlone & Kalb – *Bäckerstraße 3 - 1010 Wien - www.hohenlonhe-kalb.at.*

Martin Janda – *Eschenbachgasse 11 - 1010 Wien - www.raumaktuellerkunst.at.*

Kosak Hall – *Wiedner Hauptstraße 46 - 1040 Wien - www.kosakhall.at.*

Galerie Krinzinger – *Seilerstätte 16 - 1010 Wien - www.galerie-krinzinger.at.*

Krobath Wimmer – *Eschenbachgasse 9 - 1010 Wien - www.krobathwimmer.at.*

Gabriele Senn – *Schleimühlgasse 1a - 1040 Wien - www.galeriesenn.at.*

Nächt St. Stephan – *Grünangergasse 1/2 - 1010 Wien - www.schwarzwaelder.at.*

Hubert Winter – *Breite Gasse 17 - 1040 Wien - www.galeriewinter.at.*

ANTIQUITÉS ET SALLES DES VENTE

Vienne est une ville riche en antiquités de toutes sortes : meubles, peintures, porcelaines etc.

On trouve une grande concentration d'antiquaires autour du Dorotheum (*voir ci-dessous*) et dans le 8e arrondissement.
Le principal marché aux puces (*Flohmarkt*) se tient le samedi de 8h à 16h au **Naschmarkt**.
Une brocante est aussi ouverte, de mai à septembre, sur la berge du **Donaukanal** – *sam. 12h-20h et dim. 10h-20h*).
Le **Flohmarkt Caritas** propose meubles et habits – *Mittersteig 10 - 5e arr. -* ℘ *(01) 505 96 35 - 9h-18h sf dim. (lun. 20h, sam. 13h).*
Enfin, les « **Dorotheum** », les salles de vente de Vienne, existent depuis 300 ans ; la ville en compte douze, dans presque tous les arrondissements. Le grand hôtel des ventes est le **palais Dorotheum** (*Dorotheergasse 17 - 1er arr. -* ℘ *(01) 515 600 - fax (01) 51 56 04 43 - www.dorotheum.com*). C'est l'hôtel des ventes le plus important d'Europe (environ 650 ventes aux enchères par an). Pour les dates et horaires des ventes aux enchères, consulter le site Internet.

Le marché aux puces du Naschmarkt.

Vie quotidienne de A à Z

CULTES

Pour la liste des lieux de culte et des services religieux, contactez le consulat de votre ambassade à Vienne. Pour la France, vous pouvez consulter le site *www.ambafrance-at.org*.

EAU POTABLE

Vienne dispose de l'eau la plus fraîche des capitales européennes. Cette eau vient tout droit de la montagne grâce à la canalisation construite par l'empereur François-Joseph. Vous pouvez donc consommer l'eau du robinet sans modération.

ÉLECTRICITÉ

La tension du réseau est de 220 V. Dans les campings, l'intensité du courant peut varier entre 4 et 16 A.

INTERNET

La plupart des grands hôtels de Vienne disposent du système Wifi ou de bornes de connection à Internet. Certains cafés ou clubs proposent aussi l'accès soit gratuit (le Flex et le Rhiz, par exemple) soit payant (comme le Das Möbel, *voir Vie nocturne*). Enfin, la ville dispose de nombreux Internet cafés (entre 4 et 6 € l'heure). BigNet possède ainsi deux cafés dans le centre (*Hoher Markt 8-9* et *Kärntner Straße 61*). Le Surfland.c@fe est aussi bien situé (*Krugerstraße 10*).

POSTE

Les bureaux de poste sont ouverts du lundi au vendredi de 8h à 12h et de 14h à 18h. Certains bureaux de poste ont des horaires plus étendus, notamment ceux des grandes gares :

Hauptpostamt des 1. Bezirks – *Fleischmarkt 19 - 1er arr. - ☎ (01) 51 50 90 - ouvert 24h/24.*

Postamt am Franz-Josefs-Bahnhof – *Althahnstraße 10 - 9e arr. - ☎ (01) 319 14 70 - lun.-vend. 6h-22h, sam.-dim. et j. fériés 7h-22h.*

Postamt am Südbahnhof – *Wiedner Gürtel 1a - 10e arr. - ☎ (01) 50 18 10 - lun.-sam. 7h-22h.*

Postamt am Westbahnhof – *Europaplatz 1/Mariahilferstraße 132 - 15e arr. - ☎ (01) 89 11 50 - tlj 6h-23h.*

Les 2e et 3e chiffres des **codes postaux** viennois correspondent aux arrondissements (par exemple : « 1070 » correspond au 7e arr.).

Affranchissement

Vous pouvez vous procurer des timbres dans les bureaux de poste et les bureaux de tabac. On distingue deux types d'expédition : *Priority* (ou poste aérienne) et une variante moins coûteuse *Non Priority*, correspondant à une durée d'acheminement plus longue, ainsi que deux zones géographiques : *Europe* et *Monde*. Le timbre à utiliser pour les lettres standard (jusqu'à 20 g) et les cartes postales coûte 0,55 €. Le tarif est le même pour les lettres standard et les cartes postales de type *Priority* en Europe.

Boîtes aux lettres

Elles sont généralement de couleur jaune et orange. Des bandes rouges signalent des levées supplémentaires le week-end et les jours fériés. Pour tout renseignement : *www.post.at*.

POURBOIRES

N'oubliez pas qu'à Vienne le pourboire (10 % en général) est une institution, que ce soit pour le serveur, le taxi, l'hôtel, le guide touristique, le personnel des vestaires ou des toilettes…

PRESSE FRANCOPHONE

Vous la trouverez dans la plupart des kiosques du centre-ville et dans les grands cafés.

SÉCURITÉ

Le taux de criminalité à Vienne est inférieur à celui constaté dans les capitales européennes. Vous serez probablement surpris par le faible nombre de policiers visibles dans les rues. Peu de risques donc, même si on constate une recrudescence des cas de vols à la tire.

TABAC

Vous pouvez vous procurer du tabac au prix ordinaire dans les débits de tabac *(Tabak Trafik)*. Ce prix est, en revanche, majoré dans les hôtels, restaurants, cafés, etc. Vous pouvez aussi acheter dans les bureaux de tabac des titres de transport pour les transports publics, des tickets de parking, des timbres et des cartes de téléphone.

TÉLÉPHONE

Ne vous étonnez pas si le nombre de chiffres des numéros de téléphone varie énormément. Les services officiels et les grandes entreprises ont droit à des numéros courts alors que les autres abonnés ont des numéros à sept chiffres. Pour appeler l'étranger, vous pouvez acheter des cartes prépayées et les utiliser directement dans les cabines téléphoniques, mais attention car les instructions vocales sont en général en allemand.

TOURISME ET HANDICAP

L'office du tourisme de Vienne met à la disposition des personnes handicapées un grand nombre d'informations sur le site Internet *www.info.wien.at* (hôtels, musées, théâtres, cinémas, restaurants, transports en commun, guides spécialisés, WC publics réservés aux handicapés, etc.). Vous pouvez également obtenir de nombreuses informations auprès de l'office de tourisme autrichien *(www.austria.info)*.

SPECTACLES ET MANIFESTATIONS

Spectacles

La musique classique est évidemment reine à Vienne. Tout ici est fait pour combler les mélomanes, notamment à travers les quatre piliers institutionnels : l'**Opéra national** d'abord, qui programme de début septembre à fin juin une douzaine d'opéras différents et deux ou trois ballets par mois ; le **Volksoper**, plus spécialisé dans les opéras en allemand et les opérettes ; la salle dorée du **Musikverein** où l'Orchestre philharmonique de Vienne se produit dix-huit fois dans l'année, et les quatre salles du **Konzerthaus**, qui proposent également de la musique contemporaine. En été, quand leur programmation s'arrête, ce sont les églises, les palais et les scènes en plein air qui prennent le relais.
Concernant le théâtre et la danse, on trouve là encore des géants, comme le **Burgtheater**, le **théâtre de Josefstadt** et le **Volkstheater** mais aussi d'autres scènes très intéressantes. Plus récemment, la cité danubienne

La façade du Volksoper.

est devenue la capitale germanophone de la **comédie musicale**, surtout depuis le succès de *Cats* dans les années 1990 et d'*Élisabeth*.
Enfin, la ville regorge de salles d'art et d'essai proposant des films en version originale. L'été, les **cinémas à ciel ouvert** savent aussi ravir Viennois et gens de passage, comme devant l'hôtel de ville (films musicaux) ou dans le Augarten (beaucoup de vieux films en noir et blanc et de films d'horreur).

Salles de spectacles

Si vous souhaitez assister à un spectacle, le plus simple est de réserver vos places auprès de votre agence de voyage, de l'office du tourisme de Vienne *(www.wien. info)* ou auprès des billetteries comme :
Wien-Ticket – *℘ (01) 588 85 - www.wien-ticket.at.*
Vienna Ticket – *℘ (01) 512 44 66 - www.viennaticket.com.*
Cityrama – *℘ (01) 534 130 - www.cityrama.at.*
Vienna Ticket Office – *℘ (01) 513 11 11 - www.viennaticketoffice.com.*
Sur place, vous pouvez vous rendre au **Wien-Ticket Pavillon** à l'Opéra. Pour ne pas payer de supplément, vous devez réserver directement auprès de la salle de spectacle *(voir ci-dessous).*

Opéras, concerts

Opéra national – *Herbert-von-Karajan-Platz - 1er arr. - www.wiener-staatsoper.at.*
Volksoper – *Währinger Straße 78 - 9e arr. - www.volksoper.at.* Opéras en allemand. Vous pouvez réserver vos places :

- Par écrit au moins trois semaines avant la représentation, auprès du Wiener Staatsoper *(Kartenvertrieb, Hanuschgasse 3 - 1010 Wien - fax (01) 514 44 29 69)* ou du Volksoper Wien *(Stadtbüro - Goethegasse 1 - 1010 Wien - ℘ (01) 514 44 30).*

- Par téléphone (paiement par carte de crédit) *℘ (01) 513 1 513 - tlj de 10h à 21h.*

- Sur le site Internet *www.culturall.com.*

- Soit, pour les places restantes, sur place au Volksoper et à l'Opéra national ainsi qu'au Bundestheater *(Operngasse 2 - 1er arr)* et au Burgtheater *(Dr-Karl-Lueger-Ring 2 - 1er arr).* Ouverture des caisses en général lun.-vend. 8h-18h, sam.-dim. et j. fériés 9h-12h, le 1er sam. du mois et les sam. de l'Avent 9h-17h).
Musikverein (Société des amis de la musique) – *Bösendorferstraße 12 - 1010 Wien - ℘ (01) 505 81 90 - fax (01) 505 81 90 94 - www.musikverein-wien.at.*

NOUVEAU Guide Vert Michelin : élargissez l'horizon de vos vacances

- *Nouvelle couverture*
- *Nouvelle présentation intérieure*
- *Nouvelles informations*
- *Nouvelles destinations*

Musikverein organise environ 500 concerts de musique classique par an. La location des places commence trois semaines avant la date du concert (un mois avant pour les membres de l'association ; *lun.-vend. 9h-19h30, sam. 9h-17h*). Renseignements sur les programmes au ✆ *(01) 505 13 63* (répondeur).

Wiener Konzerthaus — *LothringerstraßE 20 - 3e arr. - ✆ (01) 712 12 11 - fax (01) 242 00 110 - http:// konzerthaus.at.* Orchestres, solistes du monde entier et manifestations organisées par la Konzerthausgesellschaft.

Neue Oper Wien — *Herminengasse 10/23 - 2e arr. - ✆/fax (01) 218 25 67 - www.neueoperwien.at.* Le Freie Operngruppe, qui ne présente que quelques productions par an, s'est spécialisé dans les œuvres contemporaines, spécialement celles se référant à l'actualité, sur des thèmes humanitaires ou ayant une signification sociale et politique.

Konzerte der Wiener Sängerknaben — Les Petits Chanteurs de Vienne se produisent d'avril à juin, ainsi qu'en septembre et en octobre, tous les vendredis à 16h dans la salle Brahms de la Musikverein. Vous pouvez vous procurer un billet dans les hôtels et auprès du Reisebüro Mondial — *Operngasse 20b - 1040 Wien - ✆ (01) 58 80 40 - www.mondial.at.*

Hofmusikkapelle — *Hofburgkapelle - 1010 Wien - ✆ (01) 533 99 27 - fax (01) 533 99 27 75 - www.hofburgkapelle.at.* Messes dans la chapelle de la Hofburg le dimanche et le 25 décembre (avec la participation des Petits Chanteurs de Vienne, du chœur et de l'orchestre de l'Opéra). Début : 9h15. Places assises de 5 à 29 €, places debout gratuites. Les places doivent être réservées par écrit (ne joindre ni argent ni chèque) au moins dix semaines à l'avance. Retrait et paiement à la chapelle le vendredi de 11h à 13h et de 15h à 17h ou le dimanche de 8h15 à 8h45. Vente de places assises à la chapelle le vendredi de 15h à 17h pour le dimanche suivant.

Hofburg orchester — *Margaretenstraße 3 - 4e arr. - ✆ (01) 587 25 52 - fax (01) 587 43 97 - www.hofburgorchester.at.* Valses et opérettes avec l'orchestre viennois de la Hofburg, dans la Hofburg, la Konzerthaus ou la Musikverein.

Concerts du château de Schönbrunn — *Orangerie du château de Schönbrunn - 13e arr. - ✆ (01) 812 50 040 -*

www.imagevienna.com. Tous les jours à 20h30, musique de Mozart et Strauß dans une ambiance hors du commun.

Théâtre et danse

Burgtheater — *Dr-Karl-Lueger-Ring 2 - 1er arr. - ✆ (01) 514 44 41 40 - www.burgtheater.at.* Une scène de dimension européenne, où sont joués tous les genres théâtraux. Location de places à partir du 20 du mois précédent pour tous les jours du mois suivant. Réservation écrite de places jusqu'à 10 jours maximum avant la date de la représentation. Vous pouvez également réserver par téléphone *(paiement par carte de crédit ; tlj 10h-21h ✆ (01) 513 1 513).* Vous pouvez enfin acquérir des places invendues une heure avant le début de la représentation à l'entrée du théâtre, avec une réduction de 50 %. La troupe se produit également à l'**Akademietheater** *(Lisztstraße 1, 3e arr.),* au **Kasino** *(Schwarzenbergplatz 1, 1er arr.)* et au **Vestibül** (studio du bâtiment principal du Burgtheater).

Théâtre de Josefstadt — *Josefstädter Straße 26 - 8e arr. - ✆ (01) 427 00 300 - fax (01) 42 70 060 - www.josefstadt.org.* Lieu de représentation qui existe depuis 1788 et où Nestroy et Raimund firent leurs débuts : pièces autrichiennes classiques et œuvres modernes. Le **Kammerspiele**, proposant entre autres des comédies et des farces, *(Rotenturmstraße 20, 1er arr.)* est rattaché à ce théâtre.

Volkstheater — *Neustiftgasse 1 - 7e arr. - ✆ (01) 52 11 10 - www.volkstheater.at.* Large palette de pièces de théâtre, du classique à l'avant-garde.

Gruppe 80 — *Gumpendorfer Straße 67 - 6e arr. - ✆ (01) 586 52 22 - fax (01) 587 36 72 11 - http://gruppe80.at.* Une majorité de pièces autrichiennes, des classiques aux contemporaines.

Schauspielhaus — *Porzellangasse 19 - 9e arr. - ✆ (01) 317 01 01 - fax (01) 317 01 01 22 - www.schauspielhaus.at.* Théâtre jeune et peu conventionnel.

Odeon — *Taborstraße 10 - 2e arr. - ✆ (01) 216 51 27 - fax (01) 216 51 27 22 - www.odeon-theater.at.* Théâtre proposant lui aussi des œuvres peu conventionnelles.

Vienna's English Theatre — *Josefsgasse 12 - 8e arr. - ✆ (01) 40 21 26 00 - fax (01) 402 12 60 40 - www.englishtheatre.at.* Depuis 1963, on trouve à l'affiche de ce théâtre des pièces d'origine britannique et américaine (classiques, comédies, artistes en solo).

Marionettentheater Schloß Schönbrunn — *dans la Hofratstrakt du château de Schönbrunn - 13e arr. -* ☎ *(01) 817 32 47 – fax (01) 81 73 24 74 - www.marionettentheater.at.* Théâtre de marionnettes plusieurs fois primé au niveau international.

Tanzquartier Wien — *Museumsplatz 1 - 7e arr. -* ☎ *(01) 581 37 91 - www.tqw.at.* Située dans le Museumsquartier, cette salle est spécialisée dans la danse expérimentale.

Comédies musicales

Vereinigte Bühnen Wien (Société des théâtres réunis) — *Linke Wienzeile 6 - 1060 Wien -* ☎ *(01) 58 83 02 00 - fax (01) 588 30 33 - www.musicalvienna.at.* Elle présente des comédies musicales de grande qualité, données dans trois salles :

Theater an der Wien — *Linke Wienzeile 6 - 6e arr.*

Raimund-Theater — *Wallgasse 18-20 - 6e arr.*

Ronacher — *Seilerstätte 9 - 1er arr.*

Spectacles musicaux

Kulisse — *Rosensteingasse 39 - 17e arr. -* ☎ *(01) 485 38 70 - fax (01) 485 44 02 - www.kulisse.at.* Comédies musicales, cabaret, théâtre pour enfants et Beisl.

Orpheum — *Steigenteschgasse 94b - 22e arr. -* ☎ *(01) 481 17 17 - fax (01) 202 61 20 - www.orpheum.at.* Cabaret, musique, conférences (avec Beisel en annexe – ☎ *(01) 203 12 54*).

Szene Wien — *Hauffgasse 26 - 11e arr. -* ☎ *(01) 74 93 341 - fax (01) 749 22 06 - www.szenewien.com.* Concerts, musique du monde.

Vindobona — *Wallensteinplatz 20e arr. -* ☎ *(01) 880 88 - www.vindobona.at.* L'adresse par excellence pour le cabaret ; théâtre pour enfants le samedi et dimanche. Restaurant sur place qui permet de passer agréablement toute la soirée.

Wiener Metropol — *Hernalser Hauptstraße 55 - 17e arr. -* ☎ *(01) 40 777 40 - fax (01) 407 77 40 10 - www.wiener-metropol.at.* Scène réservée aux concerts (chants et musique du monde), cabaret et productions musicales « maison ».

WUK — *Währinger Straße 59 - 9e arr. -* ☎ *(01) 401 210 - fax (01) 401 21 65 - www.wuk.at.* Maison de la culture et des ateliers (**W**erkstätten- **u**nd **K**ulturhaus) indépendant : musique, danse, concerts, lectures et expositions.

Cinémas

Ne sont énumérées ici que quelques-unes des nombreuses salles d'art et d'essai de Vienne. Vous pouvez trouver le programme des films de la semaine, ainsi que d'autres adresses, dans la presse quotidienne ou sur Internet (par exemple sur le site *www.film.at*).

Autokino — *À l'est de Vienne, on y accède par la B 3 à Groß-Enzersdorf - Autokinostraße 2 -* t *(022 49) 26 60 - www.autokino.at.* Le seul ciné-drive d'Autriche, situé à l'extrémité est de Vienne. Le dimanche matin, cet espace cède la place à un immense marché aux puces.

Breitenseer Lichtspiele — *Breitenseer Straße 21 - 14e arr. -* ☎ *(01) 982 21 73.* Un superbe cinéma Art nouveau, ouvert en 1909.

Burg — *Opernring 19 - 1er arr. -* ☎ *(01) 587 84 06 - www.burgkino.at.* Le *Troisième Homme* de Carol Reed est souvent à l'affiche de ce cinéma.

Imax Filmtheater (près du Technisches Museum) — *Mariahilferstraße 212 - 14e arr. -* ☎ *(01) 894 01 01 - Info Hotline : (01) 1547 - www.imax-wien.at.* Cinéma d'aventures sur un écran de 600 m².

Österreichisches Filmmuseum — *Augustinerstraße 1 - 1er arr. -* ☎ *(01) 533 70 54 - www.filmmuseum.at.* Nombreuses rétrospectives. Films en version originale. Un must pour le vrai fan de cinéma.

Schikaneder Kino — *Margarethenstraße 24 - 4e arr. -* ☎ *(01) 585 28 67 - www.schikaneder.at.* Petit cinéma situé dans un bar du même nom diffusant surtout des films alternatifs.

Stadtkino — *Schwarzenbergplatz 7 - 3e arr. -* ☎ *(01) 712 62 76.* Cinéma d'avant-garde, proche du centre.

Urania — *Uraniastraße 1 – 1er arr. –* ☎ *(01) 715 82 06.* Superbe petit cinéma, très central.

Votiv Kino — *Währinger Straße 12 - 9e arr. -* ☎ *(01) 317 35 71 - www.votivkino.at.* Cinéma d'art et d'essai et de films récents, depuis 1912.

Divers

Spanische Hofreitschule — Pour assister aux représentations, voir p. 54-55. Un dépliant rédigé en plusieurs langues et publié par l'office de tourisme vous donnera des informations sur les dates et modalités exactes de ces représentations.

Casino Wien — *Palais Esterházy - Kärntner Straße 41 - 1er arr. -* ☎ *(01) 512 48 36 - www.casinos.at.*

Manifestations

Nous ne mentionnons ici que les manifestations les plus importantes. Vous pouvez vous procurer le **calendrier mensuel des principales manifestations** de la ville de Vienne auprès de l'office de tourisme (à partir du 15 du mois précédent) ou consulter le site *www.wien.info*.

1er janvier

Concert du Nouvel An – Concert exceptionnel de l'**orchestre philharmonique de Vienne**, diffusé en direct par de très nombreuses chaînes de télévision, réservation par écrit ou par télégramme le 2 janvier (ni avant ni après) précédent, *Musikverein, ℰ (01) 505 81 90, www.musikverein.at.*

Mi-janvier à début mars

Rêve glacé viennois – Patinage devant l'hôtel de ville, *tlj 9h-23h.*

Début mai à mi-juin

Festwochen – Festival d'avant-garde pour le théâtre, la musique et l'art, dans le Museumsquartier *ℰ (01) 589 220 - www.festwochen.or.at.*

Fin juin

Festival de la Donauinsel – Sorte de fête de l'Huma (organisée ci par le SPÖ), avec concerts gratuits en plein air, qui attire près de 3 millions de personnes sur l'île du Danube pendant trois jours *ℰ (01) 535 35 35 - www.donauinselfest.at.*

Juillet-août à Vienne

Musikfilm Festival – Grandes projections vidéo gratuites d'opéras ou de films musicaux devant l'hôtel de ville de Vienne, nourriture du monde entier. Tous les soirs à la tombée de la nuit.

Kino unter Sternen – Cinéma à la belle étoile dans le Augarten avec projection de films souvent méconnus (quasiment que des versions originales) *ℰ (01) 585 23 24 25 - www.kinountersternen.at.*

KlangBogen – Grand festival musical de l'été, incluant la **JazzFestWien** fin juin- début juillet. Large choix de concerts dans différentes salles de spectacle de la ville *ℰ (01) 427 17 - www.klangbogen.at.*

ImPulsTanz – Festival de danse international dans le Museumsquartier et dans d'autres salles de spectacle de la ville *ℰ (01) 523 55 58 - www.impuls-tanz.at.*

L'Arnie Zane Dance Company lors du festival ImPulsTanz.

Juillet-août dans les environs de Vienne :

Bratislava : The summer of culture festival – Festival proposant de nombreux spectacles musicaux, folkloriques et théâtraux. *www.bkis.sk.*

Mörbisch : Seefestspiele – Festival d'opérettes sur la scène du lac de Neusiedl. *ℰ (026 82) 662 10 - www.seefestspiele-moerbisch.at.*

Petronell : Art Carnuntum – Festival mondial de théâtre dans l'amphithéâtre II (entre autres, tragédies classiques) et Festival du film classique dans le jardin du musée de Carnuntinum. *ℰ (021 63) 34 00 - www.artcarnuntum.at.*

St. Margarethen : Festival d'opéra – Dans les anciennes carrières romaines. *ℰ (026 80) 21 00 - www.ofs.at.* Tous les cinq ans (2011, 2016…) a lieu le **Mystère de la Passion** - *www.passio.at.*

Septembre

Hallamasch – Festival ethnologique avec art de rue, danses, spectacles, musique internationale et « défilé de cultures ». ☎ *(01) 548 48 00 - www.hallamasch.at.*

Eisenstadt (environs de Vienne) : festival international Joseph Haydn. Au château Esterházy. ☎ *(026 82) 618 66 - www.haydnfestival.at.*

Fin septembre-début octobre

Festival d'automne de la jeunesse – Festival de musique classique, organisé par la plus grande organisation de concerts d'Autriche dans ce domaine. ☎ *(01) 505 63 56 - www.jeunesse.at.*

Octobre

Viennale – Festival international du film. ☎ *(01) 526 59 47 - www.viennale.or.at.*

Kunst Wien – La plus importante foire artistique d'Autriche dans le MAK, à la fin du mois. ☎ *(01) 216 65 62 20 - www.kunstnet.at (www.kunst-wien. at* pendant la foire).

Fin octobre - fin novembre

Wien Modern Festival – Festival de musique contemporaine, du classique à l'avant-garde. *www.wienmodern.at.*

11 Novembre au mercredi des Cendres

Saison des bals viennois – L'apogée de la saison des bals est naturellement le bal de l'Opéra de Vienne, mondialement connu, à la mi-février, renseignements auprès de l'office de tourisme.

Saison du Fasching – Le Carnaval de Vienne s'étale durant la même période mais le samedi précédent Mardi gras a lieu un grand défilé costumé sur le Ring.

Avent

Marchés de Noël – Le plus grand est le Christkindlmarkt devant l'hôtel de ville, mais celui du Spittelberg est plus artisanal.

En soirée

BARS ET CLUBS

Vienne offre tout le panel digne d'une grande capitale en matière de bars et de clubs de nuit. Il y en a pour tous les goûts. Parmi les endroits plus spécifiques, il y a bien sûr les **brasseries** *(Braü)* mais aussi les **clubs de jazz**. Vienne continue dans ce domaine d'attirer virtuoses américains et talents d'Europe de l'Est. En matière de **musique électronique**, la ville s'est illustrée avec des DJ's comme Peter Kruder & Richard Dorfmeister, le duo Pulsinger & Tunakan ou DSL. Le **triangle des Bermudes** des bistrots viennois se situe dans le 1er arrondissement, autour de l'église St-Rupert et de la Rudolfsplatz. Mais si de nombreux bars s'y trouvent encore, d'autres adresses excentrées sont devenues très à la mode, notamment au nord et au sud du Naschmarkt, autour de Spittelberg et le long du Gürtel (surtout sous les voûtes de la ligne U6 du métro aérien aux arrêts de Josefstädter Straße et Nußdorfer Straße). En été, de nombreux Viennois passent la soirée à Copa Cagrana et Sunken City, sur la Donauinsel ainsi que le long du Donaukanal (Summerstage).

MUSÉES EN NOCTURNE

De nombreux musées sont ouverts jusqu'à 21h au moins une fois par semaine. La nouvelle Albertina est ouverte en soirée le mercredi ; le musée des Beaux-Arts et le musée d'Art moderne de la fondation Ludwig, le jeudi ; le musée Leopold, le vendredi. Plus encore, la maison de la Musique vous accueille tous les jours jusqu'à 22h, tandis que le MAK reste ouvert jusqu'à minuit le mardi. Voici une liste des autres musées ouverts en nocturne : Kunsthalle de Vienne, Forum des Arts de la banque Austria *(BA-CA Kunstforum)*, palais de la Sécession, Künstlerhaus, musée d'Histoire naturelle, Centre d'architecture de Vienne, musée Juif de Vienne, Fondation Generali, musée Technique, musée autrichien du Théâtre.

Vie nocturne

Bistrots et bars

A Bar Shabu — *Rotenstergasse 8 - 2ᵉ arr. -* 📞 *(0650) 544 59 39 - mar.-sam. 21h à tard, dim. 13h- 23h.* Décor rétro des années 1970 et grand choix d'absinthes (d'où la lettre A du nom du bar).

Adria Wien — *Salztorbrücke - 2ᵉ arr.* – www.adriawien.at – *tlj de mi-avril à sept. 16h- 2h, les w.-ends à partir de 12h.* Atmosphère de plage et de barbecue sur les bords du canal du Danube.

Club U — *Künstlerhauspassage – 4ᵉ arr. –* 📞 *(01) 505 99 04 – jeu. et dim. 22h- 2h, vend.-sam. 22h- 4h.* Ce bar occupe un des pavillons d'Otto Wagner de la Karlsplatz. Petit mais rempli d'étudiants et très agréable terrasse en été.

Das Möbel — *Burggasse 10 – 8ᵉ arr. –* 📞 *(01) 524 94 97 – tlj 10h- 1h.* Sert de galerie pour les designers, ambiance décontractée.

Europa — *Zollergasse 8 – 7ᵉ arr. –* 📞 *(01) 526 33 83 – tlj 9h- 5h.* Un lieu intergénérationnel où l'on peut passer la journée, la soirée et la nuit et même prendre un petit-déj. pantagruélique le w.-end.

First Floor — *Seitenstettengasse 5 – 1ᵉʳ arr. –* 📞 *(01) 533 78 66 – tlj 19h- 4h, dim. 20h- 3h.* Un intérieur 1930, des poissons, un public sophistiqué.

Le café First Floor et son fameux aquarium.

Fischerbräu — *Billrothstraße 17 – 19ᵉ arr. –* 📞 *(01) 369 59 49 – lun.-vend. 16h- 1h, sam.-dim. 11h- 1h.* La bière est fabriquée sur place (les Viennois attendent avec impatience celle de Pâques, Noël et du Carême), beau jardin, ambiance rustique, un lieu très apprécié.

Habana — *Mahlerstraße 11 – 1ᵉʳ arr. –* 📞 *(01) 513 20 75 – lun.-merc. 19h- 4h, jeu.-sam. 19h- 6h.* Pour les amateurs de musique salsa et de cocktails exotiques.

Kleines Café — *Franziskanerplatz 3 – 1ᵉʳ arr. –* 📞 *(01) 586 98 64 – tlj 10h- 2h, dim. 13h- 2h.* L'intérieur, minuscule, est signé Hermann Czech et une petite terrasse vous attend en été. Atmosphère fin de siècle. Le café apparaît dans *Before Sunrise*.

Kunsthalle Café — *Treitlstraße 2 – 4ᵉ arr. –* 📞 *(01) 586 98 64 – tlj 10h- 2h.* Fréquenté par les designers et le monde de la mode. Terrasse très animée en été.

Loos-Bar (American Bar) — *Kärntner Straße 10 – 1ᵉʳ arr. –* 📞 *(01) 512 32 83 – tlj 12h- 4h (5h jeu.-sam. en hiver).* Très petit mais mérite le détour, notamment en raison de son aménagement, réalisé par Adolf Loos en 1908. Excellents cocktails.

Palmenhaus — *Burggarten – 1ᵉʳ arr. –* 📞 *(01) 533 10 33 – tlj 10h- 2h, fermé les lun. et mar. de nov. à mars.* Merveilleuse atmosphère dans les anciennes serres de l'empereur avec grande terrasse donnant sur le Burggarten. Idéal en famille ou en amoureux. Bon rest. mais très cher.

Reigen — *Hadikgasse 62 – 14ᵉ arr. –* 📞 *(01) 586 98 64 – tlj 18h- 4h.* Musiques du monde dans cette grande salle qui fait aussi restaurant.

Roter Engel — *Rabensteig 5 – 1ᵉʳ arr. –* 📞 *(01) 586 98 64 – www.roterengel.at, lun.-merc. 18h- 2h, jeu.-sam. 18h- 4h, dim. 18h- 2h.* Superbe intérieur déconstructionniste, bar à vins et live music presque tous les soirs à 21h30 (minuit les vend. et sam.).

Santo Spirito — *Kumpfgasse 7 – 1ᵉʳ arr. –* 📞 *(01) 512 99 98 – lun.-jeu. 18h- 2h, vend. 18h- 3h, sam. 11h- 3h, dim. 10h- 2h.* Musique classique, artistes et concerts parfois.

Schikaneder — *Margaretenstraße 22-24 - 5ᵉ arr. -* 📞 *(01) 585 58 88 - tlj 18h-4h.* Bar alternatif avec petite salle de projection attenante. Très fréquenté.

Schultz — *Siebensterngasse 31 - 7ᵉ arr. -* 📞 *(01) 522 91 20 - lun.-jeu. 9h- 2h, vend.-sam. 9h- 3h, dim. 17h- 2h.* Grande baie vitrée, intérieur années 60, ambiance très décontractée.

Spark — *Währinger Gürtel 107 – 18ᵉ arr. –* 📞 *(01) 968 57 02 – lun.-vend. 18h- 4h, sam. 19h- 4h.* Décoration des années 70 et atmosphère très décontractée. DJ et un concert chaque mois.

Stranbar Herrmann — *Am Donaukanal auf Höhe Urania/ Wienfluss- Mündung – 3ᵉ arr.* – *www.standbar-herrmann.at, tout l'été.* Ce bar estival au débouché de la Vienne dans le Donaukanal met à votre disposition des chaises longues et une plage. Service au bar, beaucoup de monde.

Clubs et discothèques

Arena – *Baumgasse 80 – 3ᵉ arr.* – ℘ *(01) 798 85 95 – www.arena.co.at - 14h- 2h en été et à partir de 16h en hiver.* Un peu éloigné du centre, l'Arena propose une programmation très variée : concerts, films, raves et soirées à thème.

Aux Gazelles — *Rahlgasse 5 – 6ᵉ arr.* – ℘ *(01) 512 32 83 – lun.-jeu. 8h- 2h, vend.- sam. 8h- 4h, dim. 10h- 21h.* Bar, rest. et club de style marocain. Décor oriental et sofas très confortables. Très à la mode mais cher.

B 72 – *Hernalser Gürtel 72 – 8ᵉ arr.* – ℘ *(01) 409 21 28 - www.b72.at - tlj 20h- 4h.* Un des clubs sombres et en verre sous les voûtes du U6, concerts parfois et DJ.

Blue Box — *Richtergasse 8 – 7ᵉ arr.* – ℘ *(01) 523 26 82 -lun. 18h- 2h, mar. -jeu. 10h- 2h, vend.-sam. 10h- 4h, dim. 10h- 2h.* Un des clubs les plus anciens de la ville, petit et enfumé mais excellents DJ et succulents petits-déj.

Chelsea — *Lerchenfelder Gürtel 29-31 – 8ᵉ arr.* – ℘ (01) 407 93 09 – *www.chelsea.co.at - tlj 18h- 4h, le dim. 16h- 3h.* Pub pionnier dans les arcades rénovées, sous l'ancien métro de la ville. Guitare, techno et retransmission de matchs de foot.

Donau — *Karl- Schweighofer- Gasse 10 – 7ᵉ arr.* – ℘ *(01) 523 81 05 - tlj 20h- 4h, dim. 20h- 2h.* Salle voûtée d'une ancienne synagogue, temple de la danse. Projections sur les murs.

Flex — *Donaukanal/Augartenbrücke – 1ᵉʳ arr.* – *www.flex.at - tlj 18h- 4h.* La discothèque la plus célèbre de Vienne. Chaque soir un thème musical différent, Dub Club le lun. et musique alternative le merc.

Jenseits — *Nelkengasse 3 – 6ᵉ arr.* – ℘ *(01) 587 12 33 -lun.-sam. 21h- 4h.* Club alternatif et artistique, très fréquenté, avec des intérieurs en velours rouge.

Passage — *Babenberger Passage, Burgring – 1ᵉʳ arr.* – *www.sunshine.at - tlj 22h- 4h.* Club réputé avec de bons DJ locaux ou étrangers dans un passage de métro condamné.

Rhiz — *Lerchenfelder Gürtel, Stadtbahnbögen 37/38 – 8ᵉ arr.* – ℘ *(01) 409 25 05 - www.rhiz.org -lun.-sam. 18h- 4h, dim. 18h- 2h.* Club bondé, sous l'ancien métro, musique électronique, décoration de verre et de brique, grande terrasse mais alentours un peu bruyants.

Roxy — *Operngasse 24 – 4ᵉ arr.* – ℘ *(01) 961 88 00 - www.sunshine.at - mar.- sam. 22h- 5h.* Club réputé avec de bons DJ locaux ou internationaux.

Titanic — *Theobaldgasse 11 – 6ᵉ arr.* – ℘ *(01) 587 47 58 - www.titanicbar.at - jeu.- sam. 22h- 6h, merc. jusqu'à 4h.* Club généralement bondé avec deux pistes de danse (une Latino, l'autre Funk).

U4 — *Schönbrunner Straße 222 – 12ᵉ arr. -* ℘ *(01) 815 83 07 - www.u4club.at - tlj 22h à tard.* La discothèque de Vienne par excellence, chaque jour une musique et un thème différents sur deux pistes de danse.

Volksgarten — *Burgring 1 – 1ᵉʳ arr.* – ℘ *(01) 532 42 41 - www.volksgarten.at - tlj 21h- 5h.* Une des plus grandes discothèques de Vienne. Dans le style des années 1950, beau jardin, le toit qui surmonte la piste de danse est ouvert lorsque le temps s'y prête. Diverses manifestations, nombreuses nuits reggae.

WUK — *Währinger Straße 59 – 9ᵉ arr.* – ℘ *(01) 401 210 – www.wuk.at.* Maison de la culture et des ateliers (Werkstätten- und Kulturhaus) indépendant : musique, danse, concerts, lectures et expositions.

Jazz

Birdland — *Am Stadtpark 3 – 3ᵉ arr.* – ℘ *(01) 219 63 93 - www.birdland.at - mar.- dim. 18h- 2h.* Le nouveau club de jazz de Joe Zawinul, dans l'Hilton Vienna, petit-frère du club du même nom à New York.

Jazzland — *Franz-Josefs-Kai 29 – 1ᵉʳ arr.* – ℘ *(01) 533 25 75 - www.jazzland.at -lun.- sam. 19h- 2h.* Installée dans un caveau sous l'église Saint-Rupert, cette boîte accueille depuis des années des groupes internationaux. Excellente ambiance. Musique à partir de 21h.

Porgy & Bess — *Riemergasse 11 – 1ᵉʳ arr.* – ℘ *(01) 512 88 11 - www.porgy.at -lun.-sam. 20h- 4h, dim. 19h- 4h.* La salle culte de la ville. Concerts donnés par des musiciens de jazz autrichiens et internationaux tlj. DJ le w.-end et jam sessions le merc.

Miles Smiles — *Lange Gasse 51 – 8ᵉ arr.* – ℘ *(01) 405 95 17 - dim.-mar. 20h- 2h, vend- sam. 20h- 4h.* Du grand modern jazz, concerts réguliers.

LOISIRS ET SPORTS

BAIGNADE

Bundesbad Alte Donau – *Arbeiterstrandbadstraße 91 - 22ᵉ arr. - 📞 (01) 263 65 38 - ouv. du 2 mai à mi-sept. -lun.-vend. 9h-19h, sam.-dim. et j. fériés 8h-19h.* Les rives du Vieux Danube ont été aménagées et on y trouve plusieurs plages : Arbeiterstrandbad, Strandbad Alte Donau, Bundessportbad, etc. Eau propre, testée chaque année. Piscine à ciel ouvert chauffée.

Donauinsel (Neue Donau) – Station de métro Donauinsel. Au total, 42 km de plages gratuites. Location de vélos, planches de surf et bateaux ; grand choix de restaurants le long de la célèbre **Copa Cagrana** (du nom du quartier viennois de Kagran). On peut ici fuir la chaleur étouffante de la ville et se tremper (pas trop longtemps vu la propreté de l'eau). Pour ceux qui ont vraiment très chaud, il existe même une très grande plage naturiste.

Badeschiff – Ce bateau à quai sur le canal du Danube *(Donaukanal 1, 1ᵉʳ arr., entre la Schwedenplatz et l'Urania - 📞 (01) 513 07 44 - www. badeschiff.at)* dispose d'une piscine. Vous payez la journée : vous pouvez donc vous promener et revenir ensuite piquer une tête. Expérience à tenter.

BOWLING

Une des pistes les plus inattendues est celle du **Café Korb**, qui date des années 1960. *Brandstätte 9 - 1010 Wien -lun.-sam. 8h-0h, dim. 11h-21h.*

FOOTING

Il se pratique bien sûr dans tous les parcs de Vienne *(voir Parcs et jardins)*, notamment dans le parc de Schönbrunn et les bois du Prater.

MARATHON

Les amateurs de marathon ne manqueront pas le **Vienna City Marathon**, en mai, dont le splendide parcours part de Schönbrunn, traverse le Prater et finit sur le Ring. *📞 (01) 421 95 00 - www.vienna-marathon.com.*

NATATION

Freibad Gänsehäufel – *Moissigasse 21 - 22ᵉ arr. - 📞 (01) 269 90 16 - j.* L'une des plus grandes piscines d'été et également des plus appréciées de Vienne. Plage, jardin avec jeux d'eau, bassin à vagues, bassin sportif, bassin pour enfants, toboggans, sauna, espace mamans/enfants, aires de jeux.

Amalienbad – *Reumannplatz 23 - 10ᵉ arr. - 📞 (01) 607 47 47 - mar. 9h-18h, merc. et vend. 9h-21h30, jeu. 7h-21h30, sam. 7h-20h, dim. 7h-18h ; sauna accessible mar. 13h-21h30, merc.-vend. 9h-21h30, sam. 7h-20h, dim. 7h-18h.* Le bâtiment de style Art nouveau est célèbre pour sa magnifique mosaïque ; le sauna est particulièrement remarquable. Plongeoir de 10 m de haut, bassin sportif, bain de vapeur, baignoires, douches, sauna, bio-saunarium *(voir aussi p. 282).*

Jörgerbad – *Jörgerstraße 42-44 - 17ᵉ arr. - 📞 (01) 406 43 05 - mar.-dim. 9h-18h (plus tard certains jours).* Une autre superbe piscine réalisée du temps de « Vienne la Rouge ».

Bundesbad Schönbrunn – *Schloßpark Schönbrunn - 13ᵉ arr. - 📞 (01) 81 11 30 - www.schoenbrunnerbad.at - 1ᵉʳ Mai-30 sept. tlj 8h30-19h ; juil.-août jusqu'à 22h.* Zone de détente et de remise en forme avec sauna, bain de vapeur, solarium, bassin de compétition de 500 m, petit bassin pour les enfants et ceux qui ne savent pas nager.

Kongreßbad – *Julius-Meinlgasse 7a - 16ᵉ arr. - 📞 (01) 486 11 63 - ♿ - mai à mi-sept. lun.-vend. 9h-20h, sam.-dim. 8h-20h.* Piscine à ciel ouvert. Bassin sportif, bassin « aventure », toboggan et section réservée aux plus petits avec aire de jeux.

Schafbergbad – *Josef-Redl-Gasse 2 - 18ᵉ arr. - 📞 (01) 479 15 93 - 2 mai-9 sept. 9h-18h, sam.-dim. 8h-18h.* Piscine à ciel ouvert offrant une belle vue sur la ville. Plongeoir, zone réservée aux mamans avec leurs enfants, bassin pour enfants, aire de jeux. En partie accessible aux personnes handicapées.

👪 SITES OU ACTIVITÉS À FAIRE EN FAMILLE			
Chapitre du guide	**Nature**	**Loisirs**	**Musées, théâtres**
Le Ring	Promenade dans le parc		Musée d'Histoire naturelle, observatoire Urania
St-Étienne et Fleischmarkt			Tours de la cathédrale St-Étienne
Opéra national et église des Capucins			Maison de la Musique
Hofburg			Maison des Papillons
Museumsquartier			Musée des Enfants
Landstraße			Immeuble de Hundertwasser et la Kunsthaus Wien
Schönbrunn	Parc animalier, serres, jardin-labyrinthe		Théâtre des marionnettes, musée des Carrosses
Döbling	Excursion au Kahlenberg et au Leopoldsberg	Aire de jeux lors d'une soirée dans un Heuriger	
Quartiers ouest			Musée des Arts et Traditions populaires autrichiens
Quartiers nord	Promenade à vélo sur l'île de Danube	Attractions du Prater	Ascension de la tour du Danube
Quartiers sud		Amalienbad et thermes Oberlaa	Maison de la Mer
Forêt viennoise	Parc naturel de Sparbach et Seegrotte	Piscine et thermes romains de Baden	
Lac de Neusiedl		Attractions des stations balnéaires	

Thermes d'Oberlaa – *KurbadstraßE 14 - 10e arr. - ✆ (01) 680 09 - www.oberlaa. at - tlj 9h-22h.* Dans le grand centre de repos d'Oberlaa, à 20mn du centre-ville, piscines (deux couvertes et trois extérieures), thermes, saunas, centre de massages, espace enfants, etc.

Diana Erlebnisbad – *Lilienbrunngasse 7-9 - 2e arr. - ✆ (01) 219 81 81 - lun.-vend. 14h-22h, sam. 10h-22h, dim. 9h-22h, j. fériés 12h-22h.* Beaucoup d'attractions pour les enfants.

Wiener Stadthalle – *Vogelweidplatz 14 - 15e arr. - ✆ (01) 98 10 04 30 - www.stadthalle.com - lun., merc. et vend. 8h-21h ; mar. et jeu. 6h30-21h, sam.-dim. 7h-18h.* Piscine couverte.

PATINAGE

Lorsque l'hiver le permet, les rives du Alte Donau se transforment en patinoire géante.

Eislaufanlage Engelmann (au-dessus des toits de la ville) – *Syringgasse 6-8 - 17e arr. - ✆ (01) 405 14 25 - fin oct. à début*
mars lun. 9h-18h ; mar., jeu. et vend. jusqu'à 21h30 ; merc., sam. et dim. jusqu'à 19h. Disco sur glace le vendredi, danse sur glace le jeudi.

Wiener Eislaufverein – *Lothringerstraße 22 - 3e arr. - ✆ (01) 713 63 530 - mi-oct. à début mars (en fonction de la température), 9h-21h (20h le w.-end, 22h le merc.).* Le Club viennois de patinage sur glace dispose d'une piste en plein air à deux pas du parc municipal.

Wiener Eistraum – *Sur la place de l'hôtel de ville - 1er arr. - fin janv. à début mars 9h-23h.* Patinage à ciel ouvert sur 2 000 m^2 devant la splendide place de la mairie, avec vue sur le Burgtheater. De la valse à la musique pop avec de magnifiques éclairages en soirée sur l'hôtel de ville. Restauration rapide possible sur place. Location de patins à glace et manifestations.

Wiener Stadthalle – *Vogelweidplatz 14 - 15e arr. - ✆ (01) 98 10 00 - www.stadthalle.com - mi-oct. à fin mai tlj 13h30-17h.* Patinoire couverte.

RANDONNÉE

Les amateurs de randonnée seront comblés par la Forêt viennoise *(voir p. 292)*, mais il est également possible de profiter de la nature au sein même de la ville. La forêt vient en effet mordre sur la périphérie ouest et nord de la capitale. De nombreux sentiers balisés sillonnent les bois de la ville.

Quelques suggestions :

Beethovengang *(voir p. 254)* – Il s'agissait de la promenade préférée du compositeur lorsqu'il demeurait à Heiligenstadt. Cette promenade s'étire le long du Schreiberbach, à l'ouest et au sud de Nußdorf.

Kahlenberg/Leopoldsberg *(voir p. 257)* – À partir de Grinzing, plusieurs sentiers s'enfoncent dans la partie septentrionale de la Forêt viennoise. Il est possible de rejoindre Josefsdorf, Kahlenbergerdorf et Nußdorf via les crêtes des Kahlenberg et Leopoldsberg. La vue sur toute l'agglomération est superbe par beau temps.

Vienne en roller.

R. et P. Holzbachova & Benet / MICHELIN

Lainzer Tiergarten *(voir p. 249)* – Les différents sentiers possibles sont tracés sur un plan à l'entrée de cet immense parc. Vous pourrez ainsi choisir votre itinéraire et sa durée, tout en jouissant d'un beau point de vue sur l'ouest de la ville.

ROLLER ET SKATE-BOARD

Les deux paradis des adeptes du roller sont la Hauptalle du Prater qui fait environ 6 km et la Donauinsel. À noter qu'en septembre a lieu le **Inline Marathon**, 42 km sur la Ringstrasse avec départ et arrivée devant l'hôtel de ville. Pour ceux qui préfèrent la glisse en intérieur : **Skatelab** - *Engerthstraße 160-178 - 1020 Wien - mar.-dim. 10h-22h.*

SKI ET SNOW-BOARD

À Vienne, les premiers plis alpins dressent quelques pistes qui s'adressent surtout aux enfants, car les sommets sont encore très bas. Les « pros du ski » devront aller un peu plus loin, par exemple dans la Schneeberg ou les Raxalpe en Basse-Autriche, pour s'adonner aux joies de la glisse. À noter qu'en décembre a lieu le **Soul City**, spectacle de snow-board au pied de la grande roue du Prater.

Himmelhofwiese – *Am Himmelhof - Ghelengasse 44 (accès par la Himmelhofgasse) - 13e arr. - ℘ (01) 812 12 01. Remonte-pente en fonction lun.-vend. de 12h à la tombée du jour ; sam., dim. et j. fériés à partir de 10h. Fonctionne uniquement en cas de neige naturelle.*

Hohe-Wand-Wiese – *Mauerbachstraße 174 - 14e arr. - ℘ (01) 979 10 57 -lun.-vend. 9h-21h30 ; sam., dim. et j. fériés 9h-22h. En cas de temps froid et de neige trop insuffisante, des canons à neige permettent de s'adonner quand même aux plaisirs du ski.*

TOBOGGAN

Les amateurs d'attractions en famille se régaleront au **Rodelbahn**, 850 m de long, avec de multiples activités. *Mauerbachstraße 174 - 14e arr. - adulte 3 € le tour, enf. 2 €. - ouv. jusqu'en nov., lun.-vend. 13h-19h ; sam.-dim. et j. fériés 10h-19h.*

POUR PROLONGER LE VOYAGE

Quelques livres

Ne sont présentés ici que les ouvrages et films disponibles à la vente qui traitent de Vienne ou de ses génies. Pour les œuvres viennoises elles-mêmes, reportez-vous à la partie « Art et culture » p. 104.

HISTOIRE DE VIENNE

Histoire de Vienne, par Jean-Paul Bled (Fayard, Paris, 1998).
Grand spécialiste de l'histoire de l'Autriche, l'auteur a publié sur le sujet de nombreux ouvrages et d'excellentes biographies chez Fayard (sur Marie-Thérèse, François-Joseph et Rodolphe).

Histoire des Habsbourg, par Henry Bogdan (Perrin, Paris, 2005).
Cet ouvrage, paru en 2002 et sorti en Poche en 2005, permet de tout savoir sur cet empire et son destin européen entre la fin du 13e s. et 1919-1920.

Sissi. Les forces du destin, par Hortense Dufour (J'ai Lu, Paris, 2005). Entre roman et biographie, ce portrait très vivant échappe aux regards mièvres portés sur cette femme dotée d'un destin plus grand qu'elle.

Vienne fin de siècle, collectif (éditions Hazan, Paris, 2005). Un magnifique livre, très bien illustré, qui aborde assez largement la culture et la politique de la Vienne fin de siècle.

ARTS ET ARTISTES VIENNOIS

Vienne, une histoire musicale, par Henry-Louis de La Grange (Fayard, Paris, 1995).
Une superbe introduction à la capitale de la musique, écrit par un spécialiste de la question, dont on pourra lire aussi la biographie de Malher.

Vienne, art et architecture, par Rolf Toman (Könemann, Paris, 1999).
Une excellente introduction à la peinture, la sculpture et l'architecture à Vienne, avec, pour chaque période, un éclairage historique, politique et culturel.

Vienne 1900. Klimt, Schiele, Moser, Kokoschka, catalogue de l'exposition qui a eu lieu au Grand Palais en 2005 (Réunion des Musées Nationaux, Paris, 2005). L'ouvrage décrypte le nouvel art de peindre qui s'est développé entre 1890 et 1918.

LETTRES VIENNOISES

Stefan Zweig, par Catherine Sauvat (Folio-Gallimard, Paris, 2006).
Une belle synthèse sur ce grand humaniste européen.

Vienne. Vision du cœur de l'Europe, par Catherine Sauvat (Hermé, Paris, 2006), avec de superbes photographies d'Hervé Champollion.

Freud, de l'Acropole au Sinaï, par Jacques Le Rider (PUF, Paris, 2002).
Un brillant essai sur la modernité viennoise et son retour à l'Antique. L'auteur, spécialiste de la période, a aussi publié des ouvrages sur Schnitzler, Hofmannstahl, Weininger et sur les journaux intimes des écrivains de cette époque (*Journaux viennois*, PUF, Paris, 2002).

ROMANS SUR VIENNE

Maîtres anciens par Thomas Bernhard (Gallimard, Paris, 1991).

Les Somnambules par Hermann Broch (Gallimard, Paris, 1990).

Histoire d'une jeunesse. La Langue sauvée. Canetti Élias (Albin Michel, Paris, 2005).

Les Démons par Heimito von Doderer (Gallimard, Paris, 1992).

Le Recommencement par Peter Handke (Gallimard, Paris, 1989).

Le Chevalier à la rose et d'autres pièces par Hugo von Hofmannsthal (Gallimard, Paris, 2001).

Le Régiment des Deux-Siciles par Alexander Lernet-Holenia (Actes Sud, Paris, 1996).

L'Homme sans qualités par Robert Musil (Le Seuil, Paris, 1995).

Le Tour du cadran par Leo Perutz (Bourgois, Paris, 1998).

L'Aiglon par Edmond Rostand (Folio-Gallimard, Paris, 1986).

La Marche de Radetzky (2004), *La Crypte des Capucins* (2004) par Joseph Roth (Le Seuil, Paris).

Vienne au crépuscule par Arthur Schnitzler (Stock, Paris, 2000).

L'Homme sans postérité par Adalbert Stifter (Phébus, Paris, 2004).

Cella ou les Vainqueurs par Franz Werfel (Stock, Paris, 1987).

Le Monde d'hier par Stefan Zweig (LGF, Paris, 1996).

Romain Rolland (1866-1944), ami de Zweig et grand correspondant de Freud, nous a laissé des descriptions pénétrantes de Vienne, notamment dans ses *Mémoires*. Il a aussi écrit une *Vie de Beethoven* (1903).

L'écrivain et journaliste français Jean des Cars (1943) a écrit plusieurs romans sur Vienne : *Sissi ou la Fatalité* et récemment *Le Roman de Vienne* (éditions du Rocher, Paris, 2005) ainsi que des biographies de Sissi, Rodolphe, Mozart.

Quelques films

FILMS SUR LES CÉLÉBRITÉS VIENNOISES

Amadeus (1984) de Milos Forman. Un chef-d'œuvre du cinéma qui nous replonge dans la Vienne de Mozart, de Joseph II et d'Antonio Salieri.

Le Chant du Danube (1934) d'Alfred Hitchcock. Ce film conte l'histoire d'une belle comtesse encourageant Johann Strauß à composer la célèbre valse, le *Beau Danube bleu***.**

La Ronde (1950) de Max Ophüls. C'est la meilleure adaptation cinématographique de la pièce de Schnitzler, servie par de grands comédiens (S. Signoret, S. Reggiani, J.-L. Barrault, D. Gélin, D. Darrieux…). Ophüls a aussi adapté la *Lettre d'une inconnue* de Stefan Zweig (1948).

Freud, passions secrètes (1962) de John Huston. Freud, joué ici par Montgomery Clift, découvre le pouvoir de l'hypnose sur l'inconscient.

Klimt (2005) de Raoul Ruiz. John Malkovich incarne le peintre viennois.

La Trilogie de Sissi de Ernst Marischka : *Sissi* (1955), *Sissi impératrice* (1956), *Sissi face à son destin* (1957). Romy Schneider incarnant la célèbre impératrice a fait rêver et pleurer toute une génération.

AUTRES FILMS SUR VIENNE

Le Congrès s'amuse (1931) d'éric Charell et Jean Boyer. L'atmosphère dansante du Congrès de Vienne. Le film connut un succès phénoménal. En 1966, un remake franco-austro-allemand fut tourné par Geza von Radvanyi, avec Lili Palmer et Curd Jürgens.

Le Troisième Homme (1949) de Carol Reed. Ce classique du cinéma, réalisé d'après un roman de Graham Greene, se déroule à Vienne en 1948 avec deux extraordinaires interprètes Joseph Cotten et Orson Welles. Le thèmemusical *Harry-Lime*, joué à la cithare, est inséparable du film.

Mayerling (1968) de Terence Young. L'histoire dramatique du prince Rodolphe et de Marie Vetsera avec Omar Sharif et Catherine Deneuve.

Colonel Redl (1985) d'Istvan Szabo. Le film est basé sur l'immense scandale qui secoua les Habsbourg en 1913 lorsque l'opinion publique découvrit le suicide du colonel homosexuel Alfred Redl, contraint à la trahison pour éviter le scandale. Cette affaire avait déjà inspiré John Osborne en 1966 pour sa pièce *Un bon patriote* (adaptée à la TV française en 1974 par Gérard Vergez).

Before Sunrise (1994) de Richard Linklater. Julie Delpy et Ethan Hawke parcourent Vienne durant toute une nuit et philosophent sur la vie et l'amour.

Orson Welles dans « Le Troisième Homme ».

Lexique

Bien que de langue allemande, les Autrichiens ont intégré dans leur vocabulaire un grand nombre de spécifités. Ainsi, pour se saluer, on préfère **Grüß Gott** (« Dieu vous bénisse ») à *Guten Tag* et pour se dire au revoir **Ba Ba**. Ce « parler » se caractérise notamment par des formules de politesse d'un autre âge et un art de la dérision. Pour dire « mourir », une expression viennoise est « prendre le 71 », du nom du tramway qui mène au cimetière central. Avis donc aux germanistes.

Dans ce lexique, nous vous donnons quelques mots et formules à connaître pour se débrouiller un peu et ensuite les mots allemands dont vous aimeriez connaître la signification quand vous visitez : monuments, termes géographiques, etc.

Abréviations

G.	gasse (rue)
Gr.	gross (grand)
Kl.	klein (petit)
Pl.	platz (place)
Str.	straße (rue)
U	U-Bahn (métro)

Vie courante

Oui, non	**Ja, Nein**
Bonjour (*le matin*)	**Guten Morgen**
Bonjour	**Guten Tag**
Au revoir	**Auf Wiedersehen**
Bonsoir	**Guten Abend**
S'il vous plaît	**Bitte**
Merci	**Danke**
Avec plaisir	**Gern**
Pardon	**Entschuldigung**

Le temps

Lundi	**Montag**
Mardi	**Dienstag**
Mercredi	**Mittwoch**
Jeudi	**Donnerstag**
Vendredi	**Freitag**
Samedi	**Samstag**
Dimanche	**Sonntag**
Aujourd'hui	**Heute**
Demain	**Morgen**
Hier	**Gestern**

Restauration

Restaurant	**Restaurant**
Petit-déjeuner	**Frühstück**
Déjeuner	**Mittagessen**
Dîner	**Abendessen**
Menu	**Speisekarte**
L'addition, s'il vous plaît	**Zahlen, bitte**
Manger	**Essen**
Boire	**Trinken**
Fourchette	**Gabel**
Couteau	**Messer**
Cuillère	**Löffel**
Assiette	**Teller**
Verre	**Glas**
Bière brune	**Dunkles Bier**
Bière blonde	**Helles Bier**
Bière blanche	**Weizenbier**
Café	**Kaffee**
Dessert	**Nachtisch**
Eau	**Wasser**
Eau gazeuse	**Mineralwasser**
Entrée	**Vorspeise**
Eau plate	**Tafelwasser**
Fromage	**Käse**
Fruits	**Obst**
Gâteau	**Kuchen**
Lait	**Milch**
Légumes	**Gemüse**
Pain	**Brot**
Poisson	**Fisch**
Poivre	**Pfeffer**
Salade	**Salat**
Saucisse	**Wurst**
Sel	**Salz**
Soupe	**Suppe**
Sucre	**Zucker**
Thé	**Tee**
Viande	**Fleisch**
Vin blanc	**Weisswein**
Vin rouge	**Rotwein**

Hébergement

Hôtel	**Hotel**
Réception	**Rezeption**
Chambre	**Zimmer**
Salle de bains	**Bad**
Chambre simple	**Einbettzimmer**
Prix	**Preis**
Chambre double	**Doppelbettzimme**

Vocabulaire

Abahrt	départ (train)
Abteilung	collection
Ankunft	arrivée (train)
Ansichtskarte	carte postale
Apotheke	pharmacie
Ausfahrt, Ausgang	sortie

Ausflug	excursion
Auskunft	renseignements
Ausstellung	exposition
Bahnhof	gare
Bankomat	distributeur de billets
Bau	bâtiment
Beisl	bistrot
Bezirk	arrondissement
Briefmarken	timbres
Briefsendung	lettre
Brücke	pont
Brunnen	fontaine, puits
Burg	château fort
Café	salon de thé
Denkmal	monument
Dom	cathédrale
Donau	Danube
Einfahrt, Eingang, Eintritt	entrée
Essen	manger, repas
Fahrplan	horaire
Fahrrad	vélo
Festung	forteresse
Friedhof	cimetière
Flohmarkt	marché aux puces
Flughafen	aéroport
Frühstückspension	pension
Garten	jardin
Gasse	rue, ruelle
Gasthaus	café, auberge
Gasthof	auberge
Gaststätte	restaurant, buffet
Gebührt	axe, rétribution, péage
Gefährlich	dangereux
Geradeaus	tout droit
Geschlossen	fermé
Gesperrt	barré, fermé
Haltestelle	arrêt de bus ou tram
Haus	maison
Hof	cour, hôtel touristique
Höhe	altitude
Hütte	chalet, refuge
Jause	collation, goûter
Kanzel	chaire, belvédère
Kapelle	chapelle
Kino	cinéma
Kirche	église
Kloster	abbaye, couvent
Krankenhaus	hôpital
Kreuzgang	cloître
Kunst	art

Kur	cure, séjour
Landhaus	siège du gouvernement provincial
Links	à gauche
Lokal	bar, pub
Markt	place du marché, bourg
Maut	péage)
Münster	cathédrale
Museum	musée
Offen	ouvert
Palast	palais
Pfarrkirche	église paroissiale
Platz	place
Postamt	bureau de poste
Quelle	source, fontaine
Radverleih	vélo de location
Rathaus	mairie, hôtel de ville
Rechts	à droite
Sackgasse	impasse
Schanigarten	terrasse de restaurant
Schiff	bateau
Schloß	château
Schlüssel	clé
Schwimmbad	piscine
See	lac
Speisesaal	salle à manger
Spielbank	casino
Stift	abbaye, couvent
Strandbad	plage
Straße	rue, route
Tor	porte de ville
Treppe	escalier
Verboten	interdit
Vorsicht	attention
Wald	forêt
Wechsel	change
Zahlen	payer
Zimmer frei	chambre libre
Zimmernachweis	réservation des chambres

La lecture du journal dans un café.

J.-C. & D. Pratt / PHOTONONSTOP

La culture dès le plus jeune âge.

R. et P. Holzbachova & Benet / MICHELIN

ZART
onzerte
Vienna Mozart Orc
in period cos
and 2 opera
WIENER ST
ZERTHAU
20.15 Uhr
at 8.15 pm
IMAX
Karten 01/894 01 01, Infoline 1547, www.
LIPIZZAN
IMAX
01 01, Infoline 1547, www.imax
LIPIZZAN

VIENNE AUJOURD'HUI

La cité danubienne aime les paradoxes et les contradictions. Entre le conformisme lié à la nostalgie de la splendeur des Habsbourg et la très progressiste Vienne sociale-démocrate, le visiteur peut manquer de repères. C'est pourtant dans cette tension permanente entre passé et futur, entre Ville-musée et laboratoire de modernité que la capitale semble bien se situer. Privée de sa position centrale en Europe entre 1918 et 1955, elle a retrouvé peu à peu son rôle de pont entre l'Ouest et l'Est, renforcé par l'élargissement de l'Union européenne en 2004. Mais Vienne continue d'osciller entre microcosme et ouverture, entre traditions étouffantes et cosmopolitisme régénérateur.

Vue aérienne de Vienne.

Situation géographique

ENTRE LES ALPES ET LES CARPATES

Vienne est établie au creux d'un bassin (le *Wiener Becken*) au pied des Alpes dans une **plaine** arrosée par le Danube qui ouvre sur les steppes hongroises et les Petites Carpates. Elle n'est située qu'à environ 60 km de la **Hongrie**, de la **Tchéquie** et de la **Slovaquie**. Ce bassin est entouré par les **vallons** plantés de vignobles, au nord, par la **plaine** du Marchfeld, à l'est, par les premiers **plis** de la Leithagebirge, au sud, et enfin par les **reliefs** boisés de la Forêt viennoise, à l'ouest. Vienne doit à sa situation géographique particulièrement favorable l'une de ses particularités : elle est la seule capitale d'Europe à produire du **vin**, du moins dans de telles quantités.

720 ha cultivés par 250 petits domaines occupent en effet les coteaux qui s'élèvent sur la rive droite du Danube et garantissent une atmosphère rurale à la périphérie.

Bien que située au bord du **Danube**, le plus long fleuve d'Europe centrale avec un cours de plus de 2 800 km, Vienne lui tourne le dos. Le Danube coule à plus de 2 km au nord-est du centre historique de la ville. Il se compose d'une multitude de bras, qui donnent l'impression de le traverser quatre fois de suite mais en réalité il s'agit du petit canal du Danube (*Donaukanal*, qui était le cours du fleuve au Moyen Âge), le Nouveau Danube (*Neue Donau*, avec ses deux bras séparés par une île longue de plusieurs kilomètres) et la boucle du Vieux Danube (*Alte Donau*, bras mort dont les berges sont très fréquentées par les baigneurs). Enfin, il faut savoir que le Danube est alimenté par une petite rivière longue de

34 km, la **Vienne**, qui parcourt la ville sur 15 km d'ouest en est mais reste peu visible car elle est en partie souterraine dans le centre.

Portrait de la ville

Vienne a la réputation d'être une ville conservatrice. **Bals, valse, cafés anciens, viennoiseries, calèches font partie de l'imagerie qui l'entoure. Tout cela existe toujours et conserve un certain charme mais on est aussi heureusement surpris de découvrir une population jeune et cosmopolite qui circule en bicyclette sur les multiples pistes cyclables qui sillonnent cette ville parsemée d'espaces verts. Restaurants et bars branchés, magasins de design rappellent que Vienne est aussi tournée vers l'avenir.**

LES QUARTIERS

La plupart des monuments et musées de Vienne sont concentrés dans la **Innere Stadt** (la ville intra-muros) circonscrite par le Ring (tracé des anciennes murailles). Dans ce centre ancien, dont le cœur est la cathédrale (Stephansdom), c'est un vrai bonheur de se promener à pied dans le dédale de rues et places bordées de palais, d'églises baroques, d'élégantes boutiques, de magasins d'antiquités ou de cafés au charme désuet. On s'enfonce dans des passages, dans des ruelles où s'abrite la terrasse d'un restaurant. Le soir, le nord de la Innere Stadt s'anime dans les bars du « triangle des Bermudes » surnommé ainsi à la suite de la disparition de noctambules. Le long du **Ring** s'élèvent les majestueux bâtiments administratifs de la fin du 19e s. et du début du 20e s., dont le musée des Beaux-Arts.

La première ceinture juste après le Ring, se compose de quartiers assez divers et plus résidentiels que le centre où vit une population cosmopolite. On y trouve au sud-est le **Belvédère** avec son parc et ses musées, puis au sud, le quartier de **Naschmarkt**. Là, entre les immeubles Sécession, s'étend le plus grand marché de Vienne et tout autour de nombreux cafés et restaurants branchés.

On arrive ensuite au **MuseumsQuartier** qui a révolutionné la vie de Vienne. Orienté sur l'art moderne et l'art contemporain, cet extraordinaire ensemble culturel a complètement dynamisé cette partie de Vienne. Restaurants et cafés s'y sont multipliés et ont débordé sur le quartier de **Spittelberg**, jusque dans l'ancien quartier chaud de **Gürtel**, dont

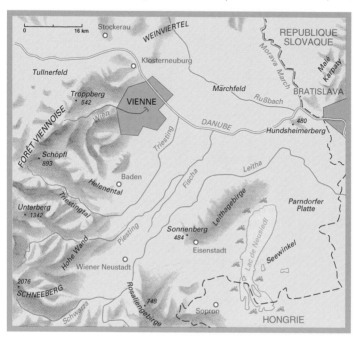

les immeubles de petite taille ont été restaurés. Aujourd'hui, de nombreuses boutiques d'artisanat, des restaurants exotiques et des bars s'y sont installés. De l'autre côté de la ville, au nord-est, le long du Danube, s'élèvent les hautes tours des quartiers d'affaires. Les bâtiments des Nations unies sont construits sur l'île entre le canal du nouveau Danube et le alte Donau.

Au-delà de la ceinture, au sud, le château de **Schönbrunn** et son parc s'offre pour une magnifique promenade, tandis qu'au nord-ouest, d'un coup de tramway, on se retrouve dans les petits villages de vignerons pour déguster, sous la tonnelle des *Heurigen* le délicieux vin local.

Vivre à Vienne

VIE ADMINISTRATIVE ET POLITIQUE

Capitale fédérale depuis 1921, Vienne est également, avec ses environs immédiats, l'un des 9 Länder de la république d'Autriche (Burgenland, Carinthie, Basse-Autriche, Haute-Autriche, Salzbourg, Styrie, Tyrol, Vienne et Vorarlberg).

Avec une superficie de **415 km²**, le Land de Vienne constitue un îlot enclavé dans la Basse-Autriche. La ville abrite ainsi, outre les deux grands organes exécutifs (président de la République au Hofburg et chancellerie au Bundeskansleramt) et les deux grands organes législatifs du Parlement (Conseil fédéral avec 12 représentants pour Vienne sur les 63 membres, et Conseil national), le gouvernement du Land et la Diète provinciale.

La population du Land de Vienne élit tous les cinq ans les 100 membres du **Conseil municipal** qui sont aussi ceux de la **Diète provinciale**. La Diète élit ensuite, à la représentation proportionnelle, les membres du gouvernement provincial avec à sa tête le **chef de gouvernement du Land** (qui est aussi le **maire** de la ville). Organe exécutif du Land, il gouverne avec ses deux vice-maires et ses 14 adjoints ; il doit avoir la confiance de la Diète et prend ses décisions à la majorité des voix. Diète et gouvernement siègent au nouvel hôtel de ville (Neues Rathaus). Une des fonctions du maire est aussi de diriger la Chambre de commerce, une holding

mêlant biens publics et privés (maison d'édition, compagnie d'assurances, Stadthalle…) et visant surtout à sauver certaines entreprises de la faillite.

Vienne est un fief de la **social-démocratie** en Autriche : le SPÖ gouverne la ville presque sans interruption depuis 1945. Lors des élections municipales de 2005 (où pour la première fois les jeunes de 16 et 17 ans pouvaient voter), il a obtenu 55 sièges et a ainsi pu placer son candidat (Miche Häupl, déjà élu en 1994) au poste de maire. Le parti populaire (ÖVP) n'a obtenu que 18 sièges, les Verts 14 sièges et l'extrême droite (FPÖ) 13 sièges (alors qu'elle avait devancé l'ÖVP en 1995). Vienne se différencie donc du reste du pays, où le parti socialiste est moins bien implanté. En 2000, l'arrivée au gouvernement fédéral d'une coalition du parti populaire et de l'extrême droite (dirigée par Jörg Haider) a suscité de nombreuses manifestations dans la capitale.

LES ARRONDISSEMENTS

La ville est divisée en **23** arrondissements *(Bezirke)* qui s'enroulent en spirale autour du centre-ville, que les Viennois appellent la « ville intérieure » *(Innere Stadt)* et qui correspond au 1er arrondissement. Serrée dans des fortifications jusqu'au milieu du 19e s., le tissu urbain est particulièrement dense au centre de la ville où on circule peu en voiture. De plus, la ville est longtemps restée éloignée du Danube et de ses crues : la rive gauche n'accueille aujourd'hui encore que 12 % de la population même si la tendance actuelle est au développement de cette zone (ainsi que du sud). A Vienne, on n'observe pas de réel découpage par communauté (comme à Berlin par exemple) et le niveau social d'un quartier est peu dépendant de sa distance par rapport au centre-ville.

Les élections des représentants des arrondissements ont lieu en même temps que les élections municipales. En 2005, le SPÖ a remporté 16 arrondissements. Les 5 circonscriptions de l'ÖVP correspondent aux quartiers résidentiels du centre-ville et de l'extrémité nord-ouest de Vienne. Les Verts ne sont présents que dans deux petits arrondissements du centre (7 et 8), alors que le FPÖ, bien que ne dirigeant aucun arrondissement, est bien implanté dans les zones extérieures.

LA POPULATION

Vienne comptait, en 2005, 1 631 082 habitants, ce qui lui donne une place centrale parmi les capitales européennes. Vers 1910, Vienne était encore la 4e métropole européenne après Londres, Paris et Berlin. De 1850 (551 300) à 1916 (2 239 000) le nombre d'habitants avait plus que quadruplé. Depuis, la tendance était à la baisse (1 506 201, 1988), mais l'ouverture du rideau de fer au début des années 1990 et l'adhésion de l'Autriche à l'Union européenne en 1995 ont de nouveau inversé la tendance démographique.

Constituée au fil des siècles par des hommes et des femmes venus de tous les pays de l'empire austro-hongrois, la population de la ville comprend 1/3 de personnes originaires de Bohême, 1/5 de Hongrie, 1/7 de Pologne et 1/8 des Balkans. Les deux tiers de la population au moins sont issus de groupes non germanophones, ce qui transparaît largement dans le vocabulaire autrichien. Aujourd'hui encore, 18 % de la population viennoise n'a pas la nationalité autrichienne. Les plus grands groupes représentés parmi la population sont les Yougoslaves (80 000), les Turcs (45 000), les Bosniaques (20 000), les Polonais (17 000), les Croates (17 000) et les Allemands (14 000).

RELIGION

Les Viennois sont majoritairement catholiques (environ 60 %). Le pourcentage des autres religions (protestants et musulmans surtout) reste faible. Mais comme dans la plupart des capitales européennes, le nombre de pratiquants est très faible.

VIE ÉCONOMIQUE

Vienne n'est pas seulement le centre politique de l'Autriche, mais également son centre économique, le produit intérieur brut du Land de Vienne représentant près de 30 % du PIB total de l'Autriche. Par sa position géographique, Vienne fut durant la guerre froide un important centre d'échanges commerciaux entre les blocs de l'Est et de l'Ouest. La chute du rideau de fer n'a fait que renforcer cette position de relais. Il n'est ainsi pas étonnant de constater que d'importantes sociétés ont installé leur siège pour l'Europe de l'Est à Vienne (Heineken, Lafarge, Schneider Electric par exemple). La capitale de l'Autriche est aujourd'hui devenue une véritable plaque tournante dans le commerce de transit international.

Principal pôle industriel du pays, Vienne a concentré son activité industrielle dans l'alimentation, l'électricité (absence d'énergie nucléaire en Autriche), l'électronique, la métallurgie (usinage des métaux), la chimie (avec notamment la raffinerie de Vienne-Schwechat où est transformé le pétrole brut extrait en Autriche ou importé), la pharmacie, la mécanique de précision, la sidérurgie, la construction automobile (importante

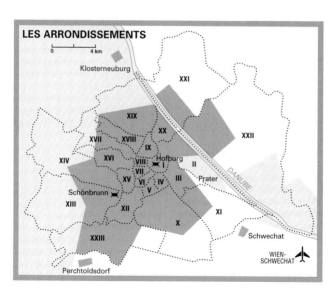

LES ARRONDISSEMENTS

usine General Motors à Aspern), les arts décoratifs et la mode. La ville abrite également le siège social des principales banques, caisses d'épargne, compagnies d'assurances et grandes entreprises du pays, sans oublier la bourse.

La capitale de l'Autriche est également, depuis l'historique congrès de Vienne de 1815, une importante ville de congrès (1 400 congrès internationaux chaque année). Elle est en outre une ville de foires : la Biennale de Vienne, fondée en 1921, continue de jouer un rôle important pour toute l'Europe du centre-est. Enfin c'est un lieu touristique convoité en raison de son riche héritage historique. Avec près de 4 millions d'arrivées par an, Vienne fait en effet partie des métropoles européennes les plus touristiques. Le chiffre d'affaires annuel des hôtels et restaurants viennois s'élève actuellement à 1,6 milliard d'euros.

ÉDUCATION

Vienne a une bien plus forte proportion de bacheliers et de diplômés que les autres Länder autrichiens.

Sur les 12 **universités** du pays, cinq se trouvent à Vienne : l'université de Vienne, l'université de technologie, l'université d'agriculture, l'université de médecine vétérinaire et l'université d'économie de Vienne. On peut aussi mentionner l'Académie de musique et d'art dramatique, l'Académie des beaux-arts et l'Académie des arts appliqués. On trouve aussi l'Académie catholique, plusieurs sociétés scientifiques et de nombreux instituts de recherche ainsi que la vénérable Académie autrichienne des sciences. L'enseignement de la musique, de la médecine, du droit et des arts attire de nombreux **étudiants étrangers**, qui représentent 10 % de la population universitaire.

L'art de vivre du Vienne traditionnel

Les Viennois sont réputés pour leur politesse, leur réserve, leur convivialité. Mais il faut connaître leur code presque immuable de bonne conduite car l'emprise des traditions (familiales, collectives, religieuses) est encore très forte, comme en témoigne la vitalité des lieux tels que le *Heuriger*, le café ou les salles de bal.

LE « HEURIGER »

Tradition séculaire vulgarisée par l'empereur Joseph II, mais dont l'origine remonte au 13e s., le *Heuriger* viennois est une singulière institution. C'est une sorte de **taverne**, de type ancien, voire rustique, où l'on peut boire le **vin nouveau**. Un véritable *Heuriger* ne propose à la consommation que des crus locaux, voire même le vin maison. L'ivresse, tout comme la consommation d'autres breuvages sont mal vus. Un rameau vert accroché au-dessus de la porte d'entrée du *Heuriger* et l'inscription « *ausg'steckt* » indiquent qu'il est ouvert.

Dans un *Heuriger*, il est aussi possible de manger. Mais le repas, contrairement à la boisson, n'est pas servi à table et c'est à chacun de se rendre au **buffet** pour choisir entre les plats froids et chauds. Au-delà d'y boire et d'y manger, ce que les Viennois aiment dans le *Heuriger* c'est son atmosphère de bien-être et de fraternité bonhomme. Le bonheur qui illumine les visages alentour n'est toutefois pas aussi naïf que le touriste pourrait le penser, car la *Schrammelmusik,* musique typique du *Heuriger,* se charge de rappeler à chacun le côté éphémère de la vie, avec ses chansons mélancoliques. À défaut d'un ensemble typique de *Schrammelmusik* (formation composée de deux violons, d'un accordéon – ou d'une clarinette – et d'une guitare), un violon et un accordéon y créent une ambiance purement viennoise.

Voir également p. 26.

LE « KAFFEEHAUS »

Élégant, confortable, traditionnel, le *Kaffeehaus* joue un rôle majeur dans la vie viennoise. Même si le café viennois s'est peu à peu transformé avec le temps – les grands auteurs n'y discutent plus littérature et politique – il a préservé tout ce qui a fait sa gloire : on peut y lire paisiblement le journal (que l'on vous propose sur place), y écrire une lettre d'amour, y feuilleter son roman préféré, s'y surprendre à rêver, ou tout simplement y laisser couler le temps en bonne compagnie, tout cela dans un cadre distingué et calme. Accessoirement, on commandera un petit quelque chose. Que prendre dans un Kaffeehaus ? Un petit-déjeuner, un déjeuner, un dîner, bien sûr. Mais, le meilleur moment pour s'y asseoir reste sans aucun doute la fin de l'après-midi ou le début de soirée, surtout après l'une de ces visites à la fois émerveillantes et harassantes des grands musées de la capitale. On peut alors se laisser tenter par un gâteau, une *Sachertorte* ou une *Mozarttorte* qui comptent parmi les plus réputées. Pensez qu'on interpelle le serveur au son d'un « *Herr Ober !* » et la serveuse plutôt par « *Bitte !* » que par « *Fräulein !* »

LE PRATER

C'est un des principaux symboles de la ville, avec sa **grande roue** (1897). Il accueille toutes les générations de Viennois, les jeunes préférant son **parc d'attractions** (*Wurstelprater*), les parents ses **espaces verts** (*Grüner Prater*). Son immensité (la Hauptallee fait environ 6 km) en fait le paradis des promeneurs, des sportifs et des pique-niqueurs.

LA SAISON DES BALS

En hiver, un bal chasse l'autre à Vienne. Le soir de la Saint-Sylvestre, la splendeur impériale d'antan renaît le temps d'un bal sous les lustres de la Hofburg, à l'occasion du célèbre **bal de l'Empereur**. Pendant le carnaval, les associations et catégories professionnelles les plus diverses organisent quelque 300 bals, pour la plupart dans des salles d'apparat (Hôtel de ville, Hofburg, Musikverein). On peut citer le bal des Fleurs organisé par les jardiniers et les fleuristes, le bal masqué de la Rudolfina-Redoute, le bal des Propriétaires de café, de l'Orchestre philharmonique, du Cercle des techniciens. Les médecins ont leur bal, tout comme les juristes, les chasseurs et les pompiers viennois. Les visiteurs sont toujours les bienvenus.

Le plus élégant, le **bal de l'Opéra**, a lieu en février à l'Opéra national (*voir p. 144, 153*). Il attire des personnalités autrichiennes et étrangères et constitue l'événement mondain de l'année. Il est ouvert par le ballet du Wiener Staatsoper et par un Comité de jeunes dames et jeunes messieurs, au rythme d'une polonaise avec éventail.

Bréviaire du café

Pour ne pas s'égarer dans la trentaine de façons de préparer le café, voici un petit florilège des variantes les plus courantes de ce délicieux breuvage : **Grosser/kleiner Schwarzer** grand/petit expresso noir – **Grosser/kleiner Brauner** grand/petit expresso noir éclairci d'un trait de lait – **Verlängerter Schwarzer** café noir allongé à l'eau – **Verlängerter Brauner** café brun allongé à l'eau – **Einspänner** café noir dans un verre avec de la Chantilly (Schlagobers) – **Fiaker** café noir dans un verre avec du rhum – **Franziskanner** mélange avec du chocolat en granu-

R. et P. Holzbachova & Benet / MICHELIN

lés – **Kaffee verkehrt** plus de lait que de café – **Kaisermelange** café avec un jaune d'œuf et du cognac. **Kurzer** café très serré – **Maria Theresia** mokka avec de la liqueur d'orange et de la Chantilly – **Mazagran** café froid avec des glaçons et du rhum – **Melange** café au lait (également avec de la crème Chantilly) – **Mokka** café noir assez fort – **Pharisäer** rhum dans une tasse avec du café noir – **Türkischer Kaffee** café bouilli dans de petits pots en cuivre et servi très chaud dans de petites tasses.

HISTOIRE

Résidence impériale pendant plusieurs siècles, Vienne est fortement marquée du sceau des Habsbourg. Définitivement débarrassée de la menace turque à la fin du 17ᵉ s., la ville s'impose alors comme une grande capitale culturelle européenne jusqu'au début du 20ᵉ s. Avant d'être brisée par les guerres mondiales, Vienne en 1900 est probablement la ville la plus étonnante d'Europe : Anciens et Modernes s'y affrontent, et si certains sentent dans cette « fin de siècle » le déclin inéluctable de l'Empire, un grand nombre préfèrent encore s'enivrer dans le vin et la valse. Vienne ne peut éviter son incorporation à la nouvelle superpuissance que constitue le Reich nazi. Après la Seconde Guerre mondiale, aidée cependant par les Alliés à se reconstruire, elle parvient à nouveau à jouer un rôle international et déploie avec succès des efforts aujourd'hui pour barrer la route à l'extrémisme politique.

Les ruines romaines du Hoher Markt.

Vienne romaine et médiévale

VIENNE ANTIQUE

Le bassin de Vienne se trouve au carrefour de voies de communication européennes (la route de l'ambre y croisant celle du Danube) et commande l'accès aux contrées environnantes : Bohême, Moravie, plaine de Hongrie et régions alpines. La région était déjà habitée il y a plus de 25 000 ans comme l'atteste la **Vénus de Willendorf**, conservée au musée d'Histoire naturelle (Naturhistorisches Museum).

Vers 800 av. J.-C. une colonie s'établit à Vienne. Face au territoire germanique, qui commence sur la rive gauche du Danube, les Romains décident vers l'an 100 apr. J.-C. d'établir sous le nom de **Vindobona** (« champ blanc »), une petite **garnison** près de l'oppidum que les Celtes ont fondé cinq siècles plus tôt. C'est dans ce camp peu à peu agrandi (probablement situé autour de l'actuel Hoher Markt) que serait mort l'empereur Marc Aurèle. C'est là aussi que, dans l'épopée des Nibelungen, Attila et Krimhilde célèbrent leurs noces.

Mais la ville, qui compte déjà 20 000 âmes au début du 3ᵉ s., ne résiste pas aux invasions barbares ni à la chute de l'Empire romain d'Occident. Elle disparaît de l'histoire pendant quatre siècles.

🚹 *Les ruines romaines du Hoher Markt, du n° 10 d'Am Hof et de la Michaelerplatz.*

LA VIENNE DES BABENBERG

Il faut attendre la fin du 8e s. et la création par Charlemagne de la **marche de l'Est** pour voir la ville renaître. En 881, **Wenia**, forteresse et place commerciale, est citée pour la première fois dans les annales de Salzbourg. Lorsque, dans la seconde moitié du 10e s., Otton Ier met fin aux invasions barbares et reçoit la couronne toute neuve du Saint Empire romain germanique des mains du pape, c'est à la famille des **Babenberg**, qu'il confie la direction de la région, baptisée Ostarrichi en 996 (d'où les fêtes du millénaire en Autriche en 1996). Ses représentants choisissent comme résidences successives Pöchlarn, Melk, Tulln et Leopoldsberg. Enfin, en **1156**, Henri II Jasomirgott obtient de l'empereur Frédéric Barberousse que la marche soit un duché héréditaire et transfère sa cour ducale au lieu aujourd'hui appelé « Am Hof ». Cette prééminence due à sa fonction de **résidence ducale** permet à Vienne de se développer en tant que ville-marché.

Sous l'un de ses successeurs, Léopold le Glorieux, Vienne est protégée par de solides murailles avec six portes fortifiées et dix-neuf tours. Au centre se dresse l'église romane **St-Étienne**, qui ne deviendra officiellement cathédrale qu'en 1469. Étape pour les **croisés** en route pour Jérusalem, Vienne s'agrandit aux 12e-13e s. et assure déjà un rôle de charnière entre l'Orient et l'Occident et de marché important fréquenté par les négociants italiens et juifs. C'est d'ailleurs à Vienne qu'en 1179 Richard Cœur de Lion se fait capturer de retour de Terre sainte. L'énorme rançon que reçoit Léopold V sert à construire un château sur l'actuelle place Am Hof. Vienne bénéficie aussi de son statut, accordé en 1237, de **ville immédiate** d'empire, c'est-à-dire de suzeraineté directe de l'empereur. Lorsque disparaît en 1246 Frédéric le Batailleur, le dernier des Babenberg, Vienne est, après Cologne, la plus importante ville de langue allemande. Le roi de Bohême Ottokar II Przemysl essaie de s'emparer du duché mais il se heurte à l'opposition des Habsbourg. À partir de 1278, l'essor de Vienne est lié à la fortune des Habsbourg, bien que, dans les premiers temps, seuls quelques empereurs souhaitent en faire leur capitale.

LA VIENNE DES PREMIERS HABSBOURG

La nouvelle dynastie connaît d'abord des difficultés : supportant mal l'autoritarisme de ses ducs, Vienne se révolte à diverses reprises. Écartés du trône impérial durant tout le 14e s., les Habsbourg affermissent alors leur autorité dans leurs États et donnent à la ville un important rayonnement. En 1365, **Rodolphe IV** fonde l'**université** de Vienne, la plus ancienne de langue allemande après celle de Prague. Dans la cité, entourée d'une plus large enceinte, il fait aussi construire l'église gothique de **St-Étienne** dont la flèche, terminée en 1433, devient le trait majeur de l'horizon urbain. **Albert V** (de la branche Albertine), en devenant roi de Hongrie en 1437, puis empereur en 1438 (sous le nom d'Albert II), préfigure déjà le futur grand empire habsbourgeois et fait pour la première fois de Vienne la **capitale** de l'Empire. L'esprit de la Renaissance allemande et italienne pénètre dans la ville, dont l'université abandonne la scolastique au profit de l'**humanisme**. Mais Albert meurt en 1440, et la Hongrie retrouve bientôt son indépendance.

👆 *La cathédrale St-Étienne.*

Vienne, capitale d'Empire

VIENNE FACE AUX TURCS

Pratiquant une politique d'expansion vers l'ouest, le nouvel empereur Frédéric III néglige les territoires orientaux : en 1485, le roi de Hongrie Mathias Corvin s'empare de Vienne, où il meurt en 1490. Maximilien Ier reprend la ville. Poursuivant la politique de son père, mais en protégeant ses frontières orientales, il marie ses petits-enfants aux héritiers de grands trônes européens. Les Habsbourg deviennent maîtres de territoires comme la Bourgogne, les Pays-Bas, l'Espagne et… les Amériques. De là, l'expression adaptée d'Ovide : « Laisse les autres se faire la guerre ; toi, fortunée Autriche, marie-toi. »

Charles Quint peut alors régner à partir de 1519 sur un territoire sur lequel « le soleil ne se couche jamais ». Conscient que cet empire est trop vaste pour être gouverné par un seul homme, Charles confie en 1521 les destinées de l'Autriche à son frère Ferdinand. L'alliance de ce dernier avec la Bohême et la Hongrie en 1526 met l'Autriche aux prises avec la Turquie. **Soliman le Magnifique**, souhaitant conquérir le cœur de l'Europe, attaque l'Autriche et, en **1529**, Vienne subit un premier siège auquel mettent fin l'approche de l'hiver et la disette dont souffraient les Turcs. Entre 1530 et 1560 est édifiée une puissante ceinture de **remparts** à bastions, qui subsisteront jusqu'en 1857. Peu à peu, la ville, qui compte 50 000 âmes, se transforme en capitale d'un empire hétérogène et pluriethnique. L'architecture se renouvelle et la vieille Hofburg princière est remaniée par Ferdinand Ier dans les années 1550. Des palais à l'italienne sont bâtis (Palais Porcia en 1546).

ℰ *L'aile Amélie et la cour des Suisses dans la Hofburg.*

VIENNE ET LA CONTRE-RÉFORME

A partir des années 1520, la Réforme luthérienne se répand largement à Vienne. L'empereur Ferdinand Ier ne tarde pas à réagir : en 1526 il réduit drastiquement les privilèges de la ville et en 1556, le jésuite Pierre Canisius est appelé dans la capitale danubienne. Le mouvement de la **Contre-Réforme** est lancé. Le culte réformé est alors interdit dans une ville qui compte, en 1571, 80 % de protestants, dont le maire. Peu à

peu, la ville retrouve la foi catholique. En 1620, la Contre-Réforme triomphe après la bataille de la Montagne Blanche, près de Prague. De nombreux ordres religieux s'établissent à Vienne sous l'impulsion du cardinal Melchior Klesl (Ursulines, Dominicains, Paulistes). En 1617, les **Habsbourg**, qui désormais ceindront à tour de rôle la couronne impériale (sauf de 1742 à 1745), font de Vienne la **capitale** définitive **du Saint Empire**.

VIENNE FACE AUX FLÉAUX

À partir de 1618, les armées bohémiennes et suédoises menacent la capitale au cours de la guerre de Trente Ans mais Vienne est épargnée. En 1629, la **peste** fait 30 000 victimes.

L'empereur **Léopold**, qui règne depuis 1654, veut faire de la ville un foyer baroque en invitant de grands artistes italiens ; la Hofburg est agrandie. Mais la ville doit subir de nouveaux assauts. L'épidémie de peste réapparaît en 1678. Tous ceux qui le peuvent fuient la capitale. Seuls quelques notables, et à leur tête le prince de Schwarzenberg, décident de lutter. L'épidémie s'éteint un an après s'être manifestée, causant à nouveau la mort de 50 000 à 80 000 personnes. Lorsqu'en 1682 la **colonne** dédiée à la Vierge et destinée à commémorer la délivrance de ce fléau est élevée sur le Graben, la **menace turque** se précise à nouveau aux frontières. En 1683, le grand vizir Kara Mustapha assiège la ville avec plus de 200 000 hommes.

Vienne – presque turque

Le 14 juillet 1683, le grand vizir Kara Mustafa, représentant du sultan Mohammed IV, encercle la ville avec une troupe de 200 000 hommes : des spahis et d'autres contingents en provenance de Bosnie, Serbie, Moldavie et Valachie. Ce représentant énergique du sultan déploie ses troupes en demi-lune, plaçant les têtes à même la rive du Danube. Face à ce déploiement impressionnant de troupes, environ 16 500 Viennois – dont beaucoup sans aucune formation militaire – décident de résister à l'assaut. Ils s'appuient sur 312 canons et surtout sur le courage de leur commandant en chef, Ernst Rüdiger, comte de Starhemberg. Le 10 septembre, alors que la situation devient particulièrement critique, Charles de Lorraine entre en scène, ce diable *Deus ex machina*. La solidarité des princes chrétiens est alors enclenchée, puisqu'il est bientôt suivi par le prince électeur Max-Emmanuel, Georg-Friedrich von Waldeck, Ernst-August von Braunschweig-Lüneburg et son fils, le futur George Ier d'Angleterre, ainsi que le roi polonais Jan III Sobieski, commandant de l'armée de réserve. La France avait promis au pape de ne pas intervenir contre l'Autriche – on trouve toutefois des conseillers militaires français aux côtés des Turcs... Le 12 septembre, Kara Mustafa est contraint de s'enfuir (après une nouvelle défaite à Gran, il se suicide à Belgrade). L'empereur Léopold Ier, exilé à Passau, rentre à Vienne le 14 septembre.

Marie-Thérèse d'Autriche (1717-1780)

Avant même d'accéder au trône, cette femme au tempérament courageux affirme sa particularité en épousant François-Étienne de Lorraine, en 1736. Il s'agit en effet d'un mariage d'amour avec un prince assez peu populaire auquel elle donnera seize enfants. Attaquée par la Bavière et la Saxe, l'Espagne, la France et la Prusse, Marie-Thérèse se fait couronner reine de Hongrie à Presbourg en garantissant l'autonomie de ce pays. Aussitôt, les Hongrois reconnaissent François-Étienne comme corégent et lèvent une armée de 30 000 soldats. La reine parvient ainsi à repousser les assauts de ses ennemis, et réussit, en 1747, à faire sacrer empereur son mari, qui devient alors François Ier. Un an plus tard, le traité d'Aix-la-Chapelle met un terme au conflit : Marie-Thérèse a globalement sauvé l'intégrité de l'empire que lui avait laissé son père. Son règne est long et marqué de l'empreinte de sa personnalité : elle abat un travail colossal, à l'écoute des multiples communautés qui tissent sa monarchie, et se rend populaire par d'utiles réformes financières et administratives, sans jamais heurter les susceptibilités hongroise, italienne ou hollandaise. Son succès est dû à cet alliage de volonté et de gaieté, qui se dissoudra toutefois à la mort de François-Étienne en 1765.

Moins de 20 000 Viennois, commandés par le comte de Starhemberg, résistent et l'emportent avec le renfort du roi de Pologne, Jean III Sobieski lors de la **bataille de Kahlenberg**. Cette victoire a dans toute l'Europe un retentissement considérable. Les souverains occidentaux reconnaissent désormais la prééminence de l'empereur, **sauveur de la chrétienté**. En 1699, la signature de la paix de Carlowitz, qui met fin aux guerres turques, restitue la Hongrie aux Habsbourg. Vienne se trouve alors à la tête d'une grande puissance de taille européenne.

S'ouvre pour l'empire une longue période de prospérité. La ville est peu à peu reconstruite et embellie et Léopold veut faire de **Schönbrunn** un Versailles autrichien. Vienne est séduite par le baroque venu de Rome et de Prague : palais princiers, résidences d'hiver, églises surgissent du sol. Une seconde ligne de fortifications, le Lilienwall, est construite entre 1704 et 1706 pour protéger les faubourgs, qui avaient complètement été dévastés par les Turcs.

👣 *L'aile Léopoldine et le théâtre dans la Hofburg, la colonne de la peste, l'église des Dominicains, l'église des Jésuites, l'église aux Neuf-Chœurs-des-Anges.*

« VIENNA GLORIOSA » : MARIE-THÉRÈSE, JOSEPH II

C'est le **prince Eugène** de Savoie, gentilhomme français assoiffé de gloire mais dédaigné par le Roi-Soleil, qui balaye définitivement la menace ottomane. Le château qu'il fait bâtir sur la colline du **Belvédère** est somptueux. Sous l'empereur Charles VI, qui inaugure en Autriche l'ère du despotisme éclairé, le baroque prend un aspect plus monumental et somptueux, comme en témoigne l'extraordinaire **église St-Charles** (Karlskirche). Vienne devient un centre culturel européen, au niveau intellectuel (voir les descriptions de Montesquieu ou de Leibniz) et surtout artistique. S'y trouvent rassemblées des collections d'art d'une extrême richesse. La présence de chefs-d'œuvre des peintres, sculpteurs et orfèvres flamands et italiens notamment favorise l'étude et la formation des artistes.

Détail d'un portrait de Marie-Thérèse d'Autriche, par Martin Van Meytens, vers 1750.

AKG

Mais se pose alors un problème extrêmement grave : Charles VI n'a pas d'héritier mâle. En Hongrie, par exemple, la Diète ne reconnaît la succession de la maison de Habsbourg que par la lignée masculine. Charles VI consacre donc toute son énergie à convaincre les puissances européennes de reconnaître sa **Pragmatique Sanction**. Cette dernière, votée en 1713, déclare ses possessions indivisibles tout en nommant héritière sa fille Marie-Thérèse. Sa disparition déclenche la **guerre de Succession** d'Autriche (1740-1748). L'Autriche y perd la Silésie au profit de la Prusse, mais Marie-Thérèse peut exécuter la succession. En 1754 est effectué le premier recensement : 175 000 âmes peuplent Vienne (faubourgs compris), indiscutable centre économique où se sont multipliées les manufactures textiles. Le **Burgtheater**, fondé par Marie-Thérèse en 1741, devient en 1776 un théâtre national de langue allemande, afin de briser le monopole culturel de l'italien dans la capitale. En 1766, le **Prater**, ancienne réserve de chasse de la Cour, est ouvert au public. En 1775, c'est au tour de l'Augarten.

Associé au pouvoir dès le décès de son père, **Joseph II** (unique régent à partir de la mort de sa mère en 1780) poursuit l'œuvre de réorganisation de l'Empire. Le « josephisme » annonce une Autriche nouvelle : une seule langue nationale, l'allemand ; une seule capitale, Vienne ; un seul pouvoir, l'empereur. Par ailleurs, Joseph II fait abolir le servage malgré l'hostilité de la noblesse et impose l'égalité devant la loi et l'impôt. Il accorde la liberté des cultes et étend la souveraineté de l'État à l'Église, ce qui provoque la venue du Pape en 1782. À la fin du 18e s., Vienne est la capitale internationale de la musique (**Haydn**, **Mozart** et **Beethoven**) et les arts s'y sont affranchis du modèle transalpin. La ville, qui compte près de 200 000 habitants, s'est affirmée comme métropole européenne grâce notamment

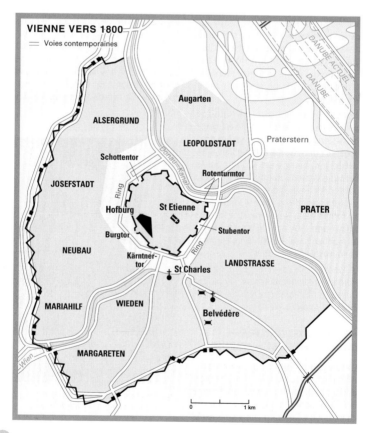

à une aristocratie cosmopolite pratiquant largement le **mécénat** et à une industrie du luxe. Mais la volonté de l'Empereur se heurte toutefois à une violente résistance parmi les nobles et les gens d'Église, qui limitent la portée sociale des réformes. Le **siècle des Lumières** *(Aufklärung)* ne s'éteint pas seulement avec la mort de Joseph II le « philosophe », qui participa considérablement au développement culturel de son empire. La pré-industrialisation s'installe dans un empire sans croissance démographique et, du point de vue politique, la Prusse devient un rival de plus en plus puissant. Comble de malheur, Léopold II, frère de Joseph II, s'éteint trop rapidement, en 1792. Son fils aîné François II accède alors au trône et trouve en Napoléon un puissant adversaire.

🕯 *Le Belvédère, le Burgtheater, le château de Schönbrunn, le Prater, la crypte des Capucins, les palais du Prince Eugène, Trautson, Liechtenstein, Lobkowitz, Schwarzenberg, Kinsky.*

La Vienne du 19ᵉ s.

VIENNE NAPOLÉONIENNE

L'adoption de la dignité impériale par Napoléon Bonaparte en France en 1804 conduit François II à prendre le titre d'empereur héréditaire d'Autriche sous le nom de François Iᵉʳ. **Napoléon** parvient à occuper Vienne entre le 12 novembre 1805 et le 13 janvier 1806,

Le Congrès danse

Si le spirituel prince de Ligne eut le mot : « Le congrès ne marche pas, il danse », c'est parce que la présence de tous les souverains et de plus de 700 diplomates était prétexte à réceptions et bals dans les ambassades, les salons de la Hofburg et la Grande Galerie du château de Schönbrunn. Le tsar Alexandre ne manquait aucune occasion de montrer ses talents ; il se targua même au bout de quelques semaines d'avoir passé quarante nuits à danser… Aucune autre ville que la métropole artistique de Vienne n'aurait pu offrir plus de distractions – théâtres, musées et musique de chambre, opéras, dont un concert de gala dirigé par Beethoven lui-même, dont l'opéra *Fidelio* fut accueilli avec enthousiasme.

garantissant le respect de la religion et la sauvegarde des citoyens. Le 6 août 1806, François Iᵉʳ renonce à la couronne impériale du Saint Empire romain germanique, car il la sait condamnée. En 1809, la seconde occupation française (du 12 mai au 19 novembre) entraîne la banqueroute publique. Le chancelier comte Stadion cède la place au prince de Metternich.

Lorsqu'en mars 1814 s'effondre l'Empire napoléonien, Vienne détrône Paris comme capitale de l'Europe. Elle devient le siège d'un congrès international chargé de régler le sort des

Image satirique sur le Congrès de Vienne en 1815 (eau-forte).

ADPC / KEYSTONE / HACHETTE

Le long du Prater, bouquets à la main, « le roi arrive » (gravure sur bois de Wilhelm Gause).

vainqueurs et des vaincus. Pendant un an, le **congrès de Vienne** rassemble toutes les têtes couronnées : l'empereur d'Autriche François Ier, le tsar Alexandre Ier, le roi de Prusse Frédéric-Guillaume, le roi de Wurtemberg, ceux de Bavière et de Danemark, et de nombreux princes et archiducs. Les diplomates y apportent leur prestige : pour l'Angleterre Lord Castlereagh, pour la Russie Nesselrode, pour la Prusse Wilhelm von Humboldt, pour la France Talleyrand, et pour l'Autriche Metternich. Si le tsar Alexandre Ier se fait tout particulièrement remarquer par l'éclat des réceptions qu'il organise et par son libertinage, si le prince de Talleyrand réussit, par son habileté et une longue expérience des affaires de l'Europe, à se tailler une place privilégiée au sein des États participants en se faisant le champion des minorités, le personnage central du congrès reste le prince de **Metternich**, ministre des Affaires étrangères autrichien. Il fait prévaloir sa conception d'une Europe équilibrée et conservatrice, par trois thèmes principaux : restauration – de la situation politique de 1789 –, légitimité – principe qui permet le retour des Bourbons en France – et solidarité – face aux mouvements révolutionnaires. Avec un remarquable sens diplomatique, il contribue à faire de l'Autriche, placée en tampon entre l'Empire russe et l'Empire français, une troisième force susceptible de rétablir l'équilibre européen. Cette politique permet à Metternich, lors du congrès de Vienne, de se poser en médiateur et de jouer le rôle d'élément modérateur qui fait de l'Autriche, jusqu'en 1848, le garant et le champion de l'ordre en Europe.

Metternich (1773-1859)

La carrière de Clément, prince de Metternich-Winneburg, commence en 1806 lorsque, nommé ambassadeur à Paris, il a tout le loisir d'étudier de près le maître de l'heure, Napoléon Ier. En 1809, il reçoit la lourde charge de diriger la politique étrangère de son pays. C'est alors qu'il préconise un rapprochement avec la France et réussit à concrétiser son alliance en négociant le mariage de Napoléon et de l'archiduchesse Marie-Louise. Outre sa langue maternelle, Metternich parle couramment l'anglais, l'italien, le latin et les langues slaves. Admirateur de Joseph II, il met en place de 1815 à 1848 un « système » dont les fruits ne vont pas donner que des fleurs, car il répond surtout aux besoins immédiats d'une Autriche qu'il a transformée en bastion de l'Ancien Régime. Lorsque François Ier meurt en 1835, son successeur Ferdinand Ier est totalement incapable, pour ne pas dire faible d'esprit. Metternich poursuit donc son régime autoritaire gouverné par une « conférence d'État secrète » qui réunit l'archiduc Louis, le comte Kolowrat et Metternich lui-même.

Herr Biedermeier

Contrairement à ce que croient la plupart des non-germanophones, ce nom n'est pas celui d'un artiste qui aurait laissé son patronyme au style dont il aurait été le maître incontesté. Wieland Gottlieb Biedermeier n'a même jamais existé ! Ce monsieur a pris forme sous la plume des écrivains Adolf Kaußmaul et Ludwig Eichrodt, qui au début du 19e s., créèrent ce personnage pour incarner le brave bourgeois pétri de bons sentiments ; « bieder » signifie brave, honnête, « Meier » illustre un nom très répandu. Devenu aussi mythique que le fut notre Joseph Prudhomme, Herr Biedermeier a glissé de la satire littéraire au symbole, et personnifie donc l'esprit d'une période et le style qui en est le reflet. Ce style désigne avant tout la façon de vivre et les convictions d'une classe sociale ascendante, aisée, bourgeoise et peu intéressée par la politique.

VIENNE BIEDERMEIER : LA « BELLE ÉPOQUE » DU VORMÄRZ

Grâce au remarquable sens diplomatique de cet aristocrate lucide et mondain, l'Autriche retrouve sa situation prépondérante en Europe centrale en assurant la présidence de la Confédération germanique (coalition de 39 États). En 1815, la Sainte-Alliance est fondée, elle réunit la Russie orthodoxe, la Prusse protestante et l'Autriche catholique : ces trois puissances s'engagent à gouverner « chrétiennement » et leur responsabilité les autorise à « intervenir contre tous les soulèvements nationaux ».

Le **Vormärz** caractérise cette période d'« avant mars » 1848, curieux mélange de « Belle Époque » d'une bourgeoisie se plaisant à un romantisme attendri (qualifiée de **Biedermeier**) et de dictature bonasse. Aimer, boire, chanter, danser paraissent être alors les principales préoccupations des Viennois, grisés d'une fièvre de plaisir. Vienne se régale de moka, de chocolat, de pâtisseries dans les **cafés** comme celui de Hugelmann, situé près du Danube, sur la route du Prater. Les jours de fête, la foule se répand dans les guinguettes, dites **Heurigen** du Danube et de la Forêt viennoise, où l'on s'attarde devant un pichet de vin nouveau, en écoutant les improvisateurs de poèmes, les joueurs de violon et de cithare. Tout est prétexte à la flânerie : la « parade » du bétail qu'on conduit à l'abattoir, les ménageries, les bateleurs, la relève de la garde aux sons d'une marche rêveuse de Schubert attirent un vaste concours de badauds. Les violons se déchaînent dans le quartier de Schottenfeld, à l'Apollo, palais de la danse dont la salle de bal était la plus grande d'Europe et en mesure de recevoir 4 000 personnes : vingt-huit salles de réunion, treize cuisines sont annexées à l'établissement. C'est le temps des succès de **Johann Strauß père** et de **Schubert**. Au Prater naît la **valse**.

Mais la Vienne idyllique du Biedermeier cache l'existence misérable d'une grande partie des ouvriers et la colère d'une jeunesse soumise à un régime policier.

🕯 *La Geymüller Schlößl, la Dreimäderlhaus.*

VIENNE FACE À LA RÉVOLUTION DE 1848

Lorsque des soulèvements nationaux se produisent dans l'Empire en mars 1848, notamment celui de Kossuth en Hongrie, une coalition **ouvriers-étudiants** se forme à Vienne. La ville se couvre de barricades. Il y a en tout trois insurrections qui forcent le gouvernement à « démissionner » Metternich, contraint à l'**exil** à 74 ans. En octobre, la foule, qui rêve de république, pend le comte Baillet de La Tour, ministre de la Guerre. Le gouvernement et le parlement doivent rejoindre la Cour à Olmütz, en Moravie. Mais la **grande bourgeoisie** et l'**aristocratie** viennoises soutiennent la répression. La capitale est reprise par la force et les soulèvements nationaux sont balayés par l'armée – Radetzky en Italie, Windischgrätz à Prague. Les Hongrois doivent capituler sous la pression des Russes venus au secours de l'Autriche : 13 généraux sont exécutés. Ferdinand abdique en faveur de son neveu François, âgé de 18 ans, qui va associer à son prénom celui de Joseph, en souvenir de Joseph II. Il veut par là signaler au peuple qu'il veut un État centralisateur ouvert à la modernisation. C'est le début de l'ère François-Joseph.

LA VIENNE DE FRANÇOIS-JOSEPH (1848-1916)

François-Joseph est la probité et la droiture mêmes, et malgré les innombrables bouleversements personnels et difficultés politiques qui agiteront son règne de soixante-huit années, il sera un souverain aimé et respecté de ses sujets. Le jeune empereur a été formé par sa mère, l'archiduchesse Sophie, à laquelle il doit sa courtoisie irréprochable ainsi que son sens du devoir et de la bureaucratie, mais à laquelle il doit aussi de monter sur le trône avec un esprit rétrograde. Or, le néo-absolutisme ne sied pas à l'administration d'une monarchie dont les peuples viennent de se soulever en réclamant leur association aux affaires publiques. Leur mélange est une poudrière. Lorsqu'en 1848 les Hongrois déclarent leur indépendance, ils essuient aussitôt une répression sanglante. La volonté d'autonomie de cette nation, déjà seul État des Habsbourg constitué en royaume distinct, en est d'autant plus inébranlable. Elle débouche sur le fameux Compromis de 1867 qui crée la **double monarchie** d'Autriche-Hongrie, union de deux États indépendants. François-Joseph est dès lors empereur d'Autriche et roi de Hongrie. Cela signifie pratiquement que constitution, administration et législation sont distinctes, et que armée,

« Rien ne m'a été épargné »

Le long règne de François-Joseph est marqué par une succession impressionnante de tragédies, au point qu'il déclara : « Rien ne m'a été épargné. » En 1853, le tailleur hongrois Libényi frappe le souverain d'un coup de couteau à la nuque. En 1857, l'empereur perd son premier enfant, la princesse Sophie, âgée de 26 mois. En 1867, Maximilien, frère de François-Joseph et empereur du Mexique depuis 1864, est fusillé par des révolutionnaires républicains à Querétaro. En 1889, son fils l'archiduc Rodolphe se suicide à Mayerling. En 1897, sa belle-sœur, la duchesse d'Alençon, périt dans un incendie, à Paris. En 1898, l'impératrice Élisabeth, sa femme (la belle « Sissi »), tombe sous le poignard de l'anarchiste italien Luccheni, à Genève. En 1914, l'héritier de l'Empire, l'archiduc François-Ferdinand, est assassiné à Sarajevo avec sa femme.

finances et politique étrangère sont communes. Cela signifie surtout un aveu d'impuissance. Dès ce « dualisme » – c'est le nom de ce nouveau régime qui durera désormais ce que durera le trône des Habsbourg –, on assiste aux revendications serbes et croates ainsi qu'au mécontentement des Tchèques.

EMPIRE RUSSE
EMPIRE ALLEMAND
Prague
BOHÊME
SILÉSIE
Cracovie
GALICIE
MORAVIE
HONGRIE
Munich
Vienne
Presbourg (Bratislava)
BUCOVINE
Salzbourg
TYROL
AUTRICHE
STYRIE
Budapest
Klausenburg (Cluj)
CARINTHIE
Laibach (Ljubljana)
Danube
Tisza
Mures
TRANSYLVANIE
Trente
CARNIOLE
Agram (Zagreb)
Milan
Venise
Trieste
CROATIE
SLAVONIE
Belgrade
Bucarest
SUISSE
Pô
ITALIE
MER
BOSNIE
Sarajevo
HERZÉGOVINE
SERBIE
ROUMANIE

L'AUTRICHE IMPÉRIALE VERS 1890
0   100 km

NOVI PAZAR
BULGARIE
Sofia
ADRIATIQUE
DALMATIE
MONTÉNÉGRO
EMPIRE OTTOMAN

Territoires occupés
Autriche contemporaine

« L'Assassinat de Sissi à Genève » en 1898, gravure de F. Meaulle.

Le soutien apporté par Napoléon III à la cause italienne, l'hégémonie prussienne en Europe centrale et la crise des Balkans sont autant de réalités qui affaiblissent l'empire d'un François-Joseph qui n'est pas un homme d'État. Les **défaites** se suivent, l'empereur compose, souvent dans l'inaction. En 1859, la paix de Zurich enlève la Lombardie à l'Empire à la suite des défaites de Magenta et Solferino. En 1866, le traité de Vienne enlève la Vénétie à l'Empire. En 1868, la Croatie obtient son autonomie. En 1882, le royaume de Serbie est proclamé.

Vienne, qui compte 500 000 habitants, se veut grandiose : le démantèlement des fortifications, à partir de 1857, inaugure l'**âge de la Ringstraße**. La création du « Ring », ceinture de boulevards autour de la vieille ville ouverte en 1865, transforme la capitale en un gigantesque chantier. Des architectes et des artistes renommés, autrichiens et étrangers, contribuent à la réalisation de cette œuvre, d'aussi grande envergure que la transformation de Paris sous la baguette du baron Haussmann quelques années plus tard. Le nouveau boulevard est jalonné des principaux édifices publics de la ville (opéra, hôtel de ville, parlement…), marqués par une architecture très **éclectique**. En 1861, Vienne (et ses faubourgs à partir de 1890) obtient le droit d'élire son propre **Conseil municipal**. En 1862, le Stadtpark, qui traverse la rivière Vienne, est inauguré. Après l'inondation de 1862, le Donaukanal est percé

entre 1870 et 1875. En 1873, l'Exposition universelle qui se tient au Prater est un échec malgré 7 millions de visiteurs. Le **krach boursier** qui secoue alors le pays signe l'échec du libéralisme viennois. En 1890, les faubourgs sont intégrés dans la ville et la deuxième ceinture de fortifications est rasée pour aménager la voie du **Gürtel**.

🕮 *Le Ring, le Gürtel, le Parlement, l'hôtel de ville, l'Opéra.*

VIENNE 1900 : CREUSET DE LA MODERNITÉ

Au tournant du siècle, l'Empire compte plus de 50 millions d'habitants et comprend douze nations et dix-neuf nationalités. Il couvre une grande partie de l'Europe. La capitale connaît un grand brassage de populations et commence à s'étendre sur la **rive gauche** du Danube. En 1897, **Karl Lueger**, fondateur en 1891 du **parti chrétien-social**, devient maire de la ville. Grand administrateur, il assure momentanément une prospérité inespérée à la ville, attestée par l'essor de l'industrie (textile, métallurgie, chimie). Son antisémitisme et ses talents d'orateur inspirent aussi fortement le jeune Adolf Hitler, alors à Vienne et qui vient d'échouer dans ses études artistiques. L'urbanisation précipitée fait quadrupler la population en seulement soixante années : en 1910, Vienne compte un peu plus de 2 000 000 d'habitants et est, après Londres, Paris et Berlin, la

Vienne et les juifs

La présence des juifs est attestée à Vienne dès le 12ᵉ s. Au siècle suivant, la Judenplatz devient le centre du quartier juif. Mais la ville connaît, comme ailleurs en Europe, des vagues d'antisémitisme : le pogrom de 1420-1421 est l'un des plus terribles. Il faut attendre l'édit de tolérance de Joseph II en 1781 pour que les juifs puissent pratiquer leur culte avec plus de liberté. En 1867, François-Joseph les émancipe complètement, ce qui provoque une arrivée massive de juifs dans la capitale. Mais cette fin du 19ᵉ s. voit renaître l'antisémitisme. La communauté juive viennoise, qui compte alors environ 175 000 personnes, commence à subir de nombreuses exactions. Nombreux sont ceux qui choisissent l'exil. Dans la nuit du 9 au 10 novembre 1938 (« nuit de cristal »), les pogroms commencent. Les deux tiers de la population juive environ parvient cependant à s'exiler avant l'hiver 1941. Parmi ces juifs que la ville perd, on compte de nombreux précurseurs comme Joseph Roth et Arnold Schönberg (qui partent pour Paris en 1933), Freud (qui part mourir à Londres en 1938), Arthur Schnitzler, Stefan Zweig (qui se suicide peu après son exil en Amérique du Sud en 1942). La montée du fascisme et du nazisme aboutit à une seconde extinction des Lumières à Vienne. Au total, le tiers de la population juive viennoise périt dans les camps de concentration puis d'extermination. Aujourd'hui la ville compte environ 10 000 juifs dont la moitié sont des émigrés récents venant d'Europe de l'Est.

🔊 *La Judenplatz avec son Museum, son Mémorial et son Centre de documentation, le Jüdisches Museum de la Dorotheergasse, la synagogue de la Seitenstettengasse.*

quatrième ville européenne et l'une des plus belles villes du monde. En réaction à l'historicisme ambiant, un **art nouveau** voit le jour autour de revues et de figures comme **Klimt** ou **Schiele.** Les constructions **Sécession** d'Otto Wagner et d'Adolf Loos deviennent un modèle pour l'Europe. Cette quête de nouveauté débouche aussi en musique sur l'invention de l'atonalité et du dodécaphonisme par **Schönberg**. Mais si les Viennois se complaisent dans les valses de Strauß et l'opérette, c'est aussi parce qu'ils cherchent à oublier la montée des tensions. Le désarroi des âmes est pourtant latent. La mise à nue picturale et architecturale a son pendant dans les écrits de **Schnitzler** et de **Freud**. Beaucoup de ces précurseurs sont juifs et la violence ambiante ne les laisse évidemment pas indifférents : c'est ainsi que **Theodor Herzl**, alors dans la capitale, élabore le sionisme. Que de paradoxes donc entre cette Vienne qui assiste impuissante à l'effondrement de son Empire et le foisonnement culturel qui s'y produit !

Les **conflits sociaux** se multiplient en effet dans les quartiers insalubres de la périphérie et des scènes de violence ont lieu au Parlement et dans la rue. L'industrie est également secouée par une crise. De plus, les problèmes de **nationalités** dans les Balkans et le système complexe des alliances européennes ont transformé l'Europe en poudrière. Le détonateur qui l'allume est l'**attentat de Sarajevo**, le 28 juin 1914. François-Joseph, certain du soutien allemand, déclare la guerre à la Serbie le 28 juillet. La **Première Guerre mondiale** commence. L'empereur François-Joseph s'éteint le 22 novembre 1916, à l'âge de 86 ans, après un règne de soixante-huit ans. Son petit-neveu Charles Iᵉʳ lui succède. Pour sauvegarder la stabilité de l'Autriche-Hongrie, il aspire à la paix et conclut même des négociations secrètes avec la France, afin de signer avec elle une paix séparée. Mais en février 1918, le Premier ministre français Clemenceau promet l'indépendance aux Tchèques, aux Serbes et aux Croates. Cela marque la fin de l'État pluri-ethnique, les Alliés soutenant les indépendantistes. Le 11 novembre 1918, au château de Schönbrunn, Charles Iᵉʳ signe l'acte d'abdication qui met fin au **règne des Habsbourg**. Le 3 avril 1919, l'Assemblée nationale de la 1ʳᵉ République abolit tous les droits de souveraineté des Habsbourg en Autriche et leur confisque leurs biens. La monarchie austro-hongroise s'effondre, laissant la place à la République démocratique d'Autriche, bien distincte de la Hongrie. C'est la fin des grands rêves d'hégémonie européenne. Vienne devient la capitale d'un petit État de **6 millions d'habitants** après avoir régné sur 52 millions d'âmes. L'épidémie de grippe espagnole et la tuberculose font des dizaines de milliers de victimes (dont Klimt et Schiele).

🔊 *Le pavillon de la Sécession, les pavillons du métro de la Karlsplatz, l'église am Steinhof, la Caisse d'Epargne de la Poste, la Maison Loos.*

Vienne contemporaine

« VIENNE LA ROUGE » (1920-1934)

En 1919, la Vienne **républicaine**, qui connaît un chômage endémique, élit le **parti social-démocrate** à la majorité absolue : Jacob Reumann est le nouveau maire (1919-1923). L'année suivante est adoptée la Constitution fédérale. La capitale compte 1 841 326 âmes et la population commence à diminuer. En 1921, la ville reçoit son statut de Land, le maire devenant aussi le gouverneur de la province.

Parallèlement à cette mise en place de la 1re République, la **Vienne rouge** lance un programme de construction d'habitats communautaires et développe une politique communale du **logement ouvrier**, programme renouant avec la tradition locale du lotissement autour d'une cour intérieure.

Mais les tensions séparant la Vienne social-démocrate du gouvernement conservateur aboutissent aux affronte-ments de juillet 1927 entre les milices des partis qui font 89 morts et 1 057 blessés lors des **journées sanglantes** dans la capitale.

🔊 *Le Karl-Marx-Hof.*

VIENNE FACE AU FASCISME ET AU NAZISME

Les pertes élevées de la guerre (1,4 million de morts), les difficultés économiques, l'agitation révolutionnaire et l'absence de tradition démocratique laissent peu de chances à cette fragile république. La fin des années 1920 et le début des années 1930 sont marqués par la montée de la **tentation autoritaire**, l'Autriche ayant pour voisins immédiats l'Italie fasciste de Mussolini et l'Allemagne nazie de Hitler. De plus, l'Autriche est alors très ouverte aux idées **pangermanistes**, et le vieux rêve de Grande Allemagne jadis brisé par la politique bismarckienne reprend vie. C'est dans cette situation de crise qu'**Engelbert Dollfuß** est légalement appelé au pouvoir. Antimarxiste virulent, autoritaire, il en profite pour orienter l'Autriche vers le corporatisme et le **fascisme**. En 1933, il dissout le Parlement. Il se heurte à la fois aux sociaux-démocrates et aux nazis, qui entretiennent un climat de troubles. En février 1934, la capitale connaît trois jours de véritable guerre civile. Le bilan officiel des combats fait état de 314 morts, tandis qu'une partie des quartiers ouvriers est dévastée. En

Hitler au balcon de la Hofburg, proclamant officiellement l'Anschluss en 1938.

KEYSTONE / HACHETTE

juillet de la même année, Dollfuß est assassiné par une formation SS locale lors d'une tentative de **putsch nazi** menée dans la chancellerie. Son successeur Schuschnigg se trouve contraint de se rapprocher de l'Allemagne. À la suite d'un véritable ultimatum allemand exprimé au cours du fameux guet-apens de Berchtesgarden, Schuschnigg démissionne le 11 mars 1938 et est remplacé par Arthur **Seyss-Inquart**. Le lendemain, les troupes allemandes pénètrent en Autriche : c'est l'**Anschluß**, qui fait du « Grand Vienne » une province du Reich. **Adolf Hitler** annonce cette annexion au balcon de la Hofburg le 15 mars devant des milliers de jeunes partisans enthousiastes. C'est à ce titre que l'Autriche se trouve aux côtés de l'Allemagne contre les Alliés en 1939 et qu'elle fournit au Reich des hommes comme Adolf Eichmann ou Amon Goeth (rendu tristement célèbre par la *Liste de Schindler*). À la fin de la **Seconde Guerre mondiale**, la Résistance de certains Autrichiens au nazisme (notamment le groupe O5) permet d'éviter à la ville d'être totalement pilonnée. Mais, soumise à 52 attaques aériennes, Vienne voit la **destruction** partielle ou complète d'un quart de ses bâtiments (dont 86 000 maisons).

L'immédiat après-guerre voit renaître les difficultés de 1918, mais dans une situation politique pire encore. « Libérées » par les Soviétiques, Vienne et l'Autriche sont divisées en quatre zones d'occupation attribuées, comme à Berlin, à l'URSS, aux États-Unis, à la Grande-Bretagne et à la France. L'Autriche retrouve sa Constitution démocratique de 1920 le jour même de la formation du gouvernement du socialiste Karl Renner : c'est la naissance de la **2ᵉ République**. Le populiste Figl remplace Renner et s'attelle à la première des priorités, reconstruire un pays dévasté, œuvre qui commence à aboutir en 1948, notamment grâce à l'aide du plan Marshall. En 1951, le maire de Vienne, le socialiste Theodor Körner, est le premier président de la République élu au suffrage universel.

VIENNE DEPUIS 1955

En mai 1955, en pleine guerre froide et après un long travail préparatoire sur le plan international, le chancelier Raab réussit à faire passer le « traité d'État » (dit du Belvédère) garantissant les frontières de 1937 et interdisant tout nouvel Anschluß. La **neutralité permanente** n'est proclamée que le 26 août 1955. Les troupes d'occupation quittent Vienne, et l'Autriche est admise à l'ONU.

Au cœur de la diplomatie internationale

Cette éclatante preuve de souveraineté nationale permet à l'Autriche de renforcer sa participation à la politique internationale. En 1956, Vienne devient le siège de l'Agence internationale de l'énergie atomique (IAEA). En 1961, c'est dans le château de Schönbrunn que John F. Kennedy et Nikita S. Khrouchtchev se rencontrent pour la première fois, à l'occasion d'un « entretien au sommet » (qui s'y reproduit en 1979 entre L. Brejnev et J. Carter). En 1967, Vienne devient le siège de l'ONUDI, Organisation des Nations unies pour le développement industriel, et le siège permanent de l'Organisation des pays exportateurs de pétrole (Opep). En 1979,

---

Quelques dates

1ᵉʳ s. – Les Romains établissent le camp de Vindobona.
1156 – Henri II Josomirgott transfère la cour ducale à Vienne.
1438 – Vienne devient la capitale du Saint Empire romain germanique.
1529 – Vienne est assiégée par l'armée turque de Soliman le Magnifique.
1679 – Terrible épidémie de peste.
1805 ; 1808 – Occupation de Vienne par l'armée napoléonienne.
1814-1815 – Congrès de Vienne après la défaite de Napoléon.
1848-1916 – Règne de François-Joseph.
1873 – Exposition universelle.
1914 – Assassinat de l'archiduc François-Ferdinand à Sarajevo.
Mars 1938 – L'Anschluß fait de Vienne une province du Reich.
1955 – Le traité d'État (du Belvédère) redonne son indépendance à l'Autriche.
1999 – Adhésion de l'Autriche à l'Union européenne.

UNO-City.

la construction du Centre international de Vienne - **UNO-City** - dans le Donau-park permet de regrouper plusieurs organismes de l'ONU : l'IAEA, l'ONUDI, le Programme pour le contrôle international des drogues (PNUCID) et le Bureau des affaires spatiales (OOSA). Vienne devient ainsi la 3e métropole des Nations unies après New York et Genève. Si plus généralement l'Autriche est, aujourd'hui, membre d'une centaine d'organisations internationales (ONU, GATT…), cela se traduit dès l'après-guerre par une **orientation européenne**. Elle participe à la fondation de l'OECE en 1948, est admise au Conseil de l'Europe en 1956, adhère à l'AELE en 1959. La neutralité du pays retarde son adhésion à l'Union européenne.

Après un référendum (66 % de oui), l'Autriche intègre l'Union européenne le 1er janvier **1995** et la zone euro en 2002 malgré les positions anti-européennes du chancelier Wolfgang Schüssel.

Au niveau de la politique autrichienne, jusqu'en 1966, les deux grands partis, populaire (ÖVP) et socialiste (SPÖ) qui recueillent en tout plus de 90 % des suffrages, forment une coalition bipartite. Après le gouvernement socialiste du chancelier fédéral Bruno Kreisky (1970-1983), le bipartisme triomphe à nouveau jusqu'en 2000, mais cette fois avec le SPÖ et le FPÖ (Parti libéral, d'extrême droite). La présidentielle de 2004 et la législatives de 2006 ont confirmé le recul de l'extrême droite dans le pays.

Vers un nouvel urbanisme

Vienne se transforme à partir des années 1960, année de l'ouverture de l'aéroport de Wien-Schwechat. Entre 1972 et 1988, un canal de déversement est creusé le long du Danube contre les crues et l'aire de loisirs du Donauinsel est créée. En 1978 la première ligne de **métro** (U1) est inaugurée entre la Reumannplatz et la Karlsplatz. Mais c'est surtout dans les années 1990 que d'ambitieux projets urbanistiques sont réalisés : la rénovation des gazomètres de Simmering, l'aménagement du Gürtel, l'édification de la nouvelle Hauptbibliothek.

En 2001 a lieu l'inauguration du **Museumsquartier**, 8e aire culturelle du monde. Deux ans plus tard, le musée de l'Albertina rénové rouvre au public. Mais l'euphorie urbanistique reste tempérée par l'opinion publique, plutôt conservatrice en ce domaine : le projet de tour de lecture qui devait surplomber le Museumsquartier est rejeté, tout comme les tours de 97 m de haut qui devaient être construites près de la gare centrale. Si le centre échappe encore à la verticalité, la périphérie voit cependant se développer les tours comme la Florido Tower, la Millenium-City, la Donau-City ou les Vienna Twin Tower. On assiste aussi à de nombreux réaménagements de friches industrielles et des anciennes gares de l'Est et du Sud. Enfin des projets de nouvelles voies de communication sont en cours (extension du métro, tunnel sous le Danube, périphérique est).

ABC d'architecture

Architecture religieuse

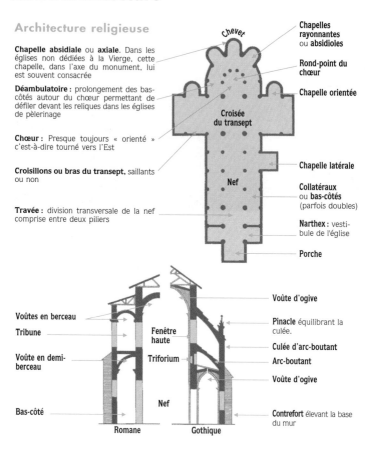

Chapelle absidiale ou **axiale**. Dans les églises non dédiées à la Vierge, cette chapelle, dans l'axe du monument, lui est souvent consacrée

Déambulatoire : prolongement des bas-côtés autour du chœur permettant de défiler devant les reliques dans les églises de pèlerinage

Chœur : Presque toujours « orienté » c'est-à-dire tourné vers l'Est

Croisillons ou bras du transept, saillants ou non

Travée : division transversale de la nef comprise entre deux piliers

Chevet

Chapelles rayonnantes ou **absidioles**

Rond-point du chœur

Chapelle orientée

Croisée du transept

Nef

Chapelle latérale

Collatéraux ou **bas-côtés** (parfois doubles)

Narthex : vestibule de l'église

Porche

Voûtes en berceau

Tribune

Voûte en demi-berceau

Bas-côté

Romane

Fenêtre haute

Triforium

Nef

Gothique

Voûte d'ogive

Pinacle équilibrant la culée.

Culée d'arc-boutant

Arc-boutant

Voûte d'ogive

Contrefort élevant la base du mur

Portail des Géants de la cathédrale Saint-Étienne (1230-40)

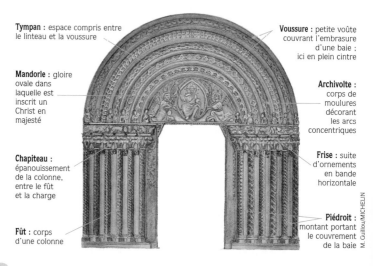

Tympan : espace compris entre le linteau et la voussure

Mandorle : gloire ovale dans laquelle est inscrit un Christ en majesté

Chapiteau : épanouissement de la colonne, entre le fût et la charge

Fût : corps d'une colonne

Voussure : petite voûte couvrant l'embrasure d'une baie ; ici en plein cintre

Archivolte : corps de moulures décorant les arcs concentriques

Frise : suite d'ornements en bande horizontale

Piédroit : montant portant le couvrement de la baie

M. Guillou/MICHELIN

Église des Dominicains (1631-1634)

Écoinçon : partie de mur entre les montées de deux arcs

Retable : partie postérieure de l'autel renfermant généralement un tableau. Désigne aussi ce tableau

Abat-voix : dais placé en surplomb de la chaire

Chaire : tribune élevée destinée à la prédication

Tabernacle : petite armoire occupant le milieu de l'autel et contenant le ciboire

Chérubin : tête d'enfant ailée symbolisant cette hiérarchie d'ange

Culot : ornement en stuc formé ici d'un feuillage d'où s'échappent des tiges

Rinceau : ornement en stuc désignant une tige stylisée qui ondule régulièrement

Prédelle : partie inférieure du retable, généralement divisée en trois panneaux

Maître-autel : autel principal, placé dans l'axe de la nef

Église Saint-Charles-Borromée (1716-1737)

Belvédère : petit abri couvert placé au sommet d'une construction

Balcon : petite plate-forme à garde-corps

Fronton cintré : fronton dont les rampants sont tracés par un même arc de cercle

Lanternon : petite construction placée au sommet d'une construction, en forme de lanterne et percée de fenêtres

Dôme : couverture de plan centré à versant continu et de forme arrondie

Attique du tambour : couronnement horizontal

Colonne triomphale : colonne monumentale ornée d'un bas-relief continu

Tambour : soubassement du dôme

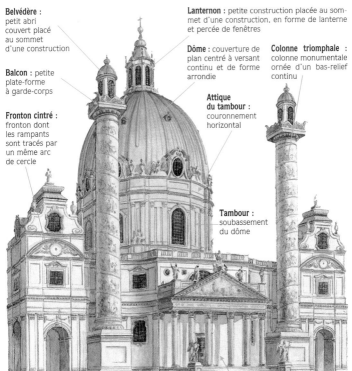

Pavillon : corps de bâtiment de plan carré ; ici hors œuvre car rattaché

Pronaos : dans un temple antique, porche précédant le sanctuaire ; dans une église, ce porche, également appelé galilée

M. Guillou/MICHELIN

Schönbrunn : la Gloriette (1775)

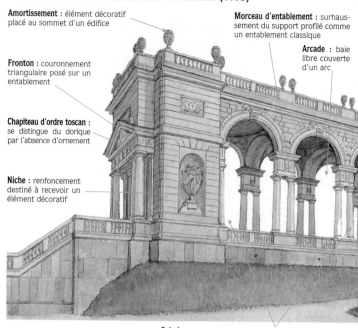

Amortissement : élément décoratif placé au sommet d'un édifice

Fronton : couronnement triangulaire posé sur un entablement

Chapiteau d'ordre toscan : se distingue du dorique par l'absence d'ornement

Niche : renfoncement destiné à recevoir un élément décoratif

Morceau d'entablement : surhaussement du support profilé comme un entablement classique

Arcade : baie libre couverte d'un arc

Galerie : espace plus long que large ayant fonction de passage

Le Belvédère supérieur (1722)

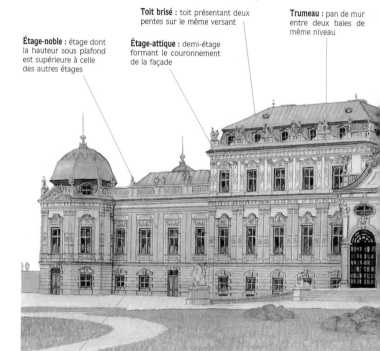

Toit brisé : toit présentant deux pentes sur le même versant

Trumeau : pan de mur entre deux baies de même niveau

Étage-noble : étage dont la hauteur sous plafond est supérieure à celle des autres étages

Étage-attique : demi-étage formant le couronnement de la façade

Étage de soubassement : étage permettant de racheter une dénivellation

Travée : superposition d'ouvertures inscrites dans le même axe vertical

Table décorative : surface en parement limitée par un ressaut

Trophées : motifs décoratifs formés d'emblèmes et d'armes, souvent groupés autour d'une armure ou d'un casque

Perron : degré d'un escalier extérieur donnant accès à une entrée

Balustrade : garde-corps formé par une rangée de balustres

Colonnes jumelées : colonnes dressées l'une à côté de l'autre

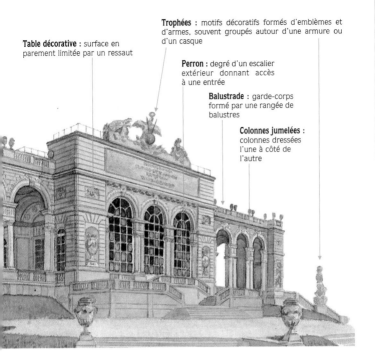

Lucarne : fenêtre percée dans un toit pour éclairer le comble

Mitron : extrémité d'un conduit de ventilation

Acrotère : amortissement formé d'un socle et de statues ou d'ornements

Modillon : petit support placé sous une corniche

Entablement : ensemble constitué par l'architrave, la frise et la corniche

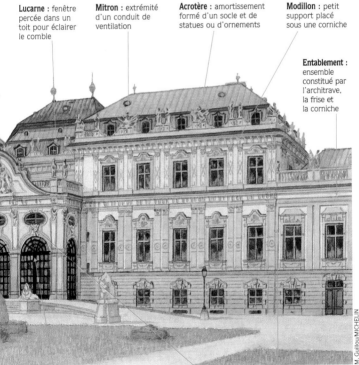

Porche : galerie formant avant-corps devant l'entrée d'un bâtiment

Mascaron : masque sculpté décorant la clef d'un arc

Pilastre : faux pilier engagé dans un mur, formant une faible saillie

M. Guillou/MICHELIN

ART ET ARCHITECTURE

Devenue la capitale de la république d'Autriche, la cité danubienne a conservé un éclat et une renommée incomparables en tant que métropole artistique. Vienne doit beaucoup de sa séduction à ses monuments, ses palais, ses places et ses jardins, étroitement liés aux souvenirs des Habsbourg. Plus que la sérénité, c'est le bouillonnement artistique et architectural qui rend la ville magique. Même dans la pompe baroque, le tragique n'est jamais bien loin. Vienne est expressionniste, que ce soit dans le foisonnement des images et des décors ou au contraire dans la nudité et le dépouillement. Le Belvédère est un parfait exemple de ces tourments passionnés, entre les allégories baroques et les figures torturées d'Egon Schiele.

La Karlsplatz, entre baroque et modernité.

Architecture

LE ROMAN (12ᵉ-13ᵉ S.)

Les vestiges romans sont rares. L'église Rupert (Ruprechtskirche) et la chapelle de Virgile (Virgilkapelle) sont encore en état, mais le plus bel exemple est la façade ouest de la cathédrale St-Étienne et son superbe **portail des Géants** (1230-1240). L'art roman persiste à Vienne plus longtemps qu'en Europe occidentale.

LE GOTHIQUE (13ᵉ-16ᵉ S.)

L'architecture gothique se manifeste avec la construction de la nouvelle cathédrale **St-Étienne**, qui appartient au type germanique des églises-halles *(Hallenkirchen)*. De style gothique tardif, la cathédrale St-Étienne est l'édifice le plus représentatif du gothique autrichien ; ses maîtres d'œuvre étaient en contact avec ceux de Ratisbonne et de Strasbourg. Malgré des transformations pour certaines, les églises Ste-Anne (Annakirche), des Augustins (Augustinerkirche), Ste-Élisabeth (Deutschordenkirche), des Frères-Mineurs (Minoritenkirche) et Notre-Dame-du-Rivage (Maria am Gestade) appartiennent à l'âge gothique. L'église St-Michel (Michaelerkirche) conserve quelques vestiges. Autre témoignage de ce style, la colonne Spinnerin am Kreuz se dresse toujours à l'extérieur du centre-ville.

LA RENAISSANCE (16ᵉ-17ᵉ S.)

Rodolphe II réside principalement à Prague, ce qui provoque l'émigration d'une partie de la noblesse, et donc une certaine indigence du style Renaissance à Vienne. On peut citer cependant, dans le palais de la Hofburg, l'aile Amélie (Amalientrakt) et la cour des Suisses (Schweizerhof), le portail de la chapelle St-Sauveur (Salvatorkapelle) et la cour intérieure du palais de Stallburg et enfin le fronton de l'église des Franciscains (Franziskanerkirche).

LE BAROQUE (17e-18e S.)

Né du baroque italien, le baroque autrichien amalgame des éléments venus de France et d'Allemagne. D'abord essentiellement religieux, cet art est fortement encouragé par les Habsbourg, ardents défenseurs de la Contre-Réforme. Il se divise en ce qu'il est convenu d'appeler le baroque primitif et le haut-baroque.

Le **baroque primitif** (*Frühbarock*), qui couvre le 17e s., est un art d'importation. En d'autres termes, il prolonge le monopole artistique italien amorcé en Autriche sous la Renaissance. Le baroque primitif correspond à l'implantation d'une série d'ordres religieux et produit des sanctuaires inspirés du célèbre modèle du Gesù, à Rome : nef unique à chapelles latérales, façades tripartites ornées de pilastres sous un fronton à volutes que l'on retrouve dans les églises des Dominicains (Dominikanerkirche), des Jésuites (Jesuitenkirche), et celle nommée Aux-Neuf-Chœurs-des-Anges (« Zu den neun Chören der Engel »). Les palais sont également conçus par des architectes italiens, dont Lodovico Burnacini, Pietro Tencala et Domenico Martinelli (palais Liechtenstein).

Le **haut-baroque** (*Spätbarock*), que l'on pourrait appeler le baroque autrichien puisqu'il a pour maîtres des artistes nationaux, s'étend de 1690 à 1753. Les grands architectes de ce second style sont Johann Bernhard Fischer von Erlach et Johann Lukas von Hildebrandt.

Johann Bernhard Fischer von Erlach (1656-1723)

Né à Graz, il est architecte et ingénieur de la Cour en 1687. Il construit 7 églises, 3 châteaux, près de 10 palais, des maîtres-autels, des mausolées, des fontaines, à Vienne, à Salzbourg, à Prague, à Brünn, à Breslau, à Mariazell. Dans la capitale, il érige l'église St-Charles (Karlskirche), chef-d'œuvre qui étonne même le plus

éclairé des amateurs d'art, le château de **Schönbrunn**, de renommée universelle, le **palais Trautson** et celui du prince Eugène, la salle d'apparat (Prunksaal) de la **Bibliothèque** de la Hofburg, l'ancienne chancellerie de Bohême (Böhmische Hofkanzlei), et intervient aux palais Liechtenstein et **Lobkowitz** ou encore la **colonne de La Trinité** qui orne le Graben. Un jour, le prince Schwarzenberg l'évoque en ces termes dans une lettre : « L'architecte impérial qui n'a point son égal en Autriche, et qui cependant doit avoir une poutre de trop dans la charpente de sa cervelle. » C'est incisif, pour le moins, mais combien de génies n'ont-ils pas été entrevus comme des originaux ou des fantaisistes par leur entourage ? Il meurt à Vienne le 5 avril 1723.

Son fils **Josef Emmanuel**, continuera son œuvre, réalisant à la Hofburg l'aile St-Michel (Michaelertrakt) et le manège d'hiver (Winterreitschule).

Johann Lukas von Hildebrandt (1668-1745)

Né à Gênes de parents allemands, il est le second génie du baroque viennois. Il arrive à Vienne en 1696. Il ramène de ses voyages d'études en Italie et de son séjour auprès de Carlo Fontana une architecture moins monumentale et déjà annonciatrice du néoclassicisme. Il collabore avec Fischer von Erlach au **palais du prince Eugène** ainsi qu'au **palais Schwarzenberg**. Grand travailleur, il réalise notamment les **palais Kinsky**, **Starhemberg** et **Schönborn**, l'église St-Pierre (Peterskirche) qu'il achève, la **chancellerie fédérale** (Bundeskanzleramt) et ses deux chefs-d'œuvre, réalisés pour le prince Eugène de Savoie : les palais inférieur et supérieur du **Belvédère**.

Autres architectes

Isidore Canevale édifie en 1783 l'Hôpital général de Vienne (**Allgemeines Krankenhaus**) et, à l'intérieur, la « tour des Fous » ou **Narrenturm**. Il est aussi l'architecte de l'ancienne Académie militaire de chirurgie et de médecine, dite **Josephinum**.

Gabriele Montani œuvre dans l'église St-Pierre (Peterskirche), **Nikolaus Pacassi** achève Schönbrunn et la Josefsplatz et **Andrea Pozzo** laisse sa marque dans l'intérieur de l'église des Jésuites. Du temps de l'impératrice Marie-Thérèse (1740-1780), l'architecture viennoise glisse de la grandeur baroque aux expressions plus souriantes du rococo, comme en témoignent les intérieurs du château de Schönbrunn.

CLASSICISME ET BIEDERMEIER (18ᵉ-19ᵉ S.)

Les deux architectes marquants du classicisme sont le Français **Jean-Nicolas Jadot de Ville-Issey** qui s'illustre en 1755 avec le bâtiment de l'Académie des sciences et la crypte des Capucins (Kaisergruft), et **Ferdinand Hetzendorf von Hohenberg** avec le palais Pallavicini et la Gloriette.

Le style Biedermeier *(voir à ce propos les « Arts décoratifs »)* possède son représentant le plus glorieux en **Josef Kornhäusel** qui transforme les bâtiments conventuels du du **Schottenstift**. Des maisons comme la **Geymüller Schlößl** et la **Dreimäderlhaus** illustrent bien ce style.

HISTORICISME (19ᵉ S.)

Pour comprendre ce style éminemment éclectique, il faut déambuler le long du Ring. L'objectif très romantique de ce courant architectural est « l'œuvre d'art total ». Cette totalité a néanmoins pour itinéraire les styles les plus variés de l'Histoire, une compilation d'œuvres « néo » : Antiquité grecque pour le **Parlement**, gothique pour la **Votivkirche** et l'hôtel de ville **(Rathaus)**, Renaissance pour l'**Opéra**, l'**Université** et le **Burgtheater**. La présence de grands parcs et jardins autour de ces monuments très solennels allège l'ensemble. Sévèrement jugé les dernières années du siècle, ce style entraîne malgré lui une réaction qui débouche sur la Sécession.

JUGENDSTIL ET SÉCESSION (AUTOUR DE 1900)

Version germanique de l'**Art nouveau**, le Jugendstil tire son nom du périodique munichois *Jugend*, fondé en 1896. Il s'agit d'un courant néobaroque actif autour de 1900, que l'on ne peut toutefois englober dans l'historicisme, car il se caractérise par sa sinuosité et son absence de symétrie, par son anti-académisme en somme. Otto Wagner, lui-même issu de l'éclectisme du Ring, est son plus illustre représentant **(immeubles de la Linke Wienzeile, Wagnerhaus)**.

La **Sécession**, dont le nom exact est *Vereinigung Bildender Künstler Österreich*, c'est-à-dire Union des artistes-peintres autrichiens, est fondée en 1897. Ce mouvement se différencie du Jugendstil – avec lequel il est souvent confondu – par une conception géométrique et rectiligne de l'ornement. Il s'éloigne donc de la conception organique de l'Art nouveau. La plus belle expression de l'originalité de ce style est le **pavillon de la Sécession** de Josef Maria Olbrich.

Le pavillon de la Sécession.

Otto Wagner (1841-1918)

Né à l'époque du Biedermeier, conseiller impérial pour l'architecture à Vienne, professeur à l'Académie des beaux-arts, il entame à 50 ans une rupture artistique dans sa carrière, passant de l'historicisme aux sinuosités du Jugendstil, puis à l'ornementation lisse et géométrique de la Sécession. Ce tournant est marqué par des œuvres majeures, notamment les pavillons du **métro** de la Karlsplatz, la **Kirche am Steinhof** et la caisse d'épargne de la Poste (**Postsparkasse**). Son influence sur toute l'architecture européenne est décisive.

Adolf Loos (1870-1933)

Né à Brünn (de nos jours Brno en République tchèque), cet architecte diplômé de Dresde s'établit à Vienne au retour d'un voyage aux États-Unis. Son essai *Ornement et crime* condamne les excès décoratifs du Jugendstil alors triomphant. À Vienne, il réalise notamment la **maison Steiner**, la **Looshaus** et l'**American Bar**. Il part ensuite pour Paris où il construit la maison Tzara, puis revient à Vienne. Ce rationaliste s'oppose résolument aux Ateliers viennois, car, selon lui, la liaison entre art et artisanat est impossible : « L'œuvre d'art est éternelle, celle de l'artisan éphémère. »

« VIENNE LA ROUGE »

Sous la municipalité austro-marxiste du lendemain de l'Empire sont réalisés un grand nombre de logements ouvriers (les *Höfe*) afin de remédier à la crise du logement. Le centre-ville, qui devient un terrain d'expérimentation architecturale du fonctionnalisme socialiste, se couvre de grands ensembles qui concentrent l'attention du monde entier. Les réalisations les plus spectaculaires sont le **Karl-Marx-Hof** de Karl Ehn, le **Reumannhof** de Gessner, le **Liebknechthof** de Karl Krist. En 1932, Josef Frank dirige l'expérience d'habitations minimales de la **Werkbundsiedlung**, à Hietzing.

LES CONTEMPORAINS

Parmi les architectes contemporains actifs à Vienne, on note principalement **Hermann Czech** et le duo « déconstructiviste » **Coop Himmelblau** (Wolf Dieter Prix et Helmut Swiczinsky), qui se font entre autres remarquer par leurs ajouts modernes sur des immeubles classiques.

Friedensreich Hundertwasser est célèbre pour ses architectures qui laissent une large part à l'imaginaire par leurs formes particulières et les couleurs très vives. La Hundertwasserhaus, achevée en 1985, est devenue l'une des principales attractions d'une visite de Vienne. On lui doit aussi la décoration de l'incinérateur situé au nord de la gare François-Joseph.

Citons encore Robert Krier, Hans Hollein (**Haas Haus** en 1990) et Johann Staber.

Peinture et sculpture

LA PÉRIODE BAROQUE

L'architecture baroque n'existe pas sans ses compléments naturels que sont la peinture et la sculpture : étroitement associées au travail des stucateurs, d'un réalisme plein de naturel, elles animent et remplissent l'espace. Des kyrielles de retables s'élèvent dans les sanctuaires, des myriades d'anges et de saints peuplent les plafonds, une armée de statues envahit chaque église, chassant au passage des œuvres gothiques remarquables mais jugées « barbares ». De grands artistes participent à cette somptueuse décoration intérieure des palais et des églises : **Johann Michael Rottmayr** (1654-1730), le collaborateur préféré de Fischer von Erlach et le précurseur d'un baroque spécifiquement autrichien dans le domaine pictural ; **Paul Strudel** (1648-1708), fondateur de l'Académie des beaux-arts (Akademie der Schönen Künste) et sculpteur de la Cour ; **Balthasar Permoser** (1651-1732), dont le célèbre marbre représentant l'apothéose du prince Eugène orne l'Österreichisches Barockmuseum ; **Paul Troger** (1698-1762), l'un des premiers à prendre conscience de l'originalité de la peinture autrichienne et qui consacra sa vie aux sujets sacrés ; **Johann Martin Schmidt** (1718-1801), dit « **Kremser Schmidt** », dont on voit les retables dans de nombreuses églises ; **Martino Altomonte** (1657-1745), peintre napolitain qui entra au service de la Cour en 1703 et décéda à Vienne ; **Lorenzo Mattielli** (vers 1680-1748), grand sculpteur vicentin actif à Vienne à partir de 1714 ; **Balthasar Ferdinand Moll** (1717-1785), créateur du célèbre sarcophage double de la crypte des Capucins ; **Georg Raphael Donner** (1693-1741), parfois gratifié du surnom flatteur de « Michel-Ange autrichien », connu pour sa belle fontaine du Neuer Markt. Mais, c'est avec **Franz Anton Maulbertsch** (1724-1796), d'une grande puissance créative (coupole de la Piaristenkirche), et l'Allemand **Franz Xaver Messerschmidt** (1736-1783), dont on peut voir les étonnantes têtes grimaçantes à l'Österreichisches Barockmuseum, que la peinture et la sculpture de cette époque atteignent leur apogée.

19e S. ET DÉBUT DU 20e S.

Au 19e s., le Biedermeier *(voir ci-dessous, les « Arts décoratifs »)* et l'éclectisme (2e moitié du siècle) connaissent une nouvelle génération d'artistes de premier plan. C'est l'âge de la peinture réaliste, qui voit la floraison de nombreux paysagistes créant des œuvres de petit format. La vedette de cette tendance est **Ferdinand Georg Waldmüller** (1793-1865), maître de la lumière et de la couleur. Il faut lui associer **Friedrich Gauermann** (1807-1862), qui transcrit avec fidélité l'atmosphère du temps, et **Leopold Kupelwieser** (1796-1862) qui se consacre à la peinture religieuse après avoir réalisé des portraits de l'entourage de Schubert. La sculpture connaît un développement important lié notamment à de nombreuses commandes publiques. **Anton Dominik Fernkorn** (1813-1878) exécute, par exemple, nombre de statues martiales.

La fin du siècle est une époque charnière pour la peinture autrichienne. On voit un artiste couvert de gloire comme **Hans Makart** (1840-1884) donner son nom *(makartisme)* à une peinture monumentale et raffinée, alors qu'émerge le talent extrêmement original d'**Anton Romako** (1832-1889) qui marque la césure avec la peinture heureuse des siècles passés. Un renouvellement artistique profond s'empare des pays de langue allemande sous le nom de Jugendstil. À Vienne, ce courant trouve en Gustav Klimt son plus

brillant représentant. Influencé par le symbolisme, il fut le précurseur de l'expressionnisme viennois dont les disciples furent Egon Schiele et Oskar Kokoschka. Une partie des œuvres de ces trois peintres sont présentées à l'Österreichische Galerie du Belvédère et au Leopold Museum.

Gustav Klimt (1862-1918)

Né à Vienne, ce fils d'un orfèvre modeste débute par un style académique avant de cofonder et diriger la Sécession en 1897. Peintre du Jugendstil par excellence, il est l'artiste le plus célébré et celui dont les œuvres sont les plus reproduites. Sa frise *Beethoven* du pavillon de la Sécession prouve, si besoin était, que Klimt est un peintre d'une rare profondeur.

Egon Schiele (1890-1918)

Certes tourmentée, l'œuvre de Schiele porte un regard d'une rare lucidité sur la réalité de l'homme et ses aspects névrotiques. L'expressionnisme de cet artiste phénoménal prend le corps comme support, ce qui lui vaut un séjour en prison en 1912, ses toiles et ses dessins étant jugés pornographiques.

Oskar Kokoschka (1886-1980)

Né à Pöchlarn (Bohême), il rejoint très vite les avant-gardes viennoise et berlinoise. D'abord professeur à Dresde, il s'installe à Vienne en 1931 avant de vivre à Prague et Londres. Admirateur de Munch, il livre une peinture d'un expressionnisme à la fois lyrique et angoissé caractérisée par une violence chromatique.

On peut aussi évoquer le peintre **Richard Gerstl** (1873-1908), moins connu du fait de sa mort prématurée.

PEINTRES CONTEMPORAINS

En 1959, **Ernst Fuchs** (1930) et **Arik Brauer** (1929) inventent le réalisme fantastique. Mais le principal mouvement qui se développe dans les années 1960 est celui de l'actionnisme viennois, autour d'artistes comme **Otto Muehl** (1925), **Adolf Frohner** (1934), et **Hermann Nitsch** (1938), qui multiplient les performances en rupture avec l'esthétisme traditionnel. Le courant est bien représenté au MUMOK.

Arts décoratifs

LA PORCELAINE

En 1718 est fondée à Vienne la seconde manufacture européenne de porcelaine à pâte dure. La **manufacture de Vienne** au monogramme « À la Ruche » réalise des statuettes décoratives et de la vaisselle inspirées de la manufacture de Meißen. De style baroque tardif, la décoration présente des anses et des becs zoomorphes, des volutes, des feuillages et des chinoiseries. Devenue manufacture d'État sous Marie-Thérèse, en 1744, elle fabrique de la vaisselle rococo ornée de paysages et d'animaux, puis, à partir de 1770, de thèmes empruntés à la peinture française. Si son service « Vieux-Vienne », reconnaissable à son sobre décor floral sur fond blanc, connaît un succès européen, elle n'en continue pas moins à réaliser de nombreuses statuettes en porcelaine – qui constituent aujourd'hui l'image de marque de la firme. L'âge d'or de la manufacture est la période 1784-1805, quand la production s'oriente vers des formes et une décoration néoclassiques. En 1805, Napoléon occupe Vienne : le comte Daru, intendant de la manufacture de Sèvres, est nommé à la tête de la manufacture impériale, le style Empire s'impose (la Hofsilber-und Tafelkammer expose un grand nombre de pièces de cette période), bientôt remplacé par le Biedermeier après le congrès de Vienne de 1815. Ce style produit notamment le décor dit « à idylles » dû au miniaturiste Daffinger. En 1864, la manufacture ferme ses portes, pour renaître en 1923 sous le nom de **manufacture de porcelaine Augarten** *(voir p. 275)*. Elle est depuis cette date administrée par la municipalité.

BIEDERMEIER (1815-1848)

Le mobilier Biedermeier se caractérise par des proportions massives aux lignes sobres, mais variées et aux surfaces lisses ; des essences de bois claires (cerisier, frêne) utilisées en contreplaqué marqueté de bois foncé (acajou ou ébène). Les meubles les plus fréquents sont le secrétaire, le divan, la chaise et des ouvrages de petit format, tels que la desserte. Ces meubles ne seraient pas totalement Biedermeier s'ils n'étaient pas confortables et disposés dans un intérieur cossu décoré de plantes vertes, si les encadrements de fenêtres n'étaient pas drapés d'étoffes épaisses et si divers bibelots n'habillaient pas le manteau de la cheminée. Enfin, les dossiers et les pieds des chaises épousent toutes les fantaisies. À Vienne, le grand ébéniste Biedermeier est **Joseph Danhauser** (1805-1845). Le terme Biedermeier désigne aussi un type de verrerie très précis à trois caractéristiques : forme massive, verre gravé et sujet coloré.

La résidence d'été de François-Joseph à Bad Ischl meublée en style Biedemeier.

E. Lessing / AKG

THONET

Si les chaises Thonet sont célèbres, ce nom cache une dynastie de dessinateurs de meubles dont l'ancêtre est **Michel Thonet** (1796-1871), créateur de la fameuse « chaise n° 14 » en bois courbé. En 1841, un an avant de s'installer à Vienne, il fait breveter la courbure chimico-mécanique du bois de hêtre, invention par laquelle la manufacture des frères Thonet innove dans le domaine de la production de série de qualité. La firme se signale également en vendant sa production au-delà des frontières grâce à la diffusion de catalogues permettant de passer commande. Toute la démarche esthétique et commerciale des Ateliers viennois s'annonce, les formes étant essentiellement déterminées par la structure du matériau et la vente s'adressant à tout un chacun. Il n'est donc pas surprenant de voir au début du 20e s. des architectes aussi célèbres que Le Corbusier, Breuer et Mies Van der Rohe participer aux premiers essais de meubles en tube métallique courbé édités par la marque Thonet.

À la fin du 19e s. et au début du 20e s., les grands dessinateurs de meubles viennois, tels Adolf Loos et Joseph Hoffmann, concevaient des meubles pour la manufacture **J. & J. Kohn**.

LES ATELIERS VIENNOIS (WIENER WERKSTÄTTEN)

Fondés en 1903 par l'architecte Josef Hoffmann, Koloman Moser et le banquier Fritz Waerndorfer, les **Ateliers viennois** ont pour objectif à l'origine créer des objets d'art accessibles à tous et remettre en valeur les métiers d'art et d'artisanat. Les fondateurs équipent les ateliers de machines modernes dans le but de former des artisans, et font connaître leur production en participant à des expositions.

Les artistes et artisans réunis dans les Ateliers viennois exercent leur talent dans les domaines les plus variés : bijoux, tissus, papiers peints, reliure, objets utilitaires, verrerie, vitrail, affiches, mosaïque, vêtements, art de la table, mais aussi l'architecture et la décoration intérieure dans une démarche d'art total. Quoique onéreux, les objets trouvent rapidement une clientèle. La grande nouveauté de ces créations destinées à la vie quotidienne vient de la beauté et de la pureté des formes, issues à la fois de leur fonctionnalité et de la préciosité des matériaux. À partir de 1907, le style géométrique des débuts s'efface au profit de formes plus sinueuses. Avec l'arrivée de Dagobert Peche en 1915, cette tendance s'affirme et la production devient résolument décorative. Les Ateliers cessent leur production en 1932, en raison d'insurmontables difficultés financières et de la baisse de la qualité. En 1937, les archives du mouvement sont vendues à l'Österreichisches Museum für Angewandte Kunst où l'on peut admirer de belles pièces.

Josef Hoffmann (1870-1956)

Né à Pirnitz, en Moravie, décédé à Vienne. Brillant élève d'Otto Wagner des mains duquel il reçoit son diplôme en 1895, il est la même année prix de Rome. De 1899 à 1937, il est professeur à l'École des arts appliqués. Artiste polyvalent, architecte mais aussi « designer », il s'occupe de la décoration intérieure des habitations qu'il conçoit, dessinant les meubles et la vaisselle. Cofondateur de la Sécession, il a une activité déterminante au sein des Ateliers viennois avec lesquels il réalise au début du siècle, l'hôtel Stoclet à Bruxelles, la plus connue de ses réalisations. Travaillant pour la clientèle privée, dont les Primavesi, Hoffmann reçoit aussi de nombreuses commandes de la part de la municipalité de Vienne, notamment d'immeubles collectifs en 1923-1925.

Koloman Moser (1868-1918)

Né et mort à Vienne. Créateur parmi les plus doués et féconds de la Sécession, dont il est l'un des fondateurs, Kolo Moser est assurément l'un des artistes d'arts appliqués les plus importants du début du 20e s. À travers les activités des Ateliers viennois, dont il est cofondateur, il démontre la diversité de ses talents. On l'y trouve tantôt orfèvre, tantôt dessinateur de papiers peints, concepteur de meubles d'inspiration géométrique ou encore affichiste. L'une des ses principales réalisations viennoises est sa collaboration à l'église **Am Steinhof** d'Otto Wagner pour laquelle il conçoit de magnifiques vitraux.

CULTURE

La renommée internationale de Vienne lui vient d'abord de la musique. Aucune autre ville au monde n'a produit autant de grands compositeurs : les grands classiques comme Mozart, Haydn, Beethoven, Schubert, Bruckner, Brahms ou les Strauß mais aussi des précurseurs comme Mahler, Schönberg ou Berg. Cela ne devrait pas faire oublier les grands auteurs et intellectuels viennois comme le psychanalyste Freud, les écrivains Schnitzler, Zweig ou Canetti, l'économiste von Hayek, le logicien Kurt Gödel ou encore le philosophe Ludwig Wittgenstein. Ils sont le fruit de cette permanente et unique cohabitation entre la tradition et la modernité, le classicisme et l'avant-garde. Mais si l'immense Empire a conservé ses génies, la petite République a eu plus de mal à les retenir, comme en témoignent les grands réalisateurs viennois Fritz Lang, Otto Preminger ou Billy Wilder, tous partis pour les États-Unis.

R. et P. Holzbachova & Benet / MICHELIN

Un concert.

Vienne, haut lieu de la musique

La Vienne des Babenberg était déjà un foyer de musique profane au 12ᵉ s. Les troubadours de langue allemande, les **Minnesänger**, rassemblés à Vienne, y obtinrent une représentation corporative dès la fin du 13ᵉ s. Le plus célèbre d'entre eux est Walther von der Vogelweide. À la fin du Moyen Âge, Maximilien Iᵉʳ transfère son éblouissante chapelle de la Cour d'Innsbruck à Vienne, conférant à la ville un rôle de capitale musicale. Cette vénérable institution, admirée de tous au 15ᵉ s., devait traverser les siècles pour se présenter à l'enthousiasme des contemporains sous le nom de « **Hofkapelle** ».

DES EMPEREURS MÉLOMANES

L'époque baroque (17ᵉ-18ᵉ s.) voit l'avènement de l'opéra italien accueilli avec ravissement par la Cour viennoise, comme le montre l'œuvre de J. J. Flux (1660-1741). Protecteurs de la musique, les empereurs se distinguent parfois par leurs talents de compositeurs. **Léopold Iᵉʳ**, le plus prolifique, laissa des compositions religieuses encore exécutées de nos jours. Ses opérettes étaient chantées et jouées par la Cour et la famille impériale. De Charles VI, père de Marie-Thérèse, on admirait les talents de violoniste. Tous reçurent une éducation musicale solide : Marie-Thérèse jouait de la contrebasse, Joseph II du clavecin et du violoncelle…

GLUCK ET LA RÉFORME DE L'OPÉRA

Né en Bohême, **Christoph Willibald von Gluck** (1714-1787) est un des compositeurs les plus importants de la période préclassique. Il prône l'opéra comme une œuvre d'art indissociable, de caractère à la fois musical et dramatique ; il recherche avant tout le naturel, la simplicité et une peinture fidèle des sentiments. En 1754, il est nommé maître de chapelle à l'Opéra de la Cour, mais c'est à Paris qu'il réalise pleinement sa révolution musicale. Ses opéras *Orphée et Eurydice* (1762-1774) et *Alceste* (1767-1776) sont les plus représentatifs.

LES GRANDS CLASSIQUES VIENNOIS

On désigne sous ce nom les grands compositeurs, Viennois de souche ou d'adoption, que sont Haydn, Mozart et Beethoven.

Œuvrant principalement pour la musique instrumentale, ils assurent pour plus d'un siècle la prédominance de la musique germanique en Europe, dont Vienne devient la capitale musicale. Il faut également savoir que l'art italien domine jusqu'au début du 19e s. : un artiste comme **Antonio Salieri** (1750-1825), maître de la chapelle impériale en 1778, règne alors sur le goût musical de la ville. Enfin, on sera surpris d'apprendre que le jeune **Gioacchino Rossini** (1792-1868), venu à Vienne en 1820 pour rencontrer Beethoven, y connut davantage de succès que celui-ci.

Joseph Haydn

Né à Rohrau (Basse-Autriche), Haydn (1732-1809) est enfant de chœur dans la maîtrise de la cathédrale Saint-Étienne (Stephansdom), à Vienne. En 1761, il entre pour trente ans au service de la famille Esterházy et compose des œuvres bientôt connues dans toute l'Europe. Il fixe les lois du quatuor à cordes, de la symphonie classique et de la sonate pour piano. En 1790-1792 et 1794-1795, il gagne Londres puis rentre à Vienne où il écrit ses deux oratorios célébrissimes, *La Création* (1798) et *Les Saisons* (1801). Il meurt dans la capitale de l'Empire trois semaines après l'entrée de Napoléon.

Mozart, par Joseph Lange, en 1790.

E. Lessing / AKG

Wolfgang Amadeus Mozart

Né à Salzbourg, Mozart (1756-1791) se fixe à Vienne en 1781 après s'être brouillé avec l'archevêque de sa ville natale où il était maître de chapelle. Dans la capitale, ses relations avec Joseph II puis Léopold II ne sont guère enthousiasmantes et ses œuvres demeurent incomprises. Adoptant les genres musicaux pratiqués avant lui, il porte à la perfection tout ce qu'il aborde grâce à son art caractérisé par une grande souplesse d'écriture et une inspiration constamment renouvelée. Son génie dramatique, s'exerçant dans le cadre du Singspiel allemand et de l'opéra bouffe italien, s'affirme dans des chefs-d'œuvre tels que *Les Noces de Figaro*, *Don Giovanni*, *Cosi fan tutte* ou *La Flûte enchantée*. Malgré l'ampleur de son génie musical, il connaît une misère noire et meurt dans une indifférence quasi générale, laissant son *Requiem* inachevé. Ce dernier sera achevé après sa mort par Franz Xaver Süßmayr selon ses indications.

Ludwig van Beethoven

Né à Bonn (Allemagne), Beethoven (1770-1827) vient à Vienne pour la première fois en 1787 pour être l'élève de Mozart. Irrésistiblement attiré par la métropole de la musique, il y revient à 22 ans et trouve un mécène dans le baron Gottfried Van Swieten, conservateur de la Bibliothèque de la Cour, qui l'invite à se produire devant les Esterházy, Kinsky, Liechtenstein, Lobkowitz et Schwarzenberg qui protégeront tous le jeune musicien. À Vienne, dont il écrivit : « Personne ne peut aimer ce pays comme moi », il a pour confrères et amis Hummel, Cramer, Seyfried, Wranitzky et Eybler. Mais Beethoven les dépasse tous : il a une conception déjà romantique de la musique qui lui permet de créer des œuvres qui révolutionnent le langage musical. Au moment de mourir, l'auteur de *Fidelio* et de la *9e Symphonie* s'adressera à son ami Hummel en lui disant : « Applaudissez amis, la comédie est finie. »

LES COMPOSITEURS DU 19e S.

Franz Schubert

Né et mort à Vienne sans presque jamais l'avoir quittée, Schubert (1797-1828) est resté méconnu de ses contemporains. Il chante à la chapelle royale, bénéficie de l'enseignement de Salieri, puis confère ses lettres de noblesse au *lied* qui, plus encore que ses symphonies, messes, impromptus et compositions de musique de chambre, lui assurent une place prépondérante dans l'œuvre lyrique du 19e s. Vers 1825 se répandent les « Schubertiades », soirées musicales où Schubert interprète des *lieder* pour de petits cercles d'amis et qui s'achèvent souvent par des danses. Son unique concert public, ne comprenant quasiment que des œuvres personnelles, est un immense succès ; il a lieu peu avant qu'il apprenne qu'il est atteint du typhus, en novembre 1828. Sa mort précoce ne lui laisse pas le temps de conquérir la capitale de la musique, dont les plaisirs musicaux inclinent alors de plus en plus vers une musique de divertissement.

Anton Bruckner

Né à Ansfelden (Haute-Autriche), Bruckner (1824-1896), homme pieux et modeste, obtient le titre de maître de musique à Vienne en 1861 et devient organiste de la chapelle impériale en 1868. Comparé à Jean-Sébastien Bach pour ses talents d'improvisation, il est reconnu comme le plus grand compositeur de musique religieuse du 19e s. Ses grandes symphonies traduisent une influence beethovénienne et wagnérienne et atteignent une grande intensité dramatique. Il meurt à Vienne et repose au pied des grandes orgues de l'abbaye de Saint-Florian, en Haute-Autriche.

Johannes Brahms

Né à Hambourg (Allemagne), Brahms (1833-1897) se fixe à Vienne en 1862, qui sera sa résidence définitive. Nommé à la direction de la Singakademie, puis à celle des concerts de la Gesellschaft der Musikfreunde, il connaît une célébrité internationale. Il est l'auteur d'une œuvre considérable empreinte d'un lyrisme maîtrisé et d'un équilibre harmonieux entre classicisme et romantisme. Lieder, quatuors pour piano, symphonies et concerts composent son œuvre.

Buste de Brahms sur sa tombe, au cimetière central.

Hugo Wolf

Né à Windischgrätz (Styrie), Wolf (1860-1903) vient étudier au conservatoire de Vienne à l'âge de 15 ans. À l'exception de quelques voyages, il ne quitte pas la ville. D'un esprit tourmenté, ce compositeur connaît deux phases créatrices : la première (de 1878 à 1887), au cours de laquelle il s'essaye à tous les genres, la seconde (de 1887 à 1897), où il produit et publie de magnifiques lieder sur des vers de Goethe, Mörike et Eichendorff.

Gustav Mahler

Né à Kalischt (Bohême) dans une famille israélite de langue allemande, ce disciple de Bruckner (1860-1911) entame en 1880 une double carrière de chef d'orchestre et de compositeur après trois années de conservatoire à Vienne. De 1897 à 1907, il dirige l'Opéra de la ville. À la charnière du romantisme allemand et de la musique actuelle, il laisse dix symphonies et cinq cycles de lieder, une musique mêlant idéalisme et réalisme.

LA « NOUVELLE ÉCOLE VIENNOISE »

Ce courant qui se forme à partir de 1903 autour de Schönberg marquera profondément l'évolution musicale du 20e s. et influencera bon nombre de compositeurs contemporains dont l'Autrichien Ernst Krenek et le Français Pierre Boulez.

Viennois de naissance, **Arnold Schönberg** (1874-1951) bouleverse l'art musical traditionnel en abandonnant le système tonal en vigueur depuis plus de trois siècles dont il fixe le bilan dans son *Traité d'harmonie* dédié à Mahler. En 1912, il se fait connaître avec *Pierrot lunaire,* mélodrame expressionniste en 21 pièces pour récitant et 5 instruments. Avec ses disciples les plus importants, **Anton von Webern** (1883-1945), né à Vienne, et **Alban Berg** (1885-1935), il élabore une nouvelle méthode de composition atonale, fondée sur le principe de la série. C'est la théorie du dodécaphonisme ou, dans sa forme plus élaborée, celle de la musique sérielle. Également né à Vienne, Berg a été appelé le « mathématicien-poète » ; son *Wozzeck,* composé entre 1917 et 1921 est un opéra qui occupe une place capitale dans l'histoire de la musique dramatique du 20e s.

La valse

Le mot valse est emprunté à l'allemand *walzer* qui dérive du haut allemand *wellan* signifiant « tourner ». Incertaine, son origine serait à chercher dans les danses populaires de l'Allemagne méridionale des 16e et 17e s. La plus ancienne des valses à trois temps est la valse lente, ou *ländler,* que les villageois dansent en plein air, dans les jardins des auberges. Cette musique paysanne va subir une légère modification, oh ! infime, mais suffisante pour la révolutionner. En effet, voici qu'on voit apparaître sa forme moderne, la valse viennoise, à pas glissés et plus rapides, citée pour la première fois dans un traité chorégraphique, en 1782. Plus vive, plus étourdissante, plus folle, elle séduit la « belle et dangereuse Capoue des esprits », comme Grillparzer appelait la capitale autrichienne.

ADOPTÉE PAR LES PLUS GRANDS

La place de la valse dans l'histoire viennoise est considérable. Les plus grands compositeurs s'y adonnent : Beethoven, qui en compose onze, mais aussi Brahms, Chopin, Ravel, Schubert, Schumann, Sibelius, pour n'en citer que quelques-uns. Les deux noms indissociables de cette danse sont toutefois Strauß et Lanner *(voir ci-dessous).* Le succès de cette dernière est bientôt tel qu'elle fait son apparition à la cour impériale autrichienne.

UN ART DE VIVRE BIEDERMEIER

Pour bien comprendre le phénomène de la valse à Vienne, il faut se rappeler la situation politique de la ville au début du 19e s. Le « système Metternich » a pour fondement la discipline et pour outil une police remarquable et omniprésente organisée par un serviteur irréprochable, Seldnitzky. Vienne est une capitale qui vit alors sous une censure implacable, s'abattant autant sur les lectures que sur la vie politique. La population s'adonne ainsi à des plaisirs privés, tels que la danse. Les moralistes de l'époque alertent très tôt les esprits sur l'inacceptable « intimité » des couples réunis dans cette danse indécente qui semble séduire toutes les classes d'âge. Leurs discours font sourire les Viennois, qui s'adonnent déjà depuis longtemps au tournoiement entêtant de la valse. Et parce que les autorités en saisissent fort bien l'utilité politique, la valse s'impose, la valse règne.

LES PREMIERS BALS

Très vite, la valse perd ses pas sautés et ce mouvement de danse collective hérité du 18e s. Elle cède la place à la valse du *Vormärz* (période du gouvernement de Metternich), une danse plus simple, mais surtout plus audacieuse car elle s'individualise : ce sont désormais des couples isolés qui se perdent dans une foule anonyme. Les nombreux « palais de danse » qui ouvrent partout à l'époque ont un immense succès. Le public y accourt en effet si nombreux qu'il est impossible d'envisager des évolutions de groupes.

R. et P. Holzbachova & Benet / MICHELIN

Le bal de l'Opéra.

Les bals sont également à la mode. Par milliers, les Viennois dansent au Clair de lune, au Nouveau Monde ou à L'Apollon, salles de bal éclairées par de somptueux lustres allumés même en plein jour et surtout équipées de parquets, permettant aux couples de s'élancer en glissant dans leur tourbillon sensuel.

JOSEF LANNER (1801-1843)

Né et mort à Vienne, il est d'une part celui qui fixe l'accélération et la cadence de la valse viennoise, d'autre part celui qui commence à donner des titres aux morceaux de cette musique. Tout jeune, en 1819, il constitue un trio avec des amis et joue des pots-pourris d'airs à la mode. C'est le succès. Le trio grossit en quatuor avec l'arrivée d'un jeune premier violon âgé de 15 ans, Johann Strauß, avec lequel Lanner ne tarde pas à se fâcher. Devenu compositeur et chef de son orchestre de 12 musiciens, ce dernier ne parvient bientôt plus à répondre aux innombrables demandes des salles de bal, ce qui lance l'orchestre que vient de créer son rival. En 1829, il est nommé directeur de la musique de la Cour. Atteint du typhus, il meurt jeune et laisse près de 230 œuvres, dont *Les Romantiques,* valse opus 141.

LES STRAUß

Seuls les Habsbourg ont autant qu'eux attaché leur nom à l'histoire de la capitale de l'Empire austro-hongrois. Prononcer le nom de la dynastie Strauß, c'est évoquer toute la féerie de la valse, pour ne pas dire la splendeur de la Vienne du 19e s.

Né et mort à Vienne, **Johann Strauß père** (1804-1849) débute sa carrière dans l'orchestre de Josef Lanner avec lequel il partage avec le privilège d'avoir haussé la valse à la dignité d'un genre à part entière. Il crée très rapidement sa propre formation et joue dans diverses salles de bal. Sans avoir jamais appris les règles de la composition – trait qu'il partage avec Lanner –, il compose et se sert de variations rythmiques pour donner un lustre nouveau à son orchestre de 28 musiciens. Vienne est sous le charme, bientôt ce sont Berlin, Londres et Paris qui admirent cet homme au coup d'archet brillant qui s'inspire de la tradition tzigane. En 1830, il dirige 200 musiciens qu'il répartit en orchestres en fonction de la demande. Il joue au Sperl, Lanner à la Redoute. Lorsque ce dernier disparaît, Strauß, qui n'a pas encore écrit sa fameuse *Marche de Radetzky* (1848), a le sentiment d'être l'unique « roi de la valse ».

Or, ce sentiment est de courte durée, car voici que **Johann Strauß fils** (1825-1899) ne va pas tarder à prouver au monde que ce titre lui revient. Lorsque son père décède de la scarlatine après avoir écrit quelque 250 valses, Strauß fils réunit les deux orchestres et entreprend une série de tournées qui le mènent jusqu'aux États-Unis. Sous sa direction, la valse s'ennoblit de thèmes plus contrastés. En 1863, il est nommé directeur des bals de la Cour, date à partir de laquelle il écrit ses œuvres impérissables dont *Le Beau Danube bleu* (1867), *Histoire de la Forêt viennoise* (1868), l'opérette *La Chauve-Souris* (1874) et *La Valse de l'Empereur* (1888).

Appelé par son frère pour prendre la tête de l'orchestre, **Josef Strauß** (1827-1870) est ingénieur de formation mais il se consacre également à la musique. Il compose plus de 300 valses, parmi lesquelles *Hirondelle d'Autriche*.

Lettres viennoises

LE 19e S.

Paradoxalement, la censure de l'ère Metternich provoque l'émergence d'une dramaturgie spécifiquement viennoise. Un théâtre populaire voit le jour, incarné par les auteurs **Ferdinand Raimund** (1790-1836) et **Johann Nestroy** (1801-1862). Les pièces de Nestroy (83 au total) sont remplies d'aphorismes mordants que les Viennois utilisent encore.

Le poète **Franz Grillparzer** (1791-1872) est considéré comme le plus illustre dramaturge autrichien, créant une œuvre influencée par Goethe et Schiller. On lui doit plusieurs drames néoclassiques, notamment *La Toison d'or* (1822) et *Les Vagues de la mer et de l'amour* (1831), et *Sapho* (1819).

Nikolaus Lenau (1802-1850) s'est quant à lui attaché à dépeindre des personnages torturés, comme par exemple dans le poème lyrique de *Don Juan*. Son œuvre la plus profonde est *Les Albigeois* (1842).

Enfin **Adalbert Stifter** (1805-1868), qui était considéré par Nietzsche et Hofmannsthal comme l'un des maîtres de la prose germanique, a entre autres publié *Pierres multicolores* (1853), *L'Homme sans postérité* (1844), *L'Été de la Saint-Martin* (1857) et *Les Carnets de mon grand-père* (1841-1842). Il se suicida en 1868.

LE TOURNANT DU SIÈCLE

Le siècle littéraire s'ouvre pourrait-on dire par un autre suicide, qui révèle toutes les angoisses à l'œuvre chez de nombreux observateurs du monde ; **Otto Weininger** (1880-1903) nous laisse *Des fins ultimes* (posthume).

Influencée par la psychanalyse, l'œuvre d'**Arthur Schnitzler** (1862-1931), ancien médecin, explore l'inconscient de ses héros souvent aux prises avec un scepticisme érotique, comme en témoignent *Anatole* (1893), *Amourette* (1895), *La Ronde* (1900) et *Mademoiselle Else* (1924). Dans *Vienne au crépuscule* (1908), Schnitzler évoque plus particulièrement l'identité juive. Sa nouvelle *Rien qu'un rêve* (1926) a été magnifiquement adaptée au cinéma par Stanley Kubrick dans son dernier film *Eyes Wide Shut* (1999). On peut ajouter que Freud était si impressionné par Schnitzler qu'il préféra ne pas le rencontrer.

Arthur Schnitzler en 1915.

Une autre violence se lit dans les écrits de **Karl Kraus** (1874-1936), qui vilipende les Viennois et voit dans la capitale un « laboratoire de l'Apocalypse ». Le premier numéro de son périodique *Die Fackel* paraît en 1899. En 1922, il publie les *Derniers Jours de l'humanité*.

Hugo von Hofmannsthal (1874-1929) affirme très jeune un talent d'écrivain pétri de pathétique et d'ironie. Il excelle dans la poésie lyrique, puis dans des pièces métaphysiques qui se démarquent du théâtre populaire autrichien du 19e s. Lié à Richard Strauß (directeur adjoint de l'Opéra en 1919), il compose le livret de plusieurs de ses opéras, dont *Le Chevalier à la rose* (1911), *Le Fou et la Mort* (1893), *Jedermann* (1911) et *Le Grand Théâtre du monde* (1922).

LES ANNÉES 1920-1930

C'est avec *Les Désarrois de l'élève Törless* (1906), histoire du martyre d'un jeune homme à l'École militaire, que **Robert**

Musil (1880-1942) entame sa carrière littéraire. Ancien ingénieur en construction mécanique, il vit difficilement de son art jusqu'à son décès survenu à Genève, après son départ pour l'exil en 1938. Roman inachevé et resté inconnu du vivant de son auteur, *L'Homme sans qualités* (1930-1942) concentre l'essentiel de son œuvre.

Moins connu, Siegmund Salzmann, alias **Felix Salten**, est pourtant l'auteur de *Bambi* (1923) qui sera porté à l'écran par Disney.

Plus pénétrant, **Stefan Zweig** (1881-1942), docteur en philosophie et grand voyageur, s'essaya à tous les genres, dans un langage qui le rattache au 19ᵉ s. Dépeignant généralement l'intrusion d'une violente passion dans une vie bourgeoise, ce sont ses nouvelles qui le font connaître du grand public, et parmi celles-ci *Amok* (1922), *Vingt-quatre heures dans la vie d'une femme* (1934), et le magistral *Joueur d'échecs* (1942). Également auteur de romans, il réalise de brillantes biographies où, influencé par Freud, il analyse les motivations profondes des êtres humains : *Fouché, Érasme, Marie-Antoinette*, etc. *Le Monde d'hier* (1942), autobiographique, est son dernier ouvrage.

D'un abord plus difficile, **Hermann Broch** (1886-1951), qui qualifia la fin de l'Empire d'« apocalypse joyeuse », constate la dégradation des valeurs traditionnelles, comme dans la trilogie *Les Somnambules* (1932), mais y oppose sa foi en un système nouveau. Il est indéniablement l'un des meilleurs romanciers de langue allemande du 20ᵉ s., son chef-d'œuvre est *La Mort de Virgile* (1945).

Poète et romancier d'origine juive mais attiré par le christianisme, **Franz Werfel** (1890-1945) se rattache au mouvement expressionniste, comme ses contemporains **Georg Trakl** (1887-1914) et **Alfred Kubin** (1877-1959). Ses recueils poétiques, tel *L'Ami du monde* (1911), ses drames et ses romans, tel *Ce n'est pas l'assassin mais la victime qui est coupable* (1920), sont animés par un libéralisme pacifiste.

Quant à **Joseph Roth** (1894-1939), qui a étudié la philosophie à Vienne avant de devenir journaliste et d'émigrer à Paris en 1933, il nous a laissé treize romans, dont *La Marche de Radetzky* (1932), qui

Stefan Zweig en 1925.

AKG

s'imprègnent de l'empire englouti de l'Autriche de François-Joseph. *La Crypte des Capucins* (1938) dépeint ainsi des personnages victimes de leur destin.

Ödön von Horváth (1901-1938) est un des seuls écrivains de cette époque qui semble échapper à la constante interrogation sur l'homme et les valeurs de la société. Ce « sans patrie », de sang hongrois, croate, tchèque et allemand, nous a laissé des ouvrages d'une étonnante lucidité, dont *La Nuit italienne* (1931) et *Histoires de la forêt viennoise* (1931).

L'APRÈS-GUERRE

Heimito von Doderer (1896-1966) est un Viennois virtuose. Son roman le plus célèbre, toujours pas traduit en français, s'intitule *Die Strudlhofstiege oder Melzer und die Tiefe der Jahre* (1951). On pourra lire en français *Les Démons* (1956).

Elias Canetti (1905-1994), romancier et dramaturge d'origine bulgare, vécut longuement à Vienne avant d'émigrer en Angleterre. Œuvres symbolistes, *La Comédie des vanités* (1934) et *Masse et puissance* (1960) sont des descriptions précises de la psychose de masse, mais l'écrivain connaît surtout la consécration en recevant le prix Nobel de littérature en 1981.

Deux femmes se sont illustrées dans les années 1950. La première, **Ilse Aichinger** (1921), née à Vienne mais établie en

M. Evans / KEYSTONE / HACHETTE

Sigmund Freud avec sa femme Martha et sa fille Anna.

Allemagne, développe une œuvre exprimant l'angoisse et la solitude de l'être, tout d'abord dans *Le Grand Espoir* (1948), puis avec *L'Homme enchaîné* (1953). La seconde, **Ingeborg Bachmann** (1926-1973), laisse surtout des poèmes lyriques assez proches de Hofmannsthal par le langage, réunis dans deux recueils : *Le Temps en sursis* (1953) et *L'Invocation à la Grande Ourse* (1956).

C'est aussi en tant que poète lyrique que **Thomas Bernhard** (1931-1989) se fait d'abord connaître, mais la notoriété lui vient de ses romans et pièces de théâtre, pénétrés d'un réalisme et d'un pessimisme à l'égard de l'homme. Les romans de ce très grand écrivain, de *Gel* (1963) à *Extinction* (1986), poussent la syntaxe allemande à un point limite que certains ont rattaché à la musique sérielle. Il se fait aussi le pourfendeur des bassesses et du conformisme viennois dans ses romans *Le Neveu de Wittgenstein* (1982) et *Maîtres anciens* (1985). En 1988, la première de *Place des héros*, au Burgtheater provoque un scandale sans précédent.

Mais le plus connu des écrivains contemporains reste sans conteste **Peter Handke** (1942), qui produit une œuvre d'avant-garde traduisant l'angoisse de la solitude et de l'incommunicabilité à travers des romans et des pièces, comme *L'Angoisse du gardien de but au moment du penalty* (1970) et *La Chevauchée sur le lac de Constance* (1971). Il a aussi écrit pour Wim Wenders *Les Ailes du désir*

(1987) et adapté à l'écran son roman *La Femme gauchère*.

Il faut signaler enfin des écrivains contemporains comme **Elfriede Jelinek** (1946) dont les romans *La Pianiste* (1983) et *Avidité* (*Gier*) (2000) ont eu un grand retentissement, et **Jonke Gert** (1946), notamment pour son ouvrage *La Mort d'Anton Webern* (2000), qui ironise sur la création musicale viennoise. **Robert Menasse** (1954) lui aussi développe un ton assez sarcastique sur ses contemporains (*La Pitoyable Histoire de Léo Singer*). C'est encore le cas de l'écrivain **Elisabeth Reichart** (1953), qui traque la culpabilité autrichienne vis-à-vis du nazisme.

Autres intellectuels viennois

LE CERCLE VIENNOIS

Formé dans les années 1920, ce groupe de philosophes et de scientifiques rejette la philosophie traditionnelle au profit du néopositivisme et recherche une vision unifiée du monde scientifique. Il connaît son apogée dans la première moitié des années 1930. Certains intellectuels renommés en font partie. **Moritz Schlick** (1882-1936) est le fondateur de ce groupe. Il occupe alors une chaire de l'université de Vienne, succédant à l'empiriste **Ernst Mach** (1838-1916) qui laissa son nom à l'unité de mesure de la vitesse supersonique et **Ludwig Boltzmann**

Sigmund Freud
(1856-1939)

À partir de l'étude des perversions, de l'analyse des névroses et de l'exploration de l'inconscient, Freud fonda la psychanalyse dont il expliqua la théorie dans son ouvrage fondamental, *La Science des rêves* (1900). Il créa en 1908 la Société psychanalytique de Vienne. Il écrivit également *Totem et tabou* (1913) et *Moïse et le monothéisme* (1937).

(1844-1906), un précurseur dans l'étude de la thermodynamique et la cinétique des gaz. **Kurt Gödel** (1906-1978) est un logicien et un philosophe ; son théorème d'incomplétude (1931) le rend célèbre au-delà de son domaine, influençant jusqu'au psychanalyste Jacques Lacan. **Karl Popper** (1902-1994) est l'épistémologue qui a inventé la réflexion moderne sur l'erreur. Le philosophe **Ludwig Wittgenstein** (1889-1951), réputé comme l'un des plus grands esprits du 20e s., n'a pourtant publié qu'un seul texte complet (*Tractatus Logico-Philosophicus*), mélangeant éthique, logique, religion, science, mathématiques, mysticisme et linguistique.

Citons aussi **Friedrich August von Hayek** (1899-1992), prix Nobel d'économie, né à Vienne, considéré comme un grand maître de la philosophie sociale et politique.

Cinéma

L'Autriche, et plus particulièrement Vienne, est la patrie de grands réalisateurs. Cependant, rares furent ceux qui travaillèrent pour leur pays d'origine.

Né à Vienne, **Erich von Stroheim** (1885-1957) part en 1906 pour les États-Unis dont il deviendra citoyen. Réalisateur des *Rapaces* (1923) et de *La Symphonie nuptiale* (1927), il est aussi un acteur prodigieux dont la carrière est à la fois hollywoodienne et française.

Georg Wilhelm Pabst (1885-1967) dirige à Vienne, en 1920, la troupe théâtrale du Neue Wiener Bühne avant de réaliser son premier film, *Le Trésor* (1923). Il gagne ensuite l'Allemagne où il entreprendra une carrière forte de 19 films, dont *Loulou* (1928).

Né à Vienne, **Fritz Lang** (1890-1976) commence sa carrière de metteur en scène en 1919 avant de partir en 1933 pour les États-Unis dont il deviendra citoyen. Il réalise près de 50 films dont *Le Docteur Mabuse* (1922), *Metropolis* (1926) et *M. le Maudit* (1931).

Autre Viennois, **Josef von Sternberg** (1894-1969), « le découvreur » de Marlène Dietrich, est l'auteur de *L'Ange bleu* (1930), de *Shanghaï express* (1932) et de *La Femme et le Pantin* (1935).

Otto Preminger (1906-1986), qui a réalisé entre autres *Autopsie d'un crime* (1959), naît aussi à Vienne, avant d'émigrer aux États-Unis en 1935. C'est là qu'il rencontre un autre scénariste viennois, **Billy Wilder** (1906-2002), auteur notamment de *Certains l'aiment chaud* (1969).

Les quelques productions très connues du cinéma viennois sont d'abord les films de la série des *Sissi* (1955-1957), réalisés par **Ernst Marischka** (1893-1963), et qui lancèrent la carrière internationale de Romy Schneider (née à Vienne).

La création contemporaine est représentée par le documentariste **Ulrich Seidl** *(Dog Days)* et **Jessica Hausner** *(Lovely Rita, Hôtel)*. On peut aussi évoquer l'avant-garde autrichienne, moins connue, avec des cinéastes expérimentaux comme **Peter Tscherkassky** (*Instructions for a Light and Sound Machine*), **Gustav Deutsch** et **Dietmar Brehm**.

Quant à la trilogie *Vienne pour mémoire* d'**Axel Corti** (1933-1993), elle est constituée par *Dieu ne croit plus en nous* (1981), *Santa Fé* (1985) et *Welcome in Vienna* (1986). Corti y évoque la « libération » de Vienne en 1944 et le climat glauque qui y règne. Il réalise aussi en 1995 une grande fresque télévisée sur la chute de l'Empire austro-hongrois, sur un scénario d'Erik Orsenna et de Louis Gardel inspiré de *La Marche de Radetzky* de Joseph Roth.

Enfin **Michael Haneke** voit deux de ses fims récompensés à Cannes, d'abord en 2001 l'adaptation du roman *La Pianiste*, d'E. Jelinek (avec Isabelle Huppert dans le rôle principal) puis *Cachés* avec Daniel Auteuil et Juliette Binoche en 2005.

⏧ *Voir liste des films p. 63.*

La façade du Parlement sur le Ring.

CENTRE-VILLE ET RING

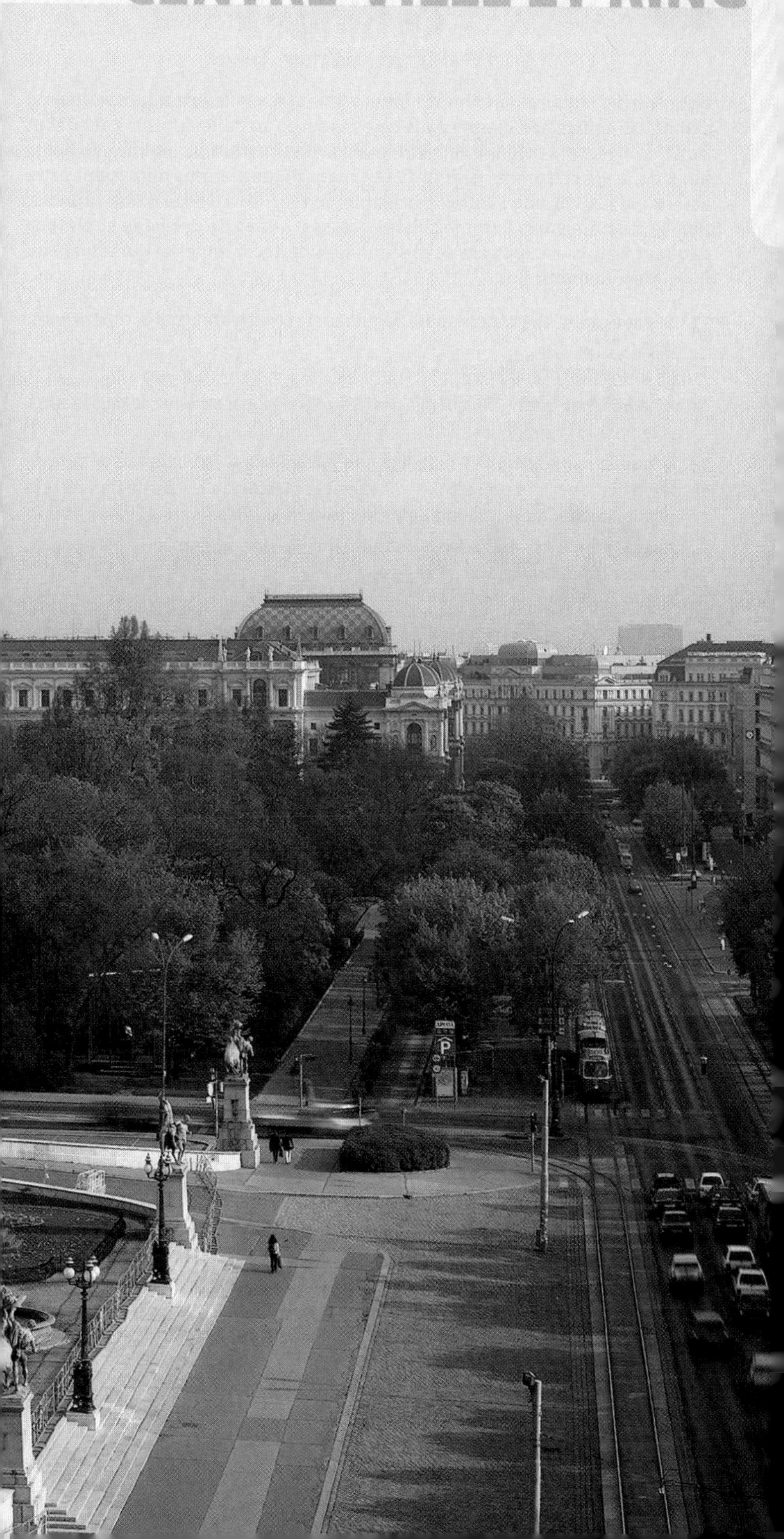

Le Ring★★

PLAN 1ᴱᴿ RABAT DE COUVERTURE – 1ᵉʳ ARR.

Boulevard circulaire délimitant l'Innere Stadt (la « ville intérieure »), le Ring symbolise l'entrée de Vienne dans l'ère moderne au milieu du 19ᵉ s. Au début du 21ᵉ s., il reste la colonne vertébrale de la ville. Institutions politiques, hauts lieux de la vie culturelle, Grands Cafés, magnifiques jardins ponctuent cette artère qui réussit une synthèse brillante de tous les attraits d'une capitale. Rames de tramways, automobilistes pressés, nuées de cyclistes et piétons vaquant à leurs occupations se glissent dans ce décor impérial qui bruisse du quotidien viennois.

- ▶ **Se repérer** – L'itinéraire proposé débute par le Schottenring qui occupe le nord-ouest de l'artère.
  U *2 Schottenring -* Tram *1, 2.*

- 👁 **À ne pas manquer** – L'Académie des beaux-arts - Pinacothèque, le musée autrichien des Arts appliqués.

- 🕐 **Organiser son temps** – Il faut éviter de visiter le Ring en voiture, la densité de la circulation ne s'y prêtant pas. L'idéal est la marche ou le vélo, mais il reste la possibilité du tramway (ligne circulaire des nᵒˢ 1 ou 2).

- 👫 **Avec les enfants** – Le musée d'Histoire naturelle, une promenade dans les parcs, l'observatoire Urania.

Le percement de la Ringstrasse.

Comprendre

Veine historiciste – Les 4 km de ce boulevard, large de près de 60 m et planté d'ailantes, de tilleuls et de platanes, sont bordés d'édifices de styles variés mais toujours « historiques ». C'est précisément cet historicisme où tout exprime la grandeur que critiqua ensuite sans détours le mouvement de la Sécession. Cette fantastique succession de tours néogothiques, de frontons néoclassiques, d'attiques néo-Renaissance et d'ornements néobaroques fut généreusement érigée pour le prestige de la Vienne impériale, au son des valses de Strauß. Aujourd'hui, parcourir le Ring, inchangé depuis son achèvement, est un véritable voyage dans le temps.

Se promener

Plan 1er rabat de couverture

Se balader le long du Ring, le soir, lorsque ses monuments sont illuminés, est certainement l'un des plus beaux souvenirs que l'on puisse ramener de Vienne.

Nous vous proposons de le parcourir dans le sens inverse des aiguilles d'une montre en partant de la station de métro de Schottenring.

SCHOTTENRING BC1

Au n° 5 de cette partie du Ring, dont le nom provient de la « porte des Écossais » élevée en 1276 *(pour l'origine du nom, voir p. 160)*, se trouve la demeure d'Anton Bruckner qui y vécut de 1877 à 1895. Au n° 14 naquit l'écrivain Stefan Zweig, le 28 novembre 1881. Le n° 23 (façade en pointes de diamant) est l'une des premières réalisations d'Otto Wagner (1877). Au n° 30, la tour du Ring (Ringturm) a été élevée entre 1953 et 1955 par Erich Boltenstern. Elle reflète l'architecture dépouillée de l'après-guerre. Sur la Schlickplatz, un monument commémore le Hoch und Deutschmeister, légendaire régiment de la ville. Derrière se dresse la Rossauerkaserne de style Windsor, édifiée en 1869.

Bourse (Börse) BC1

Schottenring 16. L'architecte Theophil Hansen fut un des grands bâtisseurs du Ring (Parlement, Académie des beaux-arts). Avec la collaboration de Carl Tietz, il construisit la Bourse dans un style néo-Renaissance de 1874 à 1877. Ce n'est donc pas cet édifice qui fut le cadre du fameux « jeudi noir » du krach boursier qui signa en 1873 l'échec du libéralisme viennois. La grande salle a été restaurée après un incendie survenu en 1956.

Église Votive (Votivkirche) B1

Rooseveltplatz - ℘ (01) 406 11 92 - www.votivkirche.at - ♿ - mar.-sam. 9h-13h, 16h-18h30, dim. 9h-13h.

En retrait, à droite, mais indissociable du Ring, l'église Votive fut construite entre 1856 et 1879 par l'architecte Heinrich von Ferstel à qui on doit les bâtiments de l'Université et du musée des Arts appliqués (MAK). Elle fut élevée pour commémorer l'attentat manqué dont avait été victime l'empereur François-Joseph le 18 février 1853. Un Hongrois du nom de Libényi avait frappé le souverain d'un coup de couteau à la nuque mais un bouton métallique de son uniforme avait sauvé l'empereur. L'initiative de la construction de cette église revint à l'archiduc Maximilien, le frère de François-Joseph qui fut plus tard empereur du Mexique.

Les deux flèches ajourées et élancées (99 m) de ce sanctuaire néogothique font partie, avec la grande roue du Prater et la flèche de la cathédrale, des symboles architecturaux de l'horizon viennois. L'architecte s'est inspiré du gothique germanique du 14e s., et notamment de la cathédrale de Cologne. À l'intérieur, dans la Taufkapelle, se trouvent le tombeau et le **gisant★** du comte Salm, qui résista au siège dirigé contre Vienne par Soliman le Magnifique en 1529, une œuvre réalisée vers 1530 par l'atelier de Loy Hering. L'iconographie des vitraux évoque l'histoire de l'Église catholique en Autriche ; ils datent en grande partie de 1966. Dans le bras droit du transept, le **retable** dit « d'Anvers » est un bel ouvrage flamboyant en bois sculpté de l'école flamande du 15e s.

DR.-KARL-LUEGER-RING B2

Université (Universität) B2

Dr.-Karl-Lueger-Ring 1. À côté du style néogothique de l'église Votive, Heinrich von Ferstel a dessiné un édifice inspiré de la Renaissance italienne – âge d'or du savoir – pour abriter l'Université fondée le 12 mars 1365 par Rodolphe IV, la plus ancienne de langue allemande après celle de Prague. Elle se trouvait précédemment sur la Dr.-Ignaz-Seipel-Platz *(voir p. 139)*. Le bâtiment (1884) s'articule autour de huit cours intérieures disposées autour d'une cour centrale, la **cour des Arcades**, de 3 300 m². En son centre se trouve la Kastaliabrunnen, une fontaine due à Edmund Hellmer (1904). À l'origine, le plafond de la salle de réception de l'université devait être décoré de fresques de Gustav Klimt, mais les esquisses représentant des corps nus provoquèrent un scandale et le projet fut abandonné. Les fresques ont été détruites par les bombardements de la Seconde Guerre mondiale.

Sous les arcades de la cour centrale ont été disposés les bustes des professeurs célèbres de l'Université, entre autres Anton Bruckner, Theodor von Billroth, Sigmund Freud, Karl Landsteiner (prix Nobel de médecine en 1930), Gerhard van Swieten.

En face, derrière le monument dédié au maire Johannes Andreas von Liebenberg (1890), se trouve la **Pasqualatihaus** où vécut Ludwig van Beethoven *(voir p. 165)*.

Nouvel hôtel de Ville (Neues Rathaus) A2

Face au Burgtheater, le « nouvel hôtel de ville » fut construit de 1872 à 1883 par Friedrich von Schmidt pour remplacer l'ancien, toujours visible Wipplinger Straße *(voir p. 168)*. Ayant opté pour le style néogothique afin d'évoquer l'époque médiévale qui vit la plupart des grandes villes acquérir leurs franchises, l'architecte s'est librement inspiré de l'hôtel de ville de Bruxelles (1402-1455), qui domine la magnifique Grand-Place de la capitale belge.

Dès que l'on s'engage dans l'une des rues qui le flanquent (Felderstraße ou Lichtenfelsgasse), on prend conscience de la gigantesque usine administrative qui s'active derrière les murs majestueux et imposants de cette architecture monumentale. Les chiffres parlent d'eux-mêmes : une superficie de 14 000 m^2, sept cours intérieures, deux tours latérales « limitées » à 61 m, une tour centrale culminant à 98 m. Ce beffroi, joliment illuminé lorsque arrive le crépuscule, est coiffé par le Rathausmann, l'« homme de la mairie », un chevalier de cuivre qui porte la bannière de la ville (la sculpture pèse 1 800 kg et mesure 3,40 m).

Voir également la rubrique « Visiter » p. 117.

Parc de l'hôtel de ville (Rathauspark) B2

Aménagé en 1872-1873 par le directeur des Jardins de la ville, Rudolf Siebock, l'agréable parc de l'hôtel de ville a été agrémenté de quelques statues honorant des personnalités ayant marqué de leur empreinte l'histoire de la cité. Ces **huit sculptures★** ont été placées de part et d'autre de l'allée qui sépare le parc en deux parties. En commençant par la partie sud du parc, côté Ringstraße, les statues s'alignent ainsi : Henri II Jasomirgott (par Franz Melnitzky) qui choisit Vienne comme capitale ducale, Rodolphe IV le fondateur (par Josef Gasser) qui fonda l'université de Vienne, Ernst Rüdiger, comte de Starhemberg (par Johann Fessler) qui résista courageusement aux Turcs en 1683, Johann Bernhard Fischer von Erlach (par Josef Cesar) qui fut le plus brillant architecte de la Cour, Léopold VI le Glorieux (par Johann Preleuthner), qui octroya à Vienne, en 1221, le premier droit de cité authentifié, Niklas comte Salm (par

L'hôtel de ville sous la neige.

K. Thomas / © Wien Tourismus

Matthias Purkartshofer) qui résista à Soliman le Magnifique en 1529, Léopold comte Kollonitsch (par Vinzenz Pilz) qui fut évêque de Wiener Neustadt et soutint le moral des habitants en 1683, Josef von Sonnenfels (par Hans Gasser) qui fut conseiller de Marie-Thérèse et fit abolir la torture.

Le parc compte également plusieurs monuments dont, au sud, le Johann Strauß und Josef Lanner Denkmal (par Franz Seifert et Robert Oerley, 1905) qui réconcilie les célèbres rivaux de la valse viennoise, le Rathausmann, récente (1986) copie de celui qui domine l'immense beffroi de l'hôtel de ville, ainsi que le Karl Renner Denkmal (par Alfred Hrdlicka et Josef Krawina, 1967), à la mémoire du père de la 2e République autrichienne dont il fut président de 1945 à 1950. Au nord, on voit notamment le Ferdinand Georg Waldmüller Denkmal (par Josef Engelhart, 1913), peintre Biedermeier qui illustra abondamment les paysages des environs de Vienne, et le Karl Seitz Denkmal (par Gottfried Buchberger, 1962), populaire maire social-démocrate de Vienne de 1923 à 1934.

En juillet et en août, lors du Film Festival, des opéras filmés, ballets et concerts de jazz sont diffusés sur écran géant devant l'hôtel de ville. Durant la période de l'Avent, un grand marché de Noël s'installe dans l'allée centrale du parc dont les arbres sont garnis de lampions rouges donnant à l'ensemble un aspect féerique.

Café Landtmann B2

Dr.-Karl-Lueger-Ring 4. Ce célèbre café viennois créé en 1873 par Franz Landtmann a pour clientèle la haute bourgeoise de la ville, les hommes politiques du Parlement, et les artistes du Burgtheater. Sigmund Freud aimait venir fumer son cigare dans ce cadre cossu. *(voir Carnet pratique).*

Burgtheater★ B2

Dr.-Karl-Lueger-Ring 2 - ℰ (01) 514 44 41 40 - www.burgtheater.at - visite guidée en allemand et en anglais (1h) - 1er sept.-30 juin tlj 15h, dim. 11h (allemand seulement) et 15h, juillet-août tlj 14h et 15h - 4,50 €.

Face à l'hôtel de ville, le Burgtheater, inauguré en 1888, remplaçait le « théâtre de la Cour » qui s'élevait jusqu'alors Michaelerplatz et qui avait été fondé sous Marie-Thérèse, en 1741. Réorganisé en 1776 par Joseph II qui en fit un théâtre national, le Burgtheater fut durant des décennies le théâtre de langue allemande le plus important : un engagement signifiait, et signifie toujours, le couronnement d'une carrière de comédien. La liste des artistes que cette scène a consacrés est longue et comprend des noms tels que Ewald Balser, Hedwig Bleibtreu, Klaus Maria Brandauer, Annemarie Düringer, Käthe Gold, Werner Kraus, Adolf Rott, Hugo Thimig, etc.

Conçu à partir de 1874 et achevé en 1879 par Gottfried Semper (pour l'extérieur) et Carl von Hasenauer (pour l'intérieur), le bâtiment se caractérise par un style néo-Renaissance tardif mâtiné d'éléments néobaroques. Il présente des dimensions respectables : 136 m de longueur, 95 m de profondeur, 27 m de hauteur. La façade convexe du corps central est couronnée d'une statue d'Apollon flanquée des muses Melpomène et Thalie (par Carl Kundmann), sous laquelle s'allonge une frise représentant Ariane et Bacchus (par Rudolf Weyr). Les fenêtres du 1er étage sont ornées de neuf bustes réalisés par Viktor Tilgner : au centre, Goethe, Schiller, Lessing (pour l'Allemagne) ; à droite, Halm, Grillparzer, Hebbel (pour l'Autriche) ; à gauche, Calderon, Shakespeare, Molière (pour les autres pays européens). Les deux ailes présentent des escaliers monumentaux : l'un était réservé à la Cour, l'autre au public.

La visite de l'intérieur offre l'occasion d'apprécier des œuvres de jeunesse de Gustav Klimt, qui réalisa les **fresques★** *(éclairées le soir et donc partiellement visibles de l'extérieur)* du plafond des escaliers avec son frère Ernst et Franz Matsch. Il est l'auteur de deux scènes : *Roméo et Juliette* (escalier droit), *Théâtre à Taormine* (escalier gauche) où l'on distingue une représentation de Salomé. Long de 60 m et semi-circulaire, le foyer, d'où l'on a une belle **vue** sur l'hôtel de ville (surtout le soir), est orné de portraits de comédiens et comédiennes célèbres. La salle, reconstruite après les bombardements de la Seconde Guerre mondiale par Michael Engelhart, peut accueillir quelque 1 300 spectateurs.

DR.-KARL-RENNER-RING B2-3

Parlement (Parlament) B2-3

Dr.-Karl-Renner-Ring 3. Theophil Hansen dessina cet édifice assez pompeux par ses dimensions et son académisme rigoureux de temple grec. Le séjour de l'architecte à Athènes ne suffit pas à expliquer le choix de ce type d'architecture pour abriter les séances des représentants des divers pays composant l'Empire austro-hongrois. Par ce choix, Hansen voulut symboliser la démocratie, née dans la Grèce antique.

Flanqué de deux longues ailes terminées par des petits pavillons néoclassiques, l'avant-corps du bâtiment s'achève par un fronton triangulaire soutenu par huit colonnes corinthiennes. Le tympan de ce couronnement est historié : François-Joseph y est représenté, octroyant la Constitution aux 17 pays de son empire (un programme sculpté par Edmund Hellmer). La double rampe permettant d'accéder au bâtiment est décorée de statues d'historiens de l'Antiquité. À gauche, les Grecs : Hérodote (par Karl Schwerzek), Polybe (par Alois Düll), Thucydide (par Richard Kauffungen), Xénophon (par Hugo Haerdtl). À droite, les Romains : Salluste (par Wilhelm Seib), César (par Josef Beyer), Tacite (par Karl Sterrer), Tite-Live (par Josef Lax). Devant le Parlement, on voit la **fontaine Pallas-Athena★**, réalisée par Carl Kundmann en 1902. Cette œuvre représente la Pallas Athéna des Grecs, la Minerve des Romains, déesse de la Sagesse et de l'Intelligence. Casquée d'or, la fille de Jupiter domine quatre personnages incarnant le Danube, l'Inn, l'Elbe et la Moldau.

1945 : le retour de la démocratie

« L'Autriche est une république démocratique. Son droit émane du peuple. » L'article 1er de la Constitution fédérale de 1920 est repris dans la Déclaration d'indépendance du 27 avril 1945 qui stipule : « Article Ier : la république d'Autriche démocratique est rétablie et doit être aménagée dans l'esprit de la Constitution de 1920. Article 2 : L'*Anschluß* imposé au peuple autrichien en 1938 est nul et non avenu. » La Constitution fédérale de 1920 est principalement due à Hans Kelsen, juriste américain d'origine autrichienne, à qui l'on doit cette définition de la démocratie : « l'approximation la plus exacte de l'idée de la liberté dans la réalité sociale ».

⏚ *Voir également « Visiter » p. 117.*

Volksgarten★ B2

Le premier jardin public de la ville a été dessiné entre 1819 et 1823 par Louis de Rémy, à l'emplacement des fortifications que Napoléon avait fait sauter en 1809 avant de quitter la ville. Pendant du Burggarten *(voir ci-dessous, Opernring)*, le jardin « du Peuple » fut ainsi

Les parterres du Ring devant le Parlement.

F 3 / © Wien Tourismus

nommé car il était ouvert au public. Il offre de belles perspectives sur ses environs. Les parterres du Volksgarten entourent deux monuments : l'un à la mémoire de l'impératrice Élisabeth (par Friedrich Ohmann), l'autre à celle du poète Franz Grillparzer (par Carl Kundmann). Au cœur des roseraies du jardin, le **temple de Thésée (Theseustempel)**, édifice d'ordre dorique construit par Pietro Nobile en 1823, devait à l'origine servir à protéger le groupe *Thésée tuant le Minotaure* d'Antonio Canova. Ce dernier se trouve aujourd'hui dans la cage d'escalier du musée des Beaux-Arts *(voir p. 195)*.

BURGRING B3

Sur la droite s'ouvre la vaste Maria-Theresien-Platz et ses deux bâtiments géants, symétriques et identiques, qui abritent les collections du musée d'Histoire naturelle (architectes : Gottfried Semper et Carl von Hasenauer) et du musée des Beaux-Arts (architecte : Carl von Hasenauer).

Musée d'Histoire naturelle (Naturhistorisches Museum)★
Voir la rubrique « Visiter » p. 118.

Statue de Marie-Thérèse (Maria-Theresien-Denkmal) B3
Maria-Theresien-Platz. Haut de près de 20 m, ce monument réalisé par Caspar Zumbusch en 1888 représente l'impératrice Marie-Thérèse tenant dans sa main gauche la Pragmatique Sanction. Les quatre allégories placées aux angles supérieurs du socle figurent le Pouvoir, la Sagesse, la Justice et la Clémence.

Musée des Beaux-Arts (Kunsthistorisches Museum)★★★
Voir p. 194.

Hofburg★★★
Voir p. 173.

OPERNRING B3

Jardin du Palais (Burggarten) B3
À l'instar du Volksgarten *(voir ci-dessus, Dr.-Karl-Renner-Ring)*, le jardin du Palais fut tracé à l'emplacement des fortifications que Napoléon avait fait sauter en 1809 avant de quitter la ville.
Créé de 1816 et 1819 pour François Ier, ce jardin fut très vite nommé la « Promenade » par les courtisans du palais impérial. Accessible au public depuis 1919, ce petit parc est décoré de quelques statues : le **monument Mozart★** (1896, par Viktor Tilgner) dont les reliefs représentent une scène de *Don Giovanni* et *Mozart au milieu des siens* ; la statue équestre de François Ier (1781, par Balthasar Ferdinand Moll) ; le monument François-Joseph (1903, par Josef Tuch), bronze initialement auguré à Wiener Neustadt et installé ici en 1957.

Serres (Palmenhaus) – Cette construction en verre et acier enchâssée dans une structure en pierre fascine par ses belles lignes élancées. On doit la construction de cette serre impériale à Friedrich Ohmann, entre 1901 et 1907. Elle abrite aujourd'hui la **maison aux Papillons (Schmetterlinghaus)** *(voir p. 187)* et le café-restaurant **Palmenhaus** *(voir Carnet pratique)*.
À l'angle sud du jardin du Palais se dresse le monument Goethe, œuvre d'Edmund Hellmer (1900).

Statue de Schiller (Schiller-Denkmal) B4
La Robert-Stolz-Platz ouvre sur la Schillerplatz, un ancien marché rebaptisé en 1876 du nom du grand dramaturge allemand. Sa statue par le sculpteur dresdois Johann Schilling le représente debout au côté de Goethe et entouré d'allégories des quatre âges de la vie.

Académie des beaux-arts - Pinacothèque (Akademie der Bildenden Künste - Gemäldegalerie)★★ B4
Le bâtiment néo-Renaissance a été construit par Theophil von Hansen en 1876. Cette école – qui vit Adolf Hitler échouer au concours d'entrée de 1907 – forme des peintres, des sculpteurs, des décorateurs, des architectes, des restaurateurs et des conservateurs. Friedensreich Hundertwasser et Fritz Wotruba y enseignèrent.
Voir également la rubrique « Visiter » p. 119.

Le Burggarten et les serres.

Opéra national (Staatsoper)★★
Voir p. 147.

KÄRNTNER RING C4

Hôtel Imperial
Kärntner Ring 16. Cet hôtel – l'un des plus prestigieux de la capitale – est installé depuis 1873 dans le palais du duc de Wurtemberg construit en 1865 (surélevé en 1928). C'est ici que descendit Richard Wagner et sa famille lorsqu'il vint diriger *Tannhäuser* et *Lohengrin* en 1875 et 1876.

Café Schwarzenberg
Kärntner Ring 17. L'un des plus agréables cafés de la ville, dans la grande tradition des *Wiener Kaffeehäuser*, avec son atmosphère de la Belle Époque. *(voir Carnet pratique).*

PARKRING D3

Parc municipal (Stadtpark)
Tracé par Rudolf Sieböck, architecte des jardins impériaux, et aménagé par Josef Selleny, ce vaste jardin public (11,4 ha) a été inauguré en 1862. Il est partagé par la Vienne, que l'on traverse par deux ponts. De nuit, l'étang central est joliment éclairé par des fontaines lumineuses.

La ville y honore quelques-uns de ses peintres et de ses musiciens, avec des statues de Friedrich von Amerling (1902, par Johannes Benk), de Hans Makart (1898, par Viktor Tilgner), d'Anton Bruckner (1899, par Viktor Tilgner), de Franz Lehár (1980, par Franz Coufal), de Franz Schubert (1872, par Carl Kundmann), Robert Stolz (1980, par Rudolf Friedl). Mais le monument le plus célèbre et le plus représenté dans les dépliants touristiques vantant les charmes de Vienne est le **monument à Johann Strauß fils★**, une œuvre de Edmund Hellmer (1921) : un arc de marbre décoré de naïades encadre la statue en bronze doré de l'illustre violoniste.

Le *Kursalon*, qui fut l'un des grands cafés-concerts de la fin du 19e s., sert aujourd'hui de cadre à des concerts de valses, entre Pâques et le mois d'octobre.

Palais Colloredo
Parkring 6. Ce palais appartenait autrefois à la famille Colloredo, dont fut issu le prince-archevêque, auquel Wolfgang Amadeus Mozart annonça son congé en 1781 *(voir p. 131).*

STUBENRING D2

Musée autrichien des Arts appliqués (MAK - Österreichisches Museum Für Angewandte Kunst)★★ D1-2

Installé depuis 1871 dans un magnifique bâtiment néo-Renaissance dû à Heinrich von Ferstel et complété en 1909 par un bâtiment de Ludwig Baumann, le MAK a rouvert ses portes en 1993 après une restauration générale entamée en 1989.

Voir la rubrique « Visiter » p. 120.

Palais gouvernemental (Regierungsgebäude) D2

Stubenring 1. Titanesque, le palais gouvernemental, ancien ministère de la Guerre, est long de 250 m. Un aigle en bronze de 16 m d'envergure, accroché à hauteur de l'attique, couronne ce bâtiment érigé par Franz Neumann en 1912. Il paraît encore plus massif si on le compare au bâtiment de la caisse d'épargne de la Poste qui lui fait face*(voir p. 136)*.

Le **monument Radetzky** placé dans l'axe de la façade commémore le célèbre maréchal, qui fut ministre de la Guerre sous François-Joseph. L'empereur voulut qu'il soit enterré dans la crypte des Capucins, insigne témoignage de son admiration. Ce monument a été réalisé par Caspar Zumbusch en 1892 (transféré de la place Am Hof).

Observatoire Urania (Urania Sternwarte) D2

Uraniastraße 1 - **U** *1 Schwedenplatz,* **U** *2 Stubentor,* **Tram** *1, 2, 21, N, 0 - ℘ (01) 712 61 91 25/26 - www.urania-sternwarte.at - visite guidée (1h30) merc. et jeu. 21h, sam. 19h et 21h, dim. 15h - 6 €.*

Ce bâtiment, construit par Max Fabiani (1909) et situé sur le canal du Danube, était à l'origine conçu comme une « maison d'éducation du peuple ». Il abrite le premier « observatoire populaire » d'Autriche, accessible à tous. Dans les années 1980, ce dernier fut modernisé et équipé d'une nouvelle longue-vue. Le complexe accueille également depuis 2003 un élégant café-restaurant donnant sur le Danube et un cinéma.

Visiter

Nouvel hôtel de ville (Neues Rathaus) A2

Rathausplatz 1, entrée Friedrich-Schmidt-Platz 1 - **U** *2 Rathaus,* **Tram** *1, 2, D - ℘ (01) 525 50 - www.wien.gv.at - visite guidée (45mn) lun., merc., vend. 13h, sf j. fériés - gratuit.*

Débutant par le bureau d'information générale qui occupe l'ancien hall d'entrée, la visite traverse les salons de réception, dont la grande salle des fêtes, longue de 71 m et haute de 17 m, qui accueille en novembre la foire aux Livres. La salle des séances bénéficie d'une décoration abondante embellie par des bois d'essences rares et un lustre de grande dimension dessiné par l'architecte Friedrich von Schmidt lui-même. Le salon rouge aux lustres vénitiens est la salle de réception du maire.

En juillet, la cour centrale de l'hôtel de ville, la cour des Arcades, accueille des concerts du festival de jazz de Vienne, le **Jazzfest Wien**.

Parlement (Parlament) B2-3

Dr.-Karl-Renner-Ring 3 - **U** *2, 3 Volkstheater,* **Tram** *1, 2, D, J, 46, 49 - ℘ (01) 401 10 27 15/25 77 - www.parlament.gv.at - visite guidée en allemand et en anglais (45mn) mi-juil. à mi-sept. lun.-vend. 10h, 11h, 13h, 14h, 15h, 16h, sam. 10h, 11h, 12h, 13h ; reste de l'année lun.-mar. 10h, 11h, 14h, 15h, 16h, mer.-jeu. 10h, 11h, 14h, 15h, 16h, 17h, vend. 10h, 11h, 13h, 14h, 15h, 16h, sam. 10h, 11h, 12h, 13h - fermé j. fériés et durant les séances plénières - 4 €.*

L'ample escalier face à la Ringstraße conduit à l'entrée principale, aux proportions magistrales. Le **vestibule** est richement décoré de colonnes ioniques, de panneaux de marbre et de statues de la mythologie antique. Une frise réalisée par Alois Hans Schram, longue de 100 m, représente les allégories de la paix, de la patrie et des valeurs citoyennes ; elle se prolonge dans l'atrium. Le **hall des colonnes**, scandé par 24 colonnes corinthiennes en marbre, accueille les réunions du Parlement dans les grandes occasions. Le **salon de réception** est orné des portraits des différents présidents de la République depuis 1945. L'ancienne **salle des fêtes** du Parlement, tout en dorures et stucs, est coiffée d'un plafond décoré des armes des 17 royaumes et provinces de l'Empire. La **salle plénière de l'ancienne chambre des députés**, où siégeaient les 516 représentants de l'Empire, s'inspire de l'Antiquité. Les scènes issues de la mythologie sont l'œuvre d'Auguste Eisenmenger. C'est ici que se réunit aujourd'hui l'assemblée fédérale. Le circuit s'achève par la visite des salles du **Conseil national** et du **Conseil fédéral** qui régissent la vie parlementaire de l'Autriche.

Musée d'Histoire naturelle
(Naturhistorisches Museum)★ B3

Entrée Maria-Theresien-Platz - ✆ (01) 52 17 73 35 - www.nhm-wien.ac.at - tlj sf mar. 9h-18h30 (21h le merc.) - fermé 1er janv., 1er mai, 1er nov. et 25 déc. - 8 € - visite guidée sur le thème de l'histoire et de l'architecture jusqu'au toit, d'où l'on jouit d'une vue sur Vienne merc. 17h et 18h30, dim. 14h et 16h - 6,50 €.

Les collections du musée d'Histoire naturelle remontent à François-Étienne de Lorraine, l'époux de Marie-Thérèse. Elles sont donc antérieures à l'ouverture du musée en 1889 sous François-Joseph.

Un système bicaméral

Deux chambres composent le Parlement autrichien. Le **Conseil national** vote les lois fédérales et est habilité à démettre le gouvernement fédéral ou l'un de ses membres ; il compte actuellement 183 députés élus pour quatre ans au suffrage universel direct, secret et individuel (élections proportionnelles). À l'instar des Diètes des Länder et des gouvernements des 9 Länder fédéraux, le **Conseil fédéral**, représentation des Länder autrichiens, se compose de 62 députés délégués par les Diètes des Länder. La quasi-totalité des projets de lois doivent également être soumis au Conseil fédéral qui ne possède toutefois qu'un droit de veto d'ajournement, le Conseil national décidant en dernier ressort.

L'**Assemblée fédérale** correspond à la réunion des deux chambres. Sa tâche principale consiste à recevoir le serment du président fédéral, directement élu par le peuple, lors de son entrée en fonction.

La disposition d'origine des 39 salles d'exposition a été dans l'ensemble conservée jusqu'à aujourd'hui, même si elle a, bien évidemment, été adaptée aux exigences d'un musée moderne.

Rez-de-chaussée surélevé – La **collection minéralogique et pétrographique★★** *(salles 1 à 5)*, particulièrement riche en minéraux et météorites, réunit quelque 30 000 pièces. La salle des pierres précieuses contient, entre autres, un lingot d'or de plus de 8 kg et une topaze de 117 kg. On peut également y admirer le fameux **bouquet en pierres précieuses★** (1760), offert par Marie-Thérèse à son mari François-Étienne de Lorraine.

La **collection paléontologique** *(salles 7 à 10)* informe sur le Moyen Âge et les Temps modernes de la Terre à l'aide de fossiles végétaux et animaux. Des dioramas permettent de faire un tour d'horizon des récifs coralliens tropicaux d'il y a 210 à 16 millions d'années.

La culture hallstattienne – du nom de la ville de Haute-Autriche Hallstatt, où eurent lieu de nombreuses fouilles sur un site occupé du 8e au 5e s. av. J.-C. – constitue un point fort de la **collection préhistorique** *(salles 11 à 15)*. Les découvertes de la mine de sel située sur place et de la mine toute proche illustrent la culture humaine d'il y a plus de 2 500 ans. Les pièces les plus importantes de cette collection sont toutefois la célèbre **Vénus de Willendorf★** (âgée d'environ 25 000 ans) et la **Fanny de la Galgenberg★** qui, âgée d'environ 32 000 ans, passe pour être la plus ancienne sculpture humaine du monde.

La **collection anthropologique** *(salles 16 et 17)* se consacre à la phylogénétique de l'être humain.

1er étage – Les salles 22 à 24 font découvrir au visiteur la diversité infinie des invertébrés ; dans les salles 25 à 39 sont présentées des pièces d'anatomie de près de 5 000 vertébrés. Parmi les mammifères, les oiseaux, les poissons et les reptiles, sont représentées des espèces très menacées ou déjà disparues (telles que le dronte parmi les oiseaux, ou le loup marsupial et le rhinocéros de Java parmi les mammifères). La grande projection du **Microthéâtre★** de la salle 21 vous ouvre les portes du monde du microcosme, en vous montrant, par exemple, la vie à l'intérieur d'une goutte d'eau.

Académie des Beaux-Arts - Pinacothèque (Akademie der Bildenden Künste - Gemäldegalerie)★★ B4

Schillerplatz 3 - **U** *1, 2, 4 Karlsplatz,* **Tram** *1, 2, D, J (Oper) - ℰ (01) 588 16 225/228 - www. akademiegalerie.at -* & *(entrée latérale Makartgasse ; se présenter auprès du gardien ou à la caisse) - tlj sf lun. 10h-18h - fermé j.fériés - 7 € (audioguide allemand, anglais 2 €).*

La première salle recèle de véritables chefs-d'œuvre de la Renaissance allemande, parmi lesquels plusieurs tableaux de Lucas Cranach l'Ancien. Il est aisé de comprendre la renommée de cet artiste en s'intéressant à une de ses œuvres de jeunesse, *Saint François recevant les stigmates*, ainsi qu'à l'admirable et énigmatique **Lucrèce★★** (1532), la légendaire épouse de Tarquin qui se poignarda pour ne pas survivre au déshonneur d'un viol. Plusieurs écoles (allemande, danubienne, flamande, hollandaise et suisse) sont représentées ici : Thierry Bouts, *Le Couronnement de Marie* (entre 1450 et 1460) ; Hans Baldung Grien, *Repos pendant la fuite en Égypte* (vers 1512) ; Joos Van Cleve, *La Sainte Famille* (vers 1515) ; Ambrosius Holbein, *La Dormition de la Vierge* (vers 1518) et Hans Maler, *Portrait de Moritz Weltzer von Eberstein* (1524).

Le grand **Triptyque du Jugement dernier★★★** (1504-1508) de Jérôme Bosch (1460-1516) est également une pièce maîtresse de la Pinacothèque. Le Jugement dernier est l'unique thème de l'art chrétien à être développé en registres superposés, c'est pourquoi il est fréquemment représenté sur des triptyques, forme la mieux adaptée. On voit ici : *Le Jugement dernier* et *Les Sept Péchés capitaux* (panneau central) ; *La Chute des anges, La Création d'Ève, La Tentation* et *L'Expulsion du Paradis* (volet gauche) ; *L'Enfer et sa loi* (volet droit). Au revers des volets, saint Bavon et saint Jacques sont représentés en grisaille. Le Paradis est un lieu de fraîcheur, le séjour des Bienheureux, des Élus qui ont résisté aux tentations du Démon. Ils sont représentés nus, car ils sont revêtus de lumière, et ne connaîtront plus ni maladie, ni vieillesse, ni mort. L'Enfer est son contraire, la fournaise des ténèbres dont les flammes ne parviennent pas à brûler les Damnés, qui ne seront jamais délivrés de leurs tourments. C'est le lieu des Orgueilleux, des Envieux, des Gloutons, des Luxurieux, des Coléreux, des Paresseux, des Avaricieux (sept péchés capitaux).

Parmi les œuvres d'art italiennes, on remarque surtout une *Vierge à l'Enfant avec des anges* (vers 1480) de l'atelier de Sandro Botticelli et *Tarquin et Lucrèce* (vers 1575), l'un des derniers tableaux peints par Titien. La peinture espagnole est représentée par les **Garçons jouant aux dés★** de Bartolomé Esteban Murillo. La peinture baroque des Pays-Bas méridionaux est à l'honneur à travers ses plus illustres artistes : Antoine Van Dyck et son **Autoportrait★** (vers 1614), Jacob Jordaens et le *Portrait de la fille de l'artiste* (vers 1640), et Pierre Paul Rubens dont les six esquisses à l'huile, ébauches des fresques (incendiées en 1618) de l'église des Jésuites à Anvers.

R. et P. Holzbachova & Benet / MICHELIN

La salle du Triptyque du « Jugement dernier » de Jérôme Bosch à l'Académie des beaux-arts.

L'école hollandaise du 17e s. a souvent produit des scènes de mœurs et des tableaux de genre, mais aussi des paysages et des portraits de très haute qualité. Aussi s'attarde-t-on volontiers devant le **Portrait d'une jeune femme★★** (1632) que Rembrandt réalisa à l'âge de 26 ans, *Scène de mœurs* (1635) de Pieter Codde, **Portrait d'une famille de Delft★** (vers 1660) de Pieter De Hooch, *Petite Nature morte* (1671) de Willem Van Aelst. L'école hollandaise s'est également signalée par ses italianistes, qui affectionnaient, une originalité pour l'époque, de peindre en plein air. On compte parmi eux des artistes comme Jan Both, *Utrecht vers 1615*, et Thomas Wijck, *Scène portuaire* (1650).

Incontestable attrait de la série des tableaux du 18e s., l'ensemble des **Huit Vues de Venise★** (entre 1742 et 1780) du célèbre Francesco Guardi ne doit cependant pas détourner le visiteur des deux toiles de Pierre Subleyras : le *Portrait de Virginia Parker Hunt* (après 1746) et *L'Atelier de l'artiste* (vers 1747) qui porte au revers un autoportrait révélé en 1968 par une restauration.

Enfin, il serait dommage de quitter la galerie sans avoir vu la **Nature morte aux fleurs avec des fruits★** (1703) de Rachel Ruysch, peintre hollandaise élève de Willem Van Aelst.

MAK - Musée autrichien des Arts appliqués (MAK-Österreichisches Museum für Angewandte Kunst)★★ D3

Stubenring 5 - Ⓤ *3 Stubentor,* Ⓤ *4 Landstraße,* Tram *1, 2 -* 📞 *(01) 711 36 0 -* ♿ *- www.mak. at - tlj sf lun. 10h-18h (mar. jusqu'à minuit) - fermé 1er janv. et 25 déc. - 7,90 € (audioguide en allemand et en anglais 2 €) - gratuit le sam.*

Poursuivant sa mission pédagogique, le musée a développé une **muséologie★★** exceptionnelle en faisant appel à des artistes contemporains reconnus, afin de mettre en valeur les collections d'une grande richesse *(les chiffres entre parenthèses renvoient à la numérotation des salles utilisée sur place)*.

Au rez-de-chaussée

Roman, gothique et Renaissance (1) – Conception : Günther Förg, peintre allemand. Le bleu de cobalt qui recouvre les murs met largement en valeur les pièces présentées. Le pliant en poirier (Salzbourg, début 13e s.), le cabinet en érable (Allemagne du Sud, fin 16e s.) et les majoliques d'Urbino (16e s.) sont particulièrement remarquables. La salle abrite cependant d'autres pièces extraordinaires. Ainsi, les **ornements sacerdotaux★** (vêtements et antependium brodés en lin et en soie, vers 1260) du couvent bénédictin de Göss en Styrie constituent l'ensemble le plus ancien qui soit conservé.

Citons également le **plateau de table★★** en cerisier peint réalisé en Souabe à la fin du 15e s. ; cet exemplaire, l'un des dix existants, proviendrait d'un couvent de Ulm et représente des scènes de la Passion du Christ et de la légende de sainte Ursule.

Baroque, rococo et classicisme (2) – Conception : Donald Judd, artiste minimaliste américain. La sobriété de l'intervention met en valeur la collection exposée ici, notamment le mobilier dont un cabinet signé Haberstumpf (Eger, 1723) ayant appartenu à Charles VI. Au centre se trouve une reconstitution du salon de porcelaine du palais Dubsky à Brno (porcelaine de la manufacture viennoise Du Paquier, avant 1730) et l'un des murs porte deux **panneaux marquetés★** (Neuwied, 1719) réalisés par David Roentgen pour le palais de Charles de Lorraine à Bruxelles. Il faut aussi remarquer le **surtout** du monastère de Zwettl, porcelaine viennoise (1768) de 60 figurines et vases exécutée pour les fêtes jubilaires de l'abbé.

Berceau du design

Lors de sa fondation en 1864, le musée autrichien des Arts appliqués se caractérisa par une curieuse singularité : il ne possédait aucune collection permanente. Essentiellement éducative, sa vocation était de développer la sensibilité esthétique du public en ne se limitant pas aux seuls héritages du passé. C'est donc tout naturellement que le MAK, s'inspirant du Victoria & Albert Museum de Londres, entama en 1868 une étroite collaboration avec la *Kunstgewerbeschule*. En effet, la tendance était de développer les rapports entre l'art et l'industrie, ce que prônait alors le mouvement anglais des *Arts and Crafts*, et le MAK comptait bien prendre le train de cette modernité. C'est ainsi que ce musée a toujours favorisé la réalisation de projets dans ce domaine que l'on nomme aujourd'hui le design, et notamment ceux des *Wiener Werkstätten* (les Ateliers viennois).

Renaissance, baroque et rococo (3) – Conception : Franz Graf, peintre autrichien. Des deux vitrines présentant de la verrerie, l'une privilégie celle de la Venise du 16ᵉ s. Parmi les nombreuses dentelles, remarquez la **chasuble** provenant également de la Sérénissime (fin 17ᵉ s.).

Empire et Biedermeier (4) – Conception : Jenny Holzer, artiste américaine. Une longue colonne de chaises précède un étonnant **secrétaire★** en cerisier réalisé dans la capitale vers 1825. Les vitrines contiennent de l'argenterie, de la porcelaine et de la verrerie, notamment un service de voyage (1811) commandé par Napoléon à la naissance de son fils, le futur duc de Reichstadt, et des verres sans pied (vers 1830, avec inscription en français) dont les décors à l'émail représentent les sites les plus prestigieux de Vienne.

Historicisme, Jugendstil et Art déco (5) – Conception : Barbara Bloom, artiste américaine. Un superbe jeu d'ombres chinoises met en scène un petit historique de la **chaise** viennoise avec pour noyau la dynastie **Thonet★**. La rétrospective s'achève par d'autres maîtres du genre : Loos, Hoffmann, Frank.

La salle de l'évolution de la chaise viennoise au MAK.

G. Zugmann / MAK

Orient (6) – Conception : Gang Art, groupe d'artistes viennois. La collection de **tapis★★** du MAK est l'une des plus réputées du globe, essentiellement pour ses exemplaires égyptiens, persans et turcs. Remarquez le tapis de chasse (première moitié 16ᵉ s.) provenant de Kashan, en Perse centrale, ainsi que cet unique tapis mamelouk (début 16ᵉ s.) en soie ; tous deux ayant appartenu à la famille impériale.

À l'étage

Design et architecture du 20ᵉ s. (3) – Conception : Manfred Wakolbinger, sculpteur viennois. Cette salle évoque l'art appliqué à l'architecture, ou la relation entre l'art et la fonction à travers le design de Nils Landberg, Walter Pichler, Philippe Starck ou Frank Gehry.

Jugendstil et Art déco (1) – Conception : « Eichinger oder Knechtl », designers viennois. Diversité et qualité règnent ici avec une très belle collection de **verrerie** et du **mobilier** signé de maîtres comme Hoffmann, Mackintosh, Moser, Van de Velde et Wagner. Mais c'est assurément la **série de dessins★★** que Gustav Klimt réalisa entre 1905 et 1909 pour la salle à manger de l'hôtel Stoclet, à Bruxelles, qui retient toute l'attention : neuf cartons exécutés a tempera pour la mosaïque décorant le célèbre hôtel particulier construit par Josef Hoffmann pour l'ingénieur et homme d'affaires Adolphe Stoclet. Les matériaux de cette mosaïque réalisée par les *Wiener Werkstätte* coûtèrent 100 000 couronnes de l'époque, une véritable fortune.

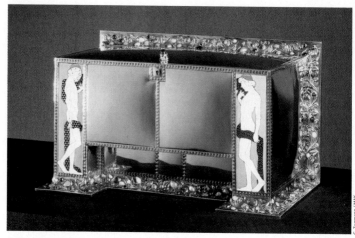

Coffre, 1906 de Koloman Moser (1868-1918).

Ateliers viennois (Wiener Werkstätte) (2)★★ – Conception : Heimo Zobernig, sculpteur autrichien. Tout amateur d'art décoratif se doit de visiter cette salle, ne fût-ce que parce que les archives des **Ateliers viennois★★** y sont conservées, réunissant des esquisses de tous les artistes de l'association, ainsi que des marques de fabrique, des cartons, des photographies, etc. Les vitrines exposent de nombreuses pièces d'argenterie, de bijouterie ou de reliure, avec une majorité d'objets signés Hoffmann et Peche.

Art contemporain – Conception : Peter Noever, designer autrichien et conservateur de la section. Celle-ci a pour objectif de mettre en lumière, à travers une collection constituée depuis 1986, les liens qui unissent les « beaux-arts » et les « arts appliqués » malgré leurs natures parfois divergentes.

Au sous-sol

Un cabinet d'étude divisé en sections y a pris place : mobilier, textile, art du métal, céramique. Cet apparent pêle-mêle ne doit pas abuser le visiteur : de nombreuses pièces sont de très grande qualité et cette présentation a pour but de permettre de comparer les objets entre eux. Au centre, la salle Extrême-Orient recèle une superbe sélection d'objets issus de collections européennes – lorsque l'orientalisme était à ce point en vogue qu'il influençait l'art du continent – ou importés d'Asie au début du 20e s. pour illustrer l'évolution de l'art de cette partie du monde.

Le Ring s'achève sur la place Julius Raab, en bordure du Danube, qui est desservie par les **Tram** *N, 1, 2.*

Le Ring pratique

Se restaurer

⊖ **Hansen** – Plan p. 159 *Wipplinger Straße 34 - 1er arr. - ℘ (01) 532 05 42 - www. hansen.co.at - plats principaux à partir de 10 € - lun.-vend. 9h-21h, sam. 9h-17h.* Le restaurant est installé dans la salle hypostyle de l'ancienne Bourse de Vienne à côté d'un magasin de plantes et de matériel de jardin. Dans ce cadre insolite est proposée une cuisine moderne avec un parfum méditerranéen.

⊖ **Hedrich** – *Stubenring 2 - 1er arr. - ℘ (01) 512 95 88 - plats principaux à partir de 10 € - fermé w.-e. et en août.* Ce restaurant discret ne paie pas de mine sur le Ring ; il est pourtant très apprécié pour ses plats régionaux à des prix avantageux. On peut également y consommer des casse-croûtes pour le petit creux de midi.

⊖ **Vestibül** – Plan p. 158 *Dr.-Karl-Lueger-Ring 2, dans le Burgtheater - 1er arr. - ℘ (01) 532 49 99 - www.vestibuel.at - plats principaux à partir de 12 € - lun.-vend. 11h- 0h, sam. 18h-0h (fermé sam. juil.-août).* Dans le cadre historique du Burgtheater de Vienne, on y sert une cuisine légère et raffinée dans un décor néoclassique. L'été, le restaurant vous accueille dans un jardin en bordure du Ring avec vue sur l'hôtel de ville.

⊖⊖ **Fadinger** – Plan p. 159 *Wipplingerstraße 29 - 1er arr. - ℘ (01) 533 43 41 - fax (01) 532 44 51 - plats principaux à partir de 18 € - fermé w.-e.* Bar simple à l'avant, restaurant beaucoup plus chic à l'arrière. On s'y régale d'un foie d'oie rôti ou d'un filet de sandre succulent. La cuisine est – vous l'aurez compris – très sérieuse. Les Viennois y organisent aussi des réunions de famille.

⊖⊖⊖ **Steirereck** – *Stadtpark 2 - 1er arr. - ℘ (01) 713 31 68 - steirereck. at/wien/ - fermé sam-dim. - plat du jour le midi à partir de 18,50 €, menu le soir à partir de 85 €.* Situé dans le cadre verdoyant du Parc municipal, ce restaurant gastronomique vise l'excellence. Cuisine très raffinée, carte des vins intéressante pour un dîner d'exception avec vue sur le parc en compagnie de la fine fleur de la bourgeoisie viennoise.

Faire une pause

Imperial – *Kärntner Ring 16 - 1er arr. - ℘ (01) 50 11 03 89 - tlj 7h-23h.* Sigmund Freud et Anton Bruckner fréquentaient déjà ce café inauguré en 1873 à côté de l'hôtel prestigieux du même nom. Ambiance intimiste, un brin désuète.

Landtmann – *Dr.-Karl-Lueger-Ring 4 - 1er arr. - ℘ (01) 241 00 0 – tlj 8h -0h.* Belle terrasse l'été avec vue sur l'hôtel de ville et le Burgtheater pour observer les élégantes Viennoises ; dans les salons, l'atmosphère est plus propice à la confidence ou à la lecture de la presse internationale mise à la disposition de la clientèle. Les spécialités sont le *Rüdesheimer* (café noir et crème fouettée) et le *Biedermeierkaffee* (café noir, liqueur et crème fouettée). Fréquenté par l'intelligensia et le monde politique, ce café est un passage obligé !

Schwarzenberg – *Kärntner Ring 17 - 1er arr. - ℘ (01) 512 89 98 - dim.-vend. 7h-0h, sam. 9h-0h.* Ce grand café viennois décline les tons bruns dans les sièges arrondis, banquettes, parquet et boiseries. Les spécialités sont le *Kaisermelange* et diverses variétés de café étranger. En juillet et en août piano les mercredis, vendredis et samedis de 17h à 22h et le dimanche de 17h à 19h. Ambiance reposante et terrasse sur le Ring.

Prückel – *Stübenring 24 - 1er arr. - ℘ (01) 512 89 98 - www.prueckel.at - tlj 8h30-22h - fermé 24, 25 et 26 déc.* Un Kaffeehaus viennois des plus agréables où l'on vient lire la presse internationale confortablement installé dans un fauteuil des années 1950 en dégustant un café original Prückel après une visite au MAK. Vaste, lumineux et très reposant. Concerts lundi, mercredi et vendredi soir.

Achats

Marché de Noël de la place de l'hôtel de ville – *Rathauspark - 1er arr. - mi-nov. à Noël.* Durant la période des fêtes de fin d'année, de nombreux stands proposant des pâtisseries, des bibelots, des sucreries, ainsi que du vin chaud ouvrent devant l'hôtel de ville. Très convivial.

2 Cathédrale Saint-Étienne et Fleischmarkt

PLAN 1ER RABAT DE COUVERTURE C 2-3 – PLAN IV P. 130 ET PLAN V P. 138 – 1er ARR.

Le cœur de la ville bat sous les voûtes de la magistrale cathédrale St-Étienne dont les huit siècles d'existence racontent la splendeur et les heures sombres d'une capitale impériale. Ses tours élancées dominent le plus ancien quartier de Vienne, le Fleischmarkt, qui est aussi le plus vivant. Dans le « triangle des Bermudes », délimité par l'église Notre-Dame-du-Rivage, la Franziskanerplatz et l'extrémité Sud du Fleischmarkt, les restaurants et lieux de sorties situés dans de charmantes ruelles attirent les noctambules.

- **Se repérer** – Le quartier de la cathédrale St-Étienne, au centre de la Vieille Ville, est traversé par deux grandes artères piétonnes : la Kärtner Straße, qui débouche sur l'Opéra, et le luxeux Graben.
  [U] *1, 3 Stephansplatz* - [bus] *1A, 2A, 3A Graben.*
  Le quartier du Fleischmarkt s'organise dans un étroit périmètre situé dans le quart Nord-Est du centre historique.
  [U] *3 Stubentor,* [U] *1, 4 Schwedenplatz* - [Tram] *N, 1, 2, 21 Schwedenplatz,* [Tram] *1, 2 Stubentor* - [bus] *1A, 3A Riemergasse, 2A Rotenturmstraße.*

- **À ne pas manquer** – La cathédrale, le Graben, l'église St-Pierre, la maison de Mozart.

- **Organiser son temps** – Pour profiter de l'animation du quartier du Fleischmarkt, nous vous conseillons de vous y rendre en début de soirée.

- **Avec les enfants** – La visite des tours de la cathédrale.

Comprendre

Le symbole de la ville – La cathédrale St-Étienne ne ressemble à aucune autre. Barrée de son immense toiture bariolée et vernissée, son élégante silhouette émerge de la masse compacte de la vieille ville pour élancer sa puissante et noble tour sud dans le ciel de la capitale. En dépit de son style gothique, la cathédrale incarne pourtant la Vienne baroque, tout simplement parce qu'elle en est le cœur, cet organe de pierre qui bat depuis plus de huit siècles malgré toutes les vicissitudes qu'ont partagées avec elle les Viennois.

Découvrir

Cathédrale St-Étienne
(Stephansdom)★★★

Stephansplatz - [U] *1, 3 Stephansplatz,* [bus] *1A, 2A, 3A Graben-Petersplatz -*
℘ *(01) 515 52 37 67 - www.stephanskirche.at - lun.-sam. 9h- 11h30 et 13h-16h30, dim. 13h-16h - gratuit - visite guidée lun.-sam. 10h et 15h45, dim. 15h - 4 €.*

La Stefansplatz à Noël.

W. Buss / MICHELIN

Simple basilique romane à trois nefs, elle fut élevée au début du 12e s. pour être consacrée en 1147 par l'évêque de Passau, dont la ville dépendait. Selon un souhait de Frédéric II le Belliqueux, une autre basilique lui succéda assez rapidement, vers 1230. Fortement éprouvé par un incendie qui en détruisit une grande partie en 1258, cet édifice nous a cependant légué l'actuelle façade ouest et son portail des Géants, ainsi que les tours des Païens. Vite reconstruite, l'église fut à nouveau consacrée en 1263 sous Ottokar II Przemysl.

En 1359, le duc Rodolphe IV de Habsbourg, désireux de livrer la vieille basilique aux fastes du gothique, art né en 1140 dans le déambulatoire de l'église abbatiale de St-Denis, près de Paris, posa la première pierre de la grande nef actuelle à trois vaisseaux. Il fallut attendre la première moitié du 15e s. pour qu'elle soit entièrement voûtée. De cette période datent notamment les portails de l'Évêque (au nord) et du Chanteur (au Sud), ainsi que la tour méridionale – le fameux *Steffl* cher au cœur des Viennois – achevée en 1433. En 1469, à la demande de l'empereur Frédéric III, le pape érigea Vienne en ville épiscopale : St-Étienne devint dès lors cathédrale.

Après l'intervention d'**Anton Pilgram**, maître de la corporation des tailleurs de pierre de St-Étienne de 1510 à 1515, le style baroque fit irruption dans l'édifice en 1647 avec l'érection du maître-autel par les frères Johann et Tobias Pock. Endommagée lors du siège turc de 1683 et par les troupes napoléoniennes au début du 19e s., la cathédrale subit sa plus importante destruction dans les derniers jours de la Seconde Guerre mondiale, lors d'un incendie. Restaurée entre 1945 et 1952, la cathédrale qui a aujourd'hui retrouvé tout l'éclat de sa beauté reste cependant inachevée. La construction de la tour septentrionale, entamée en 1467, fut interrompue en 1511 et jamais menée à terme.

Extérieur

Façade ouest – Romane, elle est flanquée des tours des Païens, de section octogonale et hautes de 66 m. Son chef-d'œuvre majeur est le **portail des Géants★** (Riesentor, *voir l'ABC d'architecture p. 88*), dont le nom provient de la mise au jour, vers 1230, d'un os énorme lors des travaux de construction. Une légende locale voulait que cet os ait appartenu à un géant noyé pendant le Déluge ; on comprit au 18e s. qu'il s'agissait en vérité d'un tibia de mammouth et on ôta la relique suspendue au portail. Le tympan est décoré d'un Christ en majesté entre deux anges. Il porte la tunique des philosophes, tient le livre des Évangiles dans sa main gauche, et bénit de sa main droite celui ou celle qui va pénétrer dans le sanctuaire. Jadis, ce portail n'ouvrait ses portes qu'à l'occasion de cérémonies solennelles, et c'est devant cette entrée que les Babenberg rendaient la justice. À gauche du portail, deux barres métalliques sont scellées dans le mur. Elles servaient d'étalon : la plus courte marquait l'aune, l'autre indiquait le double-pied (unité usuelle dans la Vienne ancienne).

Flanc nord – Le pilier gauche du **portail de l'Aigle (Adlertor)** présente une poignée de fer connue jadis comme l'« anneau de l'asile », car toute personne qui s'en saisissait se voyait automatiquement placée sous la juridiction ecclésiastique. La tour de l'Aigle, qui s'élève au-dessus du portail, fut commencée en 1467 par l'architecte **Johann Puchsbaum** ; inachevée, elle aurait dû s'élever à la même auteur que la tour méridionale. Elle abrite depuis 1957 la « **Pummerin** », impressionnant bourdon de 21 t. On ignore la raison exacte de l'interruption des travaux de la tour de l'Aigle – les troubles de la Réforme peut-être. Une légende en donne une autre explication… Johann Puchsbaum était amoureux de la fille de l'architecte de la cathédrale, Johann von Prachatitz. Celui-ci promit de donner sa fille à son collaborateur si ce dernier réussissait à achever la tour en une année. Conscient que la tâche était impossible, Puchsbaum demanda son aide au diable. Le démon accepta, on s'en doute, exigeant en échange que le maître d'œuvre ne prononçât jamais le nom du Créateur ou de la sainte Vierge. Or, un jour qu'il travaillait sur l'échafaudage, notre cher Puchsbaum aperçut sa promise et ne put s'empêcher d'attirer son attention en criant son nom : « Marie ! Marie ! » La réponse du diable ne se fit pas attendre, l'échafaudage s'effondra emportant le malheureux. Après le décès de l'architecte, les ouvriers refusèrent de poursuivre la construction de cette tour maudite.

À l'angle du chevet se trouve la chaire de Capistran (1738), élevée en souvenir de saint Jean Capistran, moine italien franciscain canonisé pour son action dans l'évangélisation de l'Europe centrale. C'est à cet emplacement que la dépouille de **Wolfgang Amadeus Mozart** reçut l'absolution, le 6 décembre 1791.

Les célèbres tuiles vernissées du toit de la cathédrale St-Étienne.

Le **portail de l'Évêque (Bischofstor)** était l'entrée des femmes, d'où son surnom de « porte des fiancées ». Il est l'œuvre de Grégoire Hauser.

Chevet – Le buste du Christ, appelé populairement *Zahnwehherrgott*, c'est-à-dire « Dieu au mal de dents », est une œuvre datant approximativement de 1440. On voit également un *Christ au mont des Oliviers*, relief exécuté en 1502.

Flanc sud – La **tour St-Étienne★★★**, surnommée *Steffl* (diminutif de Stephan), fut commencée en 1359 et achevée en 1433. Culminant à 137 m du sol, elle est un des chefs-d'œuvre de l'école germanique du style gothique, et certainement la plus belle tour du monde germanique avec celle de la cathédrale de Fribourg, en Allemagne. La grande réussite du maître d'œuvre aura été le passage de la section carrée de la tour à la section octogonale de la flèche, passage consistant en une démultiplication de gâbles, de pinacles, de fleurons et de crochets dont la dentelle ne cesse d'alléger ce que la superstructure risquait d'alourdir. Le **portail du Chanteur (Singertor)** était l'entrée des hommes.

Toiture – Le toit de la cathédrale présente une magnifique carapace de tuiles vernissées dont les motifs en zigzag enchantent tous les amateurs de clichés souvenirs. Près de 250 000 tuiles composent ce tapis frappé au sud-est de l'aigle impérial bicéphale. Sous cette toiture se cache une charpente reconstruite en métal en 1945, remplaçant les mille troncs de mélèze dont la ferme superposait cinq étages.

Intérieur

Dès l'entrée, le vaisseau flamboyant de cette église-halle, long de 170 m et large de 39 m, aspire le visiteur dans une sérénité rarement rencontrée, et ce malgré une foule de touristes sans cesse en mouvement. Adolf Loos, l'architecte de la Sécession, l'architecte du dénuement, a dit à son propos : « Nous possédons la plus majestueuse nef d'église au monde. »

Les voûtes à liernes abritent quelques belles œuvres et intéressants monuments. Dans la chapelle Ste-Croix se trouve le **tombeau du prince Eugène de Savoie** *(voir p. 229)*, une simple lame encastrée dans le sol. En remontant le collatéral gauche, on rencontre au 3ᵉ pilier une splendide **chaire★★** (vers 1515), œuvre d'art ciselée en grès (au pied de la chaire, admirez la célèbre fenêtre où se détache un visage, interprété comme l'autoportrait du sculpteur). Ce chef-d'œuvre du gothique tardif est orné des bustes en ronde-bosse des Pères de l'Église latine : les saints Ambroise, Jérôme, Grégoire et Augustin. Des détails sculptés nous renseignent davantage sur la signification symbolique que l'art du Moyen Âge ne manquait pas d'imposer à toute chose sacrée : les mauvaises pensées figurées par des crapauds et des grenouilles courant sur la rampe de l'escalier sont pourchassées par les bonnes pensées qu'incarnent des lézards. Autre œuvre remarquable d'Anton Pilgram, qui suivit le courant anthropocentrique de l'esprit de la Renaissance : son portrait à hauteur de la console du **pied d'orgue★** (1513) du mur nord – l'orgue a été retiré en 1720. L'artiste y tient l'équerre et le compas du maître d'œuvre.

L'extrémité du collatéral gauche est embellie du **cénotaphe de Rodolphe IV** le Fondateur, décoré d'un ange de l'Annonciation, et du **retable de Wiener Neustadt★** qui orne l'autel de l'abside dite « chœur de la Vierge ». Exécuté en 1447, il présente des personnages en ronde-bosse. Ouvert, on reconnaît au registre supérieur *Le Couronnement de Marie* et au registre inférieur une *Vierge à l'Enfant* entourée de sainte

Barbe et sainte Catherine ; fermé, on assiste aux scènes de la Passion. Le maître-autel de marbre noir a été réalisé en 1647 par les frères Johann et Tobias Pock ; exécuté sur une plaque d'étain, son retable représente une *Lapidation de saint Étienne*. L'abside de droite, dite « chœur des Apôtres », conserve le **tombeau de Frédéric III**★★, taillé dans un marbre rouge de Salzbourg, d'abord par Nicolas Gerhaert de Leyde à partir de 1467, puis par ses élèves. L'artiste a illustré la lutte du Bien et du Mal : sous l'aspect d'animaux nuisibles, les méchants essaient de pénétrer à l'intérieur du tombeau et de troubler le sommeil de l'empereur, tandis que les bons, figurés par les personnages du pourtour, les en empêchent.

À l'autre extrémité du collatéral droit se dresse un baldaquin abritant l'**autel de Maria Pötsch**, du nom d'un village situé dans le nord de la Hongrie. Cette représentation naïve, peinte sur deux panneaux d'érable, est très vénérée. On raconte qu'en 1696 un paysan vit pleurer la Vierge de cette icône ; informé, l'empereur fit apporter l'œuvre miraculeuse à Vienne, et on lui attribua la victoire du prince Eugène de Savoie sur les Osmans (1697).

Montée aux tours – *Ascension de la tour sud : tlj 9h-17h30 - 3 €. Tour nord -* &-*ascenseur rapide jusqu'à la « Pummerin » : tlj 8h30-17h30 - 4 €.* Quelque 343 marches permettent d'accéder à la salle des veilleurs, dans la tour sud, à 73 m de hauteur. La montée à la plate-forme panoramique de la tour nord, à 60 m de hauteur, s'effectue en ascenseur. Par temps clair, on embrasse une large **vue**★★ sur Vienne, les crêtes du Kahlenberg et la plaine orientale du Danube.

Dans la tour nord (la tour de l'Aigle), on voit aussi la « **Pummerin** », bourdon à oscillement libre que l'on actionne, entre autres, au Nouvel An. Coulée en 1711 avec le bronze de 180 canons pris aux Turcs en 1683, cette cloche monumentale se trouvait à l'origine dans la tour sud. Brisée en 1945, elle fut reconstruite en 1951, offerte par le Land de Haute-Autriche et hissée en 1957 dans la tour nord, la tour sud ayant trop souffert des vibrations causées par les heurts du battant de la « Pummerin ».

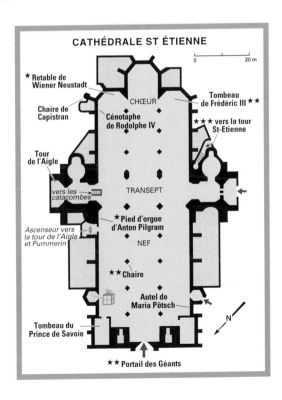

Catacombes – *Visite guidée uniquement (30mn) ; demandez au guide de doubler ses explications en français : lun.-sam. 10h-11h30 et 13h30-16h30, ttes les 30mn ; dim. 13h30-16h30, ttes les 30mn - fermé 1er et 2 nov. - 4 €.* Elles s'étendent sous le chœur de la cathédrale et sous la place St-Étienne. Vastes et s'étageant sur plusieurs niveaux, elles se divisent en deux parties, l'une ancienne (14e s.), l'autre plus récente (18e s.).

Le caveau des Cardinaux est toujours utilisé. La **crypte ducale** a été aménagée en 1363 sous Rodolphe IV, qui y fut inhumé à l'âge de 26 ans après s'être éteint à Milan. Son épouse Catherine de Bohême repose à ses côtés. Des niches y sont occupées par des urnes renfermant les entrailles de la famille impériale, selon le cérémonial de la cour de Vienne – les corps embaumés sont placés dans la crypte des Capucins, tandis que les cœurs sont déposés dans l'église St-Augustin.

Après avoir franchi les fondations de la cathédrale (6 m d'épaisseur par endroits), on descend vers l'ancien cimetière de la ville où quelque 16 000 morts furent ensevelis. On passe ensuite dans la partie où furent entassées les victimes de la peste noire de 1713, qui étaient glissées dans cette tombe commune par un trou que l'on referma pour éviter la contamination. Plus tard, des prisonniers furent chargés de nettoyer et de mettre de l'ordre à cette nécropole au rien putride.

Musée de la Cathédrale (Dom- und Diözesanmuseum)★

Stephansplatz 6 ou Wollzeile 4 (entrée par le Zwettler Hof) - [U] *1, 3 Stephansplatz,* ⓑ *1A, 2A, 3A Graben-Petersplatz -* ✆ *(01) 515 52 36 89 - www.dommuseum.at - tlj sf lun. et dim. 10h-17h - fermé j. fériés - 5 €.*

Attenant au **palais archiépiscopal** probablement construit par Giovanni Coccapani (1640), le musée de la Cathédrale a été créé en 1933 par le cardinal Theodor Innitzer dans l'ancienne cour de l'abbaye de Zwettl, qui remonte au 14e s. Outre une belle collection de peintures et de sculptures, il présente au public les pièces les plus précieuses du trésor de la cathédrale et complète donc idéalement la visite du sanctuaire. Le musée déroule une enfilade de salles, de l'époque baroque jusqu'au début du Moyen Âge *(les numéros entre parenthèses renvoient à la numérotation utilisée sur place).*

Les premières salles conservent de nombreux tableaux et quelques sculptures baroques : un *Christ aux liens à la colonne* (milieu du 17e s., n° 126), une étonnante *Sainte Marie-Madeleine* portant une tête de mort (vers 1670, n° 128), *Dieu le père et l'Esprit saint* (1724, n° 134) et *Gloire de saint Charles Borromée* (1728, n° 135) de Johann Michael Rottmayr, une *Vierge à l'Enfant* (vers 1725, n° 139) de Martino Altomonte, *La Vierge à l'Enfant apparaissant à saint Antoine de Padoue* (1744, n° 142) de Michelangelo Unterberger, une *Sainte Parenté* (1775-1780, n° 151) de Martin Johann « Kremser » Schmidt, *Sainte Catherine de Sienne* (fin 17e s., n° 155) de Tanzio de Varallo.

Suivent un grand nombre d'œuvres gothiques, dont un superbe fragment de vitrail, L'**Ange thuriféraire★** (vers 1340, n° 59), c'est-à-dire porteur de l'encensoir, provenant de la cathédrale, une belle *Vierge au lait* (après 1537, n° 73), tableau exécuté par l'atelier de Lucas Cranach l'Ancien, une *Vierge à l'Enfant* (vers 1320, n° 76) provenant de l'église de Thernberg en Basse-Autriche, ainsi qu'une *Mise au tombeau* (début 17e s., n° 121). Dans la salle du fond se trouvent le **retable d'Ober St. Veit★** (vers 1507, n° 69) dû à un élève de Dürer, Hans Schäufelein, une *Dérision du Christ* (vers 1505, n° 70), un **Ecce Homo★** (1537, n° 72) de Lucas Cranach l'Ancien, thème qui représente Jésus présenté au Temple lorsque Pilate dit à la foule : « Voici l'homme », ainsi qu'un groupe sculpté de la *Naissance du Christ* (vers 1500, n° 100).

EB. / DOM- UND DIÖZESANMUSEUM

Le portrait du duc Rodolphe IV vers 1360, au musée de la Cathédrale.

Les deux salles du Trésor recèlent des pièces rares très anciennes dominées par le **linceul du duc Rodolphe IV★** *(n° 3)*, brocart de soies d'or réalisé en Perse (premier tiers du 14e s.), et le **portrait du duc Rodolphe IV★★** (vers 1360, n° 2), fondateur de la cathédrale et de l'université de Vienne ; ce portrait *a tempera* est, avec celui du roi de France Jean le Bon (1319-1364), conservé au Louvre, un des premiers que l'histoire de l'art occidental connaisse. On verra aussi un camée en sardonyx (3e s., la croix et l'étole ayant été ajoutées vers 1365, *n° 1)*, six plaques émaillées (1160-1170, *n° 5)* provenant d'un reliquaire, deux **vases syriens★** en verre (vers 1280 et vers 1310, *n° 6)*, le reliquaire de la croix de saint André (1440, *n° 8)*, un reliquaire contenant le crâne de saint Étienne (1741, *n° 12)*, un évangéliaire carolingien (fin 9e s., *n° 13)* avec la représentation des quatre Évangélistes, un ostensoir provenant de la cathédrale (1482, *n° 17)*, deux ostensoirs en forme de tour (1508 et 1515, *n°s 18 et 19)*, une **chasuble★** (vers 1400, *n° 24)* dont la croix latine est brodée en haut relief avec au centre une *Crucifixion*. Par la salle des instruments liturgiques, où l'on voit l'ostensoir de Maria Pötsch (Hongrie, vers 1680, *n° 44)*, on gagne l'ancienne chapelle. Dans cette dernière est notamment accroché *La Vierge Marie en compagnie des saints Élisabeth, Joseph et François d'Assise* (1856, *n° 174)* de Leopold Kupelwieser.

EB. / DOM- UND DIÖZESANMUSEUM

Vase syrien du 13e s. dans le Trésor.

Le quartier de la cathédrale Saint-Étienne★★ 1

Plan IV

STEPHANSPLATZ★★

Le temps a préservé les dimensions réduites de la Stephansplatz, accusant l'ampleur des proportions de la cathédrale qui dresse sa flèche à 137 m du sol. Aujourd'hui presque entièrement réservée aux piétons, la place présente, dans sa partie ouest, un pavement de couleur rouge pâle redessinant l'emplacement de la chapelle Ste-Marie-Madeleine où était autrefois célébré l'office des morts. Cet édifice fut totalement détruit par un incendie en 1781.

Maison Haas (Haas-Haus)

Stephansplatz 12. Face à un site chargé d'histoire, l'architecte **Hans Hollein** n'a pas hésité à édifier une architecture de marbre bleu-gris et de verre dans lequel se reflètent les ogives de la cathédrale. Fort controversé lors de son inauguration en 1990, cet immeuble qui abrite des boutiques, des cafés, un restaurant et des bureaux symbolise le renouveau de la créativité architecturale dans une ville où cet art atteint son apogée au début du siècle.

Les contestataires ne semblent pas avoir compris que Hollein a rendu par un audacieux jeu de volumes toute son ampleur à la jonction de la Stephansplatz et de la Stock-im-Eisen-Platz. En effet, reprenant l'ancien tracé courbe du lieu, il a magnifiquement dégagé la perspective qui s'ouvre sur le sanctuaire gothique lorsqu'on arrive du Graben.

Descendre dans la station de métro Stephansplatz.

Chapelle St-Virgile (Virgilkapelle)

Stephansplatz (dans la station de métro) - ✆ *(01) 505 87 47 0 (visite sur réserv. uniquement) - www.wienmuseum.at - fermé 1er janv., 1er mai et 25 déc. - 2 €.*

À la verticale de l'ancienne chapelle Ste-Marie-Madeleine, la chapelle St-Virgile a été mise au jour lors des travaux de la construction de la station de métro Stephansplatz. Dégagée en 1973, on peut la voir à travers une vitre depuis la station Stephansplatz.

Traversez la Stephansplatz vers l'est et empruntez le passage pour rejoindre la Domgasse.

Domgasse

Depuis 1862, la Kleine Schülerstraße a changé de nom pour s'appeler la « petite rue de la Cathédrale ». Le premier café de Vienne y avait ouvert en 1683, au n° 8 ; l'enseigne *Zum roten Kreuz* (« À la Croix Rouge »), sur l'immeuble construit à son emplacement au 18e s., en garde le souvenir. Mais la rue doit surtout sa renommée au séjour de Mozart dans la Camesinahaus, plus connue désormais sous le nom de maison de Mozart.

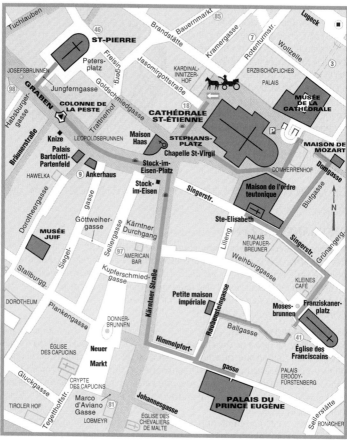

CATHÉDRALE ST-ÉTIENNE

Plan IV

0   50m

SE LOGER

Hotel Am Stephansplatz.... ⑱
Hotel Pension Lumes & Co................. ㊶
Hotel Wandl................. ㊻
Pension Aviano............. ㉛
Pension City................. ㉟

Pension Neuer Markt....... ㊾
Pension Nossek.............. ㊿

SE RESTAURER

Figlmüller...................... ③
Superimbiß Duran............ ⑦
Trzesniewski................. ⑨

Maison de Mozart (Mozarthaus)★

Domgasse 5 - ☎ (01) 512 17 91 - www.mozarthausvienna.at - tlj 10h-20h - 9 € (audio-guide en français), billet combiné avec la maison de la Musique 15 €.

Wolfgang Amadeus Mozart arriva à Vienne en 1781 et vécut dans cette maison du 29 septembre 1784 au 23 avril 1787, c'est-à-dire un peu moins de trois années d'une période qu'on peut qualifier d'« heureuse ». Le compositeur y fut extrêmement fécond. Il y composa notamment *Les Noces de Figaro*, ce qui vaut souvent à l'édifice d'être appelé Figaro-Haus, la « maison de Figaro ». L'adresse était alors fort prisée et Mozart y accueillit de nombreux visiteurs, tels Joseph Haydn, Lorenzo Da Ponte et Johann Nepomuk Hummel, son élève.

La visite commence au 3e étage qui évoque Vienne au temps de Mozart. On y découvre un très beau panorama de la ville et une installation d'écrans dévoile une vue aérienne de Vienne. Des portraits des commanditaires, des mécènes, des collaborateurs et des proches du musicien brossent son entourage. Ses relations avec la franc-maçonnerie sont aussi mentionnées. Devenu membre d'une loge maçonnique en décembre 1784, Mozart compose la cantate *La Joie maçonnique* (frontispice de la première édition).

Les noces viennoises de Figaro

En 1785, la représentation allemande du *Mariage de Figaro* de Beaumarchais fut interdite par l'empereur Joseph II. Motif : « contenu dangereux ». Quelques années avant que n'éclatât la Révolution française, la pièce incitait en effet à l'abolition des privilèges de l'aristocratie.

En octobre de la même année, Mozart commença à composer un opéra bouffe en quatre actes qu'il acheva en avril 1786 et qui fut créé un mois plus tard sur un livret italien de Lorenzo Da Ponte, poète de la Cour. Si cette version fut quelque peu dépolitisée par ce dernier, elle n'en eut pas moins un impact considérable sur son public viennois.

Au 2e étage, l'univers musical de Mozart est présenté à travers ses maîtres et confrères. Sont exposés un buste de Joseph Haydn auquel Mozart dédia six quatuors à cordes en 1785, des portraits de Muzio Clementi, Christoph von Gluck et surtout d'Antonio Salieri qui, contrairement à une idée reçue assez tenace, avait beaucoup d'estime pour la musique de son rival. L'affiche de la première des *Noces de Figaro* en 1786, huit silhouettes de Figaro dessinées par Hieronymus Löschenkohl et des partitions de *Don Giovanni* et du *Requiem* conduisent à une installation multimédia de la *Flûte enchantée* qui mêle des vidéo, des images en 3D et la musique de l'opéra dans un théâtre miniature.

Au 1er étage se trouve l'appartement où vécurent Mozart et sa famille. Un plan de Vienne en 1785 recense les 18 lieux de résidence de l'artiste. Outre une gravure de son père, Leopold Mozart, par J. A. Friedrich, vous découvrirez des portraits de ses fils, Karl Thomas et Franz Xaver Wolfgang (gravure d'après un tableau d'Hansen conservé à Salzbourg), de sa femme Constanze et 13 portraits du maître, authentiques

« Aujourd'hui commence mon bonheur »

Arrivé à Vienne en provenance de Munich le 16 mars 1781, Wolfgang Amadeus Mozart décida, le 9 mai, de quitter le prince-archevêque Colloredo qui l'employait à Salzbourg. Cet événement, qui se déroula à la maison de l'Ordre teutonique de la Singerstraße, est d'importance dans l'histoire de la musique. En effet, pour la première fois un musicien dénonçait sa condition servile – quelque soixante ans plus tôt, Jean-Sébastien Bach avait été emprisonné après avoir sollicité son congé au duc de Saxe-Weimar.

Âgé de 26 ans, Mozart écrivit au soir de cette journée : « *Aujourd'hui commence mon bonheur.* » Il dut dès lors assurer son indépendance financière en donnant des leçons aux comtesses Rumbeck, Zichy et Pálffy, ainsi qu'à Mme von Trattner. Cette émancipation, alors inconcevable, préparait la liberté des Beethoven, Schubert et Liszt qui allait suivre.

La façade de la maison de Mozart dans la Domgasse.

ou fantaisistes, dont la fameuse silhouette que Hieronymus Löschenkohl réalisa en 1785 pour une affiche de théâtre. Cette visite se déroule en musique : l'audioguide diffuse de nombreux extraits de ses œuvres.

Empruntez la Blutgasse et tournez à droite dans la Singerstraße.

Singerstraße

Cette rue comporte plusieurs palais baroques, tels qu'au n° 16 le palais Neupauer-Breuner (1715-1716) dont il faut apprécier le portail et, surtout, la maison de l'Ordre teutonique.

Maison de l'ordre Teutonique (Deutschordenhaus)

Singerstraße 7. La maison de l'ordre Teutonique abrite le trésor de ses chevaliers. Fondé par des bourgeois de Brême et de Lübeck pendant le siège d'Acre en 1191, cet ordre hospitalier devint un ordre militaire en 1 198 avant d'acquérir une règle définitive en 1244 distinguant trois types de frères : les chevaliers, les prêtres et les domestiques. Dirigé par un grand maître, l'ordre prospéra jusqu'à la défaite de ses chevaliers à Tannenberg en 1410. Après une période de déclin, il s'illustra lors de la lutte contre les Turcs dans la Hongrie du 17ᵉ s. Dissous en 1809 par Napoléon Iᵉʳ, cet ordre fut rétabli en 1834 sous François Iᵉʳ, avec les « grands maîtres et maîtres allemands ». La branche spirituelle de l'ordre, qui survécut à la fin de la monarchie des Habsbourg, fut étouffée pendant le national-socialisme, puis restaurée en Autriche et en Allemagne après 1945.

Trésor de l'ordre (Schatzkammer des Deutschen Ordens)★ – *Esc. 1, 2ᵉ étage -* 🕿 *(01) 512 10 65 - www.deutscher-orden.at - mar., jeu., sam. 10h-12h ; merc., vend. 15h-17h - 4 €.* Réunie par les grands maîtres, la collection est diverse et composée de pièces parfois étonnantes telles que les cuillères en « coquille de tigre » (17ᵉ s., 2ᵉ salle) ou la salière « langue de couleuvre » (1556, 2ᵉ salle) censée désigner les mets empoisonnés. Il ne faut pas manquer d'apprécier l'anneau d'intronisation en or massif et au rubis flanqué de diamants (1ʳᵉ salle), le **collier de l'ordre★** (vers 1500, 1ʳᵉ salle) dont les chaînons en forme d'épée relient 12 boucliers, la coupe du grand maître Westernach en noix de coco (16ᵉ s., 2ᵉ salle), l'**horloge★** (vers 1620, 3ᵉ salle) soutenue par un Hercule et indiquant la position du Soleil et de la Lune, ainsi que la série d'armes dont un sabre perse (vers 1600, 3ᵉ salle) garni de 30 rubis et 13 turquoises.

Église Ste-Elisabeth (Deutschordenkirche Hl.-Elisabeth) – Construite entre 1326 et 1395 et intégrée dans les bâtiments de l'ordre, l'église Ste-Élisabeth est un édifice gothique transformé en édifice baroque entre 1720 et 1722. L'intérieur recèle un beau **retable★** des Pays-Bas méridionaux (*Crucifixion, Flagellation* et

Ecce Homo, 1520) du sculpteur Nicolas Van Wavere, conservé jusqu'en 1864 dans l'église Notre-Dame de Gdansk. Vers 1722, les murs ont été couverts de blasons de chevaliers de l'ordre.

Au rez-de-chaussée de la maison de l'Ordre teutonique se trouve la **sala Terrena**, petite salle de concerts adorable décorée de fresques baroques de style vénitien au cours de la seconde moitié du 18ᵉ s. *(s'il vous est impossible d'y entrer, passez dans la cour intérieure pour l'entrevoir par les fenêtres).*

Reprenez la Singerstraße dans le sens inverse et tournez à droite dans la Ballgasse.

Place des Franciscains (Franziskanerplatz)★

Au centre de cette place charmante se dresse la **fontaine de Moïse (Mosesbrunnen)**, qui fut créée en 1798 par Johann Martin Fischer. Au nᵒ 3 se trouve le minuscule *Kleines Café*, construit dans un style « rétro ». *(voir carnet pratique p. 143)*

Église des Franciscains (Franziskanerkirche) – L'église du couvent des Franciscains (1603-1614), ou église St-Jérôme, présente une façade curieuse inspirée de l'architecture de l'Allemagne du Sud : un fronton Renaissance coiffé de statues surplombe des fenêtres à arc brisé typiquement gothiques et un portail de style Renaissance ajouté en 1742. L'intérieur baroque abrite notamment un beau maître-autel à baldaquin dû à Andrea Pozzo (*Vierge à l'Enfant*, 1707), une *Crucifixion*, tableau de Carlo Carlone (4ᵉ chapelle droite, première moitié du 18ᵉ s.), une toile de Johann Georg Schmidt dit « Wiener Schmidt » représentant saint François (4ᵉ chapelle gauche, 1722), et le plus vieil orgue de Vienne, sculpté par Johann Wöckerl (1643).

Continuez la Ballgasse qui débouche dans la Rauhensteingasse.

Rauhensteingasse

Cette rue a le triste privilège d'héberger le dernier domicile de Mozart. Le 30 septembre 1790, il vint en effet s'établir au nᵒ 8, dans la maison dite « Kleines Kaiserhaus » (la « petite maison impériale »). Il y composa plusieurs œuvres majeures comme *La Flûte enchantée* ou *La Clémence de Titus*. Avant de s'éteindre le 5 décembre 1791, cinq minutes avant une heure du matin, il y entama l'écriture du *Requiem* commandé par le comte Walsegg-Stuppach via le mémorable « messager en gris », une œuvre achevée par Franz Xaver Süßmayr à la demande de Mozart.

Tournez à gauche dans la Rauchensteingasse et prenez à gauche l'Himmelpfortgasse.

Himmelpfortgasse

La « porte du Ciel », du nom d'un ancien couvent, ferme son étroite perspective sur le **Ronacher**, bâtiment construit à la fin des années 1880 et récemment restauré. Ce théâtre, où se produisit Joséphine Baker, renferme l'une des plus belles salles de la ville ; il fut le premier théâtre de variétés d'expression allemande. La rue, enrichie par le palais d'hiver du prince Eugène *(voir ci-dessous)*, connaît avec le palais Erdödy-Furstenberg (nᵒ 13) une autre très belle réalisation baroque. Sa façade date des années 1720, et son beau portail orné d'atlantes n'est pas sans rappeler celui de l'ancienne chancellerie de Bohême *(voir p. 168)* de Johann Bernhard Fischer von Erlach, qui lui est pratiquement contemporain.

Palais du prince Eugène de Savoie (Stadtpalais des Prinzen Eugen von Savoyen)★ – *Himmelpfortgasse 8 (le palais, qui abrite aujourd'hui le ministère des Finances, n'est ouvert au public qu'à certaines occasions).* Le palais d'hiver du prince Eugène de Savoie, plusieurs fois vainqueur des Turcs entre 1697 et 1716, fut commencé par Johann Bernhard Fischer von Erlach (de 1695 à 1698) et achevé par Johann Lukas von Hildebrandt (de 1702 à 1724). Le prince, qui fit décorer ses appartements avec une pompe rivalisant avec celle de Schönbrunn, y mourut

---

Le sauveur de la chrétienté

Lorsqu'en 1683 les princes chrétiens vinrent au secours des Viennois assiégés par les Turcs, l'armée commandée par le roi de Pologne comprenait un gentilhomme français qui allait connaître une célébrité méritée, **Eugène de Savoie**. Ce transfuge qui écarta définitivement le péril ottoman par la paix de Carlowitz (1699), puis le traité de Passarowitz (1718) s'offrit deux magnifiques résidences viennoises, l'une pour l'hiver *(le palais de l'Himmelpfortgasse)*, l'autre pour l'été *(voir p. 229).*

en avril 1736, dans un cabinet dont les lambris et les plafonds bleus sont couverts d'arabesques d'or. Le corps embaumé d'Eugène de Savoie repose dans la cathédrale St-Étienne. Son héritière, Anne-Victoire de Savoie-Soissons, dilapida rapidement la fortune et les biens de son illustre parent.

Malheureusement, l'étroitesse de la rue étrangle un peu la perspective que l'on a sur la longue façade du palais. Celle-ci est sobre et parcourue par un ordre de pilastres ioniques soutenant un entablement orné de statues. Des bas-reliefs méplats attribués à Mattielli décorent le portail, l'exiguïté de la rue ne permettant pas d'y placer les traditionnels atlantes ou cariatides (ce que s'est néanmoins autorisé le palais Erdödy-Furstenberg). Il ne faut pas hésiter à franchir la porte à double battant (*demandez l'autorisation au portier*) pour admirer la cour intérieure et sa fontaine ainsi que l'**escalier d'honneur**★★ de Fischer von Erlach, souvent cité comme l'un des plus caractéristiques de l'art baroque, certainement en raison des quatre atlantes de Giovanni Giuliani qui donnent une formidable impression de puissance sous le regard distrait de l'Hercule nonchalant qui occupe la niche du repos. Compte tenu du peu d'espace disponible, l'effet obtenu est saisissant.

Rebroussez chemin dans la Himmelpfortgasse et tournez à droite dans la Kärntner Straße où la cathédrale se dévoile brusquement au regard.

La Kärntner Straße.

B. Duffy / © Wien Tourismus

Kärntner Straße

Voir aussi p. 147. Au milieu du 13e s., la *strata Carinthianorum* amorçait la route qui permettait de gagner la Carinthie via la Styrie. Au Moyen Âge, cette voie s'étira jusqu'à Trieste et Venise. Cependant, les immeubles qui bordent cette rue aujourd'hui, hormis quelques fragments de la Malteserkirche, ne sont pas antérieurs au 18e s. et son unité architecturale a été définitivement compromise par les bombardements de la Seconde Guerre mondiale. Réduite vers 1860, elle est piétonnière dans sa plus grande partie depuis 1973. Un va-et-vient de Viennois affairés et de touristes qui cheminent le long de ses tilleuls et de ses vitrines la transforme souvent en fleuve humain. En 1896, la façade du n° 16 de la Kärntner Straße fut décorée de mosaïques présécessionnistes de style vénitien. Elles sont l'œuvre d'Eduard Veith et représentent les cinq continents (elles ont été restaurées en 1959).

American Bar (Loos-Bar) – *Kärntner Straße 10.* Édifié en 1908 par Adolf Loos, ce petit bar (4,45 m sur 6,15 m) classé en 1959 est considéré comme une œuvre maîtresse de l'architecte pour la qualité de son aménagement intérieur très soigné (acajou, cuir, cuivre, marbre, onyx et miroirs). On y voit une copie du portrait de Peter Altenberg (par Gustav Jagerspacher), ami de Loos qui plaça lui-même le tableau. En 1985, Hermann Czech réalisa une copie du Loos-Bar pour l'exposition « Rêve et réalité » dans la Künstlerhaus de Vienne. En 1989, lors de la rénovation du bar, le souhait d'Adolf Loos fut même satisfait : du cuir de voiture vert, dont il ne disposait pas à l'époque, fut utilisé pour le rembourrage des sièges.

Stock-im-Eisen-Platz

La place du « Tronc-dans-le-Fer » doit son nom au tronc d'arbre que l'on voit dans une niche située à l'angle du Graben et de la Kärntner Straße. Selon une légende apparue vers le milieu du 16e s., les apprentis serruriers venaient y planter un clou avant d'entreprendre leur tour d'Autriche. De cette place on a une vue originale sur le contraste architectural offert par la structure de verre de la Maison Haas (1990, *voir ci-dessus p. 129*) et les vieilles pierres de la cathédrale St-Étienne. Musiciens et chanteurs de rue s'y côtoient en été ; kiosques à vin chaud et chorales de Noël s'y frôlent en hiver.

Engagez-vous à gauche dans le Graben.

Graben★

Le fossé *(Graben)*, creusé par les Romains devant leur enceinte, est aujourd'hui une zone piétonnière animée bordée de luxueuses boutiques. Comblé vers 1200, il a accueilli le marché à la farine et aux légumes jusqu'au 17e s. avant de devenir au 18e s., siècle baroque s'il en est, un lieu charmant fréquenté par celles que l'on a appelé « les nymphes du Graben », si souvent célébrées et qui exerçaient ici « le plus vieux métier du monde ». À partir des années 1870 – alors que le Ring attirait à lui les industriels et les banquiers –, cette artère prit son aspect actuel et acquit sa vocation commerciale.

Davantage qu'une rue, le Graben est une longue place. À mesure qu'on la remonte, il faut essayer de se désintéresser un peu des vitrines riches d'articles viennois pour apprécier l'élégance de l'architecture : au n° 10 (entre la Dorotheergasse et la Spiegelgasse), l'**Ankerhaus** élevée par Otto Wagner en 1894 ; au n° 11, la dernière construction baroque du Graben, le **palais Bartolotti-Partenfeld** (1720) ; au n° 13 (après la Bräunerstraße), le petit magasin **Knize** que dessina Adolf Loos entre 1910 et 1913 ; au n° 17, Ernst von Gotthilf édifia la façade Jugendstil (1906) à l'emplacement d'une maison où habita Mozart de septembre 1781 à juillet 1782 et où il composa *L'Enlèvement au sérail* dans « une chambre bien joliment meublée » ; au n° 21, Alois Pichl réalisa la **Sparkasse** en style néoclassique (1838). Les splendides **toilettes publiques** ont été dessinées en 1905 par Adolf Loos.

Le Graben en soirée.

Deux fontaines ornent le Graben depuis le 15ᵉ s. On a avancé que celles que nous voyons aujourd'hui sont l'œuvre de Lorenzo Mattielli. En revanche, on sait avec certitude que les personnages en plomb sont de la main de Johann Martin Fischer (1804) : *La Fuite en Égypte* pour la Josefsbrunnen ; *La Découverte du voile de mariée de sainte Agnès (voir p 305)* pour la Leopoldsbrunnen.

La **colonne de la Peste (Pestsäule)★★**, colonne votive de La Trinité *(Dreifaltigkeitssäule)*, fut élevée en 1693 pour répondre à un vœu de l'empereur Léopold Iᵉʳ formulé pendant la grave épidémie de peste de 1679. Ce monument baroque fut commencé en 1682 par Matthias Rauchmiller (1645-1686), et continué par Johann Bernhard Fischer von Erlach et Paul Strudel avant que Lodovico Burnacini ne l'achevât. Coiffant ce tourbillon sculptural au programme iconographique complexe, l'empereur Léopold Iᵉʳ est représenté agenouillé, dans une attitude de prière.

Obliquez à droite dans la Jungferngasse.

Église St-Pierre (Peterskirche)★

Petersplatz. L'église St-Pierre a été construite de 1702 à 1733 par Gabriele Montani et Johann Lukas von Hildebrandt à l'emplacement d'un probable édifice carolingien qui aurait été le premier sanctuaire paroissial de Vienne (première mention officielle : 1137). L'impératrice Élisabeth se rendait souvent dans ce sanctuaire très proche des appartements impériaux de la Hofburg ; elle aimait en effet s'y recueillir dans le plus total isolement, une fois les portes fermées au public.

Typiquement baroque par sa situation sur une place exiguë et sans recul, l'édifice présente des lignes sinueuses et une décoration relativement austère. En façade, deux tours placées en oblique encadrent une partie centrale concave précédée d'un porche édifié par Andrea Altomonte (1751-1753) et coiffé de figures en plomb dues à Franz Kohl (élève de Georg Raphael Donner), allégories de la Foi, de l'Espérance et de l'Amour. Le chevet est orné de statues du sculpteur vicentin Lorenzo Mattielli (très actif à Dresde au cours des dix dernières années de sa vie) représentant saint Pierre et saint Michel.

La **décoration intérieure★** est somptueuse jusqu'au moindre détail, comme par exemple les bancs de la courte nef qui épousent l'ovale de la coupole. Cette dernière, qui donne au visiteur l'impression d'entrer dans un édifice plus vaste, est ornée d'une fresque représentant *L'Assomption* due à Johann Michael Rottmayr (1714), brillant artiste, célèbre en Autriche pour sa décoration de la coupole de l'église St-Charles *(voir p. 221)*. Sous cette imposante coiffe percée de huit jours se déploient les chapelles latérales dont les retables ont été réalisés par d'éminents artistes de l'époque. Du côté gauche s'ouvrent successivement la chapelle Ste-Barbe (Franz Karl Remp), la chapelle St-Sébastien (Antoine Schoonjans) et la chapelle de la Ste-Famille (Martino Altomonte) ; du côté droit, la chapelle St-Antoine (M. Altomonte), la chapelle St-François-de-Sales (J. M. Rottmayr), et la chapelle St-Michel (M. Altomonte). À gauche du chœur, la chaire dorée dessinée par Matthias Steindl (vers 1716) fait pendant à l'autel monumental dû à Mattielli. Le groupe en bois doré de ce dernier représente la chute de saint Jean Népomucène dans la Moldau (vers 1729) ; chanoine de la cathédrale de Prague, ce saint fut le confesseur de la reine de Bohême et a subi le martyre de la noyade en 1393 pour ne pas avoir trahi le secret de la confession au profit du roi Wenceslas IV (il est désormais invoqué contre les dangers du faux témoignage). Enfin, le chœur, orné d'une coupole en trompe-l'œil d'Antonio Galli-Bibiena et de stucs de Santino Bussi (vers 1730), est embelli d'un maître-autel dessiné par le même Galli-Bibiena ; le retable est une œuvre de M. Altomonte.

Revenez vers la Stephansplatz.

Fleischmarkt [2]

Plan V

Caisse d'épargne de la Poste (Postsparkasse)★ B1

Georg-Coch-Platz 2 - &. *- www.ottowagner.com - musée :* ☏ *(01) 534 53 33 088 - lun.-vend. 8h-15h (jeu. 17h30), sam. 10h-17h - 5 €.*

Pour apprécier toute la nouveauté qu'apportait en 1906 la caisse d'épargne de la Poste construite par **Otto Wagner**, l'idéal est de la découvrir depuis le Stubenring où trône l'ancien ministère de la Guerre *(voir p. 117)* et son gigantesque aigle bicéphale. Le

L'intérieur de la caisse d'épargne de la Poste.

contraste est saisissant. De plus, qui se risquerait à croire que ce dernier bâtiment est postérieur à la masse presque lisse de la caisse d'épargne de la Poste ? C'est pourtant le cas !

En approchant de cette œuvre majeure de Wagner, on constate que sa façade mouchetée est en fait recouverte de plaques rivetées (ces dalles de marbre de Sterzing cachent une structure en brique). Bien qu'en retrait du Ring, la caisse d'épargne participe à sa monumentalité. L'architecte, qui construisit également sur le Ring des bâtiments de style néo-Renaissance, réalisa cet édifice en un temps record de trois ans, alors que les autres architectures prestigieuses du Ring imposaient une décennie de travaux. La nouveauté était donc autant formelle que technique, l'une procédant de l'autre. En effet, toute la modernité de Wagner fut sa démarche fonctionnaliste, qui consista par exemple à ne pas cacher les têtes de clous en aluminium – permettant ainsi de ne pas attendre la prise des plaques sur le mortier et donc de travailler rapidement – et d'en exploiter la dimension décorative.

Le fonctionnalisme Sécession de Wagner ne fut pas totalement radical. En élevant le regard, on aperçoit des Victoires ailées ; ces allégories dues au ciseau d'Othmar Schimkowitz relient le bâtiment à la pompe du Ring. En cela, Wagner se distinguait d'Adolf Loos, résolument opposé à tout ornement.

La sévérité de la façade masque une belle **salle des guichets** où il faut entrer pour voir à quel point Wagner apporta un grand soin aux détails. Diffusée par un plafond cintré en verrière et un sol dallé de plaques de verre, la lumière inonde cette salle dont vous remarquerez les colonnes de chauffage transformées en gracieuses sculptures tubulaires par l'architecte qui dessina également le mobilier, toujours en service. Derrière la salle des guichets se trouve un petit **musée** fort bien documenté qui évoque la genèse du bâtiment avec des coupures de presse, des photos, des plans et une foule de documents d'époque. À l'entrée, des objets réalisés d'après des projets de Wagner et Kolo Moser sont en vente.

Contournez la caisse d'épargne par la Rosenbursenstraße, tournez à gauche pour vous engager dans la rampe de la Dominikanerbastei. Arrêtez-vous à la hauteur de la Falkestraße.

Falkestraße B1

Le toit de l'immeuble très classique au n° 6 de cette rue a été redessiné en 1988 par les architectes du groupe **Coop Himmelblau**. Cette intervention sur toiture permet de deviner la démarche avant-gardiste de ce cabinet qui prône le « déconstructivisme ».

Tournez à droite dans la Predigergasse, puis à gauche dans la Postgasse.

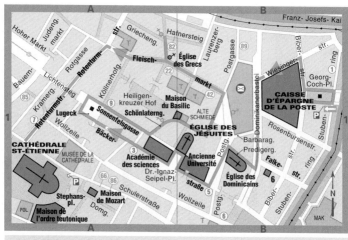

FLEISCHMARKT
Plan V

SE LOGER		SE RESTAURER	
Hotel Austria	(22)	Hedrich	(1)
Hotel Post	(42)	Oswald§Kalb	(3)
König von Ungarn	(66)	Pfudl	(5)
Pension Christina	(82)	Plachutta	(6)
Pension City	(85)	Superimbiß Duran	(7)
Pension Domizil	(86)	Zwölf Apostelkeller	(9)
Pension Dr. Geissler	(89)		

0   200 m

Église des Dominicains (Dominikanerkirche) B1

Postgasse 4 - ☎ (01) 512 91 74 01 - gratuit.

Appelés à Vienne en 1226 par le duc Léopold VI, les dominicains y consacrèrent leur première église onze années plus tard. Incendié, puis dévasté par les Turcs en 1529, l'édifice fut reconstruit une deuxième fois, de 1631 à 1634, d'après les plans de Jacopo Tencala et par l'architecte Antonio Canevale. La façade et la coupole datent pour leur part du début des années 1670.

La Contre-Réforme

Fondée en 1537 par Ignace de Loyola, la Compagnie de Jésus fut approuvée par le pape Paul III en 1540. Créée davantage pour l'action que pour la méditation, la Compagnie se développa rapidement, s'appliquant à défendre l'Église contre l'hérésie. Après le concile de Trente, qui se tint de 1545 à 1563, se développa ce que l'on a appelé au 19ᵉ s. la Contre-Réforme dont le but était de faire reculer le protestantisme. Cette réforme catholique trouva dans les jésuites son ordre le plus actif. Ils firent de l'Autriche et de la Bavière des citadelles du catholicisme. En 1623, l'empereur Ferdinand II confia à cet ordre le monopole de l'enseignement de la philosophie et de la théologie à l'université de Vienne, ce qui explique sa proximité avec l'église des Jésuites. Ceux-ci assurèrent cette mission jusqu'en 1773.

Derrière une façade caractérisée par l'absence de tour s'ouvre l'intérieur, organisé selon un plan basilical. Les fresques des plafonds sont de Matthias Rauchmiller (17ᵉ s.), celles de la coupole de Franz Geyling (1836) et celles du maître-autel de Carpoforo Tencala (1676). Le maître-autel de Carl Rösner (1839-1840), qui clôt la perspective du vaisseau, encadre un tableau de Leopold Kupelwieser, *Institution de la fête du Rosaire par le pape Pie V* (1840). Mais le sanctuaire doit surtout sa puissance décorative à ses **stucs** typiques du baroque primitif, dont les plus beaux sont ceux des entrevous des pilastres de la croisée *(voir aussi l'ABC d'architecture p. 89)*.

Continuez la Postgasse pour tourner à droite dans la Bäckerstraße où s'ouvre la Dr.-Ignaz-Seipel-Platz.

Église des Jésuites
(Jesuitenkirche)★ B1

Dr.-Ignaz-Seipel-Platz - ♿ *- ℰ (01) 51 25 23 20 - lun.-sam. 7h-19h, dim. 8h-20h - gratuit.*

Avec la cathédrale de Salzbourg (1614-1655), c'est le premier édifice autrichien inspiré du Gesù à Rome. L'église des Jésuites, également appelée église de l'Université, a été bâtie par un architecte inconnu entre 1623 et 1627 dans le style baroque primitif.

Andrea Pozzo, dont l'œuvre la plus célèbre est la décoration de la voûte de Sant'Ignazio à Rome (entre 1685 et 1694), remania l'intérieur entre 1703 et 1707. Ce frère jésuite, originaire du sud du Tyrol, y réalisa une décoration somptueuse, avec une **coupole en trompe-l'œil**★ au centre du plafond ainsi qu'une **chaire**★ abondamment ornée et remarquablement marquetée de nacre. Le maître-autel, également dû à Pozzo qui était

La chaire de l'église des Jésuites.

aussi un peintre de talent, présente une *Assomption.* Autre détail notable, les retables des premières chapelles (côté entrée) représentent sainte Catherine en incarnation de la Philosophie (à gauche) et de la Théologie (à droite).

Ancienne Université (Alte Universität) B1

Dr.-Ignaz-Seipel-Platz 1 - ne se visite pas.

Créée en 1365 par l'archiduc Rodolphe IV, l'université de Vienne fut la deuxième de langue allemande après celle de Prague, fondée en 1348. La première faculté fut consacrée à la théologie, que dispensaient les dominicains installés tout à côté, relayés par les jésuites en 1623. En 1803, la Cour y logea le « K. und K. Stadtkonvikt », une sorte de lycée musical qui regroupait les 130 enfants qui chantaient le dimanche à la chapelle du palais impérial. Franz Schubert y séjourna de 1808 à 1813, soit de sa 11e à sa 16e année *(voir plaque murale).* Lorsque le Ring fut percé, l'université y fut transférée. Aujourd'hui, une galerie d'art occupe le rez-de-chaussée.

« La Création » comme épitaphe musicale

Le dernier concert auquel **Joseph Haydn** assista fut celui de son oratorio *La Création,* joué en son honneur dans la grande salle du palais de l'Université. Âgé de 76 ans et très affaibli, Haydn, qui ne sortait plus guère de sa maison *(voir p. 281),* accepta de se rendre à cette soirée de gala. Le 27 mars 1808, la voiture du prince Esterházy *(voir p. 100)* vint le prendre chez lui. Arrivé devant l'église des Jésuites, les princes de Lobkowitz et Trauttmansdorf, ainsi que Beethoven et Salieri, se précipitent pour soutenir le vieil homme, peu ingambe. Au même instant retentit un roulement de tambours et de timbales, une fanfare résonne, et la foule de l'aristocratie viennoise de se dresser pour accueillir son compositeur national. Oui, Haydn est porté en triomphe, lui qui s'avance dans un fauteuil roulant au milieu des vivats. On l'installe au côté de la princesse Maria Josepha Esterházy (née Lichtenstein) et on le force malgré ses protestations à rester couvert. Comme il semble prendre froid, la princesse le réchauffe de son châle. Un duo de poètes chante sa gloire et on lui sert un vin du terroir, ce qui a le don de le raffermir un moment. Vient alors la musique de son chef-d'œuvre. Il tremble. L'émotion le saisit. À tel point qu'à la fin de la première partie de son oratorio, il faut le ramener dans le calme de sa banlieue. Extrêmement touché, Beethoven embrasse la main de son ancien maître qui salue l'assistance d'un geste de bénédiction. Il disparaît aussitôt, tandis que l'orchestre reprend sa partition. Dans la salle, nombreux sont les hommes qui ne cachent pas leurs pleurs. Telle fut la dernière apparition publique de Haydn qui s'éteignit un peu plus d'un an plus tard, le 31 mai 1809, trois semaines après l'entrée de Napoléon Ier dans Vienne.

Académie des sciences (Akademie der Wissenschaften) A1

Dr.-Ignaz-Seipel-Platz 2 - ne se visite pas.

Face à l'université, le bâtiment de l'Académie des sciences fut construit de 1753 à 1755 à la demande de l'impératrice Marie-Thérèse par Jean-Nicolas Jadot de Ville-Issey, d'où cette note de classicisme français dans ce quartier retiré du vieux Vienne. Avant d'abriter en 1857 l'Académie fondée dix ans plus tôt, ce palais fut conçu comme une grande salle de cérémonies, ornée de fresques de Gregorio Guglielmi, l'auteur de celles de la Grande Galerie du château de Schönbrunn. Malheureusement, un incendie les détruisit entièrement en 1961, et si l'architecture a pu être restaurée, de nouvelles fresques ont dû être réalisées par Paul Reckendorfer. Les deux fontaines qui ornent la façade ont été sculptées par Franz Joseph Lenzbauer (1755).

Retournez dans la Bäckerstraße.

Bäckerstraße A-B1

La Bäckerstraße n'est pas avare de façades intéressantes, avec tout d'abord au n° 16 une agréable maison bourgeoise élevée vers 1712. Sur la droite, la maison Schwanenfeld (n° 7) est connue à Vienne pour sa cour Renaissance à colonnes toscanes et ioniques ; aujourd'hui vitrées, les arcades datent de 1587. En face, au n° 8, le palais du comte Seilern a été élevé en 1722 ; un peu plus loin sur la gauche, le n° 2 et sa tour furent bâtis au 17e s.

On arrive à la place dite « Lugeck ». Au centre se dresse le Gutenbergdenkmal, sculpture fondue dans le bronze en 1900 par Hans Bitterlich. Remarquez le passage étroit qui permet de rejoindre la Stephansplatz. Tournez à droite dans la Sonnenfelsgasse.

Sonnenfelsgasse A1

Cette rue du début du 12e s. possède en la Hildebrandthaus (n° 3) une élégante et imposante maison construite en plusieurs étapes et dont l'origine remonte au tournant des 14e et 15e s. Sa façade baroque (1721), qui s'inspire de l'œuvre de l'architecte dont elle porte le nom, présente de très jolis encadrements de fenêtres, séparés à hauteur des 2e et 3e étages par des pilastres reposant sur des consoles à volute. Remarquez la *Vierge à l'Enfant* inscrite dans un petit fronton rococo. Les caves du bâtiment sont aujourd'hui occupées par un *Stadtheuriger* nommé *Zwölf-Apostelkeller (voir Carnet pratique).*

Tournez à gauche dans la Schönlaterngasse.

Schönlaterngasse A1

Assurément la plus charmante du plus vieux quartier du centre-ville, la sinueuse « rue de la Belle-Lanterne » doit son nom à la lanterne en fer forgé qui orne la façade d'une maison de 1680, au n° 6 (il s'agit d'une copie placée en 1971, l'original du 18e s. étant conservé au musée d'Histoire de la ville de Vienne).

En face, au n° 5, le **Heiligenkreuzerhof** est une cour entourée de bâtiments 17e et 18e s. appartenant en grande partie à l'abbaye de Heiligenkreuz *(voir p. 301)*, en Basse-Autriche. Ils comprennent la résidence de l'abbé et la chapelle St-Bernard (où il est de bon ton de se marier), dont le ravissant intérieur baroque, de 1662 mais remanié en 1730, abrite un retable du peintre Martino Altomonte. Cet artiste, dont on peut voir des œuvres notamment dans l'église St-Pierre *(voir p. 136)*, habitait la cour de Heiligenkreuz.

Au n° 7 se trouve la **maison du Basilic (Wohnhaus Zum Basilisken)A-B1**, déjà mentionnée en 1212 et donc l'une des plus anciennes de la ville. Elle est reconnaissable au bloc de grès qui orne sa façade datant de 1740 et auquel une main inconnue ajouta un bec et une queue artificiels. La populaire légende viennoise relatée par Wolfgang Lazius en 1546 dans son *Vienna Austriae*, nous apprend qu'un basilic, fantastique animal sorti d'un œuf pondu par un coq et couvé par un crapaud, empoisonna de son haleine le puits de la maison où il avait son repaire. La fresque de la façade nous explique qu'un intrépide jeune maître boulanger – on connaît même son nom, Martin Garhiebl – fit mourir le monstre en lui présentant un miroir afin que la bête périsse face à tant de laideur.

Robert Schumann habita au n° 7a, d'octobre 1838 à avril 1839. Sa femme Clara fut en effet pianiste dans la capitale des Habsbourg. D'esprit trop romantique pour apprécier la frivolité des mondanités viennoises, il ne s'y attarda pas, même s'il y chercha un éditeur pour sa revue *Neue Zeitschrift für Musik* et s'il y rencontra à maintes reprises le frère de Franz Schubert, Ferdinand.

Ancienne forge (Alte Schmiede) B1 – $\mathcal{C}$ (01) 512 83 29 - www.alte-schmiede.at - lun.-vend. 10h-13h - 2 €. Situé au n° 9, ce bâtiment est l'ancienne forge de Josef Schmirler, qui façonna la lanterne de la rue. L'atelier fonctionna jusqu'en 1974 puis devint un **musée**, ainsi qu'un lieu de rencontres culturelles.

La Schönlaterngasse débouche dans la Postgasse.

Postgasse A1

L'auteur du *Deutsches Requiem*, **Johannes Brahms** (1833-1897), habita au n° 6, en 1867. Au n° 10 se trouve **l'église grecque Ste-Barbara (Griechische Kirche hl. Barbara)**. La façade que l'on voit aujourd'hui date de 1854, mais l'édifice remonte au milieu du 17e s. Il appartint aux jésuites jusqu'en 1773, puis fut donné à la communauté catholique ukrainienne deux années plus tard.

Tournez à gauche dans le Fleischmarkt.

Fleischmarkt

Le « marché de la viande » existe depuis 1220 ; les bouchers y avaient la maison de leur corporation, au cœur de la Vienne médiévale. Aujourd'hui, la rue est surtout connue pour ses abords immédiats peuplés de bars et de night-clubs.

Au n° 15 se trouve le Schwindhof (1718), où naquit le peintre Moritz von Schwind, le 21 janvier 1804 (il décéda à Munich en 1871).

Au n° 13, l'**église des Grecs de la Ste-Trinité (Griechenkirche zur hl. Dreifaltigkeit)** présente une façade composite en briques rehaussées de dorures. Le bâtiment, qui renferme également une école, fut construit par Peter Mollner entre 1782 et 1787, puis transformé en 1861 d'après un projet de Theophil Hansen (un des créateurs du Ring) qui lui donna une allure byzantine. Un couloir décoré de fresques de Ludwig Thiersch mène au sanctuaire orthodoxe de la Très-Sainte-Trinité, une salle caractérisée par un chœur rectangulaire ; l'iconostase date de la seconde moitié du 18e s.

Au n° 11, le **Griechenbeisl**, « la taverne des Grecs », eut pour clients des personnalités comme Johannes Brahms, Franz Grillparzer, Franz Schubert, Johann Strauß ou Richard Wagner. Mark Twain y aurait écrit *Un pari de milliardaires*, dans une salle dont les murs sont couverts de signatures d'écrivains célèbres. L'enseigne représente un joueur de cornemuse très populaire au milieu du 17e s. Écrite pendant l'épidémie de peste de 1679, sa chanson est encore très présente à l'esprit des Viennois :

« Ô mon cher Augustin,
Il n'y a plus d'argent,
Il n'y a plus de gens,
Ô mon cher Augustin,
Il n'y a plus rien ! »

L'enseigne du Griechenbeisl sur le Fleischmarkt.

Cet air raconte comment ce cher Augustin força un peu sur la bouteille, au point de tomber dans le charnier d'une fosse commune, et comment il fut préservé de la contagion de la peste grâce à tout l'alcool qu'il avait dans le corps. Les rimes de cette petite chanson eurent le don de galvaniser le courage des habitants de la ville, dévastée par la maladie. Le *Deuxième Quatuor* d'Arnold Schönberg a repris le thème de cette chanson légendaire qui témoigne de la capacité des artistes viennois à transformer la souffrance en art.

La petite **Griechengasse** conserve plusieurs vestiges gothiques dont, au n° 9, une ancienne tour gothique du 13e s. La façade du n° 7 est ornée d'une Vierge inscrite dans une niche dominant une lanterne rococo en fer forgé. Dans la cour se trouve une autre tour gothique ; les inscriptions en turc visibles sur les panneaux de bois dateraient du siège de 1683. Par son nom, cette ruelle évoque les marchands grecs qui vinrent s'installer dans le quartier au 18e s.

Revenez vers le Fleischmarkt.

Au n° 9 du Fleischmarkt, la **maison Zur Mariahilf** dont la façade, de la fin du 17e s., présente une *Vierge à l'Enfant* qui remonte au 16e s. À droite, la plaque rappelle la loi du 8 mai 1912 qui voulait que les cochers fussent précédés d'une personne chargée d'avertir du passage de leur calèche dans la petite Griechengasse.

Au n° 14, la belle façade verte Jugendstil est celle d'un immeuble de bureaux construit en 1899 par F. Dehm et Joseph Maria Olbrich, l'architecte du fameux pavillon de la Sécession. La plaque murale commémore Johann Herbeck (1831-1877), qui fut maître de chapelle et directeur des Opéra et théâtre de la Cour.

Au n° 1, un autre immeuble Jugendstil (le Residenzpalast), plus dépouillé quoique élégamment rehaussé de bandeaux dorés, fut bâti par Arthur Baron en 1910. Une plaque rappelle au passant qu'à cet emplacement naquit Franz Schalk (1863-1931), élève d'Anton Bruckner et codirecteur, avec Richard Strauß, de l'Opéra national.

Tournez à gauche dans la Rottenturm pour rejoindre la Stephansplatz.

Fleischmarkt et Stephansdom pratique

Se loger

Pour la description des hôtels du quartier, voir la partie « Organiser son voyage » p. 28.

Se restaurer

Description du Hedrich p. 123.

☺ **Superimbiß Duran** – *Rotenturmstraße 11 - 1er arr. - 𝄢 (01) 533 71 15 - lun.-vend. 8h-18h, sam. 9h-17h.* Grand choix de petits pains garnis et de sandwiches, ainsi que de petits plats chauds en libre-service, à consommer sur place ou à emporter. Livraison possible. Pour un déjeuner sur le pouce.

☺ **Zwölf Apostelkeller** – *Sonnenfelsgasse 3 - 1er arr. - 𝄢 (01) 512 67 77 - tlj 16h30-0h - plats principaux à partir de 8 €.* Situé dans des catacombes médiévales, à 10 m de profondeur, qui servaient à l'origine de refuge à la population viennoise en cas de danger. La statue de saint Paul à l'entrée et d'autres postées sous les pièces voûtées lui donnèrent son nom : la « cave des Douze Apôtres ». Ambiance festive et musicale qui réunit jeunes et moins jeunes autour de plats traditionnels viennnois ou d'un buffet comme dans les Heurigen.

☺ **Pfudl** – *Bäckerstraße 22 -1er arr. - 𝄢 (01) 512 67 05 - fax (01) 513 80 42 - tlj 10h-0h - plats principaux à partir de 9 €.* Le Pfuld fait partie des Beisl devenus une institution à Vienne. Il enchante les clients grâce à sa grande terrasse qui donne sur l'église des Jésuites et son authentique cuisine viennoise. Toujours beaucoup de monde.

☺☺ **Figlmüller** – *Wollzeile 5 - 1er arr. - 𝄢 (01) 512 61 77 - plats principaux à partir de 12 € - tlj 11h-22h30 - fermé en août.* Un des endroits réputés pour goûter à la célèbre escalope viennoise *(Wiener Schnitzel)*. Situé dans un passage, cet établissement plus que centenaire connaît un tel succès qu'il a ouvert une dépendance à deux pas *(Bäckerstraße 6)*, plus calme. Si l'intérieur est moins patiné, la *Schnitzel* reste toujours aussi bonne.

🍴💰 **Plachutta** – *Wollzeile 38 - 1er arr. -* 𝄢 *(01) 512 15 77 - www.plachutta.at - tlj 11h30-23h30 - plats principaux à partir de 16 €.* Sa spécialité ? Le *Tafelspitz*, un genre de pot-au-feu précédé d'une soupe et accompagné de légumes et de raifort. Comme le proclame la carte de visite : « Plachutta, l'endroit où le *Tafelspitz* est chez lui ! » Beaucoup de touristes forcément, mais aussi des Viennois qui apprécient l'atmosphère conviviale et la cuisine traditionnelle. Terrasse également.

🍴💰 **Oswald & Kalb** – *Bäckerstraße 14 - 1er arr. -* 𝄢 *(01) 512 13 71 - tlj 19h-24h - plats principaux à partir de 18 €.* Fréquenté par le monde médiatique et culturel viennois, cet établissement aussi discret que soigné propose une carte équilibrée entre spécialités viennoises *(Schnitzel, Tafelspitz…)* et incursions méditerranéennes. Il remporte toujours un franc succès.

Faire une pause

Diglas – *Wollzeile 10 - 1er arr. -* 𝄢 *(01) 512 57 65 0 - tlj 7h-0h.* Derrière sa façade d'angle rose pâle, ce grand café viennois découvre un intérieur lumineux, élégant et sans ostentation. Les petites tables près des baies vitrées sont les plus prisées. Et il est difficile de résister aux gâteaux alléchants qui s'alignent sur le comptoir. Tables à l'extérieur l'été et clientèle jeune.

Frauenhuber – *Himmelpfortgasse 6 - 1er arr. -* 𝄢 *(01) 512 83 83 - lun.-sam. 8h-0h, dim. 10h-22h, fermé j. fériés.* Ce café, le plus ancien de Vienne, a ouvert ses portes en 1824. Il propose un grand choix de plats à sa clientèle, qui se compose, entre autres, de quelques nostalgiques de l'ancien Empire. Sous son plafond voûté, Mozart et plus tard Beethoven ont, paraît-il, joué… Un endroit tout indiqué pour se reposer après une longue promenade.

Sky Café – *Kärntner Straße 19 - 1er arr. -* 𝄢 *(01) 513 17 12 - www.skybar.at - lun.-sam. 9h30-1h, dim. 18h-2h.* Au dernier étage du grand magasin Steffl, ce café-restaurant ménage une vue remarquable sur le toit de la cathédrale et son aigle bicéphale, particulièrement belle en fin de journée.

Haas & Haas – *Stephansplatz 4 - 1er arr. -* 𝄢 *(01) 512 26 66 - lun.-vend. 8h-20h, sam. 8h-18h.* Cette maison du Thé propose dans une très jolie cour agrémentée d'une treille quelques tables où les très chics Viennoises se donnent rendez-vous entre deux courses. Sur la place de la cathédrale et pourtant loin du tumulte de la ville.

Kleines Café – *Franziskanerplatz 3 - 1er arr. - pas de téléphone - tlj 10h-2h.* Un endroit intime, qui dispose de quelques tables seulement, où il fait bon se retrouver en soirée. La terrasse d'été devant la fontaine et l'église des Franciscains offre un décor des plus charmant. Grand choix de spiritueux.

Gelateria Zanoni & Zanoni – *Lugeck 7 - 1er arr. -* 𝄢 *(01) 512 79 79 - tlj 7h-0h.* Une vraie ruche ! Son succès est tel que sa terrasse ne désemplit pas l'été. Excellentes glaces italiennes, tartes et snacks. Un petit parfum d'Italie au cœur de Vienne.

Konditorei Lehmann – *Am Graben 12 - 1er arr. -* 𝄢 *(01) 512 18 15 - tlj.* La terrasse de cette pâtisserie est parfaitement indiquée pour regarder les promeneurs qui défilent sur le Graben. En hiver, c'est à l'intérieur que l'on se délecte de délicieux gâteaux et tartes de la maison.

Achats

Augarten GmbH – *Stock-im-Eisen-Platz 3 - 4 - 1er arr. -* 𝄢 *(01) 512 14 91 - tlj sf dim. 10h-18h30 (sam. 18h).* Point de vente de la célèbre manufacture de porcelaine, dont les origines remontent à 1718.

Altmann§Kühne – *Am Graben 30 - 1er arr. -* 𝄢 *(01) 533 09 27 - lun.-vend. 9h-18h30, sam. 10h-17h.* Ouverte depuis 1928 sur le Graben, cette confiserie présente une alléchante vitrine remplie de bonbons à l'ancienne et de chocolats. Les boîtes d'emballage sont déjà un cadeau en soi !

Julius Meinl – *Am Graben 19 - 1er arr. -* 𝄢 *(01) 532 33 34 - www.meinlamgraben. at - lun.-merc. 8h30-19h30, jeu.-vend. 8h-20h, sam. 9h-18h.* Installée dans un immeuble baroque qui ferme le Graben, cette épicerie fine propose des *Delikatessen* du monde entier et plusieurs bars à thème pour les petits creux. Clientèle huppée.

Österreichische Werkstätten (Austrian Arts & Handcrafts) – *Kärntner Straße 6 - 1er arr. -* 𝄢 *(01) 512 24 18 - lun.-vend. 10h-18h30, sam. 18h.* Magasin spécialisé dans la décoration du verre et du métal, les bijoux, l'argenterie, la céramique et les accessoires, tels que les sacs et les étoffes.

Lanz Trachten Moden – *Kärntner Straße 10 - 1er arr. -* 𝄢 *(01) 512 24 56 - lun.-vend. 10h-18h30, sam. 18h.* Cette maison a également des succursales à Salzbourg et Innsbruck et représente l'Autriche dans toute sa tradition vestimentaire.

Kunst- und Antikmarkt am Donaukanal *Entre le Augartenbrücke et l'Aspernbrücke - 1er arr. - mai-sept. sam. 14h-20h, dim. 10h-20h.* Ce marché aux puces et aux antiquités peut être le but d'une agréable promenade dans la vieille ville le long du Danube.

3

Opéra national
et église des Capucins★
Staatsoper und Kapuzinerkirche

PLAN 1ᴱᴿ RABAT DE COUVERTURE C 3 – PLAN VI P. 146 – 1ᵉʳ ARR.

Pris dans le tumulte d'une foule compacte qui s'engouffre dans l'artère commerçante voisine, l'Opéra national offre sa masse de pierre à tous les regards. Symbole s'il en est de la vénération des Autrichiens pour la musique classique, bénéficiant d'une renommée internationale, il détient aussi le privilège d'accueillir le très sélect bal des débutantes chaque année. Son aura ne saurait éclipser les autres curiosités du quartier, notamment les ruelles délicieusement baroques et l'impressionnante crypte impériale où sont enterrées les têtes couronnées de l'Empire.

▶ **Se repérer** – Situé dans un triangle entre l'Operring et le Kärntnerring au sud et la cathédrale St-Étienne au nord, ce quartier aux dimensions réduites du centre historique est en partie piétonnier.

U *1, 2, 4 Karlsplatz -* Tram *1, 2, 62, 65, D, J Oper -* 🚌 *59A.*

👁 **À ne pas manquer** – L'Opéra national, la crypte des Capucins, le Musée juif de Vienne.

🕐 **Organiser son temps** – Les deux circuits s'effectuent en une matinée ; vous pouvez prolonger cette promenade par du lèche-vitrine dans la Kätnerstraße et dans les rues voisines, riches en boutiques.

👪 **Avec les enfants** – La maison de la Musique.

Comprendre

L'Opéra, une institution, un symbole – Combien de chanteuses et chanteurs viennois ont-ils sacrifié une carrière mondiale pour rester attachés à l'Opéra national et à son public mélomane ? Théâtre le plus illustre d'Autriche, ce temple de l'art lyrique cher au cœur des Viennois jouit d'un incontestable prestige international. Il a compté parmi ses directeurs de grandes figures comme Gustav Mahler (de 1897 à 1907), qui fut nommé malgré les réticences de Cosima Wagner et qui débuta en dirigeant *Lohengrin*, Felix Weingartner, Richard Strauß (de 1919 à 1924), Clemens Krauß, Karl Böhm (de 1943 à 1945 puis de 1954 à 1956), Herbert von Karajan, (de 1956 à 1964), Lorin Maazel (de 1982 à 1984), Claudio Abbado (de 1986 à 1991) ; en outre Bruno Walter en fut l'adjoint artistique à la direction durant les années qui précédèrent l'Anschluß.

La façade de l'Opéra national.

L'Opéra national dispose d'une troupe permanente et d'une formation musicale propre, l'Orchestre philharmonique de Vienne. Cet Opéra est l'un des rares au monde à pouvoir présenter presque sans interruption une œuvre différente chaque soir. Une soixantaine d'opéras animent la saison musicale (du 1ᵉʳ septembre au 30 juin). Tous sont interprétés dans la langue originale du livret (contrairement au Volksoper). Une tradition immuable permet d'assister debout au spectacle pour quelques euros. Obtenir ces places (limitées) nécessite parfois une attente assez longue qui ne récompensera que les premiers arrivés, ou les passionnés disposés à assister par exemple à un opéra tel que *Les Maîtres chanteurs de Nuremberg* de Richard Wagner *(5h15)* sans s'asseoir !

Mahler et Karajan, deux figures mythiques – C'est au cours de la décennie qui vit Gustav Mahler à sa direction que l'Opéra acquit la dimension que nous lui connaissons encore aujourd'hui. Autrefois chef d'orchestre du Stadttheater de Hambourg, Gustav Mahler obtint en mai 1897 le poste de directeur de l'Opéra impérial de Vienne. Sous son impulsion, l'orchestration délaissa progressivement l'austérité pour l'expression-nisme. Malher s'intéressa éminemment à la mise en scène des œuvres qu'il était amené à diriger ; cette curiosité consciencieuse, exceptionnelle à l'époque, modifia un aspect essentiel de l'art lyrique : les chanteurs se préoccupèrent désormais d'être aussi des acteurs. En montant 184 opéras et en bousculant la conception des cycles les plus célèbres (Mozart, Wagner) avec une rigueur sans faille, celui-ci sut imprimer à une institution alors médiocre un niveau qu'allaient lui envier toutes les scènes lyriques. En prenant sa direction en 1956, Herbert von Karajan a lui aussi imposé sa personnalité en renouvelant le style scénique qui avait perdu toute spontanéité avec les années. Il introduisit à l'Opéra une politique de coproduction avec la Scala de Milan et laissa en héritage une organisation fondée sur le système du répertoire.

Le bal de l'Opéra – À Vienne, la saison des bals débute le 31 décembre avec le *Kaiserball* qui se déroule à la Hofburg. Toutefois, le plus prestigieux d'entre eux est sans aucun doute l'*Opernball* ou **bal des débutantes**, créé en 1877 pour célébrer l'entrée dans le grand monde des jeunes filles de l'aristocratie. Cette fête est orga-nisée le dernier jeudi du carnaval *(Fasching)*, en février. À cette occasion, la salle de l'Opéra est transformée en salle de bal grâce à un plancher installé sur le parterre ; des milliers de fleurs affrétées spécialement par avion depuis la Côte d'Azur ornent alors les loges pour la nuit (jusqu'à 5h du matin) la plus mondaine de la ville. Chacun peut assister à l'événement, du moment qu'il est possesseur d'un billet… qui lui coûtera environ 210 € s'il reste debout, auxquels il ajoutera environ 870 € pour une table de six personnes, et jusque 14 500 € s'il tient à occuper une loge *(voir aussi la rubrique « Vivre à Vienne » p. 73)*.

Le quartier de l'Opéra national★ 1

Albertinaplatz A2
À l'arrière de l'Opéra s'ouvre cette large place dominée par le Erzherzog-Albrecht-Denkmal dû à Kaspar Zumbusch, statue équestre de l'archiduc Albert qui fut vainqueur des Italiens à Custozza en 1886. Le mur de soubassement, un ves-

Sur l'Albertinaplatz.

A. Léonard / MICHELIN

tige d'un ancien bastion des fortifications de la ville, est orné de la **fontaine du Danube** (**Danubiusbrunnen,** 1869). Elle fut conçue par Moritz Löhr, les sculptures allégoriques étant de Johann Meixner ; le groupe central représente le Danube et la Vienne.

Au nord de la place fut inauguré, en 1988, le **mémorial contre la guerre et le fascisme**. L'œuvre, divisée en quatre parties, est du sculpteur autrichien Alfred Hrdlicka et représente la « porte de la violence », à l'ombre de laquelle on peut apercevoir, étendu sur le sol, un juif sous un fil de fer barbelé. Le visage d'un homme qui semble se détacher du bloc de marbre à l'arrière est marqué de l'inscription « Orphée fait son entrée aux enfers ». Dans la « pierre de la République » sont gravés des extraits de la

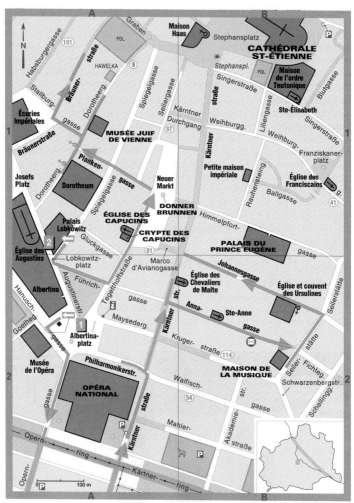

ÉGLISE DES CAPUCINS ET OPÉRA
Plan VI

SE LOGER

Hotel Pension Lumes & Co.........41	Pension Aviano........81	Zur Wiener Staatsoper......114
Hotel-Pension Suzanne........54	Pension Neuer Markt........97	SE RESTAURER
	Pension Pertschy.......101	Trzesniewski........9

déclaration du gouvernement d'État provisoire du 27 avril 1945, qui vit la réinstallation du régime républicain en Autriche. La place accueille également le **palais Albertina** qui abrite une fabuleuse collection d'art graphique *(voir p. 186)*.

À partir de l'Albertinaplatz, on accède au **Burggarten** ou jardin impérial *(voir p. 179)* et au **musée de l'Opéra**, inauguré en 2005 à l'occasion du 50e anniversaire de la réouverture de l'établissement. Les grands moments de la vie musicale du temple de l'art lyrique viennois sont passés en revue. Il est aussi possible d'écouter les enregistrements de toutes les ouvertures jouées depuis l'après-guerre. *Staatsopernmuseum - Hanuschgasse 3/Goethegasse 1 - tlj sf lun. 10h-18h - 3 €.*

En sortant, prenez à droite l'Operngasse pour faire le tour de l'Opéra.

Opéra national (Staatsoper)★★ A2

L'architecte Eduard von der Nüll a assuré la décoration de l'édifice, tandis que August Siccard von Siccardsburg s'est chargé de la construction. Commencé en 1861, le bâtiment présente sur le Ring une façade de pierre (épargnée par le feu du bombardement de 1945) élevée dans le style de la Renaissance française. Il constitue l'apogée de ce que l'on a appelé l'historicisme romantique. Sa loggia est ornée de cinq statues en bronze dues à Ernst Julius Hähnel : l'Héroïsme, le Drame, la Fantaisie, l'Humour, l'Amour.

L'opéra fut inauguré le 25 mai 1869 par l'empereur François-Joseph avec une représentation de *Don Giovanni* de Wolfgang Amadeus Mozart. Très vite, le Kärntner Ring attira les élégances, et le site fut jusqu'à l'aube de la Première Guerre mondiale l'épicentre de toute promenade de la bonne société viennoise. En juin 1944, J. Goebbels, ministre de la Propagande du IIIe Reich, ordonna la fermeture des théâtres allemands. L'Histoire offre souvent des ironies dont on saisit pleinement le sens *a posteriori* : la dernière représentation de l'Opéra de Vienne avant que ce triste sire n'y mît son verrou fut… *Le Crépuscule des dieux* de Richard Wagner. C'était moins d'un an avant que l'attaque aérienne du 12 mars 1945 ne provoquât un incendie qui détruisit entièrement la salle de spectacle et l'espace scénique. L'Opéra rouvrit ses portes le 5 novembre 1955 avec le *Fidelio* de Ludwig van Beethoven. *(Pour en savoir plus sur l'Opéra, voir « Visiter » p. 153).*

Tournez à gauche dans la Philharmonikerstraße.

Philharmonikerstraße A2

Cette rue possède en l'**hôtel Sacher** (no 4) une véritable institution, fréquentée par les diplomates et les artistes lyriques. Bâti par Wilhelm Frankel pour le restaurateur Eduard Sacher, à l'emplacement de l'ancien théâtre de la Cour, il conserve le souvenir de Frau Anna Sacher, presque aussi connue que l'hôtel. À la fin du 19e s., celle-ci y servait son illustre clientèle en fumant le cigare. Le salon de thé aux velours rouges attirait jadis les gens de lettres, dont Arthur Schnitzler qui évoqua les « cabinets par-

> ## Les « Sacherbuben »
>
> Anna, la veuve d'Eduard Sacher, ne fit pas que populariser la tarte familiale, elle fut en quelque sorte une bailleresse de crédit pour les rejetons désargentés des bonnes familles viennoises qui fréquentaient l'hôtel. Le manège était si répandu qu'on surnomma ces jeunes en attente d'héritage les *Sacherbuben*, c'est-à-dire les « coquins de chez Sacher ».

ticuliers » de l'hôtel dans son *Souper d'adieu*. Aujourd'hui les gourmands viennent y déguster la fameuse *Sachertorte*.

Revenez sur vos pas et prenez à gauche la Kärntner Straße.

Kärntner Straße B1

(Voir aussi p. 134). Face au côté droit de l'Opéra se dresse, au no 51, l'imposante façade du **palais Todesco**, élevé entre 1861 et 1864 dans un style néo-Renaissance par Ludwig Förster et Theophil Hansen pour le banquier Eduard Todesco. Des hommes politiques de premier plan comme Anton Schmerling y croisaient des auteurs dramatiques comme Hugo von Hofmannsthal (le palais possédait son propre théâtre).

Église de Malte (Malteserkirche)

B2 – Vers 1200, Léopold VI avait appelé à Vienne l'ordre hospitalier des chevaliers de Saint-Jean (chevaliers de Malte à partir de 1530) qui y érigea une chapelle. L'église actuelle remonte au milieu du 14ᵉ s. À l'intérieur, où sont suspendues 40 armoiries de membres de l'ordre, se trouve, du côté gauche, le monument placé en 1806 à la mémoire du grand maître de l'ordre, Jean de La Valette. Celui-ci s'illustra sur l'île de Malte lors des assauts turcs de 1565. En 1530, Charles Quint avait concédé l'île à l'ordre qui y demeura jusqu'en 1798. Le *Saint Jean-Baptiste* du maître-autel est dû à Johann Georg Schmidt (vers 1730). On peut admirer le chœur gothique depuis la cour du bâtiment, au n° 2 de la Johannesgasse.

Face à l'église se trouve le célèbre **magasin Lobmeyr** (n° 26), maison fondée dès le 19ᵉ s. Ses lustres de

Façade du magasin Lobmeyr.

cristal sont réservés au faste et au luxe (Opéra national, Kremlin, etc.). Au 2ᵉ étage, lorsque le magasin est ouvert, on peut visiter gratuitement le **musée du Verre (Wiener Glasmuseum)** qui possède, entre autres, des lustres du 18ᵉ s. et divers objets décoratifs en verre.

Au n° 41, le **palais Esterházy** (milieu 17ᵉ s., remanié au 18ᵉ s.) fut la propriété du conseiller impérial Adam Antonius Grundemann von Falkenberg avant de passer, en 1871, au comte Moritz Esterházy-Galantha-Forchtenstein. Depuis 1968, il abrite le **casino Wien**.

Revenez sur vos pas et engagez-vous sur votre gauche dans l'Annagasse.

Annagasse★ B2

À l'angle du palais Esterházy, cette rue étroite et pittoresque est bordée de quelques bâtiments séduisants : au n° 4, la belle façade du Kremsmünsterhof (17ᵉ s.) ; au n° 6, le Herzogenburgerhof dont la façade baroque date des années 1730 ; au n° 8, le Täubelhof, également appelé Deybelhof, construit vers 1730 d'après un projet de Johann Lukas von Hildebrandt et modifié en 1789 par Andreas Zach ; au n° 14, la maison Zum blauen Karpfen qui doit son nom à la carpe bleue toujours visible qui, vers 1700, servait d'enseigne à la taverne de Georg Kärpf (la façade fut refaite en 1824 par Karl Ehmann qui ajouta une frise de putti) ; au n° 18, la maison dite « à l'empereur romain ».

Église Ste-Anne (Annakirche) B2 – *Annagasse 3b*. Édifiée dans le style gothique au 15ᵉ s. et remaniée dans le style baroque entre 1629 et 1634 par un élève d'Andrea Pozzo, Christian Tausch, la petite église Ste-Anne conserve plusieurs œuvres dignes d'intérêt : les fresques du plafond (1748) et le tableau du maître-autel *(La Sainte Famille)* dus à Daniel Gran, ainsi que le **groupe de la Sainte Parenté** (1510) en bois finement sculpté et attribué à Veit Stoß (artiste de Nuremberg) ou au Maître du retable de Mauer, près de Melk. En Autriche, si la Madone est partout à l'honneur, on observe aussi les témoignages d'une dévotion particulière pour sainte Anne. Celle-ci apparaît souvent sous la figuration trinitaire de la Sainte Parenté : l'aïeule porte sur un bras la Vierge, sur l'autre l'Enfant Jésus.

Tournez à droite dans la Seilerstätte.

Maison de la Musique (Haus der Musik)★ B2

Seilerstätte 30 - ✆ (01) 516 48 - www.hdm.at - ♿ - tlj 10h-22h - 10 € (- 12 ans 5,50 €).
Cet ancien palais de l'archiduc Charles (Carl), vainqueur d'Aspern, est aujourd'hui entièrement consacré à la musique. Avec ses horaires d'ouverture tardifs, il offre une

manière intéressante et agréable de passer une bonne soirée. Au rez-de-chaussée, près d'un magasin de musique, s'est installée une luthière. Le 1er étage abrite le **musée de l'Orchestre philharmonique de Vienne (Museum der Wiener Philharmoniker)** ; son fondateur, le compositeur et chef d'orchestre Otto Nicolai, habita ici en 1842. On peut admirer, outre le décret de fondation et la première photo de l'orchestre, des baguettes de célèbres chefs d'orchestre, tels que Strauß, Furtwängler ou Karajan. La galerie de tableaux et la salle de projection permettent d'avoir un aperçu intéressant du travail et de la vie quotidienne de l'orchestre philharmonique. Enfin, on peut composer sa propre valse grâce à un jeu interactif et découvrir le fameux concert du Nouvel An donné par l'orchestre.

Les 2e, 3e et 4e étages abritent la maison de la Musique proprement dite.

Au 2e étage, on est tout d'abord transporté dans le **monde des sonorités**. On peut, par exemple, assister au spectacle d'un embryon au sein de sa mère sur fond musical, profiter de terminaux interactifs avec hauteurs de son, puissances de son, perception spatiale, etc. ou tester la sonorité de quatre instruments géants (dont un tuyau d'orgue). On peut aussi faire d'autres expériences sonores, qui compriment, par exemple, les bruits extérieurs avec les vitesses au-delà de la perception humaine, ou composer ses propres CD à partir de différents documents sonores mis à disposition, puis les acheter en magasin.

Au 3e étage sont représentés les **grands maîtres de la musique viennoise**. Documents et terminaux interactifs se combinent pour redonner vie au monde de Haydn, Mozart, Beethoven (une installation très intéressante illustre sa surdité croissante), Schubert, Strauß, Mahler et la seconde école de Vienne (Schönberg, Webern, Berg). Pour clore cette visite, vous pouvez vous transformer en **chef d'orchestre virtuel** et tenir vous-même la baguette en suivant sur un écran les mouvements exécutés par l'orchestre philharmonique de Vienne. Mais attention : ces messieurs sont très exigeants et n'hésiteront pas à « sonner les cloches » au maestro s'il n'est pas en mesure.

Le 4e étage permet d'abord de découvrir la salle TV de l'ORF et d'écouter les productions de la radio autrichienne, mais également de produire des sons et de composer de la musique d'une manière interactive très amusante dans le **Brain Opera**, conçu par le Massachussetts Institute of Technology. Il faut pour cela y consacrer un peu de temps et laisser libre cours à la joie des premiers essais. Avant de faire un tour dans la boutique, faites un détour par la *Sensor Chair* musicale qui déclenche de la musique dès que vous vous asseyez.

Au rez-de-chaussée, ainsi qu'aux 5e (où se trouve également une salle de spectacle) et 6e étages sont réparties les salles d'un café-restaurant. D'en haut, on jouit d'une belle vue sur la cathédrale St-Étienne.

À la sortie, prenez à gauche la Seilerstätte, puis tournez encore à gauche dans la Johannesgasse.

Transformez-vous en chef d'orchestre virtuel à la maison de la Musique.

Haus der Musik / WIEN

Église des Ursulines et couvent (Ursulinenkirche und kloster) B2

Johannesgasse 8. Appelées à Vienne par l'impératrice Éléonore en 1660, des ursulines liégeoises firent construire leur couvent et leur église entre 1665 et 1675 par un architecte aujourd'hui inconnu. La voûte en berceau du sanctuaire abrite un retable de Johann Spillenberger, *Le Martyre de sainte Ursule* (1675).

Collection d'art des Religieuses (Sammlung Religiöse Volkskunst) B2 – *(01) 406 89 05 -merc. 10h-17h - fermé 1er janv., 1er mai, 1er nov. et 25 déc. - 3 €* La pièce maîtresse de cette exposition est l'ancienne pharmacie baroque de l'abbaye des Ursulines du 18e s., original maintenu en état, avec la toile *Le Christ apothicaire* (1747). On y trouve également des formes de la représentation du Christ et des témoignages de la vénération des saints et de la Vierge Marie.

Johannesgasse B2

Presque en face de l'église des Ursulines se dresse au n° 15 la **fondation des Dames de Savoie (Savoysches Damenstift)**, de 1688. Dans une niche de la façade est logée une statue en plomb de la Vierge due à Franz Xaver Messerschmidt (1768), surtout connu pour ses têtes grimaçantes *(voir p. 230)*. Au n° 6, les **Archives de la trésorerie de la Cour (Hofkammerarchiv)** furent dirigées par l'écrivain Franz Grillparzer de 1832 à 1856 (il est possible de visiter son cabinet de travail au 4e étage). Au n° 5 se dresse le beau palais Questenberg-Kaunitz (1701, d'après un projet Johann Lukas von Hildebrandt) ; Talleyrand y séjourna pendant le congrès de Vienne.

De retour sur la Kärtner Straße, pour rejoindre le point de départ du second itinéraire, prenez à gauche puis à droite la Führichgasse qui débouche sur la Lobkowitzplatz.

Le quartier de l'église des Capucins★ 2

À deux pas de la Hofburg, de l'Opéra et des rues commerçantes du Graben et de la Kärntnerstraße, ce quartier de rues et ruelles endormies, assez peu animées, recèle toutefois quelques curiosités intéressantes.

Débutez la visite par la Lobkowitzplatz qui fait face à l'Albertina (voir p. 186).

Palais Lobkowitz A1

Lobkowitzplatz 2. Construit de 1685 à 1687 sur les plans de Giovanni Pietro Tencala pour le comte Philipp Sigismund Dietrichstein, cet édifice italianisant a été retouché en 1709 par Johann Bernhard Fischer von Erlach. Ce dernier a ajouté l'attique ainsi que le portail qui s'inspire nettement du maître-autel conçu l'année précédente par le même architecte pour l'église des Franciscains de Salzbourg. En 1753, Wenzel de Lobkowitz acheta le palais où allait avoir lieu, en 1804, la première de la *3e Symphonie* de Ludwig van Beethoven dans le grand salon *(Eroica-Saal)*. Il est difficile d'imaginer la sensation que la symphonie de Beethoven dut causer sur l'auditoire restreint venu l'écouter sous les lambris baroques du palais. Accoutumée à la musique plus douce et moins émotive de Joseph Haydn, la salle dut en être bouleversée, au point qu'un des auditeurs écrivit au lendemain du concert : « La musique de Beethoven atteindra

Profil d'un mécène

À l'instar des Hildenburg-Hausen et des Esterházy qui eurent respectivement Gluck et Haydn à leur service, les Lobkowitz exercèrent un rôle capital dans l'histoire de la musique autrichienne. Riche et très au fait de l'art musical comme tous les grands seigneurs de son temps, le prince François-Joseph Maximilien de Lobkowitz, qui finançait un orchestre entier, transforma son palais en véritable académie de musique où venaient jouer virtuoses et chanteurs de renom. C'est ainsi que Beethoven fut invité à y improviser sur un quatuor d'Ignace Pleyel, arrivé de Paris et totalement enthousiasmé par les qualités du génie allemand. Beethoven n'était pas au service de Lobkowitz, mais un contrat de priorité les liait (ce fut le cas pour la première de *L'Héroïque*). Les soirées musicales du palais Lobkowitz attiraient les plus grands noms de l'Empire car le prince n'avait de cesse de présenter du nouveau : dès qu'un compositeur étranger passait les portes de Vienne, Lobkowitz n'hésitait pas à convoquer solistes et ténors afin qu'ils pussent jouer au plus vite les œuvres de celui qui n'allait pas manquer d'être son hôte.

bientôt le point où l'on n'en tirera plus le moindre plaisir… » Grand protecteur de la musique, François-Joseph Maximilien de Lobkowitz, alors âgé de 32 ans, était davantage clairvoyant.

Musée du Théâtre autrichien (Österreichisches Theatermuseum) – *℘ (01) 525 24 610 - www.theatermuseum.at - tlj sf lun. 10h-18h - fermé 1er mai, 1er nov. et 31 déc. - 4,50 €.* Fondé en 1923, ce musée est installé dans le palais Lobkowitz depuis 1991. L'exposition permanente présente, entre autres, des croquis, des modèles de décors, des photographies, des costumes, des personnages de théâtre et de nombreux tableaux. Il faut ajouter à cela un musée du théâtre réservé aux enfants, proposant des spectacles de marionnettes *(fermé pendant les vacances d'été)*. Des expositions spéciales sont également organisées, puisant leur inspiration dans le fond d'une des plus riches collections théâtrales.

Engagez-vous dans la Führichgasse pour tourner à gauche vers le Neuer Markt en passant par la Tegetthoffstraße.

Neuer Markt A1

Jadis, cette place était celle du marché aux farines et des tournois s'y déroulaient. Elle a préservé une empreinte baroque grâce à une dominante d'immeubles du 18e s. : la Kupferschmiedhaus (nº 13, 1796) ; la Hatschiererhaus (nº 14, 1665) ; la Maysederhaus (nº 15, 2e moitié du 18e s., ancienne maison du violoniste et compositeur Josef Mayseder) ; la Hufschmiedhaus (nº 16, façade de 1770). À l'emplacement du nº 2, où il avait sa résidence urbaine de 1792 à 1797, Joseph Haydn composa l'hymne impérial autrichien en 1795-1796, qui commence par le fameux « Dieu protège l'empereur ».

Le centre du « Marché neuf » est occupé par la **Donner-Brunnen★★**, fontaine érigée entre 1737 et 1739 par Georg Raphael Donner à la suite d'une commande de la municipalité. Sur un socle élevé, la statue centrale (la Prudence), métaphore de la sollicitude et de la sagesse du gouvernement de la ville, est entourée d'anges et de poissons crachant de l'eau. Les figures disposées sur la margelle personnifent des affluents du Danube : les rivières Traun (jeune pêcheur au harpon), Enns (vieux passeur barbu), Ybbs et March (deux nymphes), symboles des quatre provinces voisines de la capitale. Choquée par la nudité des figures, Marie-Thérèse les fit enlever en 1770 – ce groupe était alors la première œuvre de caractère profane à orner une place de la ville. Elles ne furent replacées que sous le règne de François II, en 1801. On peut voir les statues originales (en plomb) de ces copies (en bronze) au Musée baroque du Belvédère.

La fontaine de Donner.

Église des Capucins (Kapuzinerkirche)★ A1 – Construite de 1622 à 1632 et dédiée à N.-D.-des-Anges, l'église des Capucins a été remaniée plusieurs fois avant de retrouver son aspect original en 1936. Conformément à la règle des ordres mendiants, la décoration intérieure est extrêmement sobre. Dans une niche de la façade, une statue moderne (1935, Hans Mauer) représente le capucin Marco d'Aviano ; légat du pape auprès de l'armée de Charles de Lorraine, il célébra la messe au sommet du Kahlenberg le matin de la bataille finale contre les Turcs en 1683.

Crypte des Capucins (Kapuzinergruft)★★ – *Voir ci-dessous « Visiter ».*

À hauteur de la Donner-Brunnen, engagez-vous dans la Plankengasse.

Plankengasse A1

Cette petite rue offre trois perspectives très différentes qui méritent l'attention du passant : en face, on voit la façade jaune de l'Église évangéliste (Evangelische Kirche) construite en 1784 par Gottlieb Nigelli ; à droite *(à hauteur de la Seilergasse)*, la moderne Haas-Haus de Hans Hollein *(voir p. 129)* ; derrière soi, l'élégante Donner-Brunnen *(voir ci-dessus)*. Remarquez au n° 4 les détails décoratifs des trois façades de l'immeuble sécessionniste Zum silbernen Brunnen élevé en béton armé en 1914.

Continuez la Plankengasse pour tourner à droite dans la Dorotheergasse.

Musée juif de Vienne (Jüdisches Museum der Stadt Wien)★ A1

Dorotheergasse 11 - &. - 🖉 (01) 535 04 31 - www.jmw.at - dim.-vend. 10h-18h, jeu. 10h-20h - 5 € (billet combiné avec le musée de la Judenplatz et la synagogue 7 €).

Depuis 1993, le musée Juif est logé dans le palais Eskeles (seconde moitié du 18e s.), bâtiment baroque qui appartint à plusieurs familles de la noblesse autrichienne.

Au rez-de-chaussée, on trouve l'auditorium dans lequel la religion juive est expliquée à l'aide d'objets choisis dans la collection de Max Berger. Au 1er étage, se succèdent des expositions. Remarquez les plafonds à caissons en bois peint. Au 2e étage, on peut visiter l'« exposition historique », étonnante présentation holographique d'images relatives à la présence juive à Vienne, qui incite le visiteur à la réflexion. Évoqué dans la nudité de grands panneaux de verre qui ne révèlent leur contenu que lorsqu'on y fait face, le douloureux et encore récent passé des juifs de Vienne apparaît comme ce cauchemar malheureusement réel dont on redoutera toujours le réveil. La plupart des documents relatent la vie quotidienne de la communauté, et notamment l'ancien ghetto de Leopoldstadt. Au centre de la salle, sur un socle, sont inscrites les grandes dates de l'histoire juive à Vienne, de 903 à nos jours.

Les vitrines du 3e étage contiennent des objets de culte provenant en grande partie de la collection de la communauté de culte israélite.

Au bout de la Dorotheergasse se trouve le **Café Hawelka** *(n° 6), véritable institution viennoise (voir Carnet pratique). Reprenez la Dorotheergasse dans le sens contraire.*

Dorotheum A1

Dorotheergasse 17. Impossible de manquer la majestueuse façade de cette institution ! À l'emplacement de l'église et du cloître Ste-Dorothée qui lui ont laissé leur nom, le Dorotheum est l'une des plus grandes salles de vente du monde. « Tante Dorothée » est installée dans plusieurs bâtiments néobaroques construits entre 1898 et 1901 par

La communauté juive

Des documents rédigés en Haute-Autriche attestent l'existence de juifs dans le pays pour la première fois vers 903. La Vienne du 13e s. autorise leur installation à l'intérieur de ses murs, principalement à l'emplacement de l'actuelle Judenplatz. La première communauté juive y demeure jusqu'en 1421 *(voir p. 167)*. En 1624, Ferdinand II décide de réserver aux juifs un territoire à proximité du Danube et qui compte bientôt un peu plus d'un millier de personnes. En 1670, Léopold Ier ordonne toutefois l'expulsion des juifs, qui doivent quitter la ville en quelques semaines. L'*Unterer Werd* devient alors Leopoldstadt (actuel 2e arr.) et la synagogue est transformée en église.

Les juifs ont la satisfaction de voir François-Joseph les émanciper totalement en 1867, ce qui, d'une part, assure à cet empereur le loyalisme durable de la communauté, d'autre part, suscite une arrivée massive de juifs dans la capitale. Cependant, ceux-ci doivent affronter au début du 20e s. l'antisémitisme des chrétiens-sociaux de Karl Lueger, « le bourgmestre le plus éminent de tous les temps » à en croire Adolf Hitler. Cette atmosphère pour le moins négative est du reste à l'origine du sionisme de Theodor Herzl. Les brillantes figures de Viennois juifs (Sigmund Freud, Joseph Roth, Arthur Schnitzler, Arnold Schönberg ou Ludwig Wittgenstein, pour n'en citer que quelques-uns) à la fin du 19e s. et au début du 20e s. témoignent de l'importance de la communauté juive. L'annexion de l'Autriche à l'Allemagne national-socialiste en 1938 a toutefois des conséquences désastreuses sur la population juive, notamment durant la **nuit de Cristal** du 9 au 10 novembre 1938 et les actes de violence qui en résultèrent. Au cours de la Seconde Guerre mondiale, au moins 65 000 juifs autrichiens disparaissent.

Le chandelier Chanukka du Musée juif de Vienne.

Emil von Förster. Dans la cour *(Klosterneuburger Hof, Dorotheergasse 15)* se trouve un fragment mural de l'ancienne église Ste-Dorothée, du 16ᵉ s. (Dorotheerkirche).

Les différentes salles de ce mont-de-piété fondé en 1707 par Joseph Iᵉʳ abritent de belles antiquités, des tableaux, des sculptures, du verre et de la porcelaine, des objets en argent, des armes, des horloges, des bijoux, des meubles, des livres, des timbres, mais aussi des jouets et même des bandes dessinées, tous vendus aux enchères. Certains articles sont également proposés en vente libre *(voir aussi la rubrique « Achats » p. 157).*

Revenez sur vos pas pour tourner à gauche dans la Stallburggasse et immédiatement à droite dans la Bräunerstraße.

Bräunerstraße A1

Au nᵒ 3, derrière la façade rococo d'une maison édifiée en 1761 naquit, le 7 décembre 1801, **Johann Nestroy**, qui fut comédien et chanteur d'opéra, peintre même, mais surtout moraliste et directeur de théâtre.

Visiter

Opéra national (Staatsoper)★★ A2

Entrée sous les arcades, Kärntner Straße - ♿ *-* ☎ *(01) 514 44 26 13 - www.wiener-staatsoper.at - visite guidée uniquement sur rendez-vous (40mn) : juil.-août tlj 11h, 13h, 14h, 15h, certains jours visite supplémentaire à 10h et à 16h ; reste de l'année se renseigner - fermé Vendredi saint, 25, 26 et 31 déc., ainsi que lors des répétitions - 5 € (billet combiné avec le musée de l'Opéra 6,50 € ; billet combiné avec le musée de l'Opéra et le musée du Théâtre autrichien 8 €).*

La visite de l'intérieur commence par les salles d'entracte. La salle des Gobelins est ornée de tapisseries modernes évoquant *La Flûte enchantée* de Mozart, réalisées par Rudolf Eisenmenger. Le **foyer Schwind★** doit son nom au peintre Moritz von Schwind dont les fresques représentent des scènes d'opéras ; parmi les bustes des compositeurs et chefs d'orchestre, remarquez celui de Gustav Mahler réalisé par Auguste Rodin (1909). La salle de marbre a été décorée par Otto Prosinger. Autrefois réservé à la Cour qui y passait les entractes, le salon de Thé est décoré de draperies de soie frappées des initiales impériales. Cette salle n'est plus utilisée que pour les conférences de presse, les interviews de chanteurs célèbres ou par les rarissimes spectateurs enclins à payer le prix fort *(1 450 €, champagne et billets non compris)* pour y attendre le début du spectacle et y passer l'entracte. On descend ensuite le superbe **escalier d'honneur★** dont les lunettes sont décorées de reliefs allégoriques (l'Opéra comique, le Ballet, l'Opéra) peints par Johann Preleuthner et dont les statues des sept arts libéraux sont dues à Josef Gasser. On accède alors à la salle de spectacle. Erich Boltenstern, qui fut chargé de sa reconstruction, n'a pas renouvelé l'opulente décoration du théâtre à l'italienne voulue par les deux architectes initiaux. Renonçant à tout ornement et sacrifiant les ogives du dernier balcon et les colonnes qui gênaient la vue, il a conçu une salle en forme de fer à cheval qui peut accueillir un peu plus de 2 200 spectateurs et 110 musiciens.

Crypte des Capucins
(Kapuzinergruft)★★

Entrée à gauche de l'église des Capucins -
℘ (01) 512 68 53 - www.kaisergruft.at - tlj
9h30-16h - fermé 1ᵉʳ et 2 nov. - 4 €.

La crypte des Capucins, également baptisée **Kaisergruft**, crypte impériale, fut fondée par l'impératrice Anna en 1618. Douze empereurs, dix-sept impératrices et plus de cent autres membres de la maison impériale y sont ensevelis. Les cercueils renferment leurs corps embaumés, tandis que leurs entrailles sont conservées dans les catacombes de la cathédrale St-Étienne et que leurs cœurs se trouvent dans l'église St-Augustin. Deux empereurs

> ## Une prouesse technique
>
> Au total, près de 2 000 personnes assurent le bon fonctionnement de l'Opéra, une centaine étant affectée aux rotations incessantes des costumes et des décors. Faute de place, ces derniers doivent être entreposés au dépôt de l'Arsenal, distant de 4 km. Les camions de transport ont une entrée spéciale à l'arrière du bâtiment et le déchargement des décors se fait automatiquement par des ascenseurs de 22 m de long qui les hissent à hauteur de la scène. Ultramoderne, celle-ci peut répondre aux exigences de la mise en scène contemporaine avec ses 1 500 m², ses 50 m de profondeur totale, ses 45 m de haut, son armée de vérins hydrauliques, d'ascenseurs, de grues et son plateau tournant pesant 45 t. Chaque jour, on démonte le décor de la veille pour le remplacer par celui de la représentation du soir, mais il arrive bien souvent que le décor d'une répétition s'intercale pour habituer les chanteurs aux dimensions de la scène. L'Opéra national est un chantier permanent.

sont inhumés ailleurs : Ferdinand II (à Graz) et Charles Iᵉʳ (à Madère). L'archiduc François-Ferdinand et son épouse Sophie, victimes de l'attentat de Sarajevo le 28 juin 1914, ne sont pas inhumés à Vienne mais au château d'Artstetten, en Basse-Autriche.

Crypte des Fondateurs (Gründergruft) – Les dépouilles de l'empereur Matthias et de son épouse Anna furent transportées de l'église Ste-Dorothée *(voir ci-dessus, Dorotheum)* à la crypte des Fondateurs en 1633.

Crypte Léopold (Leopoldsgruft) – Elle abrite les tombeaux de Ferdinand III (**1**) et de l'épouse de Léopold Iᵉʳ, Éléonore du Palatinat-Neubourg (**2**), réalisés par Balthasar Ferdinand Moll.

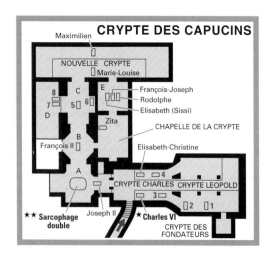

Crypte Charles (Karlsgruft) – Les sarcophages de Léopold Iᵉʳ (**3**) et de Joseph Iᵉʳ (**4**) sont dus à Johann Lukas von Hildebrandt. Celui de **Charles VI★** est une œuvre magistrale de **Balthasar Ferdinand Moll**. Orné des armes (couronnant les crânes aux angles) du Saint Empire romain germanique, de Bohême, de Hongrie et de Castille, il est coiffé d'une allégorie de l'Autriche en deuil due au ciseau de Johann Nikolaus Moll. Remarquez les visages voilés des pleureuses sculptées aux angles du sarcophage d'Élisabeth-Christine, épouse de Charles VI, surnommée « le lys blanc » en raison de son teint pâle.

Crypte Marie-Thérèse (Maria-Theresia-Gruft) (**A**) – Ce caveau a été exécuté par le Français Jean-Nicolas Jadot de Ville-Issey à la demande de François de Lorraine et Marie-Thérèse. L'architecte imagina un mausolée voûté en coupole ovale au centre duquel se situe le **sarcophage double★★** réalisé par Balthasar Ferdinand Moll. Celui-ci a façonné dans le plomb un étonnant lit de parade où se tient le couple impérial, symboliquement en vis-à-vis, devant un ange annonçant le triomphe de la foi et prêt à emboucher sa trompette le jour du Jugement dernier. Aux angles ont été placées les couronnes du Saint Empire romain germanique, de Hongrie, de Bohême et de Jérusalem (un casque entouré d'épines).

Sarcophage de Charles VI.

Devant se trouve le cercueil de leur fils, Joseph II. Une niche abrite le monument funéraire de la comtesse Fuchs-Mollard, préceptrice de Marie-Thérèse ; la haute estime dans laquelle celle-ci la tenait explique la présence de cette unique dépouille n'appartenant pas à la famille impériale.

L'éternité par la petite porte

Accompagnant le simple cercueil de bois renfermant le défunt, le chambellan venait frapper à la petite porte à double battant ouvrant sur la crypte de Léopold. Le capucin attendant dans le caveau demandait : « Qui conduisez-vous ? » et le chambellan répondait en récitant la longue liste des nombreux titres de l'empereur ou de l'impératrice qu'il précédait et qui avait régné sur le vaste Empire austro-hongrois. « Nous ne connaissons pas cette personne ! » lançait le capucin au chambellan, qui renouvelait alors la liste des titres à laquelle le capucin répétait son refus. À la troisième réponse négative, le chambellan se décidait à davantage de modestie : « Nous accompagnons un pauvre pécheur qui demande cependant à connaître le repos éternel », alors le capucin de répliquer enfin : « Nous le reconnaissons comme frère et nous l'accueillons ici. »

Crypte François (Franzensgruft) (**B**) – Dernier souverain du Saint Empire romain germanique, François II repose dans un sarcophage en cuivre dessiné par Pietro Nobile et entouré des cercueils de ses quatre épouses.

Crypte Ferdinand (Ferdinandsgruft) (**C**) – Parmi les nombreux cercueils groupés dans cette salle se trouvent ceux de Ferdinand Ier (**5**) et de son épouse Marie-Anne de Savoie (**6**).

La « peste de l'étain »

Contrairement à ce qu'on lit dans la citation de Joseph Roth (voir ci-dessus), les sarcophages sont en métal. Plus précisément, ils furent réalisés en étain jusqu'à la fin du 18e s., puis on les conçut en cuivre. L'oxydation dite « peste de l'étain » qui attaque les sarcophages des 17e et 18e s. impose un entretien coûteux et régulier.

Crypte toscane (Toskanagruft) (**D**) – Ce caveau abrite les cercueils de Léopold II (**7**) et de son épouse Marie Ludovique d'Espagne (**8**) ainsi que deux branches collatérales qui ont régné en Toscane et à Modène jusqu'en 1860 (l'archiduc François-Ferdinand, né en 1863, fut l'héritier du dernier duc de Modène).

Nouvelle crypte (Neue Gruft) – Sous un plafond en béton (1961), cette crypte réunit notamment les sarcophages de Maximilien, fusillé par les révolutionnaires républicains de Juárez au Mexique en 1867, et de Marie-Louise, impératrice des Français. Le cercueil de son fils le roi de Rome, qui se trouvait dans la crypte François, a été transféré sous le dôme des Invalides le 15 décembre 1940, exactement cent ans après les funérailles de son père.

Crypte François-Joseph (Franz-Joseph-Gruft) (**E**) – De part et d'autre du cercueil de François-Joseph, dernier souverain Habsbourg inhumé dans la crypte des Capucins, reposent Élisabeth de Bavière, assassinée à Genève en 1898, et leur fils Rodolphe, qui se suicida dans le pavillon de chasse de Mayerling en 1889 (voir p. 295). Le cercueil de Sissi est fleuri en permanence, notamment de la couronne florale au ruban tricolore de la Hongrie (vert, blanc, rouge).

Chapelle de la crypte (Gruftkapelle) – La dernière sépulture installée dans la crypte des Capucins est celle de Zita de Bourbon-Parme, décédée durant son exil suisse en 1989. La chapelle abrite également un monument à la mémoire de son époux Charles Ier, dernier souverain de la dynastie.

A.E.I.O.U.

Nul, hormis l'empereur Frédéric III qui la créa sans jamais l'expliquer, ne sait exactement ce que signifie la devise A.E.I.O.U. Elle date de la naissance de la maison d'Autriche, lorsque Frédéric, duc de Styrie, se fit couronner en 1440. Plusieurs interprétations ont été avancées dont la plus vraisemblable est *Austria Est Imperare Orbi Universo* : « Il appartient à l'Autriche de commander à l'univers. » Une autre interprétation est *Austria Erit In Omne Ultimum* : « La maison d'Autriche survivra éternellement. » Les Viennois, qui ne manquent pas d'autodérision, ont, durant l'occupation de la ville par le roi de Hongrie, Mathias Corvin, attribué une tout autre signification en suggérant *Aller erst ist Österreich verloren* : « Avant tout, l'Autriche est perdue. »

Opéra national et église des Capucins pratique

Informations utiles

INTERNET

Surfland Internetc@fe – *Krugerstraße 10 - 1er arr. -* 🕾 *(01) 512 77 01 - tlj 10h-23h - 15 places - 1,50 € tarif de base + 0,08 €/ mn - www.surfland.at*

Se loger

Pour la description des hôtels du quartier, voir la partie « Organiser son voyage » p. 28.

Se restaurer

🍽 **Trzesniewski** – *Dorotheergasse 1 - 1er arr. -* 🕾 *(01) 512 32 91 - lun.-vend. 8h30-19h30, sam. 9h-17h.* Derrière ce nom imprononçable, se cache un bistrot qui propose de délicieux petits pains garnis au concombre, à l'œuf ou au lard. À manger debout ou assis, ou encore à emporter. Vous en trouverez plusieurs répartis dans les endroits les plus animés de la ville.

Faire une pause

Bräunerhof – *Stallburggasse 2 - 1er arr. -* 🕾 *(01) 512 38 93 - www.braeunerhof.at - lun.-vend. 8h-21h, sam. 8h-19h, dim. 10h-19h.* Ce café viennois, ouvert juste après la guerre, cultive la discrétion. Une décoration minimale, des serveurs taiseux, peu de touristes… les Viennois viennent ici pour lire en toute tranquillité la presse. Parmi ses hôtes réguliers, Thomas Bernhardt qui, n'étant pas à un paradoxe près, disait détester tous les cafés et en particulier le Bräunerhof !

Hawelka – *Dorotheergasse 6 - 1er arr. -* 🕾 *(01) 512 82 30 - www.hawelka.at - tlj sf lun. 8h-2h, dim. et j. fériés 10h-2h.* Ce petit café, toujours bondé en soirée à l'ambiance bohème et décontractée, est une institution. Dans les années 1950, on y rencontrait des intellectuels et des artistes avant-gardistes. Parmi les spécialités figurent les *Buchteln* (brioches fourrées à la confiture de prunes), uniquement servies à partir de 22h. Agréable terrasse ombragée en été.

Konditorei Oberlaa Stadthaus – *Neuer Markt 16 - 1er arr. -* 🕾 *(01) 513 29 36 0 - www.oberlaa-wien.at - tlj 8h-20h.* Davantage pâtissier que cafetier, Oberlaa est une enseigne très connue à Vienne. On affectionne particulièrement cette adresse pour son jardin d'été avec vue sur les maisons baroques du Neuer Markt et ses délicieuses tartes et autres plaisirs sucrés qui enchantent le palais !

Mozart – *Albertinaplatz 2 - 1er arr. -* 🕾 *(01) 24 100 0 - tlj 8h-0h.* Bien situé sur l'Albertinaplatz, on trouve dans cet établissement des plats chauds à toute heure. Terrasse en été et presse internationale. Les spécialités de la maison en matière de café sont le *Maria Theresia*, le *Kaisermelange* et le café turc.

Sacher – *Philharmonikerstraße 4 - 1er arr. -* 🕾 *(01) 514 560 - tlj 8h-0h.* Plutôt un salon de thé qu'un café (c'est en réalité un hôtel-café-restaurant), mais en tout cas une véritable institution. La terrasse d'été donne sur l'arrière de l'Opéra. Des journaux internationaux sont proposés aux hôtes illustres et aux touristes chanceux qui parviennent à trouver une place dans ce café. On y déguste naturellement la légendaire *Sachertorte*.

K. Blackwell / MICHELIN

Au Café Sacher.

Achats

J. & L. Lobmeyr – *Kärntner Straße 26 - 1er arr.* Ce magasin spécialisé en verrerie faisait autrefois partie des fournisseurs de la Cour. Il est surtout célèbre pour son « verre mousseline », extrêmement fin et très fragile.

4 Freyung et Hoher Markt ★

PLAN 1ER RABAT DE COUVERTURE B2 – PLAN VII CI-DESSOUS – 1er ARR.

Avec ses palais baroques, la Freyung porte l'empreinte des aristocrates de l'Empire qui vinrent s'installer à proximité de la Hofburg. Leurs façades exubérantes se déploient sur les vastes places et le long de rues élégantes. Vers le Hoher Markt, cette opulence se fait plus discrète. Sanctuaires romans et gothiques, ruelles étroites et ruines romaines renvoient à un passé plus ancien. Cette inflexion subtile fait tout l'attrait de cette balade.

▶ **Se repérer** – Situés dans l'Innere Stadt, la Freyung et le Hoher Markt s'étendent entre la Hofburg et le canal du Danube sur une superficie réduite.
Accès à la Freyung : **U** 2 Schottentor, **U** 3 Herrengasse - 🚋 1, 2, 37, 38, 40, 41, 42, 43, 44, D Schottentor - 🚌 1A Teinfaltstrae, 2A Michaelerplatz, 2A, 3A Herrengasse.
Accès à Hoher Markt : **U** 1, 4 Schwedenplatz - 🚋 1, 2, 21, N Schwedenplatz - 🚌 1A, 2A, 3A Hoher Markt.

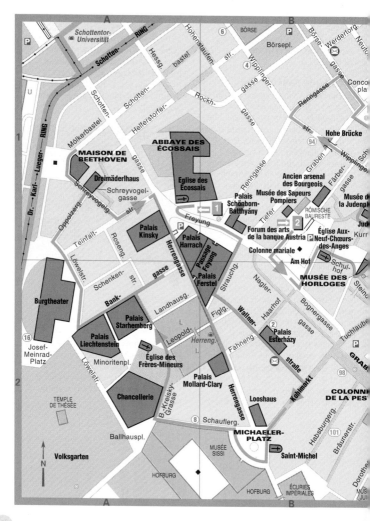

À ne pas manquer – L'abbaye des Écossais, la Michaelerplatz, la maison de Beethoven, la chancellerie de Bohême.

Organiser son temps – L'itinéraire à partir de la Freyung étant relativement long, ménagez-vous des pauses dans les grands cafés littéraires qui ponctuent le parcours.

Comprendre

Le quartier des Seigneurs – La proximité de la Hofburg pourrait expliquer que les alentours de la Freyung regorgent de palais, et pourtant les anciennes résidences des Babenberg et autres Formbach existaient bien avant que la première pierre de la Hofburg soit posée. C'est toutefois à l'âge baroque que l'on doit la très grande majorité des palais de l'Innere Stadt, dans le 1er arrondissement. Mais alors que le pouvoir spirituel se faisait construire un palais archiépiscopal (*voir p. 128*) aux abords de la cathédrale, que le pouvoir temporel faisait édifier l'aile de Léopold à la Hofburg, les aristocrates de l'Empire firent bâtir des palais profanes dans le « quartier des Seigneurs », comme le rappelle le nom de la Herrengasse qui relie la Freyung à la Michaelerplatz.

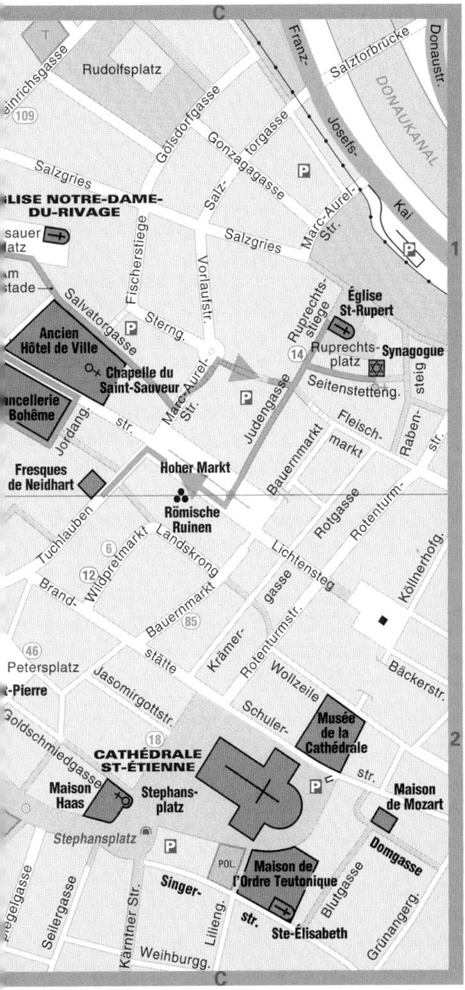

FREYUNG ET HOHER MARKT
Plan VII

0 — 100 m

SE LOGER

- Amadeus ... 6
- Hotel Am Stephansplatz ... 18
- Hotel Wandl ... 46
- Pension City ... (85)
- Pension Lerner ... (94)
- Pension Nossek ... (98)
- Pension Pertschy ... (101)
- Schweizer Pension ... (109)

SE RESTAURER

- Esterhazykeller ... 2
- Fadinger ... 4
- Hansen ... 6
- Kanzleramt ... 8
- Ofenloch ... 10
- Salut ... 12
- Salzamt ... 14
- Vestibül ... 16

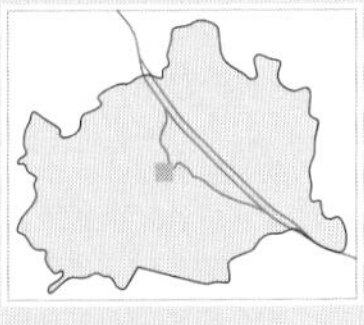

Se promener

LE QUARTIER DE LA FREYUNG★ 1

Plan VII p. 158-159

Freyung AB1

« Terre d'asile », telle est, littéralement, la signification du nom de cette place triangulaire. Ancien lieu de réjouissance populaire, elle était jadis uniquement bordée par l'abbaye des Écossais et son église. Ce monastère bénédictin accordait le droit d'asile à tout fugitif venant s'y réfugier, à l'exception des meurtriers. À partir du 17e s. s'élevèrent des bâtiments qui encadrent toujours la Freyung : les palais Ferstel (no 2), Harrach (no 3), Kinsky (no 4), et Schönborn-Batthyány. Au centre, la **fontaine d'Autriche (Austria-Brunnen)** est une œuvre de Ludwig Schwanthaler et Ferdinand Miller (1846) ; ses figures incarnent les quatre grands fleuves de l'Empire entourant l'Autriche : le Pô, l'Elbe, la Vistule et le Danube. L'allégorie de l'Autriche aurait eu pour modèle Alma von Goethe, la petite-fille du poète, décédée à l'âge de 17 ans.

Église des Écossais (Schottenkirche) A-B1 – *Freyung bei 6*.

L'église N.-D.-des-Écossais *(pour l'origine du nom, voir Encadré)* fut plusieurs fois détruite depuis sa fondation qui débuta en 1155. L'édifice actuel remonte aux transformations effectuées pour adapter l'église au goût baroque par Andrea d'Allio et Silvestro Carlone entre 1638 et 1648. Sa silhouette caractéristique lui vient indéniablement de son beau clocher à bulbe.

À l'intérieur, la chapelle romane conserve une statue très vénérée de la Vierge, la plus ancienne de Vienne (vers 1250). D'autres œuvres méritent l'attention, notamment *L'Assomption* et *Le Martyre de saint Sébastien* de Tobias Pock (vers 1655), ainsi que *Le Départ des apôtres Pierre et Paul* et *La Crucifixion* de Joachim von Sandrart (1652). C'est dans ce sanctuaire qu'eut lieu, le 15 juin 1809, le service funèbre à la mémoire de Joseph Haydn.

Abbaye des Écossais (Schottenstift)★ A-B1 – *Freyung 6*.

Rénovés aux 17e s. et 18e s., les bâtiments conventuels furent entièrement transformés entre 1826 et 1832 par Josef Kornhäusel. Ils abritent un collège renommé où étudièrent entre autres Victor Adler, Johann Nestroy, Johann Strauß ainsi que le dernier empereur d'Autriche, Charles Ier.

Musée de l'Abbaye – ✆ (01) 534 98 600 - www.schottenstift.at - *entrée par la boutique du cloître, près de l'église, 1er étage -* ♿ *- jeu.-sam. 11h-17h - fermé j. fériés - 4 €*.

Cette collection rassemble des meubles et des œuvres d'art Biedermeier intéressants, quelques remarquables natures mortes du 17e s. de Christian Luyckx, Alexandre Coosemans et Nicolaas Van Veerendael, ainsi que des toiles de Pierre Paul Rubens (*Le Christ en salvator mundi*), Christian Seybold (*Autoportrait*, vers 1755), Giovanni Battista Pittoni (*Le Sacrifice d'Abraham*, vers 1720), David Vinckboons (*Paysage alpin*, 1602), Jan Provost (*Jonas précipité dans les eaux*, 1465), Tobias Pock (*Le Couronnement de Marie*, vers 1655), Joachim von Sandrart (*La Gloire céleste*, 1671) et de nombreuses autres œuvres réalisées par de célèbres artistes du baroque et de l'époque Biedermeier. Mais le chef-d'œuvre du musée est le **retable des Écossais★★** réalisé dans les années 1470 par le maître du même nom. Cette œuvre du gothique flamboyant, désormais présentée dans une salle spécialement aménagée pour son exposition, se compose de 19 panneaux (24 à l'origine). L'un des intérêts, et non des moindres, de ce retable est qu'il nous donne une idée de la Vienne médiévale. Dans *La Fuite en Égypte*, par exemple, on discerne nettement l'enceinte fortifiée de la cité, la Kärntnerstraße et, à l'arrière-plan, la cathédrale et sa tour sud. Ceux qui connaissent bien la ville peuvent s'amuser à deviner les anciennes

---

Une origine lointaine

Durant le Haut Moyen Âge, des moines bénédictins provenant de l'île de Iona, en Écosse, et d'Irlande entreprirent d'évangéliser les Germains du continent. Certains d'entre eux s'installèrent à Ratisbonne. En 1155, le duc Henri II Jasomirgott les pria de venir à Vienne. Ceux qu'on surnommait tout naturellement les Écossais fondèrent le monastère qu'on appelle encore de nos jours l'abbaye des Écossais.

« La Freyung », en 1760, détail d'une huile de Bernardo Bellotto dit « Canaletto ».

silhouettes d'édifices toujours visibles actuellement, telle la tour romane de l'église St-Pierre (Peterskirche). Les autres auront le plaisir de voir des scènes extraites des vies du Christ et de la Vierge situées dans un contexte viennois, ce qui est le cas dès le premier panneau du cycle, *L'Entrée du Christ dans Jérusalem*.

Cour des Écossais – Cette belle cour, au n° 3, eut un résident célèbre entre 1869 et 1886 : Franz Liszt, lorsqu'il venait donner des récitals à Vienne.

Sortez de la cour et gagnez la place.

Au n° 7 de la place de la Freyung se trouve la **Schubladkastenhaus**, c'est-à-dire la « maison à tiroirs » comme l'ont surnommée les Viennois en raison de sa ressemblance avec les meubles Biedermeier. Il s'agit de l'ancien prieuré du couvent élevé en 1774 par Andreas ou Franz Zach. Au n° 4 de la Renngasse se dresse la **palais Schönborn-Batthyány**, bâtiment transformé par Johann Bernhard Fischer von Erlach à la fin du 17ᵉ s.

Palais Kinsky A1 – *Freyung 4*. Construit de 1713 à 1716 par Johann Lukas von Hildebrandt pour le comte d'Empire Daun, cet hôtel particulier devint la possession de la famille Kinsky en 1777. C'est l'une des plus remarquables réalisations de l'architecture civile de l'époque baroque, probablement la plus belle. Éblouissante, la **façade★** est richement décorée de blasons, de statues, de pilastres colossaux, de frontons variés et de motifs sculptés. Le portail monumental relevé d'atlantes est couronné par un fronton concave et brisé.

Palais Harrach A1 – *Freyung 3*. Construit pour Ferdinand Bonaventura, comte Harrach, à partir de 1689 sur des plans dressés par Domenico Martinelli, ce palais fut achevé par Johann Lukas von Hildebrandt. En 1845, il fut largement transformé par la suppression du fronton de la façade principale et le réaménagement de la cour. L'édifice, durement touché par un bombardement en 1944, fut reconstruit dans le style baroque durant l'après-guerre et achevé en 1952.

Un grand protecteur des arts

Le prince Ferdinand Johann Kinsky s'illustra si bien à la bataille d'Aspern (1809) qu'il fut décoré de l'ordre de Marie-Thérèse par l'archiduc Charles. Mort à 30 ans d'une chute de cheval dans sa propriété de Weltrus, en Bohême, ce colonel de uhlans couvert de gloire avait pris soin, en 1809, de retenir à Vienne Ludwig van Beethoven appelé à Cassel (Kassel) par Jérôme de Westphalie. Avec Joseph de Lobkowitz et l'archiduc Rodolphe, Kinsky avait en effet proposé au compositeur allemand une rente viagère de 4 000 florins pour qu'il ne quittât pas l'Autriche. Malheureusement pour le grand musicien, qui dédia sa *Messe en ut majeur* au « noble prince », la devise autrichienne dévalua en 1811.

« La fontaine des Ondines » au palais Ferstel.

Palais Ferstel B1-2 – *Freyung 2 et Herrengasse 14.* En 1860, Heinrich von Ferstel, architecte de l'église Votive, de l'université et du musée des Arts appliqués, édifiés le long du Ring, construisit ce palais qui porte son nom. L'immeuble a abrité la Banque nationale et la Bourse. On y découvre le **passage Freyung★**, petite galerie marchande très élégante reliant la Herrengasse et la Freyung, qui cache une petite cour intérieur fort agréable embellie de la **fontaine des Ondines (Donaunixenbrunnen)**, œuvre d'Anton Dominik Fernkorn (1861) particulièrement réussie. Le palais sert aussi de cadre au célèbre **Café Central** *(entrée Herrengasse 14, voir p.165).*

Café Central

Rouvert en 1986 dans le palais Ferstel, cet établissement était très célèbre pour sa clientèle d'artistes et d'intellectuels, tels les écrivains Peter Altenberg (immortalisé par une sculpture en papier mâché près de l'entrée), Franz Werfel et Stefan Zweig, ou encore l'homme politique Léon Trotski, qui fonda *La Pravda* à Vienne.

Forum des Arts de la banque Austria (Kunstforum Bank Austria) B1 –
Freyung 8 - & *-* ℘ *(01) 537 33 26 - www.ba-ca-kunstforum.at - sam.-jeu. 10h-19h, vend. 10h-21h - 8,70 €.* De grandes expositions thématiques sont organisées dans le Forum des Arts de la Banque Austria. La salle d'exposition a été aménagée en 1987 par Gustav Peichl ; la boule en métal doré surmontant l'entrée est un hommage au pavillon de la Sécession de Josef Maria Olbrich.

Tournez à droite dans la Strauchgasse puis à gauche dans la Wallnerstraße.

Wallnerstraße B2

Un rien moins élégante que sa parallèle, la Herrengasse *(voir ci-dessous)*, cette rue est enrichie de quelques beaux bâtiments : le palais Caprara-Geymüller (n° 8) édifié vers 1698 par l'Italien Domenico Egidio Rossi pour Enea Silvio Caprara et acheté en 1798 par le banquier Jakob Geymüller (son salon pompéien est exposé au Musée historique de la ville de Vienne, *voir p. 220*) ; le palais Esterházy (n° 4), construit entre 1809 et 1813 d'après les plans du Français Charles de Moreau et où résida le prince Otto von Bismarck en 1892 ; le palais Lamberg (n° 3), surnommé la Kaiserhaus parce que l'empereur François Ier y tint audience.

Au bout de la Wallnerstraße, prenez à droite pour rejoindre le Kohlmarkt.

Kohlmarkt B2

L'ancien marché au charbon, aujourd'hui zone piétonne, mène à la Hofburg et rassemble certaines des plus luxueuses boutiques de la ville. À l'angle de la Wallnerstraße se trouve, au n° 6, le célèbre magasin de meubles **Thonet**. Plus loin, du même côté, au n° 14, le salon de thé **Demel** est une institution. Fondée en 1785 sur la Michaelerplatz par Christoph Demel, cette maison a déménagé en 1857 sur le Kohlmarkt ; dès la première bouchée de pâtisserie, on comprend pourquoi Demel fut fournisseur de la Cour (voir carnet pratique p. 172). Toujours à droite, la librairie **Manz** (n° 16) a été conçue par Adolf Loos en 1912 (et plusieurs fois transformée depuis).

Du côté gauche se dresse, au n° 9, l'**Artariahaus** construite en 1902 par Max Fabiani. Cet immeuble marque un jalon important dans l'histoire de la Sécession viennoise, car il annonce la Looshaus (voir ci-dessous). Joseph Haydn habita la Großes Michaelerhaus (1720), située au n° 11.

Michaelerplatz★ B2

Bordée à l'ouest par l'élégante aile St-Michel de la Hofburg (voir p. 176) qui ferme la perspective du Kohlmarkt, la Michaelerplatz ou place St-Michel est un passage obligé pour le touriste qui visite Vienne. Au centre ont été dégagées en 1992 des ruines romaines âgées de deux millénaires.

Au n° 2, le **café Griensteidl** est le descendant du café du même nom créé en 1847 et qui revendiquait le privilège d'avoir été le premier café littéraire de Vienne. On y refaisait tellement le monde qu'il ne tarda pas à être surnommé le « café folie des grandeurs ». Jusqu'en 1897, de jeunes écrivains comme Hugo von Hofmannsthal, qui en avait fait sa patrie intellectuelle, s'y réunissaient. Le nouveau café bénéficie d'une vue imprenable sur l'aile St-Michel (voir carnet pratiquep. 172).

Au n° 3, la **Looshaus** fut édifiée par Adolf Loos de 1909 à 1911 pour la firme Goldman & Salatsch. Cet immeuble, classé en 1947, est l'une de ses créations les plus connues. Cette construction eut un impact considérable car, située dans l'Innere Stadt et face à la Hofburg, elle concrétisait tout ce qui séparait l'archi-

Les rideaux de François-Joseph

La polémique sur la façade conçue par Loos gagna aussi le palais des Habsbourg. On dit que François-Joseph fit tirer les rideaux de l'aile du palais située juste en face pour s'épargner la vue de ce bâtiment dont il jugeait l'esthétique lui-aussi très douteuse.

tecture de la ville ancienne des nouvelles tendances. Les controverses suscitées pendant les travaux furent si vives, tant auprès du public que chez les édiles de la ville qui voulaient que l'on habillât l'« indécente nudité » de la partie supérieure, que le chantier fut fermé par la police. Lassée des complications et de l'inflexibilité de Loos, la municipalité laissa l'architecte achever la maison « sans sourcils ! ». La Looshaus est aujourd'hui occupée par la Raiffeisenbank Wien ; la salle des guichets du rez-de-chaussée est accessible, l'étage se visite lors d'expositions temporaires.

Église St-Michel (Michaelerkirche) B2 – Michaelerplatz 1 - tlj 10h-17h - ☏ (01) 533 80 00 - visite guidée de la crypte (30mn) lun.-vend. 11h, 14h, 15h, 16h, sam. 15h, 16h - 5 €. Édifiée à partir de 1220 et plusieurs fois remaniée, l'église St-Michel est l'ancienne église paroissiale de la Cour. Si la tour octogonale a été élevée en 1340, sa flèche date de 1598 et sa façade néoclassique de 1792. Près de l'entrée, relief en calcaire du Mont des Oliviers (1494). L'**intérieur** de cette basilique agrandie au 14e s. et rénovée au 16e s. accumule les styles : gothique avec le chœur (1327) et des vestiges de fresques, notamment sur l'arc de triomphe ; Renaissance avec la pierre tombale de Georg von Liechtenstein (1548) contre le dernier pilier du bas-côté droit ; baroque avec le grand orgue de David Sielber (1714), La Chute des anges de Michelangelo Unterberger (1751) dans le bras droit du transept, et le maître-autel (1781) dû à Jean-Baptiste d'Avrange, dont les personnages furent sculptés par Johann Martin Fischer et Jakob Philipp Prokop, et qui est surmonté d'une étourdissante **Chute des anges★** que l'on doit à Karl Georg Merville (1782). L'ensemble formé par le maître-autel est la dernière œuvre religieuse de style baroque réalisée à Vienne.

L'entrée de la crypte se situe à côté de l'autel latéral nord dont le retable est de Franz Anton Maulbertsch (1755). La crypte s'étend sur la surface totale de l'église. Après la fermeture du cimetière de St-Michel en 1508, les différentes tombes furent réaménagées

C. Nieto / KEYSTONE / HACHETTE

L'église des Frères-Mineurs.

sous l'église. Les archives paroissiales rapportent que de 1508 à 1784 près de 4 000 personnes de toutes origines sociales y furent enterrées. Les conditions climatiques favorables ont permis de conserver des cercueils en bois et des corps momifiés datant des 17e et 18e s. L'atmosphère sépulcrale du lieu est renforcée par un ossuaire et quelques cercueils ouverts. Pietro Trapassi (1698-1782), dit « Métastase », poète attitré de la cour impériale et protégé de Marie-Thérèse, repose ici.

Traversez la place pour vous engager dans la Schauflergasse.

Chancellerie (Bundeskanzleramt) A2
La chancellerie fédérale est installée dans l'ancienne chancellerie secrète de la Cour qui fut construite d'après des plans dressés par Johann Lukas von Hildebrandt et plusieurs fois transformée. C'est dans ses murs que fut assassiné l'ancien chancelier fédéral Engelbert Dollfuß lors d'une tentative de putsch national-socialiste le 25 juillet 1934.

Tournez à droite dans la Bruno-Kreisky-Gasse.

Minoritenplatz A2

La place est entourée de plusieurs palais, dont le palais Liechtenstein (n° 4, *voir Bankgasse ci-dessous*) et le palais Starhemberg (n° 5), du milieu du 17e s.

Église des Frères-Mineurs A2 – *(01) 533 42 61 - tlj 8h-18h, nov.-mars 17h.*
L'abbaye et l'église des Frères-Mineurs de la sainte Croix furent fondées sous le duc de Babenberg **Léopold VI**. Dans la première moitié du 14e s., Fra Giacomo de Paris érigea l'église actuelle, transformée dans le style baroque aux 17e et 18e s. L'édifice retrouva ensuite son aspect gothique à la fin du 18e s. Le portail central présente une belle *Crucifixion* (vers 1350), également due à Fra Giacomo. L'église est aujourd'hui utilisée par la communauté italienne de Vienne.
L'intérieur surprend par son plan presque carré et ses trois nefs d'égale hauteur. Sur le mur gauche, la vaste mosaïque, copie réalisée par Giacomo Raffaelli de *La Cène* de Léonard de Vinci, fut commandée à Milan par Napoléon Ier dont l'idée était de la substituer à la fresque originale qu'il souhaitait transférer à Paris. À côté, le bas-relief de la Vierge est une œuvre d'Antonio Rosselino. Contre le pilier gauche de la nef se trouve une fresque déposée (15e s.) représentant saint François d'Assise. Par ailleurs, des fragments gothiques de l'édifice sont visibles au rez-de-chaussée du musée historique de la ville de Vienne (*voir p. 220*).

Engagez-vous dans la Petrarcagasse pour gagner la Bankgasse.

Bankgasse A2

À nouveau, une rue bordée de palais fastueux. Au n° 2, le **palais Batthyány** fut édifié vers 1695 dans l'art de Johann Bernhard Fischer von Erlach. Aux n°s 4 et 6, l'ambassade de Hongrie réunit derrière une façade commune élevée en 1784 par Franz Anton Hillebrand les **palais Trautson** et **Strattmann-Windischgrätz**. Au n° 9, le **palais Liechtenstein** fut à l'origine construit pour le comte Kaunitz. L'édifice a réuni trois architectes : Domenico Martinelli, Antonio Riva et Gabriel de Gabrieli, qui y travaillèrent de 1694 à 1706. La façade est une magnifique réalisation dynamisée par un portail monumental et des sculptures de Giovanni Giulani.

Contournez l'arrière du Burgtheater pour vous engager à droite dans l'Oppolzergasse, perpendiculaire à la Schreyvogelgasse.

Dreimäderlhaus

Schreyvogelgasse 10 - ne se visite pas.

On raconte que Schubert aurait donné dans cette maison bourgeoise de 1803, décorée de stucs, des cours de piano et de chant à trois jeunes filles, ce qui lui aurait valu son nom de « maison des trois jeunes filles ».

Remontez la Schreyvogelgasse et prenez à droite la Mölkerbastei.

Maison de Beethoven (Beethoven-Gedenkstätte Pasqualatihaus)★ A1

Mölkerbastei 8 - ℘ (01) 535 89 05 - www.wienmuseum.at - 4ᵉ étage, sans ascenseur - mar.-dim. 10h-13h et 14h-18h - fermé 1ᵉʳ janv., 1ᵉʳ mai et 25 déc. - 2 €.

Baptisée du nom de Josef Benedikt, baron de Pasqualati, qui en fut propriétaire, cette grande maison de la fin du 18ᵉ s., abrite l'un des trois mémoriaux de Vienne consacrés à **Ludwig van Beethoven** (*voir également p. 255 et 258*).

Le musicien vécut en 1804 et de 1813 à 1815 dans deux pièces du 4ᵉ étage, d'où la vue était dégagée, puisque le Ring n'avait pas encore été construit. Il y composa l'opéra *Fidelio* joué pour la première fois au Theater an der Wien, ainsi que les *Symphonies* nᵒˢ 4, 5 et 7. Le **musée** expose divers objets et documents relatifs à l'auteur de l'immortelle 9ᵉ *Symphonie*. On verra, outre des vues de la ville et des portraits d'époque de personnes issues de l'entourage de Beethoven, des fac-similés de partitions dont celle de *Fidelio* (1805). Sont également exposés un masque mortuaire de Beethoven (1811-1812), ainsi que plusieurs portraits dont une huile de 1804-1805 par W. J. Mähler et un buste de Franz Klein (1812). Il est possible, et également fort plaisant pour achever cette visite, d'écouter des extraits d'œuvres *(écouteurs)*, telles que *Fidelio*, *Coriolan* ou *Egmont*.

À la sortie, reprenez la Schreyvogelgasse dans le sens inverse, tournez à gauche dans la Teinfaltenstraße puis à droite dans la Herrengasse.

Herrengasse A1-2

La « rue des Seigneurs », qui se ressent de son passé aristocratique, relie la Freyung à la Michaelerplatz. Elle est aujourd'hui bordée de palais, comme le palais Ferstel (nᵒ 14, *voir p. 255*) ou le palais Mollard-Clary (nᵒ 9). Le ministère de l'Intérieur s'est établi dans l'ancien palais Modena (nᵒ 7) construit au 16ᵉ s. et dont la façade a été transformée au début du 19ᵉ s. par Ludwig Pichl et Giacomo Quarenghi. Ne manquez pas non plus le palais Wilczek (nᵒ 5, 1737) où habitèrent les poètes Franz Grillparzer et Joseph von Eichendorff.

Un manuscrit de la « 5ᵉ Symphonie » de Beethoven.

AKG

Palais Mollard-Clary B2

Herrengasse 9. Ce palais de 1689 aux salons de style rocaille abritait autrefois le musée de la Basse-Autriche (Niederösterreichisches Landesmuseum), aujourd'hui installé à St-Pölten. Depuis 2005, il abrite des départements de la Bibliothèque nationale autrichienne et les musées des Globes et de l'Espéranto. Dans la cour se trouve un puits coiffé d'une très belle grille de fer forgé (1570).

Musée des Globes – ℘ *(01) 534 10 710 - www.onb.ac.at -lun.-merc., vend.-sam. 10h-14h, jeu. 15h-19h - 3 €.* On peut admirer des globes terrestres et s'informer sur l'évolution des connaissances relatives aux continents et aux mers depuis le 16e s. On remarquera surtout les globes célestes avec les constellations rendues sous forme de personnages, ainsi que des sphères armillaires, des globes de la Lune et de Mars et un objet rare, le plus ancien globe terrestre conservé en Autriche qui date de 1536.

Musée de l'Espéranto – ℘ *(01) 534 10 730 - www.onb.ac.at -lun.-merc., vend.-sam. 10h-14h, jeu. 15h-19h - 2 €.* Ce petit musée est consacré à la langue internationale créée en 1887 par l'ophtalmologiste polonais Ludwik Zamenhof : affiches des divers congrès mondiaux, photographies et livres (dont les dernières parutions) précèdent une bibliothèque relevant de la Bibliothèque nationale depuis 1929 et comptant près de 25 000 volumes. Elle est ainsi la plus grande bibliothèque linguistique du monde. On peut également y acheter des manuels d'apprentissage de l'espéranto.

Pour rejoindre le point de départ du second itinéraire qui débute sur la place Am Hof, prenez la rue en face du palais Mollard, la Fahnengasse et dans son prolongement la Haarhofgasse.

LE QUARTIER DU HOHER MARKT ②

Plan VII p. 158-159

*Avant de gagner la place Am Hof, jetez un œil sur la belle façade Jugendstil de l'***Engel-Apotheke** *au n° 9 de la Bognergasse (sur la droite).*

Am Hof B1

Située à l'emplacement d'un ancien camp romain, cette place a de tout temps été l'une des plus animées de la ville. Du 12e au 15e s., elle fut notamment le cadre des tournois. Son nom, « À la Cour », nous rappelle que Henri II Jasomirgott, le premier duc d'Autriche, s'y installa lorsqu'il choisit Vienne pour capitale ducale, en 1156.

Colonne mariale (Mariensäule) B1 – La colonne de la Vierge qui se dresse au centre de la place date de 1647. Outre la Vierge de Balthasar Herold qui la coiffe (1667), elle présente aux quatre angles du socle des anges cuirassés combattant des fléaux, symbolisés par des animaux : la Guerre (un lion), la Peste (un basilic), la Famine (un dragon) et l'Hérésie (un serpent).

Vestiges romains – *Am Hof 9 - ℘ (01) 50 58 74 70 - www.wienmuseum.at - fermé pour restauration.* Des fouilles ont mis au jour les restes d'un camp romain.

Musée des Sapeurs-Pompiers (Feuerwehrmuseum) B1 – *Am Hof 7 - ℘ (01) 531 99 00 - dim. et j. fériés 9h-12h - gratuit.* Les quelque 400 objets exposés évoquent l'histoire de la lutte contre le feu (véhicules, équipement, uniformes, tableaux, etc.).

Église Aux-Neuf-Chœurs-des-Anges (Kirche Zu den neun Chören der Engel) B1 – *Am Hof 13.* L'intérêt majeur de cette ancienne église jésuite est sa façade de style baroque primitif (1662) n'ayant subi aucune transformation. Nous la devons à l'architecte italien Carlo Antonio Carlone. C'est depuis le balcon, composition hardie à l'époque de sa conception, que fut annoncé par l'empereur François II, le 6 août 1806, la fin du Saint Empire romain germanique. L'intérieur abrite notamment un remarquable maître-autel de Johann Georg Däringer, qui représente Marie et les neuf chœurs des anges (correspondant aux invocations de la litanie à Marie, reine des anges).

La place connaît d'autres curiosités. Au n° 13, le palais Collalto (1671) dont on remarquera les frontons en accent circonflexe ; ce palais dispute au salon des glaces du château de Schönbrunn le fait d'avoir été le cadre, en 1762, du premier concert du jeune Mozart, alors âgé de 6 ans seulement. Au n° 12, une maison baroque (vers 1730) dont la façade a été élevée dans le style de Johann Lukas von Hildebrandt. Au n° 10, l'ancien arsenal des Bourgeois qui abrite la caserne des sapeurs-pompiers ; le fronton néoclassique de la façade bâtie par Anton Ospel en 1732 est surmonté de **sculptures** dues à Lorenzo Mattielli.

Au nord-est de la place, prenez la rue qui longe l'église Aux-Neuf-Chœurs-des-Anges pour rejoindre la Schulhof.

Musée des Horloges et des Montres (Uhrenmuseum der Stadt Wien)★ B2

Schulhof 2 - ℘ (01) 533 22 65 - www.museum.vienna.at - tlj sf lun. 9h-16h30 - fermé 1er janv., 1er Mai et 25 déc. - 4 €.

La plus ancienne maison de Vienne, la Harfenhaus, abrite un musée qui illustre le développement esthétique et technique des instruments de mesure du temps du 15e s. au 20e s. Le fonds, riche d'environ 1 000 pièces, se répartit sur trois étages. Parmi les tourne-broches, les *Laterndl* Biedermeier et les horloges de parquet exposés, quelques pièces méritent particulièrement l'attention : l'horloge (1699) de la cathédrale St-Étienne, une horloge astrologique et astronomique de Joachim Oberkircher, ainsi qu'une splendide **horloge astronomique★** (1769), réalisée par le frère Augustin viennois David a Sancto Cajetano. Le 3e étage rassemble des montres issues des ateliers d'horlogerie les plus célèbres, ainsi que des automates et des carillons.

Horloges dans le musée .

En sortant, prenez à gauche dans la Kurrentgasse, ruelle charmante où l'on remarquera la façade rose et blanc du n° 12, au joli portail (vers 1730).

Judenplatz B1

Les maisons des nos 3 et 4 furent habitées par **Mozart** en 1783, peu après son mariage avec Constance Weber. Au n° 11, on voit la façade arrière de l'ancienne chancellerie de Bohême *(voir ci-dessous)*.

Le nom de la place rappelle la première communauté juive de Vienne qui vécut à cet endroit, autour de la synagogue, jusqu'au pogrom de 1421. La façade de la **Jordanhaus** (n° 2) est décorée d'un relief du gothique flamboyant (1497) représentant le baptême du Christ dans le Jourdain. Le pamphlet en latin qui l'accompagne évoque l'expulsion et l'élimination des juifs de Vienne en 1421 *(voir ci-dessous, musée de la Judenplatz)*. Comme le baptême dans le Jourdain aurait racheté les péchés, ce pogrom était censé avoir expié les prétendus crimes des juifs.

Au nord de la place fut inauguré en l'an 2000 un **mémorial aux Victimes de la Shoah en Autriche** (la Shoah est le terme hébraïque qui désigne l'Holocauste). L'artiste Rachel Whiteread choisit une bibliothèque pour symboliser le peuple juif, peuple des livres. Les livres sont toutefois tournés, côté des pages visibles vers le visiteur. Leur dos ne permet pas de les identifier clairement. La porte de la bibliothèque est verrouillée, illustrant ainsi la perte irréparable des juifs assassinés. En bas, on trouve les noms des différents endroits où 65 000 juifs d'Autriche furent éliminés par le régime de terreur national-socialiste.

Musée de la Judenplatz (Museum Judenplatz) B1 – *Judenplatz 8 -* ✆ *(01) 53 50 43 13 10 - www.jmw.at -dim.-jeu. 10h-18h, vend. 10h-14h - fermé j. fériés mobiles juifs - 3 € (billet combiné avec le Musée juif et la synagogue 7 €).* En 1421 la première communauté juive de Vienne est expulsée et nombre de ses membres assassinés. Pour échapper au baptême forcé, 80 membres de la communauté juive s'étaient enfermés dans la synagogue. Lorsqu'elle fut prise d'assaut, ils se suicidèrent en y mettant le feu. Le musée est consacré au souvenir de cette communauté juive médiévale. Dans les salles souterraines, des reconstructions animées par ordinateur présentent la synagogue du Moyen Âge et la ville juive vers 1400 sous la forme de projections vidéo *(10mn chacune, écouteurs à l'entrée).* Des documents multimédia présentent la *Gesera* (chronique juive des événements de 1420-1421), la communauté juive, les fêtes et cérémonies, ainsi que la fonction des rabbins. Vous pouvez, par ailleurs, y découvrir des vestiges des fondations de la première synagogue de Vienne, ainsi que des fouilles du Moyen Âge. L'hexagone de la Bima, où se trouvait le lutrin, est également visible en bas de la Judenplatz, près du mémorial.

Le rez-de-chaussée abrite le **centre de documentation** des victimes de la Shoah en Autriche (1938-1945). Les ordinateurs présents sur place permettent d'obtenir des informations sur l'histoire, les victimes et les actes commis.

Longez l'ancienne chancellerie de Bohême et empruntez la Jordangasse.

Chancellerie de Bohême (Böhmische Hofkanzlei) C1

Wipplinger Straße 7. La façade principale de l'ancienne chancellerie de Bohême a été dressée par Johann Bernhard Fischer von Erlach de 1708 à 1714. Les atlantes des portails sont l'œuvre de Lorenzo Mattielli, un spécialiste du genre. En 1750, Marie-Thérèse fit agrandir le palais par Mathias Gerl qui, admiratif du travail de son aîné et maître, ne toucha pas à la façade que nous admirons aujourd'hui, contrairement à la façade arrière, visible depuis la Judenplatz.

La chancellerie de Bohême abrite aujourd'hui le tribunal administratif et constitutionnel autrichien.

Ancien hôtel de ville (Altes Rathaus) C1

Wipplinger Straße 6 et 8. L'ancien hôtel de ville fut primitivement construit en 1316, c'était alors la maison d'un bourgeois, un certain Otto Heimo, auquel les édiles confisquèrent la maison car il avait participé à une conjuration contre les Habsbourg. Le bâtiment fut transformé à l'époque baroque (1699). En 1883, les services municipaux émigrèrent dans le nouvel hôtel de ville, sur le Ring *(voir p. 112).*

À la hauteur du n° 8, la cour intérieure accueille la **fontaine d'Andromède (Andromedabrunnen)**★, que Georg Raphael Donner façonna dans le plomb en 1741. Inscrit entre deux couples d'amours et les balustrades en fer forgé de la margelle et du balcon, ce petit chef-d'œuvre illustre la délivrance par Persée, fils de Zeus, de la fille de Cassiopée, menacée d'être dévorée par un monstre marin qui crache ici une eau bien innocente.

Exposition permanente – ✆ *(01) 22 89 469 319 - www.doew.at -lun.-merc., vend. 9h-17h, jeu. 9h-19h - gratuit.* L'ancien hôtel de ville abrite les archives de la résistance autrichienne. Au rez-de-chaussée, une exposition qui couvre la période 1934-1945 rend honneur à ceux et celles qui s'opposèrent au national-socialisme, par un front patriotique tout d'abord, par la résistance une fois l'annexion de l'Autriche proclamée par Hitler ; elle met l'accent sur les persécutions perpétrées par le régime nazi et le rapport complexe au passé national-socialiste. Principalement constituée de documents photographiques, elle évoque notamment la mort de Dollfuß, la politique de la terreur, l'exil de certains (dont Robert Musil et Joseph Roth), l'activité clandestine de la résistance armée, ainsi que le camp de concentration de

Mauthausen, situé en Haute-Autriche. La mission primordiale que se donne le musée est de servir d'antidote à toute propagande néonazie.

Continuez la Wipplinger Straße pour gagner le Hohe Brücke.

Hohe Brücke

Enjambant le Tiefer Graben, le « fossé profond » où coulait autrefois un petit affluent du Danube (l'Alsbach), ce joli pont Jugendstil aux élégants lampadaires de métal a été construit en 1903 par Josef Hackhofer.

> ## Une période noire
>
> Quelque 3 000 résistants furent exécutés sous le régime hitlérien, près de 140 000 Autrichiens périrent dans les camps, et le pays vit 600 000 des siens disparaître au cours de la Seconde Guerre mondiale, dans les rangs de la Wehrmacht ou sous les bombardements.

Prenez la Renngasse vers la droite, puis encore à droite, traversez la Concordiaplatz pour gagner l'église N.-D.-du-Rivage.

Église Notre-Dame-du-Rivage★ (Maria am Gestade) C1

Salvatorgasse 12 - entrée par le portail sud. Sur une terrasse qui dominait alors le bras principal du Danube fut élevée dès le milieu du 12e s. une église que l'on appela N.-D.-du-Rivage. L'édifice gothique qui la remplaça à la fin du 14e s. subsiste encore et est devenu le lieu de culte de la communauté tchèque à Vienne.

Haute et étroite (33 m sur 9,7 m), la façade occidentale est de style gothique flamboyant. En bas, le portail précédé d'un auvent et orné de sculptures (vers 1410) représente saint Jean l'Évangéliste et saint Jean Baptiste ; au centre s'élève une grande verrière, surmontée d'un fronton orné de pinacle. Taillée de sept pans, la tour est surmontée d'une belle **flèche**★ ajourée ; elle fut reconstruite en 1688 après les dommages que lui avait causés le siège turc de 1683. L'intérieur se signale surtout par une particularité rare : la nef et le chœur sont d'égale longueur. Il faut également accorder une attention particulière aux **vitraux** (14e et 15e s.) du chœur et aux statues adossées aux piliers de la nef.

Avant de vous engager dans la rue qui longe le flanc droit de l'église, remarquez au n° 3 de la Schwertgasse le beau portail baroque (1720) de la maison Zu den sieben Schwertern.

Chapelle du St-Sauveur (Salvatorkapelle) C1

Salvatorgasse 5. La chapelle du St-Sauveur, à laquelle on accède par l'ancien hôtel de ville, présente sur la Salvatorgasse un remarquable portail dont le décor s'inspire de la Renaissance lombarde. Il date des années 1520 ; il s'agit toutefois d'une copie, l'original étant conservé au Musée historique de la ville.

Au bout de la Salvatorgasse, prenez à gauche la Marc-Aurel-Straße et à droite la Sterngasse. Empruntez la Salzgasse pour atteindre la Ruprechtsplatz.

Église St-Rupert (Ruprechtskirche) C1

Ruprechtsplatz - ♿- ☎ (01) 535 60 03 - www.ruprechtskirche.at -lun.-jeu. 9h30-11h30, vend. 13h - fermé j. fériés. Si l'on en croit la tradition, cette église a été fondée en 740 par saint Rupert, évêque de Salzbourg, et serait donc la plus ancienne de la ville. Elle conserve des éléments romans. La nef et la base de la tour furent édifiées entre 1130 et 1170. Le chœur et le portail datent du deuxième tiers du 13e s. L'édifice fut achevé au cours de la première moitié du 15e s. Original par son clocher roman et sa grande toiture, il présente des vitraux contemporains de Lydia Roppolt.

Revenez sur vos pas et prenez la première à gauche.

Synagogue C1

Seitenstettengasse 4 - visite guidée -lun.-jeu. 11h30 et 14h - 2 €. Pendant le pogrom de novembre 1938, les nazis détruisirent les lieux de cultes à l'exception de la synagogue de la Seitenstettengasse. Cet édifice dessiné par Josef Kornhäusel en 1824 est un joyau de l'architecture Biedermeier et constitue aujourd'hui le principal lieu de culte de la communauté.

Revenez sur la Ruprechtsplatz et gagnez la Judengasse.

Hoher Markt C1

Au Moyen Âge, le pilori et la potence du tribunal procédaient à leur sinistre tâche sur cette place, aujourd'hui dominée par le baldaquin de la **fontaine des Noces de la Vierge (Vermählungsbrunnen)**, érigée par Josef Emmanuel Fischer von Erlach en 1732 et ornée d'une sculpture d'Antonio Corradini.

Enjambant le Bauernmarkt, l'**Ankeruhr** est une belle horloge créée par Franz Matsch entre 1912 et 1914 pour relier deux immeubles de la compagnie d'assurances Anker. Cette horloge est animée à chaque heure par l'apparition d'un personnage à hauteur du cadran. On peut ainsi voir Marc Aurèle à 1h et 13h, Charlemagne à 2h et 14h, le duc de Babenberg Léopold VI et Théodora de Byzance à 3h et 15h, Walther von der Vogelweide à 4h et 16h, Rodolphe Ier et sa femme Anna de Hohenberg à 5h et 17h, Jean Puchsbaum, l'un des architectes de la cathédrale, à 6h et 18h, Maximilien Ier à 7h et 19h, le maire von Liebenberg à 8h et 20h, le comte Rüdiger von Starhemberg à 9h et 21h, le prince Eugène de Savoie à 10h et 22h, Marie-Thérèse et François-Étienne de Lorraine à 11h et 23h, Joseph Haydn à 12h et 24h. À midi, tous les personnages du mécanisme défilent sur des airs de musique.

Ruines romaines (Römische Ruinen) – *Hoher Markt 3 (entrée dans le passage, escalier à côté d'un restaurant asiatique) -* ✆ *(01) 535 56 06 - www.wienmuseum. at - tlj sf lun. 9h-12h15 et 13h-16h30 - fermé 1er janv. et 25 déc. - 2 €.* Au temps des Romains, un forum occupait l'actuel Hoher Markt. Les vestiges de deux maisons d'officiers (2e et 3e s.) ont été dégagés sous la place (pierres gravées, poteries, tuiles, pavement).

L'horloge de l'Ankeruhr.

À l'ouest de la place tournez à gauche dans la Tuchlauben ; sur la droite, dans la Schultergasse, s'éteignit Johann Bernhard Fischer von Erlach au n° 5. Continuez dans la Tuchlauben.

Fresques de Neidhart (Neidhart-Fresken) C1

Tuchlauben 19 - 1er étage - ✆ *(01) 535 90 65 - www.wienmuseum.at -mar. 10h-13h et 14h-18h, vend.-dim. 14h-18h - fermé 1er janv., 1er Mai, 25 déc. - 2 €.*

Les plus anciennes fresques profanes (vers 1400) conservées à Vienne sont visibles dans un immeuble dont la façade baroque date de 1716. Ces fresques médiévales, découvertes en 1979 lors de travaux de rénovation dans un appartement, ornaient les murs d'une salle de banquet décorée par un riche drapier et représentant des scènes extraites des poésies du troubadour Neidhart von Reuental, qui se produisait à la cour des Babenberg au début du 13e s. La valeur artistique et l'importance historique de ces fresques décidèrent la ville à investir dans leur restauration.

Museen der Stadt Wien

Les fresques de Neidhart.

Parfois fragmentaires, les scènes ont été identifiées. La première du cycle, en face de l'entrée, dépeint la querelle paysanne, avec un château fort en arrière-plan ; le jeu de balles et les amoureux symbolisent l'été ; le vol d'un miroir, à l'iconographie un peu frivole, veut évoquer les joies de la Cour ; la bataille de boules de neige a été interprétée par certains comme une bataille d'œufs ; la promenade en traîneau est supposée avoir été commune aux hivers viennois du Moyen Âge ; la cueillette de la violette illustre l'éveil du printemps ; dans la danse circulaire, la fleur que tient le danseur de droite signale également le printemps ; le banquet évoque l'automne où l'on festoyait.

Le métro le plus proche se situe sur la Stephansplatz.

Freyung et Hoher Markt pratique

Informations utiles

INTERNET

Big@Net – *Hoher Markt 8-9 - 1ᵉʳ arr. - www.bignet.at - tlj 10h-20h - 18 places - 1,45 €/10mn.*

Speednet-Café – *Morzinplatz 4/ Schwedenplatz - 1ᵉʳ arr. - www.speednet-cafe.com -lun.-vend. 8h-1h, sam.-dim. 10h-1h - 31 places - 1,30 €/10mn.*

Se loger

Pour la description des hôtels du quartier, voir la partie « Organiser son voyage » p. 28.

Se restaurer

Les restaurants **Hansen** *et* **Fadinger** *sont décrits dans le quartier du Ring p.123.*

☺ **Kanzleramt** – *Schauflergasse 6 - 1ᵉʳ arr. - ℘ (01) 533 13 09 - www.restaurant-kanzleramt.at - fermé dim. et j. fériés - plats*

principaux à partir de 6,50 €. Une adresse connue. Beisel très agréable et animé qui accueille de nombreux visiteurs, employés du gouvernement et touristes du fait de sa proximité avec la Hofburg. Service rapide.

☺ **Esterházykeller** – *Haarhof 1 - 1ᵉʳ arr. - ℘ (01) 533 34 82 - www.esterhazykeller.at - lun.-vend. 11h-23h, sam.-dim. 16h-23h - plats principaux à partir de 5 €.* Un Heurige historique qui propose dans une suite de caves voûtées une cuisine rustique. Les vins proviennent du château de la célèbre famille Esterházy, établie à Eisenstadt. Ambiance très animée, toujours beaucoup de monde. Dès les beaux jours, les tables fleurissent sur une placette.

☺☺ **Ofenloch** – *Kurrentgasse 8 - 1ᵉʳ arr. - ℘ (01) 533 88 44 - www.ofenloch.at - lun.-sam. 11h-0h - plats principaux à partir de 12 €.* Restaurant proposant une cuisine viennoise traditionnelle. Dans un cadre chaleureux et rustique, les plats déclinent au fil des saisons les asperges, le gibier, les girolles… Agréable terrasse sur une rue piétonne.

😊😊 **Salzamt** – *Ruprechtsplatz 1 - 1er arr. - ℰ (01) 533 533 2 - tlj 18h-0h - plats principaux à partir de 12 €.* Situé dans le « triangle des Bermudes », où les lieux de sorties sont légion, une très bonne table qui propose une cuisine originale entre spécialités viennoises et italiennes. Délicieuses *Schnitzel.* Terrasse en été sur la calme place piétonne, dans le cadre préservé de l'ancien quartier juif médiéval.

😊😊😊 **Salut** – *Wildpretmarkt 3 - 1er arr. - ℰ (01) 533 13 22 - mar.-sam. 11h30-14h30 et 18h-0h - plats principaux à partir de 23 €.* Une des bonnes tables de la ville qui propose une cuisine française de qualité aux accents provençaux. Cadre intimiste. À la carte, les poissons sont bien représentés.

Faire une pause

Central – *Herrengasse 14 - 1er arr. - ℰ (01) 533 37 63 26 - www.palaisevents.at - lun.-sam. 7h30-22h, dim. et j. fériés 10h-18h.* Un des célèbres cafés littéraires de Vienne au 19e s., installé dans le palais néo-Renaissance Ferstel. Les artistes ont cédé la place aux hommes d'affaires, aux personnes des milieux branchés et aux touristes mais il n'en mérite pas moins une visite pour déguster un *Central Kaffee* à la liqueur d'abricot sous ses voûtes luxueuses. Piano entre 16h et 19h ; musique d'ambiance à partir de 19h30.

Demel – *Kohlmarkt 14 - 1er arr. - ℰ (01) 535 17 17 0 - tlj 10h-19h.* Il ne s'agit pas à proprement parler d'un café, mais plutôt

Vitrines de gâteaux chez Demel.

de la plus ancienne et la plus aristocratique pâtisserie de Vienne. En y buvant un café, vous pourrez admirer la décoration intérieure et observer la clientèle huppée. Les spécialités sont nombreuses, ainsi que les variétés de thé et de café.

Griensteidl – *Michaelerplatz 2 - 1er arr. - ℰ (01) 535 26 92 - tlj 8h-23h30.* Cet ancien café littéraire offre un grand choix de journaux étrangers que l'on peut lire avec vue sur la Hofburg d'un côté et sur la façade de la Looshaus de l'autre. Très bien situé, il propose aussi de nombreux plats de saison. Parmi ses spécialités de cafés, le Maria Theresia et le Fiaker, à déguster en regardant passer les calèches.

Vêtements traditionnels autrichiens.

Achats

Loden Plankl – *Michaelerplatz 6 - 1er arr. - ℰ (01) 533 80 32 - www.plankl.at - tlj sf dim. 10h-18h.* Vêtements autrichiens typiques, dont le fameux loden bleu, gris ou vert. Le magasin existe depuis 1830 sur la Michaelerplatz.

Tostmann – *Schottengasse 3a - 1er arr. - ℰ (01) 533 53 31 - www.tostmann.at - tlj sf dim. 10h-18h.* Costumes folkloriques et vêtements traditionnels. Grand choix de *Dirndl,* costume féminin brodé (jupe, corsage et tablier). Cher, mais de qualité.

MARCHÉS

Marché d'antiquités Am Hof – *1er arr. - de mars à Noël, vend.-sam. 10h-20h.*

Marché biologique de la Freyung – *1er arr. - vend.-sam. 9h-18h.*

Marché de Noël de la Freyung – *Freyung - 1er arr. - de fin novembre à Noël.*

Hofburg★★★

5

PLAN 1ᴱᴿ RABAT DE COUVERTURE C1 – 1ᵉʳ ARR.

Monumental palais impérial et résidence favorite des Habsbourg, la Hofburg s'est progressivement édifiée au cours des siècles. Il ne reste aucun vestige du noyau primitif, un simple quadrilatère hérissé de tours construit dans la seconde moitié du 13ᵉ s. Les souverains qui se succédèrent n'eurent de cesse d'agrandir et d'embellir leur palais qui rappelle, par son gigantisme et son faste, l'époque où la maison d'Autriche régnait de la Castille aux Indes occidentales.

▶ **Se repérer** – La Hofburg est constituée de deux blocs. La partie ancienne (Alte Burg) dessine un triangle dont l'entrée principale est située sur la Michaelerplatz. La partie plus récente s'étend entre la résidence ancienne et le Burgring. On y accède par l'Heldenplatz.

Ⓤ *2, 3 Volkstheater,* Ⓤ *3 Herrengasse -* 🚊 *1, 2, D, J Burgring -* 🚌 *57A Burgring, 2A, 3A Michaelerplatz, 2A Heldenplatz.*

👁 **À ne pas manquer** – La chambre du Trésor, l'École d'équitation espagnole, la salle d'apparat de la Bibliothèque nationale, le musée d'Ephèse, les appartements impériaux.

🕐 **Organiser son temps** – La Hofburg mérite qu'on lui consacre une journée. Plutôt que d'enchaîner les musées, choisissez par exemple de réserver la visite de l'Albertina pour un autre jour. Revenez en soirée pour admirer, depuis le Ring, les édifices illuminés.

👪 **Avec les enfants** – La maison des Papillons.

Comprendre

Au fil du temps – La chronique *Continuatio vidobonensis* nous apprend qu'en 1275 Ottokar II Prezmysl, roi de Bohème et duc de Moravie, fit élever à Vienne un château « bien défendu ». Situé à l'emplacement de l'actuelle cour des Suisses, il est fort probable qu'il comportait déjà au 15ᵉ s. des salles d'apparat, car on sait que Sigismond de Luxembourg, roi de Hongrie, y résida en 1422 en compagnie de dignitaires ecclésiastiques et que Jean Iᵉʳ, roi du Portugal, y fit une halte quatre ans plus tard. Lorsque Ferdinand, roi de Bohème et de Hongrie, déplaça en 1533 l'administration centrale des États de Prague à Vienne, il devint nécessaire d'agrandir le château et de le doter d'appartements dignes du futur empereur Ferdinand Iᵉʳ. Du reste, c'est à partir de cet empereur que les souverains résidèrent ici. Ainsi naquit la Hofburg que nous connaissons aujourd'hui, symbole lithique de l'Empire austro-hongrois.

Se promener

Si la vue que l'on a du Nouveau palais depuis le Volksgarten, surtout de nuit, est la plus impressionnante que l'on puisse avoir de la Hofburg, il est toutefois préférable de découvrir le palais à partir de la Michaelerplatz.

Michaelerplatz★

Voir p. 163. Cette place n'appartient pas à la Hofburg, mais c'est par elle que l'on accède au palais impérial lorsque l'on arrive du centre de la ville par le Kohlmarkt, ainsi que le faisaient l'empereur et sa famille lorsqu'ils regagnaient leurs appartements ou leurs salles d'audience.

R. et P. Holzbachova & Benet / MICHELIN

Michaelerplatz.

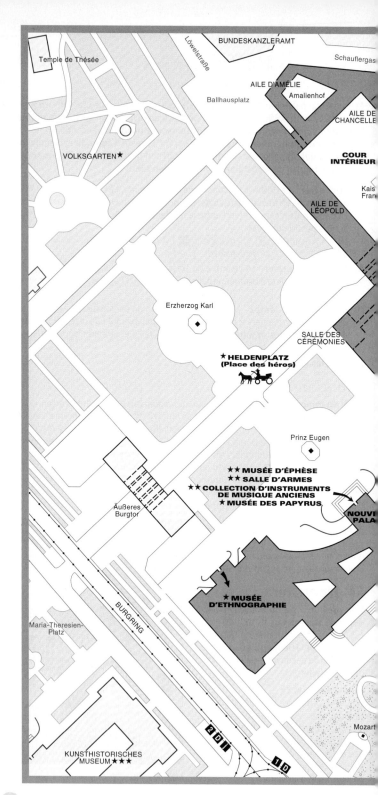

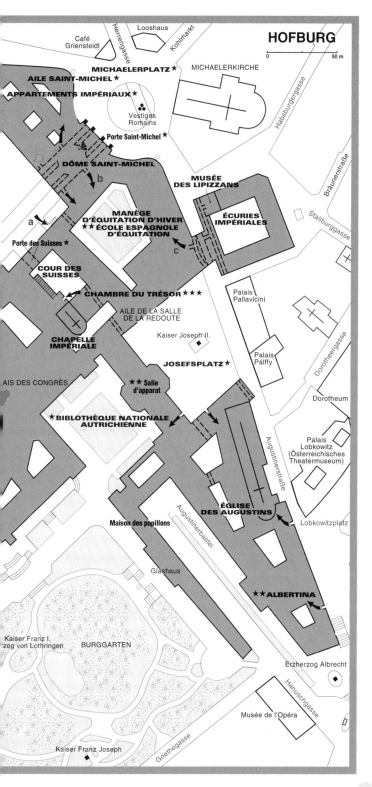

HOFBURG

0   50 m

Herrengasse
Café Griensteidl
Looshaus
Kohlmarkt
MICHAELERKIRCHE
Habsburggasse

MICHAELERPLATZ ★
AILE SAINT-MICHEL ★
APPARTEMENTS IMPÉRIAUX ★

Vestiges Romains

Porte Saint-Michel ★

DÔME SAINT-MICHEL

b

MUSÉE DES LIPIZZANS

Bräunerstraße

Stallburggasse

a

MANÈGE D'ÉQUITATION D'HIVER
★★ ÉCOLE ESPAGNOLE D'ÉQUITATION

ÉCURIES IMPÉRIALES

Porte des Suisses ★

c

COUR DES SUISSES

CHAMBRE DU TRÉSOR ★★★

Palais Pallavicini

AILE DE LA SALLE DE LA REDOUTE

Kaiser Joseph II.

CHAPELLE IMPÉRIALE

Palais Pálffy

JOSEFSPLATZ ★

Dorotheergasse

AIS DES CONGRÈS

★★ Salle d'apparat

Dorotheum

★ BIBLIOTHÈQUE NATIONALE AUTRICHIENNE

Palais Lobkowitz (Österreichisches Theatermuseum)

Augustinerstraße

ÉGLISE DES AUGUSTINS

Lobkowitzplatz

Maison des papillons

Augustinerbastei

Glashaus

★★ ALBERTINA

Kaiser Franz I. zog von Lothringen

BURGGARTEN

Erzherzog Albrecht

Hanuschgasse

Musée de l'Opéra

Kaiser Franz Joseph

Goethegasse

175

Aile St-Michel (Michaelertrakt)★

L'aile St-Michel s'ouvre sur la Michaelerplatz par une façade en hémicycle. Ses plans furent dressés par Josef Emmanuel Fischer von Erlach, cependant cette aile ne fut élevée qu'entre 1888 et 1893, après que l'empereur François-Joseph eut décidé de relier l'aile de la Chancellerie et le manège d'hiver; l'édifice de l'ancien Burgtheater, qui en empêchait jusqu'alors la réalisation, venait d'être installé dans son nouveau bâtiment sur le Ring. La façade de l'aile St-Michel est décorée de deux fontaines monumentales ornées d'allégories de la puissance maritime (Rudolf Weyr, 1895), à gauche, et de la puissance terrestre (Edmund Hellmer, 1897), à droite. Flanqué de groupes évoquant les travaux d'Hercule, la **porte St-Michel (Michaelertor)★** est un beau portail fermé de superbes grilles et ferronneries permettant d'accéder à la rotonde. À sa verticale, le **dôme★** de l'aile St-Michel est l'une des silhouettes les plus élégantes et les plus connues de l'architecture viennoise.

À travers le treillis de fer forgé de la porte, on a une vue intéressante sur le clocher de l'église St-Michel. Les statues inscrites dans les niches symbolisent les devises impériales de Charles VI, *Constantia et fortitudine* (persévérance et courage), de Marie-Thérèse, *Justitia et clementia* (justice et clémence), de Joseph II, *Virtute et exemplo* (courage et exemple), et de François-Joseph, *Viribus unitis* (union des forces). La rotonde permet d'accéder aux curiosités suivantes : appartements impériaux, musée Sissi, collections d'argenterie et de porcelaines, et École d'équitation espagnole *(voir « Visiter » p. 179 et 184)*.

Cour intérieure (In der Burg)

L'ancienne Franzensplatz connut l'animation des courses de chevaux et des tournois avant d'accueillir en son centre le monument de l'empereur François II réalisé par Pompeo Marchesi (1846). Une inscription latine inscrite sur le socle a été extraite de son testament : « Mon amour à mes peuples. »

Au sud de cette cour intérieure se trouve la **porte des Suisses (Schweizertor)★**, construite en 1552. Cette porte Renaissance, qui doit son nom à la garde suisse qui y fut postée en 1748, a remplacé un pont-levis enjambant le fossé dont on distingue encore aisément le tracé le long de l'Ancien palais. Le cartouche porte le nom de Ferdinand Ier, suzerain d'Allemagne, de Hongrie, de Bohême, d'Espagne, d'Autriche et de Bourgogne.

Aile d'Amélie (Amalientrakt)

À l'origine détachée du reste des bâtiments, l'aile – baptisée du nom de l'impératrice qui y habita au 18e s. – fut érigée en 1577 par Pietro Ferrabosco et achevée en 1610 par Hans Schneider et Antonio de Moys. On visite les appartements de l'impératrice Élisabeth ainsi que ceux qu'occupa le tsar Alexandre *(voir « Visiter » p. 181)*. Le palais entoure la **cour d'Amélie (Amalienhof)**, trapézoïdale, dont la porte est joliment décorée.

Aile de Léopold (Leopoldinischer Trakt)

Quartier général du comte Starhemberg, qui résista aux Turcs pendant le siège de 1683, l'aile de Léopold fut élevée sous Léopold Ier et rattacha l'aile d'Amélie au reste de la Hofburg. Édifiée à partir de 1660 par Filiberto Lucchese, elle brûla en 1668, puis fut reconstruite par Giovanni Pietro Tencala. Cette aile où logeait l'impératrice Marie-Thérèse et son époux François-Étienne abrite aujourd'hui les services de la présidence de la République. Le président de la République fédérale d'Autriche y a ses bureaux dans l'ancien cabinet de travail de Joseph II.

Aile de la Chancellerie (Reichskanzleitrakt)

Située en face de l'aile de Léopold, elle fut commencée en 1723 par Johann Bernhard Fischer von Erlach qui décéda en avril de la même année. La façade ne fut achevée qu'en 1730 et vint fermer la cour In der Burg. L'aile située sur la Schauflergasse fut quant à elle conçue par Johann Lukas von Hildebrandt en 1723. On y visite les appartements de l'empereur François-Joseph *(voir « Visiter » p. 180)*.

Cour des Suisses (Schweizerhof)

Partie la plus ancienne de la Hofburg, elle est l'âme de l'Ancien palais. C'est autour de cette cour que se dressait le quadrilatère hérissé de tours élevé par Ottokar II Przemysl en 1275. Au milieu du 16e s., Ferdinand Ier fit transformer l'Ancien palais en un château Renaissance dont on peut encore percevoir le style à hauteur des encadrements de fenêtre des façades des quatre côtés. La cour des Suisses donne accès à la chapelle impériale et à la chambre du Trésor *(voir « Visiter » p. 182)*.

Empruntez le passage voûté à l'angle sud-est de la cour.

Josefsplatz★

Souvent considérée comme la plus belle de Vienne pour l'harmonie de ses proportions, cette place qui ressemble à une cour d'honneur doit son nom à la statue équestre de Joseph II érigée en son centre par Franz Anton Zauner en 1806. Lors de la révolution de 1848, ce monument servait de point de ralliement aux partisans des Habsbourg.

Aux nᵒˢ 1 et 2 se trouve l'actuelle Bibliothèque nationale autrichienne *(voir « Visiter » p. 185)*, ancienne Bibliothèque de la Cour réalisée par la dynastie d'architectes Fischer von Erlach (1723 à 1726). La façade principale, retouchée par Nikolaus Pacassi, est très réussie : le socle de maçonnerie aux arêtes évasées, percé d'un portail sans ornement, rappelle la Renaissance italienne ; l'ordre de pilastres ioniques des étages évoque le style préclassique français du 17ᵉ s. Il faut se laisser aller à détailler la décoration de ce niveau d'où émergent un quadrige et d'immenses globes dorés soutenus par des atlantes. Derrière cette façade se trouve la magnifique salle d'apparat connue sous le nom de Prunksaal.

Au nᵒ 3, l'**aile de la salle de la Redoute (Redoutensaaltrakt)**, où se déroulaient les bals masqués de la Cour, présente une façade également due à N. Pacassi (1770), qui l'harmonisa à celle de la Bibliothèque nationale. Ses deux salles de bal, réalisées d'après les plans de Jean-Nicolas Jadot de Ville-Issey (vers 1748), furent décorées en 1760 par Ferdinand Hetzendorf von Hohenberg, à qui l'on doit également la Gloriette de Schönbrunn. Le 27 novembre 1992, la petite salle fut entièrement détruite par un incendie mais reconstruite depuis. La grande salle, dont le plafond à caissons est soutenu par 24 colonnes en marbre à chapiteaux corinthiens, sert chaque année de cadre au bal de l'Empereur, fréquenté par la haute société viennoise.

Le quatrième côté de la place est clos par les **palais Pallavicini** (nᵒ 5) et **Pálffy** (nᵒ 6). Le premier, construit en 1784 par Ferdinand Hetzendorf von Hohenberg, possède un très beau portail à cariatides et un attique orné de statues, œuvres de Franz Anton Zauner. C'était la résidence d'un grand mécène musical, le comte Fries. Le bâtiment ne porte plus son nom, immortalisé toutefois au frontispice de la *7ᵉ Symphonie* de Beethoven. Élevé en 1575, le second palais vit Mozart y présenter pour la première fois *Les Noces de Figaro*.

La statue équestre de Joseph II sur la Josefsplatz.

Écuries impériales (Stallburg)

Entrée par la Reitschulgasse 2. Séparé du manège d'hiver par un passage couvert aux arcades vitrées, ce palais fut bâti entre 1558 et 1565 par Ferdinand Ier pour son fils, l'archiduc Maximilien. Lorsque celui-ci devint empereur, il s'installa dans la Hofburg et le palais Maximilien fut transformé en palais des Écuries. Le rez-de-chaussée des trois étages de galerie qui s'élèvent autour d'une cour Renaissance fut alors aménagé pour accueillir les écuries de la Cour. Puis, de 1593 à 1766, le premier étage fut réservé aux pages impériaux. Depuis Charles VI, les écuries abritent les lipizzans de l'École d'équitation espagnole, sur lesquels vous trouverez des informations dans le musée des Lipizzans *(voir « Visiter » p. 184).*

Manège d'équitation d'hiver (Winterreitschule)

Juste en face des Écuries impériales, le manège d'hiver, où se déroulent les représentations de l'école espagnole, est l'œuvre de Josef Emmanuel Fischer von Erlach, qui le construisit de 1729 à 1735 *(voir « Visiter » p. 184). Retournez dans la cour intérieure pour gagner la Heldenplatz par le passage voûté.*

Heldenplatz (Place des Héros)★

En 1809, le lieu de parade aménagé à l'emplacement des fortifications démantelées par Napoléon devint la place des Héros lorsque furent inaugurées les deux statues équestres dues à Anton Dominik Fernkorn : celle du prince Eugène de Savoie, vainqueur des Turcs au 17e s., et celle de l'archiduc Charles, vainqueur de Napoléon à Aspern en 1809.

La façade du Nouveau palais sur la Heldenplatz.

En se plaçant dos au Volksgarten, on voit, de gauche à droite : le palais d'Amélie et l'aile de Léopold *(voir ci-dessus)*, la façade de la salle des Cérémonies construite par l'architecte belge Louis Montoyer en 1806, le palais des Congrès (Kongreßzentrum), édifié par le même architecte entre 1802 et 1806, et le Nouveau palais *(voir ci-dessous)*. Ce dernier présente une façade en forme d'éventail face à la place dont la perspective s'achève au-delà des ombrages du Volksgarten sur la flèche de l'hôtel de ville.

Au sud-ouest de la place, la porte monumentale qui ouvre sur le Ring a été commencée en 1821 par Luigi Cagnola et achevée en 1824 par Pietro Nobile. Elle a été réaménagée en 1934 par Rudolf Wondracek en monument commémoratif dédié aux victimes de la Première Guerre mondiale (Heldendenkmal) ; après la Seconde Guerre mondiale, on y éleva un mémorial aux résistants autrichiens.

Nouveau palais (Neue Burg)

Construit de 1881 à 1913 dans le style de la Renaissance italienne, le Nouveau palais devait avoir pour pendant, au nord-ouest, un complexe semblable qui ne fut jamais réalisé. Les architectes, Carl von Hasenauer et Gottfried Semper, avaient en effet projeté d'édifier un gigantesque forum impérial, mais François-Joseph se contenta de cette aile imposante qui borde le Ring. Sous la colonnade de la galerie, les statues placées entre les baies représentent des personnages symboliques de l'histoire autrichienne. Le Nouveau palais, dont la finition intérieure ne fut achevée qu'en 1926, abrite le musée d'Éphèse, la salle d'Armes, les collections d'instruments de musique anciens, le musée des Papyrus et le musée ethnographique *(voir « Visiter » p. 187 à 191)*.

Un passé qui ne passe pas

C'est du haut du balcon du Nouveau Palais qu'en 1938 Adolf Hitler proclama l'annexion de l'Autriche à l'Allemagne. Cet épisode a été rappelé par Thomas Bernhard dans sa pièce *Heldenplatz*, dont le moins que l'on puisse dire est que sa sortie à Vienne en 1988 suscita des réactions violentes et controversées, tant dans la presse que dans le public.

Burggarten

Après le départ de Napoléon Ier en 1809 et le démantèlement des fortifications qu'il avait ordonné, il fut décidé d'agrandir davantage la cité impériale, déjà très développée au cœur de la ville. Sur les terrains dégagés par les ingénieurs de Napoléon, on aménagea des jardins *(voir p. 115)*.

Avec ces nouveaux espaces verts, Vienne commençait d'abandonner son caractère défensif, chose définitivement faite lorsque François-Joseph signa, en décembre 1857, l'ordre de démantèlement des remparts.

Visiter

Pour situer les différents musées et collections, se référer au plan de la Hofburg.

Appartements impériaux (Kaiserappartements)★

Hofburg - Michaelerkuppel - ☏ (01) 533 75 70 - www.hofburg-wien.at - ♿ - tlj 9h-17h (juil.-août 17h30) - 8,90 € (billet unique pour les appartements impériaux, le musée Sissi et les collections d'argenterie et de porcelaines), audioguide en français, possibilité de billet combiné avec le palais de Schönbrunn et le dépôt des meubles de la Cour 19,90 € (c'est aussi un coupe-file qui évite l'attente à Schönbrunn).

Collections d'argenterie et de porcelaines de la Cour – Les pièces qui composent les collections furent utilisées jusqu'à la chute de la monarchie en 1918. (*La séparation entre les salles n'étant pas toujours clairement signalée, nous avons préféré indiquer entre parenthèses et en italique les références précisées dans les vitrines*).

De cette vaisselle impériale émergent plusieurs ensembles particulièrement remarquables. C'est le cas du fameux **surtout de Milan★★** *(138-142)* en bronze doré, commandé en 1838 à l'atelier milanais de Luigi Manfredini par le vice-roi du royaume de Lombardie et de Venise, l'archiduc Rainer, pour équiper une table de 100 personnes et longue de 30 m. Les danseuses ont été inspirées par des sculptures en marbre de Canova ; la garniture centrale porte des figures allégoriques de la Lombardie (couronne de pierres) et de la Vénétie (bonnet ducal).

Palais officiel

Les appartements impériaux forment un long chapelet de salles, occupent l'étage noble de l'aile de la Chancellerie et du palais d'Amélie. Une vingtaine de pièces, sur les 2 600 que compte la Hofburg au total, sont ouvertes aux visiteurs. En effet, les appartements de Marie-Thérèse et ceux de son fils Joseph II (aile de Léopold) sont affectés aujourd'hui au président de la République et ses services.

Commandé vers 1808 par le vice-roi d'Italie Eugène de Beauharnais, le **service « Grand Vermeil »★** *(126-130)* a été dessiné par le Parisien Martin-Guillaume Biennais et a nécessité le concours de cinq orfèvres dont le Milanais Eugenio Brusa qui a réalisé la soupière *(126)*. Ce service prévu pour 140 couverts portait à l'origine les armes de Napoléon Ier et arbore aujourd'hui le monogramme de l'empereur François II.

Remarquez également les admirables services en porcelaine : celui à « rubans verts » (Vincennes et Sèvres, 1756-1757) *(185-187)*, le service à fond vert (Sèvres, 1777) *(188-189)*, le service à épis dorés (Sèvres, 1778) *(190)* ; le service à thé japonisant (Vienne,

Petit tableau représentant Sissi et Franck dans le musée Sissi.

second quart du 19ᵉ s.) *(46)* et le service à dessert (Herbert Minton & Co., 1851) *(191-193)* réalisé par le Français Joseph Arnoux et qui fut offert par la reine d'Angleterre Victoria à l'empereur François-Joseph. Voir à ce propos le *Jelly or Creamstand (192)* dont les deux étages de coupes à dessert sont dominés par un groupe de putti en biscuit apparemment impatients de déguster la gelée à la crème si appréciée des Anglais. D'autres pièces méritent encore l'intérêt du visiteur : le romantique service Habsbourg (Vienne, 1821-1824) *(194-197)* dont les assiettes au marli gothique sont décorées de châteaux en grisaille rehaussée d'or mat ; l'argenterie de Mayerhofer & Klinkosch (Vienne, 1836-1890) *(14-28)* ; la belle soupière du service doré (Vienne, 1814) *(35)* qui fut dressé lors du congrès de Vienne ; l'ensemble constitué par le fonds Charles-Alexandre de Lorraine *(106-125)*, frère de l'empereur François-Étienne Iᵉʳ ; le service impérial de verres réalisé par la firme Lobmeyr (Vienne, 1873) *(173)*, et plus précisément par le graveur Peter Eisert qui lui consacra trois années de travail.

On accède aux appartements par l'escalier impérial, dit Kaiserstiege.

Musée Sissi – Il est situé dans l'**appartement de l'archiduc Étienne** qui porte le nom du palatin de Hongrie qui y résida de 1848 à 1867, après le duc de Reichstadt, fils de Napoléon Iᵉʳ et de l'archiduchesse Marie-Louise. Les six salles racontent la vie de l'impératrice Elisabeth jusqu'à son assassinat en 1898 à Genève en s'attardant sur sa personnalité singulière : son aversion pour le cérémonial de la Cour, son obsession de la minceur, son culte de la beauté, son goût pour la poésie mélancolique. Des objets personnels comme la copie de la fameuse robe du bal d'adieu de la jeune fiancée de François-Joseph et des facs-similés de ses poèmes sont des témoignages émouvants. Deux remarquables **portraits★** de Georg Raab la représentent l'un en reine de Hongrie et l'autre parée de rubis. Mais le **portrait★** de Franz Xaver Winterhalter, qui l'a peinte dans une robe de bal vaporeuse avec des étoiles de diamants dans les cheveux, est sans doute le plus célèbre. La scénographie conçue par Rolf Langenfass, une succession de pièces sombres bordées de vitrines, n'échappe toutefois pas à certaines lourdeurs.

Appartements de l'empereur François-Joseph – De la salle des Trabants, on accède à la **grande salle d'audience** où patientaient, deux fois par semaine, les personnes venues solliciter ou remercier l'empereur. Les 80 bougies du lustre en cristal de Bohême ont été électrifiées au début du siècle et éclairent les fresques de Peter Krafft illustrant des scènes de la vie de François Iᵉʳ. Le **cabinet d'audience** conserve le pupitre sur lequel était posée la liste des audiences, près duquel l'empereur recevait les personnes qui avaient sollicité un entretien. Un chevalet présente le dernier portrait de François-Joseph à l'âge de 85 ans par le peintre Heinrich Wassmuth. Aux murs sont accrochés des tableaux où l'on reconnaît, de gauche à droite, François Iᵉʳ, Ferdinand Iᵉʳ,

François-Joseph à l'âge de 43 ans et Ferdinand II attaqué par les protestants en 1619. Dans la **salle de conférences**, des huiles d'Anton Adam évoquent les batailles de Temesvár et Komorn en 1849 ; au fond se trouve un portrait de François-Joseph à l'âge de 20 ans. Dans le **cabinet de travail**, où François-Joseph apprit la fin tragique de son fils, le prince héritier Rodolphe *(voir p. 295)*, remarquez le portrait d'Élisabeth par Franz Xaver Winterhalter, ainsi que les tableaux des murs latéraux illustrant la bataille de Custozza (1849) et le populaire maréchal Radetzky auquel Johann Strauß père dédia une marche célèbre et dont les appartements se trouvaient dans une aile de l'Alte Burg toute proche. La porte masquée dans le mur ouvre sur la pièce où se tenait le chambellan. Au-dessus de la cheminée, on peut admirer un portrait du tsar russe Alexandre II. La **chambre à coucher**, au simple lit de fer peint, présente quelques œuvres intéressantes : quatre gravures représentant Élisabeth ; une huile de l'archiduchesse Sophie avec son fils François-Joseph âgé de 2 ans ; une miniature sur une porcelaine d'Augarten avec François-Joseph âgé de 23 ans et Sissi âgée de 16 ans. On accède ensuite à deux pièces qui ne furent plus utilisées après la mort de cette dernière en 1898 : le **grand salon**, où l'on voit un **portrait★** de François-Joseph en uniforme réalisé par Franz Xaver Winterhalter, et le **petit salon**, où l'on remarque un portrait d'August Schoefft représentant Maximilien, le frère de François-Joseph fusillé au Mexique en 1867 par les révolutionnaires républicains.

Appartements de l'impératrice Élisabeth – Ces pièces furent habitées par la célèbre Sissi. La **chambre à coucher** servait également de salon (le lit était alors caché par un paravent). Dans le **cabinet de toilette**, les anneaux (à hauteur du passage vers la pièce suivante) témoignent du soin que l'excellente cavalière qu'était l'impératrice portait à sa condition physique et à sa ligne. La sculpture sur bois d'Anton Dominik Fernkorn la représente à l'âge de 8 ans, et quatre aquarelles évoquent le palais d'Achilleion qu'elle se fit construire sur l'île de Corfou. Parmi les œuvres du **grand salon** (mobilier Louis XIV, statuettes en porcelaine de Herman Klotz, vases en porcelaine de Sèvres, etc.) se détache le portrait d'Élisa Bonaparte, sœur aînée de l'Empereur, que l'illustre artiste italien Antonio Canova tailla dans le marbre en 1817. Après le **petit salon,** on atteint la **grande antichambre** où se rassemblait la famille impériale avant les bals de la Cour.

Appartements du tsar Alexandre – Ils portent le nom du tsar Alexandre Ier de Russie qui y demeura pendant le congrès de Vienne en 1815. Ces appartements furent utilisés de 1916 à 1918 par Charles Ier comme cabinet de travail et salle d'audience. Le **salon de réception**, appelé aussi salon rouge, est décoré de **tapisseries★** des Gobelins tissées à Paris entre 1772 et 1776 à partir de cartons de François Boucher ; ces dernières furent offertes en 1777, avec le mobilier, par Louis XVI et Marie-Antoinette, fille de Marie-Thérèse, à l'empereur Joseph II. La table de la **salle à manger** est somptueusement dressée comme à l'époque de François-Joseph, les six verres servaient successivement au vin blanc, au champagne, au vin rouge, à une liqueur, à l'eau et au vin de dessert.

La sortie s'effectue sur la Ballhausplatz. Tournez à gauche et traversez la cour intérieure qui longe les appartements impériaux pour rejoindre la chapelle impériale.

Chapelle impériale (Hofburgkapelle)

Cour des Suisses - &. - lun.-jeu. 11h-15h (vend. 13h) - fermé juil.-août - 1,50 €.
Seul vestige des bâtiments médiévaux de la cour des Suisses, cette chapelle fut édifiée de 1447 à 1449 sous Frédéric III, puis mise au goût baroque aux 17e et 18e s. En 1802, l'intérieur gothique fut reconstitué. Issue de la manécanterie créée par la Cour pour chanter les offices dans la chapelle, la célèbre chorale des **Petits Chanteurs de Vienne** se produit lors de la messe dominicale *(voir la rubrique « Spectacles et manifestation » p. 52).*

Chambre du Trésor (Schatzkammer)★★★

Cour des Suisses 1 - &. - ℘ (01) 525 24 0 - www.khm.at - tlj sf mar. 10h-18h - fermé 1er Mai, 15 août, 25 et 26 déc. - 8 € - La chambre du Trésor abrite les insignes de souveraineté des Habsbourg, des objets à valeur de souvenir, ainsi que des reliques ayant appartenu à la maison impériale. Cette visite constitue sans aucun doute l'un des grands moments d'un voyage à Vienne.

La salle à manger dans les appartements du tsar Alexandre.

La **Weltliche Schatzkammer** *(salles 1-8 et 9-16)*, qui rassemble des insignes impériaux, abrite de somptueuses pièces, tout comme la **Geistliche Schatzkammer** avec ses nombreux objets religieux *(salles I à V)*.

Salle 1 – Les insignes de la souveraineté sur l'archiduché d'Autriche qui y sont exposés étaient utilisés lors de la cérémonie de l'accession au trône des États héréditaires correspondant à l'Autriche actuelle. Remarquez le sceptre et le globe (Prague, 14e s.) et le manteau archiducal (Vienne, 1764).

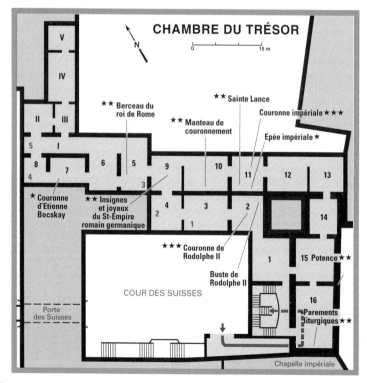

Salle 2 – La splendide **couronne de Rodolphe II**★★★ a été réalisée à Prague par l'orfèvre anversois Jan Vermeyen (début du 17e s.). Sceptre et globe assortis à la couronne (Prague, 1615) par Andreas Osenbruck. Ne pas manquer également le **buste en bronze de Rodolphe II** par Adriaen De Vries (1607).

Salle 3 – Manteau de couronnement (1830) (**1**), habits de cérémonie et insignes de différents ordres.

Salle 4 – Habit de cérémonie de Ferdinand Ier (**2**).

Salle 9 – **Insignes et joyaux du Saint Empire romain germanique**★★. Ils servirent pour l'ultime fois lors du couronnement de Joseph II en 1792.

Salle 5 – **Berceau du roi de Rome**★ en vermeil, exécuté d'après une esquisse du peintre Prud'hon, et destiné au fils de Napoléon Ier. Les nombreuses abeilles dorées symbolisent Napoléon qui les avait substituées au lis des Bourbons ; **portrait de Marie-Louise**★ (**3**) par François Gérard.

Salle 6 – Vêtements et accessoires de baptême ; clés des cercueils de la crypte des Capucins.

Salle 7 – **Couronne d'Étienne Bocskay**★, joyaux et bijoux, émeraude colombienne (2 680 carats).

Salle 8 – **Coupe en agathe**★ (4e s.) (**4**), dent de narval (243 cm).

Salle I – **Copie miniature de la colonne mariale**★ (**5**) située sur la place Am Hof *(voir p. 166)*. L'œuvre est rehaussée de 3 700 pierres précieuses.

Salle II – Croix-reliquaire du roi Louis Ier de Hongrie (vers 1370) ; bourse dite de saint Étienne (fin 11e s.).

Le berceau du roi de Rome.

© Kunsthistorisches Museum

Salle III – Petit temple en bois d'ébène présentant un Christ en ivoire de Christoph Angermair ; crucifix florentin (vers 1590) de Giambologna.

Salle IV – Autels-reliquaires de Milan (entre 1660 et 1680) ; garniture d'autel en porcelaine de Mayence.

Salle V – Œuvres datant des 18e et 19e s. dont 22 bustes à reliques, en partie en argent massif.

Salle 10 – Vêtements de cérémonie des rois normands, dont le **manteau de couronnement**★★ de Roger II de Sicile (Palerme, 1133) ; épée de cérémonie de Frédéric II.

Salle 11 – Pièce maîtresse de la collection des joyaux du Saint Empire romain germanique, la **couronne impériale**★★★ a vraisemblablement été réalisée dans le monastère de l'île de Reichenau (lac de Constance) ou à Milan pour le sacre d'Otton Ier le Grand (962). Le cintre est postérieur et porte le nom de Conrad, également couronné à Rome, en 1027. Croix impériale de 1024 reposant sur un pied ajouté en 1352. Dans la **sainte Lance**★★ (8e s.) on voit depuis le 13e s. la lance de Longinus, qui aurait transpercé le flanc du Christ ; l'**épée impériale**★ (fourreau du 11e s.) était considérée jadis comme l'arme de saint Maurice.

Salle 12 – Reliques ; coffrets à bijoux.

Salle 13 – Tuniques et armoiries de hérauts du duché de Bourgogne.

Salle 14 – Partie du trésor des ducs de Bourgogne.

Salle 15 – Ordre de la Toison d'or ; colliers armoriaux, dont la **potence**★★ (milieu du 15e s.).

Salle 16 – **Parements liturgiques**★★ de l'ordre de la Toison d'or.

École d'équitation espagnole (Spanische Hofreitschule)★★

Josefplatz - ☏ (01) 533 90 31 - www.srs.at - retirer les places au bureau d'information de la Michaelerplatz (sous la rotonde) - visite guidée du manège et des écuries (1h) -mar.-sam. (3 à 5 visites/jour selon la saison, en anglais et en allemand - 15 €. Assister à une séance d'entraînement en musique -mar.-sam. 10h-12h - 12 € (billet combiné avec la visite guidée 25 €). Représentation -lun.-sam. 19h, dim. 11h - de 20 € (place debout) à 130 €.

L'École d'équitation espagnole est un des rares lieux au monde où se pratique encore la haute école de l'art équestre dont les origines remontent à la seconde moitié du 16e s. Entourée de deux étages de galeries sous un plafond à caissons, la salle (57 m sur 19 m) uniformément blanche du manège d'hiver a servi de cadre à plusieurs manifestations brillantes, dont le dîner de gala du mariage par procuration de l'archiduchesse Marie-Louise et de Napoléon Ier, les fêtes du congrès de Vienne, ainsi que les débats de la première Assemblée constituante de l'Autriche. Conçue pour les concours hippiques et les tournois de la noblesse, la salle est réservée, depuis 1894, aux évolutions de l'École d'équitation espagnole.

La représentation – Trois entrées selon la place achetée (indiqué sur le billet) : Reitschulgasse (**a**), Michaelerkuppel (**b**), Josefsplatz (**c**). La renommée de ce très beau spectacle qui se déroule sur un fond musical attire un public nombreux et cosmopolite. Il est donc indispensable de réserver sa place à l'avance (à moins de l'acheter plus cher dans une agence). Gantés de blanc et coiffés du bicorne noir barré d'un galon doré, les écuyers portent l'habit brun à double rangée de boutons en laiton, le pantalon blanc légèrement jauni en peau de cerf et de hautes bottes vernies couvrant le genou. Au début et au terme de chaque passage (sept en tout) dans la salle, ils adressent un lent salut muet en levant leur bicorne en direction du portrait de Charles VI qui est accroché dans la loge impériale faisant face à la porte par laquelle ils entrent (sauf lors du premier passage, celui des jeunes étalons). Du reste, il est d'usage de se découvrir pendant la durée du spectacle. La représentation *(1h20)* accuse quelques longueurs pour ceux qui n'entendent rien à l'équitation, car le caractère étonnant en est précisément la rigueur et non l'aspect spectaculaire. Mais le plus profane des observateurs ne pourra rester insensible aux moments forts de l'exhibition que sont les quatrième et sixième passages *(Arbeit an der Hand* et *Schools above the ground)* au cours desquels sont exécutées plusieurs figures traditionnelles toujours très impressionnantes de précision et de souplesse. Ces passages sont inoubliables. Quant à l'entraînement *(Morgenarbeit)*, même s'il se pratique en musique, il sollicite un peu moins l'imagination du spectateur.

Musée des Lipizzans (Lipizzaner-Museum) – Écuries impériales - ☏ (01) 525 24 583 - www.lipizzaner.at - tlj 9h-18h - 5 € (billet combiné avec une séance d'entraînement 15 €).

Généalogies, uniformes, harnais et présentations audiovisuelles donnent un bon aperçu de l'histoire, l'élevage et le dressage des Lipizzans. Pour achever la visite, vous pouvez jeter un œil aux écuries à travers une vitre épaisse.

Les lipizzans – Les étalons montés par les cavaliers de l'École d'équitation espagnole doivent leur nom au haras fondé par l'archiduc Charles en 1580 à Lipizza (Slovénie), près de Trieste. En 1920, ils en furent ramenés pour rejoindre le château de Piber,

---

Les airs d'un ballet équestre

En haute école, les airs de manège sont les figures qu'un cavalier apprend à son cheval. La plupart découlent d'exercices militaires remontant à la Renaissance.

Le **piaffé** : le cheval trotte sur place ; c'est la position de base. La **courbette** : le cheval effectue plusieurs sauts sans que ses antérieurs touchent le sol. La **croupade** : saut dans lequel le cheval relève les jambes avant et arrière jusque sous le ventre. La **levade** : figure où le cheval se dresse sur ses jambes arrière, les jarrets touchant presque le sol. La **pirouette** : le cheval exécute une volte au pas ou au galop. La **cabriole** : le cheval s'enlève des quatre pieds à la même hauteur et détache une ruade ; c'est la figure reine.

à l'ouest de Graz (Styrie) où se trouve aujourd'hui le haras national. Les sujets actuels sont les descendants de six grands étalons : *Pluto*, né en 1765 (race danoise) ; *Conversano*, né en 1767 ; *Neapolitano*, né en 1790 (race napolitaine) ; *Maestoso*, né en 1773 ; *Favory*, né en 1779 (race lipizzane pure) ; *Siglavy*, né en 1810 (race arabe). Tous sont cependant à rattacher à une antique souche ibérique, déjà vantée au temps de César. Nés bais ou noirs, les lipizzans commencent leur dressage à 3 ans et n'acquièrent leur livrée blanche qu'entre 4 et 10 ans. Il arrive exceptionnellement qu'un cheval reste de couleur sombre, c'est pour lui l'assurance d'une considération toute particulière sous le nom de « bai brun de la Hofburg ».

Un long apprentissage

Il faut dix à quinze ans de formation pour qu'un cavalier devienne dresseur. Après avoir appris à chevaucher sans étriers, le jeune cavalier se voit confier un ancien cheval… qui se chargera de lui apprendre sa science. Candidat dresseur au bout de cinq ans d'exercices, le cavalier peut participer aux représentations. Il se voit dès lors confier un jeune cheval qu'il devra élever au rang de « coursier d'école ». Une fois sa mission remplie, il devient dresseur, puis « grand dresseur » lorsqu'il aura dressé plusieurs chevaux et préparé certains aux exercices de saut.

Bibliothèque nationale autrichienne - salle d'apparat (Österreichische Nationalbibliothek - Prunksaal)★

Josefsplatz 1 - ♿ *-* ☎ *(01) 53 41 04 64 - www.onb.ac.at -mar.-dim. 10h-18h (jeu. 21h) - 5 € - billet combiné avec les musées des Globes, de l'Espéranto et des Papyrus 8 €.* La Bibliothèque nationale autrichienne, bibliothèque de la Cour jusqu'en 1920, fait partie des plus importantes au monde avec ses nombreux volumes (6,7 millions d'ouvrages inventoriés, dont plus de 3 millions d'imprimés). Ses origines remontent aux empereurs habsbourgeois du Moyen Âge. À la fin de la guerre de Succession d'Espagne, l'empereur Charles VI (1711-1740) ordonna la construction du bâtiment de la bibliothèque (1723-1726), réalisé par Bernhard Fischer von Erlach et son fils Josef Emmanuel. La célèbre **salle d'apparat (Prunksaal)★★** avec son immense coupole présente le type le plus achevé de la bibliothèque baroque. La décoration fait écho à l'extrême richesse des 200 000 ouvrages réunis ici, la plupart des 16e et 17e s. L'ovale central abrite la bibliothèque privée du prince Eugène de Savoie qui compte près de 16 000 volumes. Coiffant deux étages de rayonnages cachant des cabinets de travail auxquels on accède par des portes dérobées, la fresque de la coupole, œuvre de Daniel Gran, représente l'apothéose de Charles VI. Les globes célestes et terrestres (110 cm

La salle d'apparat de la Bibliothèque nationale.

de diamètre, fin 17e s.) sont de Vincenzo Coronelli, et les sculptures à la gloire de Charles VI et des Habsbourg, de Peter et Paul Strudel (vers 1700).

Très vite la bibliothèque fut agrandie en Institut scientifique et l'édifice qui l'abritait ne suffit plus. Des bâtiments annexes, tels que l'abbaye des Augustins et la Neue Burg, lui furent rattachés. En 1988-1991 un entrepôt souterrain complètement climatisé finit par être aménagé sous le Burggarten. La Bibliothèque nationale autrichienne est aujourd'hui divisée en de nombreuses sections et collections, chacune d'entre elles disposant d'une bibliothèque scientifique spécialisée.

Consignes d'utilisation

Les consignes d'utilisation de la bibliothèque de l'empereur Charles VI étaient strictes : « Les niais, les garçons d'écurie, les oisifs, les bavards et les promeneurs n'ont pas leur place ici. Le silence doit régner ; on ne doit pas gêner les autres en lisant tout haut. Si vous vous éloignez de votre place, veillez à fermer votre livre et à l'emmener avec vous s'il est petit ; s'il est gros, laissez-le sur la table et faites-le savoir au surveillant. L'utilisateur n'a rien à payer, il doit ressortir de la bibliothèque plus riche et y revenir plus souvent. »

Église des Ausgustins (Augustinerkirche)

Augustinerstraße 3 - visite guidée de la crypte sur réserv. - ℘ (01) 533 70 99 - 2 €.

Ancienne église de la Cour, l'église des Augustins a été construite au cours de la première moitié du 14e s. dans l'enceinte de la Hofburg par Dietrich Ladtner von Pirn ; elle fut consacrée en 1349. Elle servit de cadre aux grands mariages princiers : Marie-Thérèse et François-Étienne de Lorraine en 1736 ; les archiduchesses Marie-Antoinette et Marie-Louise, par procuration, respectivement en 1770 et 1810 (Napoléon était représenté par l'archiduc Charles, son ancien adversaire) ; Élisabeth de Bavière et François-Joseph en 1854 ; Stéphanie de Belgique et le prince héritier Rodolphe en 1881.

Très sobre dans son aspect extérieur, l'édifice a été rénové en 1784 par Ferdinand Hetzendorf von Hohenberg qui restitua alors l'aspect gothique original qu'une décoration baroque avait recouvert ; il s'agit donc de la plus ancienne église-halle à trois nefs visible dans la capitale. L'œuvre majeure conservée ici est le **cénotaphe de l'archiduchesse Marie-Christine★** réalisé par Antonio Canova entre 1805 et 1809. La Vertu, la Félicité et la Charité s'avancent vers cette pyramide en marbre de Carrare de 5 m de haut au sommet de laquelle le génie de la Félicité tient un médaillon représentant la fille préférée de Marie-Thérèse. La chapelle St-Georges, construite par Otton le Joyeux au 14e s. pour rassembler les chevaliers de St-Georges, abrite la dépouille du comte d'empire Daun, vainqueur des Prussiens à Kolín lors de la guerre de Sept Ans. Le tombeau en marbre de Léopold II est vide : son corps repose dans la crypte des Capucins *(voir p. 154)*. À côté de la chapelle St-Georges, la chapelle de Lorette, dont la belle grille en fer forgé date du 18e s., donne accès à la Herzgruft, crypte où sont conservés les cœurs des Habsbourg (depuis l'empereur Matthias) dans 54 petites urnes en argent ; l'une d'entre elles contient celui de l'Aiglon, le fils de Napoléon Ier. Les orgues proviennent de la Schwarzspanierkirche, détruite par un orage ; Anton Bruckner y composa la *Messe en fa mineur*.

Albertina★★

Albertinaplatz 1 - ℘ (01) 534 83 0 - www.albertina.at -tlj 10h-18h (merc. 21h) - 10 € (audioguide en français).

Une partie seulement de l'exceptionnelle collection d'art graphique est exposée et tourne au gré des expositions thématiques. Le musée a rouvert en 2003 après plusieurs années de travaux ; les salles d'apparat de l'ancien palais, restaurées dans leur aménagement original de 1822, sont désormais accessibles au public. La collection doit son nom à son fondateur, le duc Albert de Saxe-Teschen (1738-1822), époux de l'archiduchesse Marie-Christine et donc gendre de l'impératrice Marie-Thérèse. Fondée en 1768, elle fut installée en 1795 dans l'ancien palais Tarouca, bâtiment agrandi sous Albert et ses successeurs par les architectes Louis Montoyer et Joseph Kornhäusl qui en firent le plus grand palais classique de Vienne. Le palais et sa collection appartiennent depuis 1918 à la république d'Autriche. En 1920, on y adjoignit le cabinet des estampes constitué à l'origine par le prince Eugène de Savoie. Fort de 60 000 dessins et de quelque 1 million d'estampes de toutes les époques, ce musée conserve indéniablement la plus grande collection graphique du monde.

Le **fonds Dürer**, réuni par Rodolphe II à la suite d'achats aux héritiers de l'artiste et à la succession du cardinal Granvelle, comprend des pièces fameuses comme *Les Mains jointes, Le Lièvre* ou *La Madone aux animaux.* D'autres chefs-d'œuvre sont conservés ici, signés par les plus grands noms de l'histoire de l'art : Baldung Grien, Bruegel l'Ancien, Chagall, Cranach l'Ancien, Fra Angelico, Gainsborough, Goya, Holbein, Klimt, Kubin, le Lorrain, Makart, Mantegna, Michel-Ange, Nolde, Picasso, Raphaël, Rembrandt, Reynolds, Rottmayr, Rubens, Schiele, le Tintoret, Titien, Van Dyck, Véronèse, Vinci, Watteau. Une énumération non exhaustive qui donne une idée de la qualité de ce fonds. L'Albertina possède en outre une collection architecturale, comprenant les œuvres de grands architectes, ainsi qu'une collection de photographies.

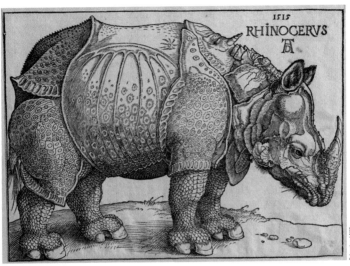

« Le Rhinocéros » de Dürer, conservé à l'Albertina (1515).

Maison des Papillons (Schmetterlinghaus)

Serre du Burggarten - ✆ *(01) 533 85 70 - www.schmetterlinghaus.at - avr.-oct. lun.-vend. 10h-16h45, sam.-dim. 10h-18h15 ; nov.-mars tlj 10h-15h45 - 5 €.*

👤👤 On se sent transporté dans un royaume magique en pénétrant dans la serre Jugendstil du Burggarten : d'innombrables papillons multicolores voltigent dans un paysage reconstitué de forêt humide tropicale et viennent même se poser parfois sur le nez d'un visiteur.

Musée des Papyrus (Papyrusmuseum)★

Nouveau palais - entrée par la Bibliothèque nationale - ✆ *(01) 534 10 427 - www.onb. ac.at - oct.-juin : lun., merc.-vend. 10h-17h ; juil.-sept. : lun., merc.-vend. 10h-16h - fermé 1er-21 sept. et j. fériés - 3 €.*

Avec quelque 180 000 documents, la collection de papyrus de la Bibliothèque nationale autrichienne est la plus vaste du monde. Le musée réunit près de 400 documents (non originaux), classés par thèmes, tels que l'école, la magie, la religion, etc. On peut également y voir des portraits de momies de l'Antiquité et écouter la transcription musicale d'une des plus anciennes partitions musicales de l'Antiquité grecque, celle de la tragédie *Oreste* d'Euripide (2e s. av. J.-C.).

Musée d'Éphèse (Ephesos-Museum)★★

Nouveau palais - ♿ - ☎ *(01) 525 24 0 - www.khm.at - tlj sf mar. 10h-18h - fermé 1ᵉʳ janv., le mardi suivant Pâques, 1ᵉʳ Mai, le mardi suivant la Pentecôte, 15 Août, 25-26 déc. - 8 € (billet valable également pour la salle d'armes et la collection d'instruments de musique anciens) - audioguide en français.*

Le musée d'Éphèse est installé dans le Nouveau palais depuis 1978. Il présente une série d'objets mis au jour par des fouilles archéologiques autrichiennes entreprises à partir de 1895 dans l'antique cité commerciale de la côte d'Asie mineure. Seules Istanbul et Londres possèdent des collections comparables. Remarquablement exposés, les fragments d'architecture, les reliefs et les sculptures sont expliqués par des reconstitutions et des maquettes, ainsi que par des documents photographiques. On verra également des objets provenant de fouilles menées sur l'île de Samothrace, dans la mer Égée.

Venant du rez-de-chaussée, on voit dans l'escalier des fragments de l'autel de l'Artémision du temple de Diane à Éphèse (4ᵉ s. av. J.-C.). Ce temple fut détruit par le feu en 356 av. J.-C.

Dans l'entresol sont exposés plusieurs vestiges découverts à Samothrace : des Victoires, des sculptures issues de frontons, des chapiteaux et des frises. Parmi ces fragments architecturaux se trouvent des morceaux *(247-268)* de la rotonde du temple construit entre 289 et 281 av. J.-C. par Arsinoé, l'épouse du roi Lysimachos de Macédoine.

À l'étage, une collection de sculptures en bronze et en marbre est disposée autour de l'extraordinaire **Athlète d'Éphèse★★** *(129)*, copie romaine d'un original grec de 340-330 av. J.-C. Cet athlète de 1,92 m est représenté en train de nettoyer son strigile. Ce racloir était utilisé pour débarrasser le corps huilé du sable de la piste. Le **Garçonnet avec une oie★** *(147)* est une copie en marbre d'un original hellénistique du 3ᵉ s. av. J.-C., période dont l'une des caractéristiques est de figurer réellement l'enfant alors que l'art grec archaïque et classique représentait les enfants sous les traits de jeunes adultes. Parmi les autres œuvres, remarquez un chapiteau ionique portant une lampe à cinq becs *(139)*, *Héraclès combattant le Centaure (141)*, une tête de satyre *(143)*, des fragments de la bibliothèque de Celse *(156-162)* fondée en 117 par le consul Tiberius Iulius Aquila, une tête, qui représente probablement Homère *(166)*, et un portrait d'Hadrien *(171)* réalisé en 123 lors d'une visite de l'empereur à Éphèse.

Au même étage, mais de l'autre côté de l'escalier, a été placée une œuvre majeure de la collection : la **frise du monument des Parthes★★**. Ce monument fut élevé par le sénat vers 170 à l'occasion de la victoire finale de la guerre menée par les troupes romaines contre les Parthes (161-165). Il est consacré à l'empereur Lucius Aurelius

© Kunsthistorisches Museum

L'athlète d'Éphèse.

Verus (mort en 169), qui avait installé son quartier général à Éphèse lors des guerres de conquête, ville alors capitale de la province d'Asie depuis 129. On suppose que ce monument en marbre de 40 m de long (70 m à l'origine) était la décoration extérieure d'un gigantesque autel. La frise se divise en cinq scènes *(commencez au fond du mur de droite, à partir du n° 59)* : l'adoption de Verus par Antonin le Pieux en 138 *(59-64)* ; Verus au combat *(65-68)* ; Verus en empereur accompagné des personnifications des principales cités de l'Empire *(69-76 ; Alexandrie en 69, Éphèse en 70, Rome en 72, Ctésiphon en 75, capitale de l'Empire parthe)* ; son sacre parmi les dieux de l'Olympe *(77-80)* ; son apothéose *(81-83)*. Au même niveau, on peut apprécier un fragment de tombeau octogonal à colonnes corinthiennes réalisé dans la seconde moitié du 1er s. pour une jeune fille âgée de 20 ans, ainsi qu'une superbe maquette en bois du site d'Éphèse (1:500).

Revenez dans la section des sculptures et empruntez l'escalier qui conduit au second étage.

Salle d'armes (Hofjagd- und Rüstkammer)★★

Au 19e s., la quasi-totalité des salles d'armes des Habsbourg furent transférées à Vienne, de telle sorte qu'on peut aujourd'hui y admirer une des collections les plus importantes au monde dans ce domaine. Les trois éléments essentiels sont la Leibrüstkammer impériale qui contient les armures des Habsbourg, la salle de chasse et d'armes impériale (Hofgewehr- und Hofjagdkammer), ainsi que la Heldenrüstkammer de l'archiduc Ferdinand de Tyrol, transférée à Innsbruck en 1577.

Les armures et armes d'apparat témoignent du grand savoir et de la riche inspiration des artisans et des armuriers ; elles furent portées lors des tournois de chevaliers et lors de la célébration de grands événements, tels que les couronnements, les baptêmes et les mariages. Elles ne servaient pas seulement de protection mais constituaient également un important instrument de représentation. Outre les belles armures issues des ateliers européens, on peut admirer une collection d'objets mamelouks *(salle VI)*, d'autant plus ornés de pierres précieuses que l'ornementation islamique choisit de renoncer aux images ; des armes et armures turques ont également été imitées par les empereurs habsbourgeois, afin de symboliser lors des tournois le combat entre l'Orient et l'Occident. Une fois le temps des grands tournois passé, les princes ne renoncèrent toutefois pas à utiliser des armes luxueuses. On conçoit ainsi tout à fait aisément que le prince impérial Rodolphe reçut déjà en cadeau à l'âge de 8 ans une arme richement décorée (1866, *galerie C*).

Toujours au second étage.

Collection d'instruments de musique anciens (Sammlung Alter Musikinstrumente)★★

Ville musicale, Vienne se devait de posséder un tel musée. La collection était déjà pratiquement constituée au 16e s., au château d'Ambras à Innsbruck, par l'archiduc Ferdinand de Tyrol. Elle fut ensuite complétée par une série d'instruments provenant du château de Catajo, près de Padoue. Cela explique la très haute valeur historique de la section Renaissance abritée par cette aile du Nouveau palais qui regarde le Burggarten. La collection est enrichie par des prêts de la Société des amis de la musique à Vienne.

Muni d'écouteurs, le visiteur va pouvoir vivre, en un peu plus d'une heure, l'évolution de l'instrumentation musicale à partir du début du 16e s. Les instruments listés ci-dessous constituent une sélection destinée à attirer le regard sur certaines œuvres intéressantes du point de vue historique ou esthétique.

Salle IX : La musique sous Maximilien Ier – Un des rares exemplaires de **rebec**★ (Venise, 15e s.) conservé. Une « lira da braccio », sorte de viole (Vérone, 1511) dont le revers est sculpté d'une tête d'homme au milieu d'un corps féminin. Une petite épinette (Italie, seconde moitié du 16e s.). Une trompette d'Anton Schnitzer (1598), actif à Nuremberg, ville très réputée pendant la Renaissance pour ses fabricants d'instruments de musique. Quatre flûtes à bec (16e s.) et une harpe (Italie, 16e s.). *Persée et Andromède*, tableau d'après Piero di Cosimo (après 1513).

Salle X : La musique aux châteaux d'Ambras et de Catajo – Un serpent (Italie, 16e s.), ancêtre de l'ophicléide, dont on observera l'embout zoomorphe. Un **clavecin★** (Venise, 1559) décoré de peintures réalisées vers 1580. Le **cistre★★** de Ferdinand de Tyrol, réalisé à Brescia en 1574 ; remarquable réalisation artistique, cet instrument qui se joue avec un plectre a été décoré à la demande de l'archiduc : Lucrèce y est représentée au sommet, ses boucles d'oreilles sont de vraies perles. Un **claviorganum★** exécuté en Allemagne méridionale dans la seconde moitié du 16e s., le plus ancien exemplaire conservé. Trois violes de gambe par Antonio Ciciliano (Venise, vers 1600). Remarquez la table de Caspar von der Sitt (Passau, 1590) dont le plateau de pierre est gravé de notes musicales et des motifs héraldiques. *Joueur de luth* d'Annibal Carrache (vers 1600).

Salle de la collection d'instruments de musique anciens.

Salle XI : La composition sous Ferdinand III, Léopold Ier et Joseph Ier – Un luth et son étui (Venise, 1626), exécuté par Vendelinus Venere, de son vrai nom Wendelin Tieffenbrucker, originaire de Füssen, ville de luthiers dont la spécialité était l'ivoire. Le clavicytherium (Vienne, fin du 17e s.) de l'empereur Léopold Ier réalisé par Martin Kaiser, originaire de Füssen ; observez la verticalité du coffre et la décoration en écailles de tortue, ivoire et nacre.

Salle XII : Joseph Haydn – Un baryton réalisé par Daniel Achatius Stadlmann (Vienne, 1732) qui appartint à Haydn. Un clavecin exécuté à Anvers en 1745 par Joannes Daniel Dulcken, considéré comme le principal facteur flamand de clavecins. Un piano-forte (Ratisbonne, 1798) par Christof Friedrich Schmahl.

Salle XIII : Wolfgang Amadeus Mozart – On peut y voir le violon de Léopold Mozart, **six trompettes★** magnifiques, en argent partiellement doré (Vienne, 1741 et 1746) que nous devons à Franz et Michael Leichamschneider ; remarquez la délicatesse des embouts torsadés. Un « glasharmonika » (première moitié du 19e s.), un instrument inventé en 1761. Au mur, *François-Étienne* et *Marie-Thérèse* par l'atelier de Martin Van Meytens (vers 1755), ainsi que *Marie-Antoinette* par Franz Xaver Wagenschöm où l'on voit la future reine de France assise devant un clavier. Il est à noter à ce propos que le piano-forte du 18e s. et du début du 19e s. a peu en commun avec le piano moderne, non du point de vue de l'esthétique mais du point de vue de la conception : le cadre métallique, les cordes croisées et les feutres des marteaux actuels n'équipaient pas ces instruments, fort différents d'un facteur à l'autre. Lorsque vers 1770 Johann Andreas Stein inventa la « mécanique autrichienne », l'instrument acquit une sonorité qui séduisit Mozart.

Salle XIV : Ludwig van Beethoven – Un orgue-piano de Franz Xaver Christoph (Vienne, vers 1785). Un piano-forte de Johann Jakob Könnicke (Vienne, 1796). Harpe à double pédale de Sébastien Érard (Paris, vers 1810). Le métronome de Johann Nepomuk Mälzel (Paris, 1815), le premier du genre. Un piano-forte en palissandre de Joseph Brodmann (Vienne, vers 1815). Un piano-forte de Conrad Graf (Vienne, vers 1820) dont le clavier est fait de touches en nacre. *Napoléon, empereur des Français* d'après François Gérard (après 1804). *François II* par Johann Baptist Lampi.

Salle XV : Franz Schubert – Lyre-guitare fabriquée par Jacques-Pierre Michelot (Paris, vers 1800). Guitare fabriquée par Giovanni Battista (Naples, 1801). Un piano-forte d'André Stein (Vienne, 1819). Le modeste piano-forte sur lequel Schubert a joué et composé chez le peintre Rieder. Portrait de Schubert jeune (Vienne, vers 1814).

Salle XVI : Robert Schumann, Johannes Brahms, Franz Liszt, Anton Bruckner – Violon fabriqué par Anton Dehmal (Vienne, dernier tiers du 19e s.) en aluminium, dont la sonorité ne fut pas convaincante. Piano-forte de Robert et Clara Schumann et Johannes Brahms (C. Graf, 1839). Plusieurs pianos à queue de marque Graf (Vienne, 1839), Streicher (Vienne, 1840), Streicher et fils (Vienne, 1868), Bösendorfer (Vienne, 1875). *Franz Liszt au clavier*, héliogravure de Joseph Danhauser (seconde moitié du 19e s.).

Salle XVII : La musique de danse à Vienne – Cithare (Autriche, 19e s.). Cithare de Franz Nowy (Vienne, vers 1950), sur lequel joua Franz Karas, compositeur de la musique du film *Le Troisième Homme*. Le terme de « cithare », dérivant du grec *kithara* qui donna également guitare, désigne plusieurs instruments à cordes frappées ou pincées ; en Europe centrale, la caisse est généralement trapézoïdale.

Salle XVIII : Gustav Mahler, Richard Strauß, Hugo Wolf – Un pianino de Caspar Lorenz (Vienne, vers 1860). Un **piano fabriqué par Ludwig Bösendorfer★** (Vienne, vers 1867) : le coffre est en ébène et splendidement incrusté de bois précieux et de métaux d'après un dessin préparatoire de A. Grosser. *Richard Strauß* par le portraitiste viennois Wilhelm Victor Krausz (Vienne, 1929), représentant le compositeur allemand, âgé de 65 ans, en train de diriger à l'Opéra. *Hugo Wolf* par Karl Rickelt (1895).

Linke Seitengalerie : le 20e s. – Un cembalo de Paul de Wit (Leipzig, 1912). *Autoportrait* d'Arnold Schönberg (Vienne, 1910). Piano à queue de marque Bösendorfer (Vienne, 1958), réalisé à l'occasion de l'Exposition universelle de Bruxelles. La visite s'achève par un synthétiseur de sons dont l'origine remonte à l'année 1913, lorsque Jorg Mager détermina les principes d'analyse et de reconstitution du son par l'électronique.

Musée d'Ethnographie (Museum für Völkerkunde)★

Nouveau palais - ✆ (01) 534 30 - www. ethno-museum.ac.at - fermé pour travaux, réouverture prévue au printemps 2007.
Ce musée, constitué en institution indépendante en 1928, réunit quelque 200 000 objets, dont certains arrivés en Autriche au 16e s. La véritable origine de la collection remonte toutefois à une vente aux enchères londonienne de 1806, au cours de laquelle l'empereur François Ier acheta des objets ethnologiques provenant essentiellement des expéditions du Britannique James Cook, au 18e s.

Hofburg pratique

Faire une pause

Palmenhaus – *Burggarten - ✆ (01) 533 10 33 - www.palmenhaus.at - 1er arr. - mars-oct. : tlj 10h-2h ; nov.-fév. : merc.-dim. 10h-2h.* Sous l'immense dôme en verre de la serre du Burggarten, vous serez servi par une armée de serveurs véloces dans un cadre baigné de lumière. Aux beaux jours, la terrasse est le rendez-vous des élégantes Viennoises entre deux courses.

*Majolikahaus, l'immeuble Jugendstil
d'Otto Wagner, sur Linke Wienzeile*

N. Edwige / MICHELIN

6 Musée des Beaux-Arts et Museumsquartier★★★

Kunsthistorisches Museum und Museumsquartier

PLAN 1ᴱᴿ RABAT DE COUVERTURE B3 – 7ᵉ ARR.

Tout séjour à Vienne, aussi court soit-il, doit inclure une visite du musée des Beaux-Arts. Patiemment rassemblées par la dynastie des Habsbourg, ses collections font partie des plus importantes et des plus riches du monde. La galerie de peinture possède notamment des fleurons de la Renaissance italienne et des écoles du Nord. Jouxtant ce temple de la culture classique, le Museumsquartier joue la carte de la diversité avec un foisonnement de manifestations artistiques autour de l'art contemporain, de la danse, de l'architecture, de la musique et du théâtre. Véritable forum culturel ouvert à tous, il connaît depuis son ouverture en 2001 un succès mérité.

© Kunsthistorisches Museum

La somptueuse cage d'escalier du musée des Beaux-Arts.

- **Se repérer** – Le musée des Beaux-Arts se situe entre le Burgring et la Museumsplatz, au sud-ouest du Ring. Il suffit de traverser la Museumsplatz pour se rendre dans le Museumsquartier. Les musées et autres institutions s'ordonnent autour de plusieurs cours intérieures, derrière la façade longiligne des anciennes écuries impériales. Le quartier de Neubau s'étend derrière le Museumsquartier, notamment autour de la colline du Spittelberg.

- **À ne pas manquer** – Dans le musée des Beaux-Arts : la galerie de peinture, les collections égyptiennes et orientales, les antiquités, le cabinet d'art ; dans le Museumsquartier : le musée Léopold, le dépôt du mobilier de la Cour.

- **Organiser son temps** – Pour apprécier à leur juste mesure les chefs-d'œuvre du musée des Beaux-Arts, il est conseillé de le visiter en deux fois. Profitez de la nocturne du jeudi (jusqu'à 21h). Le Museumsquartier offre davantage de souplesse dans les horaires. Enchaînez votre visite avec celle de l'arrondissement de Neubau qui s'étend derrière.

- **Avec les enfants** – Le musée des Enfants dans le Museumsquartier.

Comprendre

Culture pour tous ! – Le Museumsquartier est devenu le pôle central de la vie culturelle viennoise. Avec son mot d'ordre **Kultur für alle** (« Culture pour tous »), il rassemble des musées, des manifestations, des résidences d'artistes et des initiatives qui cohabitent harmonieusement en un seul lieu ouvert 24h sur 24. Les Wiener Festwochen, la Viennale (festival de cinéma réputé) et le festival de danse ImPuls utilisent cet espace pour leurs représentations. Le Museumsquartier est toujours animé et ne se repose jamais… Avec plus de 3 millions de visiteurs chaque année contre le 1,5 million prévu, il connaît un succès d'une ampleur inattendue. Ce mélange des genres, l'ouverture sans a priori à tous les domaines artistiques et à tous les publics, sans oublier les enfants, en fait une plate-forme de la culture qui rayonne bien au-delà des frontières. Symbole de cette réussite, l'enfilade de bancs qui occupent la cour centrale sont pris d'assaut. Assis ou allongés, les Viennois aiment y lire, bavarder ou simplement prendre le soleil. Restaurants et terrasses de cafés sont tout aussi animés.

Visiter le musée des Beaux-Arts★★★

Maria Theresien-Platz - [U] *2 MuseumsQuartier,* [Tram] *Burgring 1, 2, D, J,* [Bus] *MuseumsQuartier -* &. *-* ℘ *(01) 525 24 0 - www.khm.at - tlj sf lun. 10h-18h (jeu. 21h) - 10 € (audioguide en allemand, anglais et italien 2 €) - fermé 25 déc. Le café-restaurant Gerstner sous la coupole du musée est ouvert de 10h à 17h30 sf lun.*
Le musée des Beaux-Arts est rénové section par section, vous pouvez donc trouver certaines parties fermées temporairement.

Le musée des Beaux-Arts, installé en bordure du Ring, abrite les collections égyptiennes et proche-orientales, la collection d'antiquités, les objets d'art, la galerie de peinture, le cabinet des monnaies et le trésor.

Un peu d'histoire – Il fut inauguré par l'empereur François-Joseph le 17 octobre 1891. La construction, d'après un projet de l'architecte viennois **Karl Hasenauer**, fut plusieurs fois remaniée à partir de 1871 par **Gottfried Semper** pour donner un bâtiment d'exposition. Les sculptures qui décorent les façades furent également réalisées sous la direction de Semper. Outre les différents arts, des artistes et penseurs de toutes les époques sont représentés. Le dôme de l'édifice est couronné par une statue de Pallas Athéna, protectrice des arts et des sciences, par Johann Benk. L'intérieur du bâtiment est une œuvre d'art à lui seul ; il a été largement remis en état, en dépit de lourds dommages consécutifs aux bombardements de la Seconde Guerre mondiale. La conception d'Hasenauer prévoit une correspondance entre la décoration de la salle et les œuvres qui y sont exposées. Ainsi, dans les salles de la collection égyptienne, on trouve trois colonnes de l'ancienne Égypte. Les peintures des plafonds se réfèrent également aux époques et aux artistes présentés.

La décoration intérieure – Le plus bel exemple de décoration intérieure est sans aucun doute la somptueuse **cage d'escalier★★**, dont le plafond embelli de l'*Apothéose de la Renaissance* par Mihály von Munkácsy représente le panthéon des artistes de la Renaissance italienne. À gauche, on peut voir Léonard de Vinci en conversation avec le jeune Raphaël (sur les marches) et, juste au-dessus d'eux, Véronèse en pleine action créative ; Michel-Ange se tient derrière la balustrade tandis que Titien conseille un élève devant un modèle féminin. Les douze lunettes ont été décorées par Hans Makart avec dix portraits de peintres (parmi lesquels Dürer, Léonard de Vinci, Rembrandt et Velázquez), l'allégorie *Loi et Vérité*, ainsi que la personnification de la peinture profane et religieuse. Les figures peintes entre les colonnes représentent l'évolution de l'art. Elles ont, entre autres, été réalisées par Gustav Klimt (l'Égypte, les antiquités grecques, l'art italien ancien, le Cinquecento florentin, le Quattrocento romain et vénitien). Sur le repos de l'escalier, on peut admirer le groupe de **Thésée tuant le Minotaure★** par Antonio Canova, pour lequel le temple de Thésée fut érigé en 1820 dans le Volksgarten *(voir p. 115).*
Dans la salle centrale du rez-de-chaussée surélevé, derrière la cage d'escalier, Julius Berger a immortalisé, dans sa peinture du plafond *Les Mécènes des beaux-arts dans la maison des Habsbourg*, ceux qui ont réuni les superbes collections du musée.

Collections égyptiennes et orientales★★

Ancien Empire (2660-2160 av. J.-C.), Moyen Empire (2040-1785 av. J.-C.), Nouvel Empire (1552-1070 av. J.-C.), Antiquité tardive (712 av. J.-C.-332 av. J.-C.).
La collection est divisée en trois thématiques : les cultes funéraires (salles I, II, V), la vie quotidienne (salles II, IV, VI et VIa) et les arts (salles VII, VIII, IX).

Antiquités★★

Rez-de-chaussée surélevé.

SALLES	CONTENUS	SÉLECTION
I	Culte des morts	Sarcophage de Nes-Shu-Tefnut (vers 300 av. J.-C.) ; **colonnes papyriformes★** (XVIIIᵉ dyn.).
II	Ancien Orient	Chapelle funéraire du mastaba du prince Ka-Ni-Nisout (vers 2400 av. J.-C.).
III	Statuettes funéraires	
IV	Statues de divinités	Statue d'un dieu à la tête de lion, Mahes (664-525 av. J-C)
V	Papyrus et tombeaux.	Stèle funéraire du scribe Amenhotep (vers 1300 av. J-C) Livre des morts de Khonsu-Mes (vers 1000 av. J.-C.)
VI	Vie quotidienne	Collier et bracelet (vers 2290 av. J.-C., or et faïence) ; tête de femme (13ᵉ s. av. J.-C.) ; tuiles figurées de Tell el-Yahudiya (12ᵉ s. av. J.-C.).
VI a	Ancien Empire : l'écriture	
VII	Ancien Empire et Moyen Empire : sculptures	Seni-onch (statue d'un fonctionnaire assis, vers 1900 av. J-C) ; Sobek-em-inu (statue d'un fonctionnaire, vers 1800. av. J-C) ; Amenemhat V (statue royale, vers 1770 av. J-C) ; Khai-Hapi (13ᵉ s. av. J.-C. ?) ; tombeau de Hori (8ᵉ s. av. J.-C.)
VIII	Nouvel Empire : sculptures	Horus et le roi Horemheb (14ᵉ s. av. J.-C.) ; Tjenuna (15ᵉ s. av. J.-C.) ;
IX	Moyen et Nouvel Empire : sculptures	**Hippopotame** (faïence bleue, vers 2000 av. J.-C.) ; tête du sphinx Sesostris III (vers 1850 av. J.-C.) ; **Sebek-Em-Sauf★★** (statue d'un fonctionnaire, vers 1700 av. J.-C.) ; **tête de Thoutmosis III★** (vers 1460 av. J.-C.) ; **Tête funéraire★★** (La « tête funéraire » incarnait le corps du défunt à une époque où la momification n'était pas encore répandue ; 26ᵉ s. av. J.-C.) ; Ka-Pu-Ptah et Ipep (vers 2300 av. J.-C.) ; Ba'Ef-Ba (vers 2300 av. J.-C.) ; Itjef, sa femme et ses enfants (vers 2200 av. J.-C).

Les collections d'Antiquités grecques et romaines s'étendent de la salle X à la salle XVIII et dans les cabinets (1 à 7).

Sculptures grecques et romaines : on remarquera plus particulièrement la statue d'un homme vers 550-525 av. J.-C (style chypriote archaïque), le **sarcophage des Amazones★** (seconde moitié du 4ᵉ s. av. J.-C.), le sarcophage de Perséphone (3ᵉ s. ap. J.-C), la Koré (dite « de Vienne ») d'après un original grec (4ᵉ s. ap. J.-C.), le relief de Mithra (2ᵉ s. ap. J.-C), un fragment de la frise du Parthénon (vers 440 av. J.-C.),

Le remarquable camée « Gemma Augustea ».

© Kunsthistorisches Museum

une **tête de Jupiter★** (1ᵉʳ s. ap. J.-C.), un **centaure en argent★** (vers 160 av. J.-C.), un **portrait d'Aristote★** (copie romaine vers 320 av. J.-C) une statue d'Artémis (2ᵉ s. av. J.-C.).

Série de portraits romains : dans la série se détache un buste de l'empereur Vespasien (70 ap. J.-C) un buste d'Auguste (1ᵉʳ s. ap. J.-C).

Céramique et terres cuites grecques : la **coupe de Douris★** (vers 500 av. J.-C.), le skyphos à figures rouges (vase) du peintre de Brygos (vers 490 av. J.-C.), une série de lécythes (vases grecs antiques pour les huiles parfumées), quelques statuettes de Tanagra.

Collection de camées : le camée est une pierre fine sculptée en relief. D'origine égyptienne et orientale, l'art du camée fut perfectionné par les Grecs qui produisirent des camées polychromes. Émerveillés, les Romains firent venir des artistes ainsi que des pierres fines (notamment d'Inde) à partir du 1ᵉʳ s. av. J.-C. Les plus remarquables de la collection sont le **Camée des Ptolémées★** (onyx à neuf couches du 3ᵉ s. av. J.-C.), le camée de l'Aigle (1ᵉʳ s. av. J.-C.), le **Gemma Claudia★** (1ᵉʳ s.) et surtout le **Gemma Augustea★★★** (1ᵉʳ s.) mondialement connu. Taillé dans une pierre d'onyx, il glorifie les victoires militaires du premier empereur romain, Auguste, que l'on voit trôner au registre supérieur sous les traits de Jupiter.

Trésors et art paléochrétien : le musée est riche en trésors trouvés pour la plupart dans des pays qui faisaient partie de l'Empire austro-hongrois : citons le trésor de Dolichène (début du 3ᵉ s., Autriche), le trésor de Szilágysomlyó (vers 400, Roumanie), le **trésor de Nagyszentmiklós★** (8ᵉ s.-9ᵉ s., Roumanie). Découvert en 1799, ce dernier rassemble 23 vases d'apparat d'un chef de tribu ; il totalise près de 10 kg d'or pur. Cet ensemble montre plusieurs influences : central-asiatiques, perso-sassanides, gréco-romaines et byzantines. On remarquera aussi le portrait d'Eutrope (seconde moitié du 5ᵉ s) et le **jeune homme du Magdalensberg★** (copie du 16ᵉ s.). On a longtemps cru que cette statue était un original antique du 1ᵉʳ s. av. J.-C. Il s'agit en fait d'un moulage réalisé d'après l'original, découvert en Carinthie en 1502.

Cabinet d'art (Kunstkammer)★★
Rez-de-chaussée surélevé (fermé pour travaux)

La passion des Habsbourg pour l'art est proverbiale. L'ensemble des collections qu'ils ont pu réunir au cours des siècles, grâce à leur savoir et à leur perception esthétique, dépasse l'imagination. La galerie d'art de l'archiduc Ferdinand II au château d'Ambras près d'Innsbruck, celle de Rodolphe II à Prague, celle de l'archiduc Léopold-Guillaume à Vienne et le cabinet d'art impérial (Kunstkammer) ont été regroupés en 1891 et forment aujourd'hui une collection dont l'étendue et la qualité n'ont pas d'équivalent dans le monde. Nous ne citerons que quelques-unes des innombrables pièces qui la composent, afin d'illustrer par leur biais l'aspect extraordinaire de ce petit monde d'une richesse inouïe.

Moyen Âge

En bronze doré incrusté d'argent et niellé, l'**aquamanile en forme de griffon★** (premier quart du 12e s.) est une aiguière qui servait au lavement des mains pendant la liturgie. Le griffon est un animal fabuleux, mi-aigle mi-lion, qui symbolisait la double nature du Christ et le double pouvoir de l'Église. Le calice dit « de Wilten » (Basse-Saxe, vers 1160-1170) est un vase sacré en argent doré et niellé. Le camée en onyx de Poséidon (début du 13e s. mais monture en or du début du 19e s.) a été exécuté dans le sud de l'Italie ; il est intéressant car son sujet anticipe la Renaissance (*salle XXXVI*). Deux jeux de cartes peints : l'*Ambraser Hofjagdspiel* (milieu du 15e s.), dont les 54 dessins décrivent une chasse courtoise, et le *Hofamterspiel* (vers 1455), où l'on voit les fonctions de la Cour représentées. La Madone de Krumau en grès calcaire (vers 1400) a été découverte en Bohême ; le déhanchement gracieux de la Vierge et les plis taillés avec raffinement sont caractéristiques du gothique international (*salle XXXIV*).

Renaissance, maniérisme et baroque allemands

Deux coupes en argent doré réalisées à Nuremberg (vers 1510), la coupe de Dürer et la coupe de Maximilien, témoignent de la transformation plastique de la vaisselle entre le gothique flamboyant et le début de la Renaissance ; par ses études et ses croquis, Albrecht Dürer ne fut pas étranger à cette évolution (*salle XXXIV*). L' « automate aux trompettes » (Augsbourg, 1582) est un petit orgue mécanique à neuf pipes qui actionne onze figurines ; il est en ébène, argent peint et cuivre doré (*salle XXXV*). La **statue équestre de Joseph Ier★★** triomphant du démon de la Discorde est une œuvre brillante en ivoire de Matthias Steinl (Vienne, 1693). Le roi y est représenté à l'âge de 15 ans ; cette sculpture a deux pendants : la statue équestre de Léopold Ier vainqueur des Turcs et celle de Charles VI recevant la couronne d'Espagne (*salle XX*). Le **buste de l'empereur Léopold Ier★** de Paul Strudel (1695) appartient à une série de six portraits de souverains commandée par l'Électeur Johann Wilhelm von Pfalz-Neuburg, beau-frère de l'empereur représenté ici (*salle XIX*). Le bézoard enchâssé dans une coupe d'or émaillé est un travail extrêmement fin de Jan Vermeyen (vers 1600) ; le bézoard est une concrétion constituée de matières indigestes se formant dans les intestins du lama et de l'antilope (*salle XXIV*). La *Bataille des Amazones* est un ouvrage en bois de cèdre patiemment sculpté par Ignaz Elhafen (Vienne, 1685) ; la scène représente l'un des douze travaux d'Hercule (*salle XX*). À Prague, Adriaen De Vries réalisa le **buste de l'empereur Rodolphe II★★** (1603), le grand mécène de la maison des Habsbourg ; détaillez le socle, formé par Jupiter, Mercure et un aigle impérial (*salle XXIV*). Le bassin ornemental représentant le cortège triomphal de Cupidon a été façonné, tout comme le broc qui l'accompagne, par Christoph Jamnitzer (1604 ; *salle XXIV*). L'**aiguière★** (Prague, 1602) en noix des Seychelles est un chef-d'œuvre d'orfèvrerie d'Anton Schweinberger ; il enchâsse une noix géante que l'on considérait alors comme un fruit de mer (*salle XXIV*). Un broc est un objet parmi les plus communs, mais il faut néanmoins regarder cet exemplaire taillé dans de l'ambre à Königsberg au début du 17e s., et remarquez les nuances de transparence des différentes plaques qui le composent (*salle XXV*). L'artisan augsbourgeois Clement Kicklinger a réalisé des objets très étonnants, dont ce montage d'orfèvrerie enserrant un œuf d'autruche et décoré de corail (*salle XXV*). Les « naturalia » fantaisistes étaient très recherchés dans les cabinets d'art.

Maniérisme français

Le **buste de l'archiduchesse Marie-Antoinette★**, de Jean-Baptiste Lemoyne, représente la dauphine l'année de son mariage (elle avait 15 ans) ; ce marbre fut commandé par son beau-père, Louis XV, qui en fit cadeau à Marie-Thérèse (*salle XX*). Plusieurs émaux de Limoges sont exposés dans une vitrine : des assiettes et des plats exécutés par Pierre Reymond (milieu du 16e s.) (*salle XXVI*). Le « gobelet de Michel » fut acquis par le roi François Ier auprès d'un commerçant anversois. Le personnage de Michel, coiffé d'une couronne, est incrusté de diamants *(salle XXVI)*. Ce gobelet a été offert par Charles IX à l'archiduc Ferdinand von Tirol, tout comme l'aiguière en onyx de Richard Toutain (Paris, vers 1570). Cette dernière est incrustée d'or, d'émaux, d'émeraudes et de diamants.

Renaissance et maniérisme italiens

Le **buste d'Isabelle d'Aragon★★★**, portrait idéal de la Laure de Pétrarque, a été exécuté vers 1488 par Francesco Laurana, un artiste itinérant originaire de Dalmatie dont on présume qu'il exécuta ce portrait au cours d'un séjour à Naples ; la polychromie du marbre et de subtils effets de surface rendent cette œuvre réellement extraordinaire *(salle XXXII)*. La **salière★★** en or rehaussé d'émaux de Benvenuto Cellini a été réalisée à Paris entre 1540 et 1543 pour le roi François Ier. Ce chef-d'œuvre d'orfèvrerie monté sur un socle d'ébène représente le dieu de la Mer Neptune (qui tient le trident) et la déesse de la Terre ; la barque est destinée à recevoir le sel, l'arc de triomphe étant réservé au poivre *(salle XXVII)*. *L'Empereur Charles Quint* et *La Reine Marie de Hongrie* sont deux beaux bustes (1555) de Leone Leoni, qui fut le graveur de la monnaie pontificale et de la monnaie impériale à Milan *(salle XXVII)*. Son fils Pompeo Leoni réalisa la *Tête de Philippe II d'Espagne* en argent peint, qui fut placée sur un buste en terre cuite réalisé en 1753 par Balthasar Moll *(salle XVII)*. *Mercure* (vers 1585) est une œuvre très connue de Giambologna (Jean Boulogne), sculpteur flamand actif en Italie *(salle XXVII)*. Typiquement florentin, le **petit retable avec le Christ et la Samaritaine★** fut exécuté pour le grand-duc Ferdinand Ier de Médicis à la fin du 16e s. Ce tableau de pierres dures représente le Christ et la Samaritaine près de la Jokobsbrunnen. Le cadre en cristal de roche est dû à Gian Ambrogio Caroni et l'ouvrage d'orfèvrerie à Jacques Byliveldt *(salle XXIX)*. *La Flagellation du Christ* d'Alessandro Algardi est une œuvre romaine des années 1630 réunissant de l'or, du bronze, de l'agate, du lapis-lazuli et du marbre *(salle XXII)*.

© Kunsthistorisches Museum

La salière en or réalisée par Cellini pour François Ier dans les années 1540.

Galerie de peinture★★★

1er étage
La salle VIII abrite des expositions temporaires, dont la visite est incluse dans le prix d'entrée du musée.

Nous avons choisi de sélectionner les œuvres qui nous ont semblé les plus remarquables et de mettre en lumière l'aspect biographique de certains de leurs auteurs. Cette présentation offre l'avantage de traduire les temps forts de la visite de cette très riche pinacothèque, et donc de refléter tout l'esprit de cette collection princière peu à peu constituée sur la base des coups de cœur artistiques des princes habsbourgeois.

Salle IX

De Michiel Coxcie (1499-1592), *L'Expulsion du Paradis* (vers 1550), mais aussi les œuvres de Hans Vredeman De Vries (1527-vers 1605), Frans Floris (1516-1570) et Lucas Valckenborch (vers 1530-1597).

Cabinet 14

De Jan Van Eyck, Le **Cardinal Nicolo Albergati**★★ (vers 1435), d'un réalisme tout en dignité, et *L'Orfèvre Jan de Leeuw* (1436). De Jean Fouquet, **Le Fou Gonella**★ (vers 1440-1445). De Hugo Van der Goes, **Diptyque de la chute de l'homme et de la Lamentation**★★ (vers 1470-1475). De Rogier Van der Weyden, **Triptyque de la Crucifixion**★ (vers 1440).

De Jérôme Bosch (vers 1450-1516), *Le Portement de Croix* (vers 1480-1490) ; la Galerie de peinture de l'Académie des beaux-arts possède également une œuvre majeure de l'artiste, le *Triptyque du Jugement dernier (voir p. 119)*. De Gérard David (vers 1460-1523), *L'Archange Michel* (vers 1510). De Joos Van Cleve, *Vierge à l'Enfant* (vers 1530) et **Lucrèce**★ (1520-1525).

Jan Van Eyck (vers 1390-1441) – Il mit au point avec son frère Hubert un nouveau procédé de peinture à l'huile. On les considère comme les initiateurs de la nouvelle peinture qui, s'affranchissant de la tradition gothique tardive, déboucha sur l'art des primitifs flamands.

Jean Fouquet (vers 1420-vers 1480) – Au cours de son voyage en Italie, son talent lui valut d'être chargé par le pape Eugène IV de réaliser son portrait. Un artiste italien contemporain a dit de lui : « C'est un bon maître, surtout pour portraire d'après le naturel. »

Hugo Van der Goes (vers 1440-1482) – Cet artiste au tempérament mélancolique fut très influencé par Jan Van Eyck. Atteint d'une maladie mentale, il se retira dans un couvent augustin proche de Bruxelles sous le nom de frère lai. Il sut, plus que tout autre, traduire la personnalité de ses sujets.

Rogier Van der Weyden (vers 1400-1464) – Après la mort de Jan Van Eyck, il fut le chef incontesté de la peinture flamande, bien que né à Tournai, terre française à l'époque. Il fut le peintre officiel de la ville de Bruxelles, d'où la traduction française de son nom : Rogier de la Pasture.

Joos Van Cleve (vers 1485-1540) – Il voyagea en Allemagne et en France, probablement en Italie, et mêla ces expériences à sa tradition flamande. Ses portraits lui assurèrent la célébrité.

Cabinet 15

De Joachim Patenier (vers 1485-1524), *Le Baptême du Christ* (vers 1515). De Herri Met de Bles (vers 1510-vers 1550), *Paysage avec saint Jean-Baptiste* (1535-1540). De Jan Gossaert (vers 1478-1532), dit « Mabuse » car né à Maubeuge, *Saint Luc peignant la Vierge* (vers 1520).

Salle X

Il faut en prendre conscience : l'ensemble que forme cette salle est unique au monde ! 14 toiles de **Pierre Bruegel l'Ancien** réunies, sur un total de 45 tableaux dispersés sur la planète. **La Tour de Babel**★★, **Le Combat de Carnaval et de Carême**★★ (1559), **Le Jeu des enfants**★★ (1560), **La Montée au Calvaire**★ (1564), **La Danse paysanne**★ (1568-1569), **Noce paysanne**★ (1568-1569). Parmi les multiples détails à observer dans ces toiles, il en est un commun à quelques-unes : la quasi-absence de ciel. Chef-d'œuvre incontestable, **Chasseurs dans la neige**★★★ (1565) appartient à une série de six tableaux ; sur les cinq conservés, trois sont dans ce musée. Ce cycle s'ouvrait par les premiers jours du printemps et s'achevait avec cette composition qui voit des paysans rentrer dans leur foyer après une chasse. Mais, plus que le sujet, c'est le traitement qui traduit l'atmosphère hivernale, et notamment la froideur des coloris qui évoque à merveille les frimas de l'hiver.

Bruegel l'Ancien (vers 1527-1569) – Sans doute originaire d'un village dénommé Brueghel, situé dans le Brabant hollandais ou dans la Campine limbourgeoise (dans la Belgique actuelle), Peeters Brueghels signe vite Bruegel, orthographe qu'il adoptera

« Noce paysanne », de Bruegel l'Ancien.

jusqu'à la fin de sa vie. *Bruegel de Oude*, c'est-à-dire l'Ancien, fait son apprentissage à Anvers, puis voyage jusqu'à Messine avant de rentrer en Flandre en 1554, alors pays le plus riche d'Europe. Il s'installe à Bruxelles en 1563 et épouse Marie Coecke, la fille de Pieter Coecke, peintre de Charles Quint. La famille qu'il fonde donnera naissance à 26 peintres. Son fils aîné est Pierre Bruegel le Jeune (1564-1638), son fils cadet est Jan Bruegel l'Ancien (1568-1625), surnommé « de Velours » au 18ᵉ s.

Salle XI

De Jacob Jordaens (1593-1678), *Le Roi boit* (avant 1656). De Frans Snyders (1579-1657), *Le Marché aux poissons* (vers 1618).

Cabinet 16

D'Albrecht Dürer, *Madone à la poire* (1512), **Portrait d'un jeune homme**★ (1507), *Vieille Femme mendiant* (1507), *Le Martyre des dix mille chrétiens* (1508), ainsi que **L'Adoration de la Sainte Trinité**★★ (1511). Ce retable recèle un détail étonnant : le peintre s'est représenté dans l'angle inférieur droit, seul personnage de la composition à avoir les pieds sur terre ; l'inscription qu'il tient le désigne comme l'auteur du tableau.

Albrecht Dürer (1471-1528) – Le plus illustre des artistes allemands a joui de son vivant d'une notoriété immense, surtout comme graveur. Il avait appris à manier le burin dans l'atelier de son père, un orfèvre de Nuremberg originaire de Hongrie. Les romantiques allemands en ont fait l'incarnation du génie germanique dans le domaine de l'art.

Cabinet 17

D'Albrecht Dürer, **Portrait de l'empereur Maximilien Iᵉʳ**★ (1519). De Martin Schongauer, **La Sainte Famille**★ (vers 1480). De Lucas Cranach l'Ancien, **La Crucifixion**★★ (1500-1501), **Judith avec la tête de Holopherne**★ (vers 1530), *Le Vieil Homme et la Jeune Fille* (1530-1540). De Hans Baldung Grien (vers 1485-1545), *Les Trois Âges* (1509-1510). De Leonhard Beck (vers 1480-1542), *Saint Georges et le Dragon* (vers 1515). De Bernhard Strigel (vers 1460-1528), *L'Empereur Maximilien Iᵉʳ et sa famille* (1515). D'Albrecht Altdorfer, **La Nativité**★ (vers 1520). De Wolf Huber (vers 1485-1553), *L'Humaniste Jakob Ziegler* (après 1544).

Martin Schongauer (vers 1450-1491) – Ce fils d'un orfèvre d'Augsbourg s'est formé à Colmar, où il naquit, dans un milieu marqué par des influences flamandes. Sa production se partage entre la gravure sur cuivre, une technique où il excellait, et la peinture. Son œuvre picturale se caractérise notamment par un grand souci du détail.

Lucas Cranach l'Ancien (1472-1553) – C'est à Vienne que cet ami de Luther réalisa ses premiers tableaux. Son œuvre a été jugée tantôt pathétique, tantôt sophistiquée. Il travailla par ailleurs pour la cour de Wittenberg et fit des portraits de princes protestants ; il est parfois difficile de distinguer son intervention de celle de ses assistants.

Albrecht Altdorfer (vers 1480-1538) – Appartenant à l'école danubienne, ce citoyen de Ratisbonne s'est principalement spécialisé dans les scènes de la Passion et les paysages, qui, peu à peu, se vidèrent de toute figuration humaine. Son œuvre fut célébrée par l'époque romantique.

Cabinet 18

De Hans Holbein le Jeune, **Jane Seymour★** (1536) et *John Chambers, médecin de Henri VIII* (1543). De Jakob Seisenegger (1505-1567), *L'Empereur Charles Quint* (1532).

Hans Holbein le Jeune (1497-1543) – Né à Augsbourg, décédé à Londres, c'est à Bâle que son talent fut reconnu, par le bourgmestre Jacob Meyer. En Angleterre, il s'imposa auprès de la haute aristocratie et de la Cour par ses portraits où l'impassibilité du modèle est rehaussée par une plastique extraordinaire.

Cabinet 19

De Giuseppe Arcimboldo, *Le Feu★* (1566). De Roelant Savery (1576-1639), *Paysage avec oiseaux* (vers 1629). De Georg Flegel (1566-1638), **Nature morte au bouquet★** (1632), composition d'une rare finesse.

Giuseppe Arcimboldo (vers 1527-1593) – Le musée conserve quatre toiles allégoriques *(Le Feu, L'Eau, L'Été, L'Hiver)* de cet artiste qui fut promu au rang de comte palatin. La virtuosité technique de ce peintre est peu commune dans l'art du maniérisme, un style qui connut une grande faveur dans l'Empire germanique.

Salle XII

Entièrement réservée à Antoine Van Dyck, cette salle présente plusieurs portraits et œuvres religieuses de très grande valeur : *Étude de tête de femme* (vers 1620), *Portrait d'un jeune général* (vers 1624), **Nicolas Lanier★★** (1628), *Samson et Dalila* (1628-1630), **Vénus à la forge de Vulcain★** (1630-1632), *Le Prince Rupert du Palatin* (1631-1632) et *Jacques de Cachiopin* (1634).

Antoine Van Dyck (1599-1641) – S'il est exact que ce collaborateur de Rubens aimait le luxe et que son comportement était volontiers versatile, il fonda néanmoins sa réussite sur deux principes : l'étude et la discipline. Il fut un portraitiste qui chercha toujours à sonder les profondeurs de l'âme de ses modèles plutôt qu'à les flatter, fussent-ils des princes ou des rois.

Cabinet 20

Cette salle et les deux suivantes sont consacrées à Pierre Paul Rubens. La *Lamentation* (1614) et *Saint Jérôme en tenue de cardinal* (vers 1625).

Salle XIII

Le Triomphe de Vénus (1635-1637), **Autoportrait★** (1638-1640) et **La Petite Pelisse★★** (1635-1640), qui représente Hélène Fourment, la femme de Rubens. Le **Retable de saint Ildephonse★★** (1630-1632) fut réalisé lorsque Rubens était peintre de la cour des Pays-Bas. Cette œuvre fut vendue par l'abbaye de Coudenberg à Bruxelles pour élever une église, pour 15 000 livres de l'époque. C'est dire si l'on appréciait Rubens à la cour de Vienne.

Salle XIV

L'Annonciation (1609), *L'Assomption* (1611-1614) et *Les Miracles de saint François-Xavier* (1617-1619).

Pierre Paul Rubens (1577-1640) – Grand maître du baroque à l'œuvre étonnamment vaste, il fut très en vue de son vivant, étant diplomate. Son style puissant et son dessin aux couleurs chaudes, aussi précis que monumental, lui ont assuré un prestige qui n'a pas cessé de rayonner. Le spectateur du 21e s. a tendance à qualifier sa peinture de pompeuse. C'est oublier que son style grandiose ouvrait l'ère du baroque dans les pays du Nord et qu'il exerça une influence déterminante surtout dans la représentation des corps et l'art du portrait.

Cabinet 21

De Jacob Van Ruysdael (vers 1628-1682), *Clairière dans les bois* (1655-1660) et *Paysage fluvial avec entrée de cave* (1649). D'Aert Van der Neer (vers 1603-1677), *Pêche au clair de lune* (vers 1669). De Rembrandt, *portrait de La Prophétesse Hanna* (1639), *Portrait de Titus, fils de l'artiste* (1656-1657), ainsi qu'une série très intéressante, avec notamment **Petit Autoportrait★** (vers 1657) et **Grand Autoportrait★★** (1652). Ce dernier tableau, réalisé pendant une période de difficultés financières, ne représente plus l'artiste splendidement vêtu des œuvres de jeunesse. L'homme est habillé d'une simple veste, et toute la lumière est concentrée sur son visage, comme pour mieux souligner les effets du temps sur sa physionomie. De Salomon Van Ruysdael (vers 1600-1670), *Paysage avec clôture* (1631).

Rembrandt (1606-1669) – Ce fils de meunier hollandais a réussi une chose dont peu de peintres peuvent s'enorgueillir : ses tableaux plaisent à tout le monde. Pourtant, l'homme qui réalisa une œuvre si réussie ne cesse de nous intriguer tant on constate de paradoxes entre sa vie et son art. Ses toiles les plus sereines furent exécutées au lendemain du décès de son épouse et son tableau le plus heureux est son ultime autoportrait, conservé à Cologne.

Cabinet 22

De Johannes Vermeer, **L'Atelier du peintre★★★** (1665-1666). Pour réaliser cette vue de son atelier où nous le voyons de dos, l'artiste a utilisé une *Camera obscura*. C'est son tableau le plus ambitieux, celui où il a développé un quasi-pointillisme pour baigner son œuvre d'une lumière exceptionnellement raffinée.

Johannes Vermeer (1632-1675) – La réputation de ce peintre hollandais ne repose que sur un nombre relativement modeste de tableaux. Son œuvre puise dans les scènes de la vie courante, qu'il transcende en parvenant à donner une dimension intemporelle à des images quotidiennes. La maîtrise de la lumière et des textures, ainsi que le raffinement de sa palette, font de cet artiste, qui ne révolutionna cependant pas son art, l'un des plus remarquables maîtres du 17e s. et de toute l'histoire de la peinture.

© Kunsthistorisches Museum

« L'Atelier du peintre », de Johannes Vermeer.

Cabinet 23

De Jan Steen, *Le Monde inversé* (1663), *Mariage paysan* (1670). De Rubens, *Vincent II Gonzague* (1604-1605) et *Jeune Fille à l'éventail* (1612-1614).

Steen (vers 1626-1679) – Ce peintre hollandais excelle dans la description de la vie quotidienne. Il montre avec humour les faiblesses humaines à travers des personnages frivoles, grivois, jouisseurs. La représentation de ces scènes se double d'une réflexion sur les valeurs morales.

Cabinet 24

De Thomas Gainsborough (1727-1788), *Paysage dans le Suffolk* (vers 1750).

Salle XV

De Ludolf Bakuizen (1631-1708), *Le Port d'Amsterdam* (1674). De Jacob Van Ruysdael, *La Grande Forêt* (1655-1660). De Franz Hals, *Portrait d'un jeune homme* (1638-1640).
Traversez le hall dans sa diagonale pour gagner la salle I.

Salle I

Le musée est très riche en toiles de l'école vénitienne, notamment dans cette salle consacrée à Titien dont on voit *La Vierge des Tsiganes* (1510), *La Vierge aux cerises* (1516-1518), *Bravo* (vers 1520), **Femme avec une fourrure★★** (vers 1535) et **Ecce Homo★** (1543, daté et signé sur les marches du palais).

Titien (vers 1490-1576) – La renommée de ce peintre vénitien est universelle, car il incarne l'un des sommets de la Renaissance. Vivacité, dynamisme, psychologie des portraits, monumentalisme sont autant de caractéristiques de son œuvre. Ce peintre d'une longévité exceptionnelle pour l'époque est passé d'une vision naturaliste à une technique maniériste qui a laissé libre cours à l'expressionnisme presque dramatique de l'artiste. Sexagénaire, il continuait à travailler et à innover, travaillant à des commandes princières, et livrant alors une peinture soudain spirituelle.

Cabinet 1

De Cosme Tuma, *le Christ soutenu par deux anges* (1460) ; d'Antonio Vivarini, *Autel de Saint Jérôme* (1441) ; d'Antonio da Messina, *Madonne à l'Enfant* (1475-1476) et de Lorenzo Lotto, **Portrait d'un jeune homme en habit rouge★** (1500-1505).

Lorenzo Lotto (vers 1480-1557) – Cet autre peintre vénitien est mal connu du grand public. C'était un esprit indépendant, un tempérament audacieux et un artiste tourmenté. Sa grande ambition fut de réunir sous son pinceau les influences les plus diverses, sans sombrer dans le maniérisme. Telle est la force de son œuvre.

Cabinet 2

De Palma l'Ancien, *Jeune Femme en robe verte (1512-1514)*. De Giorgione, *Garçon à la flèche* (1505) et **Les Trois Philosophes★★** (1508-1509), une œuvre majeure dans l'histoire de la peinture vénitienne. Sa « manière nouvelle », c'est-à-dire « sans étude préalable de dessin sur le papier », selon Giorgio Vasari, constituait une innovation technique capitale. De Lorenzo Lotto, **Portrait de jeune homme devant un rideau blanc★** (vers 1508), *la Vierge et le Christ entourés de sainte Catherine et saint Jacques* (1527) et *Triple Portrait d'un orfèvre* (1525-1535).

Giorgione (vers 1477-1510) – Sa biographie est mal connue, mais sa renommée est grande, principalement grâce à la fameuse *Tempête* conservée à la Galerie de l'Académie, à Venise.

Salle II

De Véronèse, *L'Onction de David* (vers 1555), *La Résurrection du fils de la veuve de Naïn* (1565-1570), *L'Adoration des Mages* (vers 1580) et *Lucrèce* (vers 1588).

Salle III

De **Jacopo Bassano**, *L'Adoration des Rois mages* (1563-1564). Du Tintoret, *Loranzo Soranzo* (1553), *Sebastiano Venier* (1571-1572), *Saint Jérôme* (1571-1575) et **Suzanne et les Vieillards★★** (1555-1556). Cette toile emblématique du maniérisme marie diverses influences et représente un sommet de l'art vénitien. Toute en contrastes (clair-obscur, jeunesse-vieillesse, proximité-éloignement), cette composition évoque une scène de l'Ancien Testament.

« Suzanne et les vieillards » du Tintoret.

© Kunsthistorisches Museum

Le Tintoret (1518-1594) – Jacopo Robusti était fils de teinturier, et il était petit, d'où son surnom « le petit teinturier ». D'humeur affable, il transmit ce nom à ses héritiers. Il paraît que son atelier était coiffé d'une enseigne où était écrit : « Le dessin de Michel-Ange, la couleur de Titien ».

Cabinet 3

D'Andrea Mantegna, **Saint Sébastien**★★ (1457-1459). Du Corrège, *Ganymède* (1530) et *Jupiter et Io* (1530). Du Parmesan, **Autoportrait dans un miroir convexe**★ (1523-1524), *Portrait d'une jeune femme* (vers 1530) et *Portrait d'un homme* (1525-1530).

Andrea Mantegna (1431-1506) – Ses œuvres présentent un intérêt particulier pour l'histoire de l'art : on y trouve la perspective des Toscans, la mise en scène des Vénitiens et ce rappel de la mythologie antique chère aux Romains. Ceux qui veulent appréhender la peinture de la Renaissance italienne doivent s'intéresser à la production de ce peintre de Padoue.

Le Parmesan (1503-1540) – Né à Parme, **Francesco Mazzola** se forme au contact du Corrège. Talent précoce, il fournit des œuvres déjà très mûres alors qu'il n'est âgé que de 16 ans. L'autoportrait de Vienne est à l'origine d'une série qui permet de lire l'évolution psychologique de cet artiste.

© Kunsthistorisches Museum

« Saint Sébastien », d'Andrea Mantegna.

Cabinet 4

Du **Pérugin** (vers 1450-1523), *Vierge à l'Enfant entourée des apôtres* (vers 1493). De Fra Bartolomeo, *La Présentation au Temple* (1516). D'Andrea del Sarto (1486-1530), *La Lamentation* (1519-1520). De Raphaël, **La Vierge à la prairie**★ (1505), une œuvre qui témoigne de l'art accompli de la Haute Renaissance à Florence ; tout y évoque équilibre et harmonie. Elle est également nommée *Madone du Belvédère*.

Raphaël (1483-1520) – Longtemps considéré comme le plus grand peintre de tous les temps, Raffaello Sanzio est, quoi qu'il en soit, le maître spirituel de tous les artistes qui ont considéré que la forme prime sur la couleur. Son règne s'est donc interrompu avec la naissance de l'impressionnisme, mais tout créateur rêverait d'exercer une influence aussi dense et aussi longue. Ce sont ses Vierges qui ont assis sa popularité immortelle.

Cabinet 5

De **Bernadino Luini** (vers 1460-1532), *Salomée et la tête de saint Jean-Baptiste* (1525).

Cabinet 6

De **Giovani Battista Moroni** (vers 1529-1578), *Le Sculpteur Alessandro Vittoria (1552)*.

Cabinet 9

D'**Alonso Sanchez Coello** (vers 1531-1588), *L'Infant Don Carlos* (1564).

Cabinet 10

Le département des peintures espagnoles est célèbre pour les portraits d'infants de Velázquez : **L'Infante Marguerite-Thérèse en robe rose**★ (1653-1654), **L'Infante Marguerite-Thérèse en robe bleue**★ (1569) et *L'Infant Philippe Prosper* (1659). De Bartolomé Esteban Murillo (vers 1617-1682), *L'Archange saint Michel*. De Juan Bautista del Mazo (vers 1612-1667), *Portrait de la famille de l'artiste* (1664-1665).

Diego Rodrígues de Silva y Velázquez (1599-1660) – L'auteur (Vélasquez en français) des *Ménines* (1656 ; Prado, Madrid) devient en 1633 le grand maréchal du palais, à Madrid. Il réalise donc des portraits de membre de la famille royale avant de voyager en Italie « au service du roi ». Sa rencontre avec le Cinquecento vénitien, vers 1650, a transcendé sa peinture.

Cabinet 11

D'**Annibal Carrache**, **La Lamentation★** (1603-1604) et *Le Christ et la Samaritaine* (vers 1605).De Pietro Berettini da Cortona (1596-1669), *le Retour d'Hagar* (1637).

Annibal Carrache (1560-1609) – Frère d'Augustin et cousin de Ludovic, Annibal appartient à une grande famille de peintres. En 1595, ce Bolonais est appelé à Rome par le cardinal Farnèse. Sa culture picturale s'en ressentira. Après 1605, une maladie mentale lui interdira toute activité.

Salle V

D'Orazio Gentileschi (1563-1639), *Repos pendant la fuite en Égypte* (1626-1628). De Mattia Preti (1613-1699), *L'Incrédulité de saint Thomas* (1660-1665). Du Caravage, **David tenant la tête de Goliath★** (1606-1607) et **La Vierge au rosaire★★** (1606-1607). L'art de la mise en scène touche ici à la perfection : réalisme et intensité incitent le spectateur à participer à la distribution des rosaires dont se charge, sur la gauche, saint Dominique.

Le Caravage (1573-1610) – Michelangelo Melisi, dit le Caravage, était une person-nalité difficile. Rixes et prison rythmèrent sa période milanaise, puis il fuit à Gênes. En 1606, il tua son adversaire lors d'une partie de jeu de paume. Il dut s'enfuir pour Rome, puis pour Naples, d'où il partit pour la Sicile. Il s'éteignit sur une plage de Porto Ercole, épuisé et fiévreux. Mais son nom brille au firmament des plus grands peintres italiens. Pour beaucoup, il est le plus grand peintre baroque.

Salle VI

Du Guerchin, **Le Retour du fils prodigue★** (vers 1619). De Guido Reni (1575-1642), *Le Baptême du Christ* (1622-1623). De Giovanni Lanfranco (1582-1647), *La Vierge apparais-sant à saint Jacques et saint Antoine* (vers 1624). De Francesco Solimena (1657-1747), *La Descente de Croix* (1730-1731). De Luca Giordano, **La Chute des anges rebelles★** (vers 1655).

Le Guerchin (1591-1666) – De son vrai nom Giovan Francesco Barbieri, il doit sa carrière picturale à sa rencontre avec Ludovic Carrache. Ce dernier lui a en effet permis d'épanouir son naturalisme initial pour produire une peinture ample et d'une luminosité complexe.

Luca Giordano (1634-1705) – À 20 ans, ce Napolitain se précipite à Rome pour y faire éclater sa virtuosité. Il est tellement pressé de toucher au but qu'on le surnomme « *Luca fa presto* ». Il voyage dans toute l'Italie, puis part pour l'Espagne où il est appelé par Charles II. Son œuvre est abondante, et primordiale pour qui veut comprendre la peinture du début du 18e s.

Cabinet 12

De Domenico Fetti (vers 1588-1623), *Héro et Léandre* (1621-1622). De Bernardo Strozzi (1581-1644), *Le Joueur de luth* 1640-1644) et *Le Prophète Élie et la Veuve de Sarepta* (vers 1640).

Cabinet 13

De Francesco Guardi (1712-1793), *Le Miracle de saint Dominique* (1763).

Salle VII

De Hyacinthe Rigaud (1659-1743), *Philipp Wenzel comte Sinzendorf* (1728). De Bel-lotto, dit aussi Canaletto, *La Freyung vue du sud-est* (1758-1761 – *voir p. 161*), *L'Église dominicaine de Vienne (1758-1761)* et **Château de Schönbrunn du côté de la cour d'honneur★** (1759-1761).

Bernardo Bellotto (1720-1780) – Neveu du célèbre Canaletto, il est connu sous le même surnom que son oncle en Allemagne et en Autriche. Il est également un grand représentant de ce courant pictural nommé « peinture de vedute ». Il fut actif à Dresde, Vienne, Munich et Varsovie.

Cabinet des Monnaies
2ᵉ étage

Ce département conserve un fonds d'environ 700 000 pièces qui couvrent trois siècles : pièces, billets, médailles, décorations, etc. Deux salles sont consacrées à l'évolution des monnaies et des médailles, tandis que la troisième abrite des expositions temporaires.

Visiter le Museumsquartier★★

*Museumsplatz 1 - 7ᵉ arr. - [U] 2 MuseumsQuartier, [U] 2, 3 Volkstheater, [Tram] 49 Volkstheater, [bus] 2A MuseumsQuartier, 48A Volkstheater - ℘ (01) 523 58 81 1730 - www.mqw.at - &.
Vous pouvez vous procurer des plans généraux du Museumsquartier au MQ Ticket § Info Center (billetterie et point d'accueil des visiteurs) situé sous le porche de l'entrée principale - tlj 10h-19h. Pour bénéficier de réductions lorsque vous visitez plusieurs établissements (billet combiné), se renseigner au MQ Ticket § Info Center. Vous y obtiendrez également des informations sur le programme des visites guidées dans le Museumsquartier.*

A. Léonard / MICHELIN

Le logo du Museumsquartier.

Dans un périmètre relativement restreint, on trouve la Hofburg, le musée des Beaux-Arts, le musée d'Histoire naturelle et enfin le Museumsquartier, ce qui constitue l'une des plus grandes aires culturelles du monde.

Le nouvel ensemble de musées du Museumsquartier occupe la place des anciennes écuries de la Cour, construites par Johann Bernhard Fischer von Erlach et son fils Josef Emanuel à la demande de l'empereur Charles VI et achevées en 1725. Au milieu du 19ᵉ s., le complexe fut réaménagé par Leopold Mayer pour intégrer l'École d'équitation d'hiver. En 1921 on l'agrandit encore pour l'utiliser comme lieu de foire, ce qui fut le cas jusqu'en 1995, date à laquelle la Wiener Messe AG déménagea dans le Prater. L'équipe d'architectes de Laurids et Manfred Ortner (cabinet d'architectes Ortner & Ortner) avaient dès 1990 reçu l'ordre d'en faire un forum culturel. Après plusieurs changements de plan, ils modifièrent l'édifice d'origine à partir de 1998 et lui ajoutèrent trois bâtiments annexes, afin de réaliser un ensemble harmonieux qui puisse abriter toutes sortes de manifestations culturelles. En mars 2001, après seulement trois années de travaux, les bâtiments étaient achevés et toutes les institutions concernées emménagèrent dans le Museumsquartier. Ce qui est encore plus étonnant pour un projet de cette taille, c'est que non seulement la durée, mais également le coût des travaux furent respectés.

Musée Leopold (Leopold Museum)★

 ♿ - ℘ (01) 52 57 00 - www.leopoldmuseum.at - tlj sf mar. 10h-18h (jeu. 21h), j. fériés 10h-18h - 9 €- audioguide en allemand, anglais, italien 3 €.

Le matériau choisi par Ortner & Ortner pour le musée Leopold est le coquillart blanc du Danube, également utilisé pour les somptueux bâtiments de la Ringstraße.

La collection du médecin viennois Rudolf Leopold avait été transférée dans une fondation privée en 1994 ; avec ce musée, elle dispose maintenant de salles d'exposition dignes de ce nom. Elle réunit plus de 5 000 objets, dont la plus grande collection d'œuvres d'Egon Schiele, ainsi que d'autres œuvres importantes des peintres autrichiens modernes, dont Klimt, Egger-Lienz, Kubin et Kokoschka.

Au rez-de-chaussée sont présentés les artistes issus des Ateliers viennois et de la Sécession. Le tableau grand format **La Vie et la Mort★★** (1910-1915) et la miniature réaliste de la taille d'une carte postale **Jeune Fille assise★** (1894) de Gustav Klimt témoignent du grand talent de ce natif de Vienne. On pourra également admirer un croquis sur papier, à l'échelle, des vitraux de l'église am Steinhof (voir p. 250), par Koloman Moser. Mais ce sont surtout les **tableaux d'Egon Schiele★★** qui surprennent : ses fascinants autoportraits suscitent toujours de nouvelles interprétations sur la personnalité de l'artiste (Autoportrait tête baissée, 1912, repris par la composition en triangle à la fois mystique et triste de la même année, Ermites). Prenez le temps d'étudier les différents aspects de l'œuvre de Schiele, tels que l'acte sexuel (Femme allongée, 1917), les représentations de paysages (l'Arbre d'automne agité par le vent, 1912, tableau purement abstrait au premier coup d'œil) ou les différentes vues de villes ou de maisons.

E. Lessing / AKG

Détail d'un autoportrait d'E. Schiele de 1912.

Le premier sous-sol est réservé aux expositions temporaires tandis que le deuxième sous-sol rassemble des croquis de Schiele dont de nombreux autoportraits ainsi que des œuvres d'art contemporain d'artistes autrichiens. Le 1er étage abrite le café et la boutique du musée. Le 2e étage rassemble, quant à lui, la collection de tableaux du Tyrolien Albin Egger-Lienz (1868-1926), dont le thème est souvent celui de la vie pauvre à la campagne, ainsi que la peinture postérieure à 1945. L'expressionnisme constitue le point fort du 3e étage. Oskar Kokoschka est représenté par un **Autoportrait★** (1918-1919). Autre autoportrait saisissant, celui que Richard Gerstl réalisa en 1908 dans des tons glacés ; à voir également plusieurs paysages et portraits de Koloman Moser.

Musée d'Art moderne (Mumok-Museum Moderner Kunst Stiftung Ludwig Wien)

℘ (01) 525 00 - www.mumok.at - ♿ - tlj sf lun. 10h-18h (jeu. 21h) - 9 € - audioguide en allemand et anglais 2 €.

Le **musée d'Art moderne de la fondation Ludwig**, habillé de basalte et de pierre de lave, constitue à la fois le pendant et le contraire du musée Leopold. Tout comme ce dernier, il est installé dans la cour intérieure du Museumsquartier, mais sa façade sombre contraste vivement avec le blanc brillant de son voisin. La collection, constituée en 1962 seulement et largement revalorisée en 1981 avec l'intégration des œuvres de la fondation Ludwig, réunit aujourd'hui quelque 6 000 objets, dont une sélection est proposée sur une superficie de 4 800 m^2. Neuf niveaux permettent au visiteur d'avoir un aperçu des courants les plus importants de l'art moderne et contemporain, de l'expressionnisme et du cubisme jusqu'à aujourd'hui. La force de cette collection réside dans son ampleur, mais quelques œuvres majeures de certains courants artistiques sont également exposées, telles que le *Mouse Museum* de l'artiste du Pop Art Claes Oldenburg (1965-1977). L'**actionnisme viennois**, variante spécifiquement autrichienne de l'art d'action, né à la fin des années 1950 et qui s'appuie, entre autres, sur les théories de Freud et de C. G. Jung, est largement représenté.

Kunsthalle Wien

℘ (01) 521 89 1201 - www.kunsthallewien.at - ♿ - tlj 10h-19h (jeu. 22h) - halle 1 : 7,50 €, halle 2 : 6,50 € (billet combiné 10,50 €).

La Kunsthalle, située derrière l'ancien manège d'équitation d'hiver, présente des expositions temporaires d'art contemporain (peinture, sculpture, cinéma, photo, vidéo, spectacles, installations, nouveaux médias) dans deux salles d'exposition de 500 et 1 000 m^2. Sa façade en brique, semblable à celle d'un bâtiment d'usine, illustre le fait que la Kunsthalle n'est pas seulement une salle d'exposition, mais également un lieu de naissance de l'art. Elle partage son foyer avec les salles de spectacle E+G (connues, entre autres, pour les Wiener Festwochen).

Même si l'exposition du moment de la Kunsthalle ne vous passionne pas, il est intéressant de jeter un œil à cette salle librement accessible. Remarquez le contraste entre la loge impériale baroque de l'ancien manège d'équitation d'hiver (qui fait maintenant partie du café du MUMOK) et l'habillage d'acier des rangs de spectateurs de la salle E+G. Une annexe de la Kunsthalle est installée sur la Karlplatz *(voir p. 218).*

Quartier 21

Le Quartier 21 symbolise parfaitement le souhait du Museumsquartier de ne pas proposer que des musées et des expositions, mais d'être également un lieu de création artistique.

Des bourses de six mois sont allouées à de jeunes artistes pour occuper les ateliers et les appartements. Des studios, une arène de spectacle et des ateliers permettent d'appréhender l'art en théorie et en pratique.

Musée des Enfants (ZOOM Kindermuseum)

℘ (01) 524 79 08 - www.kindermuseum.at - réserv. conseillée - horaires variables, se renseigner sur le calendrier des programmes - expositions pour les 6-12 ans : enf. 5 €, adulte 3,50 € ; ateliers pour les 3-12 ans : 5 € ; laboratoire pour les 8-14 ans : 5 € ; activité d'éveil autour de l'Océan pour les enfants de 8 mois à 6 ans : 4 €.

Il s'agit plus d'une grande aire de jeux que d'un musée. Pour les enfants âgés de 12 ans au plus, des espaces sont consacrés à la recherche et aux découvertes, avec la volonté de les faire participer. Et contrairement aux musées réservés aux adultes, on peut ici faire du bruit et crier.

Pour les petits, un merveilleux monde du jeu a été prévu sur le thème de l'Océan ; les parents peuvent les accompagner. Pour les plus grands, des expositions temporaires et un laboratoire multimédia ont été prévus. Les programmes des ateliers diffèrent selon l'âge des enfants ; ils sont animés par des spécialistes et une participation active est requise.

Théâtre pour enfants (Theaterhaus für Kinder)

✆ (01) 522 07 2020 - www.dschungelwien.at - spectacle : -18 ans 7,50 € ; adulte 8,50 € ou 12 € selon l'heure du spectacle.

👪 Ce théâtre pour enfants propose de la danse, des comédies musicales, un théâtre de marionnettes, des opéras mais aussi un théâtre expérimental spécialement prévu pour les enfants de 4 à 13 ans. Les enfants et les jeunes auront ainsi un bon aperçu de toutes les formes de l'art dramatique qui dépasse le traditionnel théâtre pour enfants.

Centre de danse (Tanzquartier Wien)

✆ (01) 581 35 91 - www.tqw.at.

Outre sa propre scène et trois studios, ce centre de danse et de spectacle contemporains possède également un centre d'informations et de théorie qui permet de s'initier aux diverses formes d'expression de la danse, mais également d'établir un échange personnel entre les artistes et les amateurs de danse ou de spectacle. Sont proposés des productions « maison » et des représentations d'acteurs en tournée, des ateliers et des conférences.

Centre d'architecture (Architektur Zentrum Wien)

✆ (01) 522 31 15 - www.azw.at - &. - tlj 10h-19h (merc. 21h) - 3,50 €.

Les thèmes directeurs du centre d'architecture, qui organise tous les ans le congrès d'architecture de Vienne (Wiener Architekturkongreß), forum consacré à l'évolution internationale de l'architecture et de l'urbanisme, sont *la présentation, la discussion, la publication, l'archivage.*

Les expositions temporaires (thèmes historiques, culturels et architecturaux, installations artistiques) présentent des aspects de l'architecture autrichienne et internationale du 20e s.

La bibliothèque spécialisée du centre d'informations est accessible à tous.

Forum du design (Designforum)

✆(01) 524 49 490 - www.designforum.at - &. - tlj sf lun. 10h-18h (sam.-dim. à partir de 11h) - 5 €.

Cet espace ouvre ses portes lors d'expositions temporaires qui présentent les différentes facettes du design, dans les domaines du graphisme, du multimédia, de l'industrie, de la décoration ainsi que des prototypes expérimentaux.

Se promener dans Neubau

7e arr. - 🚇 2 MuseumsQuartier, Volkstheater, 🚇 3 Volkstheater, 🚌 2A MuseumsQuartier, 48A Volkstheater.

Plan 1er rabat de couverture A3-4

Entre le Gürtel et le Ring, les arrondissements de Josefstadt et de Mariahilf, celui de Neubau s'étire le long de la Mariahilfer Straße, un axe extrêmement commerçant qui dispose au n° 88A d'une succursale du Dorotheum *(voir p. 152)*. Cités ouvrières et maisons bourgeoises se partagent ce quartier autrefois peuplé de Croates et de Hongrois. Gustav Klimt y vécut *(Westbahnstraße 36)* et Josef Lanner, le célèbre compositeur de valses, y naquit le 12 avril 1801 *(Mechitaristengasse 5)*.

À la sortie du Museumsquartier, prenez à gauche sur la Museumsplatz.

Volkstheater Plan 1er rabat de couverture A3

Neustiftgasse 1 - 🚇 2, 3 Volkstheater.

Il a été édifié en 1889 par deux architectes de théâtre, Ferdinand Fellner et Hermann Helmer. Ce bâtiment éclectique propose aujourd'hui une programmation variée et centrée sur des pièces contemporaines et d'avant-garde. *(voir la rubrique « Spectacles et Manifestations » p. 50)*.

Poursuivez dans la Museumstraße.

Palais Trautson Plan 1er rabat de couverture A3

Museumstraße 7 - ne se visite pas. Cet élégant palais baroque, dont les plans furent dressés en 1710 par Johann Bernhard Fischer von Erlach et qui fut élevé par Christian Alexander Oedtl, n'est malheureusement pas accessible au public. Il

Les charmantes rues de la Neubau.

abrite les services du ministère de la Justice depuis 1961. Le corps central de sa grandiose façade richement ornée mérite l'attention ; on y reconnaît au sommet un Apollon jouant de la lyre. Franchissez le portail d'entrée à colonnes jumelées pour découvrir, sur la gauche, les atlantes que l'Italien Giovanni Giulani – qui eut Georg Raphael Donner pour élève – sculpta pour le magnifique escalier menant à la salle des Cérémonies.

Initialement bâti pour Johann Leopold Trautson, le palais fut acheté en 1760 par l'impératrice Marie-Thérèse qui y plaça la garde royale hongroise.

En remontant la Neustiftgasse et en tournant dans la première rue à droite, on peut voir la maison natale de Josef Lanner (Mechitaristengasse 5). Prenez à gauche dans la Lerchenfelderstraße puis la deuxième rue à gauche.

Immeubles d'Otto Wagner (Wagnerhaus) Plan 1er rabat de couverture A3
Döblergasse 4 - 🚋 *46 Strozzigasse,* 🚌 *48A Neubaugasse/Neustiftgasse- visite guidée (30mn) sur rendez-vous -* 📞 *(01) 523 22 33.*
Achevés par Otto Wagner en 1912, les n⁰ˢ 2 et 4 de cette petite rue contrastent fortement avec les deux autres immeubles contigus que cet architecte éleva sur la Linke Wienzeile *(voir p. 218).* Plus tardifs, ceux de la Döblergasse sont nettement plus géométriques et témoignent d'une nouvelle période créative d'Otto Wagner, dominée par l'angle droit et une certaine austérité ornementale. Otto Wagner habitait au n° 4, où il s'éteignit le 11 avril 1918. Depuis 1985, les archives Otto Wagner de l'Académie des beaux-arts y sont installées.

Descendez la Döblergasse pour tourner à gauche dans la Neustiftgasse et à droite dans la Kellermanngasse.

Place Saint-Ulrich (St.-Ulrichs-Platz) Plan 1er rabat de couverture A3
🚇 *2, 3 Volkstheater,* 🚌 *48A St.-Ulrichs-Platz.*
Cette place et son église forment un bel ensemble baroque du 18e s. La plus séduisante de ses façades est incontestablement celle du n° 2 (milieu du 18e s.), avec son élégant portail très aristocratique donnant accès à une jolie cour intérieure.

Église St-Ulrich (Ulrichskirche) – 📞 *(01) 523 12 46 -* ♿ *- chapelle de jour : lun.- sam. 6h30-19h, dim. et j. fériés uniquement lors des offices - visite guidée (30mn) sur rendez-vous - 3 €.* Cette église a été construite par Josef Reymund entre 1721 et 1724 à l'emplacement de deux chapelles datant du 13e s. Le compositeur allemand Christoph Willibald Gluck s'y maria ; Johann Strauss fils y reçut le sacrement du baptême.

À la sortie de l'église, tournez à gauche dans la Burggasse. Le quartier de Spittelberg débute à hauteur de la Stiftgasse. Remontez la rue.

Le quartier de Spittelberg★ Plan 1er rabat de couverture A3

U *2, 3 Volkstheater,* **Tram** *49 Stiftgasse,* **BUS** *48A St.-Ulrichs-Platz.*

Le quartier de Spittelberg forme un rectangle délimité par les Burggasse, Stiftgasse, Siebensterngasse et Kirchberggasse.

Jadis très prisé par la bohème viennoise, ce quartier doit sa renaissance aux marginaux des années 1970 qui s'y établirent. Sensible au charme de ses rues, la ville de Vienne entreprit de remettre ce périmètre en valeur en restaurant la plupart de ses bâtiments et en réservant la zone aux piétons. Riche en boutiques, cafés et restaurants, le quartier propose également des activités culturelles. Au n° 8 de la Stiftgasse (maison natale du peintre Friedrich Amerling, *voir carnet pratique*) sont organisés des manifestations musicales ou littéraires, des ateliers collectifs de restauration ou d'artisanat ainsi que des expositions. En perpétuelle animation, le Spittelberg est resté un lieu de rencontres : un marché artisanal s'y tient chaque samedi d'avril à novembre, et son charmant marché de Noël, très fréquenté par les jeunes, est certainement le plus sympathique de la ville.

> ### Un peu d'histoire...
>
> La petite éminence qu'occupe le quartier du Spittelberg fut choisie en 1683 par les Turcs pour y installer leur artillerie. La position devait réserver d'intéressantes possibilités stratégiques puisque Napoléon fit de même au début du 19e s., lorsqu'il pointa ses canons sur la ville.
>
> Quartier d'habitation populaire, le Spittelberg fut de tout temps le royaume des artistes, des comédiens et des chanteurs de rue. La Spittelberggasse était autrefois une ruelle où la soldatesque venait oublier la rudesse et les privations de la vie de caserne auprès des prostituées.

En haut de la Stiftgasse, tournez à gauche et descendez la Spittelberggasse pour rejoindre la Burgasse qui aboutit à la station de métro Volkstheater ou bien gagnez à pied le dépôt du Mobilier de la Cour (voir « Visiter » ci-après) en continuant la Stiftgasse et en tournant à droite dans la Mariahilfer Straße.

Visiter

Dépôt du Mobilier de la Cour- musée du Meuble
(Hofmobiliendepot-Möbel Museum Wien)★ Plan XIII B2 p. 278

Andreagasse 7 - **U** *3 Neubaugasse, Zieglergasse,* **BUS** *13A, 14A Neubaugasse -* ♿ *-* ✆ *(01) 524 33 570 - www.hofmobiliendepotat - tlj sf lun. 10h-18h - 6,90 €.*

Le mobilier exposé permet au visiteur de se représenter « la maison de l'empereur ». Qu'il s'agisse du **cabinet égyptien** *(à l'entrée, à droite de la caisse)*, de la

Les chaises dans le musée du Meuble.

M. Hertlein / MICHELIN

salle des Habsbourg (où la naissance et la mort, les fêtes et les événements politiques sont illustrés par des objets de la dynastie ou de certains membres de la famille) ou de la **salle de Laxenburg** au splendide mobilier Renaissance d'origine allemande . Les somptueuses pièces exposées, laissent entrevoir la prédilection des Habsbourg pour les cultures étrangères et exotiques. Le 2e étage abrite les **cabines Biedermeier**, illustration de l'art privé bourgeois, constituées dans les années 1920 avec du mobilier de la Cour, et l'entrepôt qui rappelle un rôle important du magasin : il continue à servir de lieu de stockage pour des pièces de la collection.

Les meubles de la Cour

Jusqu'au 19e s., seul Vienne était un lieu de résidence permanent et les palais d'été et châteaux de plaisance impériaux n'étaient meublés que pendant la durée de séjour de la Cour, qui pouvait compter plus de 1 000 personnes. L'Inspection des meubles de la Cour était chargée du transport des meubles, des tapis, des rideaux, etc. dans les différents lieux de séjour, de leur entretien de leur stockage entre les voyages. Lors des déplacements de la cour, près d'une centaine de voitures bien chargées suivaient avec tout l'ameublement. Cela changea à partir de 1808, date à laquelle un décret de François II instaura que les châteaux et résidences temporaire seraient peu à peu pourvus de meubles.

Musée des Beaux-Arts et Museumsquartier pratique

Se loger

Pour la description des hôtels du quartier, voir la partie « Organiser son voyage » p. 28.

Se restaurer

☺ **Una** – *Museumsquartier - 7e arr. - ℰ (01) 523 65 66 - lun.-vend. 9h-0h, sam.-dim. 10h-19h - plats principaux à partir de 10 € (pas de carte de crédit).* Situé dans une cour tranquille du Museumsquartier, ce restaurant offre une belle décoration en carreaux de faïence arabisants. À la carte, petit-déjeuner jusqu'à une heure tardive et spécialités autrichiennes et italiennes. Terrasse aux beaux jours.

☺ **Amerlingbeisl** – *Stiftgasse 8 - 7e arr. - ℰ (01) 526 16 60 - www.amerlingbeisl.at - tlj 9h-2h - plats principaux à partir de 6 €.* Adorable bistrot niché dans le Spittelberg. Plats simples et à prix doux. Terrasse ombragée par une treille sur cour. L'ancienne maison du peintre Amerling accueille aussi un centre culturel.

Faire une pause

HALLE Cafe-restaurant – *Museumsquartier - 7e arr. - ℰ (01) 523 70 01 – www.diehalle.at - tlj 10h-2h.* Le café-restaurant de la Kunsthalle est situé dans la cour principale du Museumsquartier. Fréquenté par une clientèle branchée, il présente un excellent point d'observation de la scène culturelle viennoise.

Cafe-restaurant du musée des Beaux-Arts – *Maria-Theresien-Platz - 10h-17h30 sf lun.* Sous la vertigineuse coupole du musée des Beaux-Arts, dans un superbe décor, on peut déjeuner ou prendre un thé entre la visite de deux collections.

Das Möbel – *Burggasse 10 - 7e arr. - ℰ (01) 524 94 97 - www.dasmoebel.at - tlj 10h-1h.* Un café à part. Ici, tout est à vendre : les tables, les chaises et les lampes sont conçues par des designers qui trouvent ainsi un moyen original de se faire connaître. L'ameublement change au gré des arrivages.

Bortolotti – *Mariahilfer Straße 22 - 7e arr. - ℰ (01) 526 19 09 - www.bortolotti.at - tlj 8h-23h.* Ce délicieux glacier fait la part belle aux parfums de saison. Les coupes gigantesques décorées de chantilly légère mettent l'eau à la bouche. Pour les gens pressés, glaces en cornet.

Achats

Piatnik – *Schottenfeldgasse 19 - 7e arr.* Ce magasin, fondé à la fin du 19e s., vend des jeux de cartes si beaux qu'ils constituent presque des œuvres d'art.

Marché de Noël du Spittelberg – *Spittelberggasse - 7e arr. - de fin novembre à Noël.* Fréquenté par les jeunes, et doublé d'un marché d'objets artisanaux. Le vin chaud y coule à flots lorsque la température baisse trop.

7

Wieden★★

PLAN 1ᴱᴿ RABAT DE COUVERTURE B4 – PLAN X P. 216-217 – 4ᵉ ARR.

Très prestigieux aux yeux des Viennois, Wieden se situe au Sud de l'Innere Stadt, au-delà du Ring. L'immense Karlsplatz réunit d'importantes curiosités touristiques et culturelles, notamment le pavillon couronné de lauriers de la Sécession et l'église baroque St-Charles. À l'Ouest, sur le terre-plein de Wienzeile, s'étend le vaste marché de Naschmarkt, ponctué d'échoppes tandis que de part et d'autre de l'artère se dressent quelques façades Jugendstil. Le quartier autour est très animé.

- ▸ **Se repérer** – La Karlsplatz est le cœur de Wieden. À l'ouest, elle débouche sur la Linke et Rechte Wienzeile, qui rejoint Schönbrunn.
  U 1, 2, 4 Karlsplatz - 🚊 62, 65 - 🚌 4A Karlsplatz.

- 👁 **À ne pas manquer** – L'église St-Charles, le pavillon de la Sécession, les pavillons d'Otto Wagner.

- 🕐 **Organiser son temps** – Si vous souhaitez profiter du marché, à l'heure de midi, les nombreuses échoppes du Naschmarkt servent leurs spécialités autour de quelques tables.

- 🚶 **Pour poursuivre la visite** – Vous pouvez dans la foulée vous rendre au Belvédère.

Se promener

Karlsplatz Plan X B2

La place St-Charles, du nom de saint Charles Borromée, est un important nœud ferroviaire, où se croisent plusieurs lignes de métro et de tramway, ainsi qu'un carrefour routier. Bordée d'édifices imposants, elle fut aménagée par Sven Ingvar Anderson en 1979. Agréablement ombragé, le parc Ressel cache une **statue de Brahms** due à Rudolf Weyr.

Au nord de la Karlsplatz.

Pavillons d'Otto Wagner (Wagner-Pavillons)★

Karlsplatz. Face à face, les deux pavillons élevés par Otto Wagner en 1899 ont longtemps servi d'accès à la station de métro (un par quai). L'architecte avait en effet été chargé en 1892 de concevoir et réaliser 36 stations sur les 40 km du réseau du métropolitain. Wagner considérait ce chantier comme primordial pour le développement de la ville : une Vienne moderne devait en émaner. Restaurés en 1979, ces pavillons sont le fleuron de ce programme. La réussite de Wagner fut telle qu'ils incarnent aujourd'hui le Jugendstil viennois et tout le raffinement que ce style pouvait opposer à l'historicisme qui triomphait alors sur le Ring. Leurs lignes allient harmonieusement la blancheur des dalles de marbre et le vert des structures métalliques préfabriquées, un système de construction novateur à l'époque, ici coiffé par une toiture en tôles de cuivre ondulées. Afin de respecter l'élégante présence de la proche église St-Charles, Wagner décora l'ensemble d'or en relief ou incrusté qui donne une touche baroque très seyante par la finesse des motifs floraux (principalement des tournesols).

Détail de l'arcade Jugendstil du pavillon d'Otto Wagner.

L'un des pavillons Wagner abritant un café.

L'un des pavillons sert de lieu d'expositions. Il accueille une documentation fournie sur la vie et les ouvrages de l'architecte viennois (℘ *(01) 505 87 470 - avril-oct. : mar.-dim. et j. fériés 9h-18h - 2 € - dim. gratuit).* L'autre pavillon abrite un café dont seule la terrasse permet d'apprécier le site.

Traversez la Lothrstraße et continuez sur la droite.

Maison des Artistes (Künstlerhaus)

Karlsplatz 5 - www.kuenstlerhaus.at - ℘ (01) 587 96 63 - tlj 10h-18h (jeu. 21h).
Née en 1861 de l'union entre deux associations d'artistes, elle appartient aujourd'hui encore à l'association d'artistes d'utilité publique du même nom. Édifiée à l'origine comme un petit palais dans le style de la Renaissance italienne, le bâtiment d'époque de la Ringstraße fut largement agrandi en 1882, puis sans cesse transformé à partir de 1945 pour devenir un lieu d'exposition moderne. Les points forts de cette institution renommée sont l'architecture, les expositions thématiques interdisciplinaires, les coopérations internationales ainsi que les expositions de ses membres. L'association s'occupe également du cinéma de la maison des Artistes et abrite un théâtre ainsi qu'un restaurant.

Société des Amis de la musique (Musikvereinsgebäude)

Dumbastraße 3 - ℘ (01) 505 81 90 - www.musikverein.at - visite guidée en allemand et anglais (45mn) - 5 € - téléphonez pour connaître les horaires.
Fondée en 1812, la société des Amis de la musique a fait appel en 1866 à Theophil Hansen pour édifier ce temple néo-Renaissance (achevé en 1869), reconnaissable depuis la Karlsplatz à ses couleurs rouge et jaune. Les murs du bâtiment abritent le célèbre facteur de piano Bösendorfer, qui bénéficie du même loyer depuis 1914 ! La plupart des amateurs de musique classique connaissent les dorures de la grande salle du palais de la société des Amis de la musique pour l'avoir vue à la télévision lors de la retransmission en mondovision du célèbre concert du Nouvel An qui débute chaque année le 1er janvier à 11h. Pour espérer assister à ce concert si recherché, il faut non seulement écrire un an à l'avance, mais également être tiré au sort parmi la multitude des demandes ! Cet événement est en tout cas une véritable fête, et le public est toujours si enthousiaste qu'il n'hésite pas à rythmer de ses applaudissements la *Marche de Radetzky* de Johann Strauß père, valse qui clôt traditionnellement le concert, dirigé par un chef de renom invité pour l'occasion.
La formation de l'orchestre Philharmonique de Vienne, qui a son siège ici, se consacre prioritairement à l'Opéra national, mais elle se produit néanmoins dans la grande salle (2 044 places) lors de 18 concerts annuels. La grande salle et la salle Brahms (600 places) accueillent deux autres formations, celles de l'orchestre de la

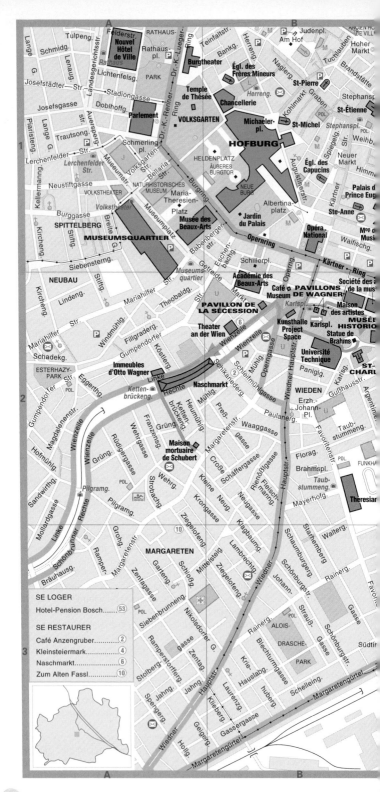

SE LOGER

Hotel-Pension Bosch......53

SE RESTAURER

Café Anzengruber............2
Kleinsteiermark...............4
Naschmarkt.....................6
Zum Alten Fassl...............10

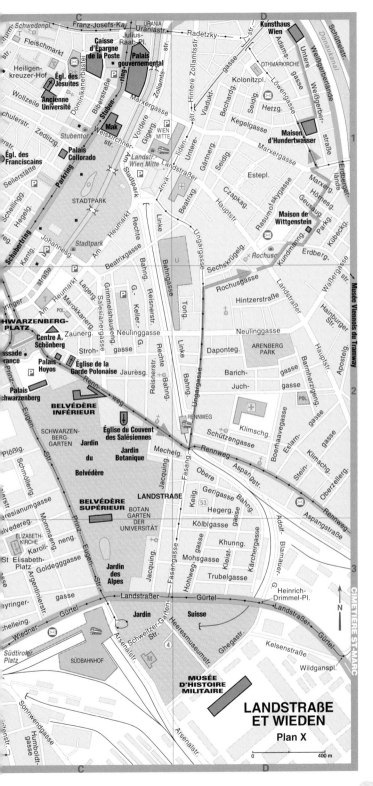

LANDSTRAßE
ET WIEDEN

Plan X

0   400 m

Radio-Télévision et de l'orchestre Symphonique de Vienne. Les archives de cette institution, les plus importantes archives privées du monde, conservent des pièces uniques comme les manuscrits de *l'Héroïque* de Ludwig van Beethoven, du *Double Concerto pour violon et violoncelle* de Johannes Brahms, de la *Sixième Symphonie* de Gustav Mahler et de la totalité des symphonies de Franz Schubert, à l'exception de la Cinquième.

Retraversez la Lothrstraße pour revenir sur la Karlsplatz.

Musée historique de la ville de Vienne (Historisches Museum der Stadt Wien)★
Voir « Visiter » p. 219.

Traversez la Karlsplatz vers le Sud.

Église St-Charles (Karlskirche)★★
Voir « Visiter » p. 220.

Université Technique (Technische Universität)
Karlsplatz 13 - ne se visite pas. L'université Technique a été fondée en 1815 par Johann Josef Prechtl. Son bâtiment, construit par Josef Schmerl von Leytenbach de 1816 à 1818, se présente comme un imposant édifice néoclassique plusieurs fois agrandi au cours du 19e s. et au début du 20e s. Les sculptures de Josef Klieber qui ornent la section centrale de la façade principale représentent des inventeurs autrichiens ; entre autres Josef Ressel, inventeur de l'hélice de bateau, qui a donné son nom au parc de la Karlsplatz.

La salle des fêtes de l'université Technique a été réalisée par Pietro Nobile entre 1835 et 1842.

De la Karlplatz à la maison de Schubert Plan X
Gagnez le côté ouest de la place et traversez la Hauptstraße.

Kunsthalle Wien project space B2
Karlsplatz/Treitlstraße 2 - tlj 16h-0h, dim.-lun. 13h-19h - gratuit. Cette salle d'exposition de 250 m² a été pourvue d'un toit de verre par l'architecte Adolf Krischanitz. Elle sert à des présentations liées à l'actualité de la Kunsthalle du Museumsquartier. Elle héberge également un café *(voir carnet pratique).*

En passant derrière la Kunsthalle, on voit à droite le café Museum (voir carnet pratique) et de biais et sur la gauche le pavillon de la Sécession (voir ci-dessous). Franchissez le carrefour.

Café Museum B2
Friedrichstraße 6. Appartenant à la tradition des *Wiener Kaffeehäuser*, ce café est une création d'Adolf Loos, mais il a perdu sa décoration intérieure originale. Lors de son ouverture en 1899, il fut surnommé « le café Nihilisme » pour sa sobriété. Étudiants et artistes continuent de s'y côtoyer.

Pavillon de la Sécession (Secessionsgebäude)★★B2
Voir « Visiter » p. 222.

Engagez-vous sur la Linke Wienzeile.

Linke Wienzeile A-B2
Cette artère relie la Karlsplatz au château de Schönbrunn. Le côté gauche *(linke)* de la rangée *(Zeile)* d'immeubles bordant la Vienne *(Wien)* longe les arrondissements de Rudolfsheim-Fünfhaus (15e) et de Mariahilf (6e). Venant du pavillon de la Sécession, le tronçon qui nous intéresse se situe du côté droit ; on remonte ainsi le cours de la rivière, souterraine à cette hauteur depuis le voûtement de 1912.

Theater an der Wien B2
Linke Wienzeile 6. Fondé en 1801 par Emanuel Schikaneder, l'auteur du livret de La *Flûte enchantée*, ce théâtre fut quatre années plus tard le cadre de la première publique du *Fidelio* de Ludwig van Beethoven… qui fut un échec. Vers la fin du siècle, l'établissement devint le temple de l'opérette viennoise. On venait y écouter les œuvres de Johann Strauß fils ou *la Veuve joyeuse* de Franz Lehár.

Naschmarkt A/B2

Wienzeile. S'étendant entre le Getreidemarkt et la Kettenbrückengasse, ce marché aux fruits et aux légumes est réputé populaire bien que ses étals y proposent une quantité de produits frais, fins et provenant souvent d'Europe centrale (*naschen* signifie manger par gourmandise). Plus on se rapproche de la station de métro Kettenbrückengasse, plus les prix baissent et plus le pittoresque augmente. Le Naschmarkt se colore surtout le samedi car son extrémité sud est alors occupée par un marché aux puces ; dès que ce marché se gonfle de monde, les pickpockets viennent y exercer leurs talents.

Poursuivez sur la Linke Wienzeile ; Beethoven habita dans une rue perpendiculaire, au n° 22 de la Laimgrubengasse (d'octobre 1822 à mai 1823).

Immeubles d'Otto Wagner★A2

Linke Wienzeile 38 et 40 - Ⓤ *4 Kettenbrückengasse - ne se visitent pas.* Wagner souhaitait faire de cette artère une voie digne des empereurs. Le projet n'a pas vu le jour, mais le célèbre architecte y a toutefois érigé en 1899 deux immeubles d'habitation représentatifs des canons du Jugendstil. Leurs façades sont de réelles merveilles.

Le n° 38, connu sous le nom de **maison aux Médaillons** a son entrée au n° 1 de la Köstlergasse ; il offre au regard deux façades d'angle éminemment décoratives. Leurs stucs dorés brillent au moindre rayon de soleil, au risque de nous empêcher, d'une part, d'apercevoir les Crieuses d'Othmar Schimkowitz coiffant les pilastres annelés de lauriers et, d'autre part, de détailler les médaillons, les feuilles de palmiers et les guirlandes de Koloman Moser. L'immeuble est fractionné en deux parties horizontales déterminées par une articulation fonctionnaliste ; l'une est réservée aux bureaux et aux commerces, l'autre à la résidence.

Le n° 40, connu sous le nom de **maison aux Majoliques (Majolikahaus)**, prolonge l'articulation du n° 38. L'immeuble présente une façade architecturalement très sobre mais envahie de motifs floraux en faïence, d'où son nom. Cette façade est profondément Jugendstil et très peu Sécession, en ce qu'elle constitue presque un spectacle avec son rosier polychrome qui s'étale entre les baies régulières des fenêtres.

À hauteur de la station de métro, engagez-vous à gauche dans la Kettenbrückengasse.

Maison mortuaire de Schubert (Schubert-Gedenkstätte Sterbezimmer) A2

Voir « Visiter » p. 223.

La dernière curiosité de Wieden se situe à l'écart des précédentes. On pourra s'y rendre à l'occasion d'une visite au Belvédère supérieur.

Theresianum B2

Favoritengasse 15 - Ⓤ *1 Taubstummengasse - ne se visite pas.*

L'Académie diplomatique fondée par l'impératrice Marie-Thérèse est installée depuis 1946 dans ce bâtiment à la façade monotone bâti à l'origine entre 1616 et 1625 à l'initiative de l'empereur Matthias. Détruit lors du siège de 1683, le château de Matthias fut rebâti en palais par Lodovico Burnacini en 1690. Charles VI y termina ses jours. Sa fille Marie-Thérèse en fit don aux jésuites qui y ouvrirent une école pour la jeune noblesse sans fortune : le Collegium Theresianum.

Visiter

Musée historique de la ville de Vienne (Historisches Museum der Stadt Wien)★ B2

Karlsplatz 8 - ♿ *-* ✆ *(01) 505 87 470 - www.museum.vienna.at - tlj sf lun. 9h-18h - fermé 1ᵉʳ janv., 1ᵉʳ Mai et 25 déc. - 6 € (dim. gratuit).*

Créé en 1887, le Musée historique de la ville de Vienne a quitté ses locaux de l'hôtel de ville pour emménager en 1959 dans ce nouveau bâtiment de la Karlsplatz, édifié par Oswald Haerdtl en l'honneur du président de la République Theodor Körner. Les quelque 3 600 m² d'exposition retracent l'histoire de la ville, du néolithique à nos jours. À moins d'y consacrer plusieurs heures, la visite peut consister en un rapide survol des grandes étapes qui marquèrent Vienne, sans oublier les remarquables tableaux de Waldmüller, Klimt et Schiele.

AKG

« La bataille de Kahlenberg » de Frantz Geffels, 1683.

Rez-de-chaussée – De précieux fragments d'architecture évoquent la Vienne gothique : les trois clefs de voûte de l'église des Frères-Mineurs (Minoritenkirche, début 14ᵉ s.), la belle Madone (vers 1420) qui ornait primitivement la tour sud de la cathédrale, le saint Jean en terre cuite (1430) provenant du cloître Ste-Dorothée, le saint Michel (vers 1440) qui appartenait à la façade ouest de la cathédrale, et les vitraux (vers 1390) provenant de la chapelle ducale aujourd'hui disparue, parmi lesquels se détache le **portrait de Rodolphe Iᵉʳ**.

1ᵉʳ étage – Remarquez le **plan circulaire de Vienne★** par le Nurembergeois Augustin Hirschvogel (1545), l'armure pour Maximilien II exécutée à Augsbourg vers 1550, le fac-similé du **plan turc de Vienne** trouvé lors de la conquête de Belgrade en 1688, et la jolie maquette de la Vieille Ville réalisée en 1854 – soit quatre ans avant le démantèlement. Parmi la série de gravures et de tableaux se distinguent plus particulièrement : *La Bataille de dégagement devant les portes de Vienne en 1683* par Franz Geffels ; *Vue de la ville* (1690) par Domenico Cetto ; *Charles VI* (1716) par Johann Kupezky ; *François Iᵉʳ* (vers 1740) et *Marie-Thérèse* (1744) par Martin Van Meytens.

2ᵉ étage – Aux souvenirs napoléoniens, aux porcelaines et verreries produites par des manufactures viennoises, au **salon pompéien★** (vers 1800) provenant du palais Caprara-Geymüller *(Wallnerstraße 8)* succède une admirable collection de tableaux. Parmi eux : **L'Amour★** (1895) et *Pallas Athena* (1898) de Gustav Klimt ; *La Dame en jaune* (1899) de Max Kurzweil ; *Paysage* (1901) d'Adolf Boehm ; *Arthur Roessler* (1910), **Autoportrait aux doigts écartés★★** (1911) et *La Mère aveugle* (1914) d'Egon Schiele ; *Portrait de Peter Altenberg* (1909) de Gustav Jagerspacher, qui se trouvait jadis dans l'American Bar *(voir p. 134)*. La section réservée à la révolution de 1848 est suivie d'une collection de paysages et de portraits signés Ferdinand Georg Waldmüller.

On voit en outre une série d'objets produits par les Ateliers viennois *(Wiener Werkstätte, voir p. 98)*, ainsi que des sculptures, notamment un buste de Gustav Mahler (1909) par Auguste Rodin et une tête en bronze d'Adolf Loos réalisée par l'artiste viennois Arthur Emanuel Löwental. On peut également s'intéresser à une reconstitution de la salle à manger de l'appartement de cet architecte *(Bösendorferstraße 3)*, ainsi qu'à celui de l'auteur dramatique Franz Grillparzer *(Spiegelgasse 21)*.

Église St-Charles (Karlskirche)★★B2

Karlsplatz - ✆ *(01) 50 46 87 13 - www.karlskirche.at - lun.-sam. 9h-12h30 et 13h-18h, dim. et j. fériés 12h-17h45 - 6 €, visite de l'église et de la coupole.* Lorsqu'il commence la construction de cette église dédiée à saint Charles Borromée en 1716, **Johann Bern-**

hard **Fischer von Erlach** est âgé de 60 ans. Le sanctuaire sera achevé par son fils en 1737. L'édifice résulte d'un vœu formulé par l'empereur Charles VI pendant l'épidémie de peste de 1713. C'est assurément la plus belle église baroque de la capitale.

Extérieur – (*Voir l'ABC d'architecture p. 89*) On rapporte que c'est du haut de la colline romaine du Pincio que Fischer von Erlach aurait eu la vision de cette association inattendue entre la colonne Trajane, le portique du Panthéon et le dôme de St-Pierre. Jadis totalement isolée près du glacis des anciennes fortifications, la façade déroute au premier abord par cette combinaison hétéroclite. Au centre, l'escalier est encadré par deux anges aux ailes déployées, celui de gauche incarne l'Ancien Testament, celui de droite le Nouveau. Les marches mènent à un pronaos d'ordre corinthien couronné d'un fronton triangulaire décoré d'un relief de Giovanni Stanetti, *L'Extinction de la peste*, lui-même dominé par une sculpture de Lorenzo Mattielli représentant saint Charles Borromée. Ce portique central est flanqué de deux colonnes triomphales ornées de bas-reliefs en spirale illustrant la vie de Charles Borromée, archevêque de Milan, qui s'était illustré lors d'une épidémie qui ravagea la capitale de la Lombardie en 1576. La colonne de gauche évoque la constance du saint, l'autre sa bravoure ; *Constantia et fortitudo*, la devise de Charles VI. Pourquoi ces colonnes ? Leur insertion dans la concavité de la façade est une idée que Fischer von Erlach mûrissait depuis ses études à Rome ; on les retrouve dans le projet initial qu'il envisagea pour l'entrée de Schönbrunn. Par ailleurs, il faut se rappeler que, dans l'art baroque, la colonne n'est guère portante, et celles-ci, qui ne sont couronnées d'aucun saint ou empereur, sont terminées par un belvédère à plate-forme qui rappelle les minarets.

Surmontant un double attique en gradin, le dôme évoque celui de St-Charles-aux-Quatre-Fontaines (église romaine dédiée au même saint) parce qu'il emprunte au tambour sa forme elliptique, soubassement cependant bien plus gracieux que celui de Borromini, mais aussi plus tardif de près de soixante-dix ans. Les huit fenêtres y sont séparées par des colonnes engagées et des pilastres géminés portant les saillies d'un entablement surhaussé. Chacune de ces ouvertures est surmontée d'une élégante lucarne à fronton brisé et à ailerons. Le dôme cuivré est couronné d'un lanternon aux fenêtres élancées et est ponctué d'un globe et d'une croix d'or. Sur les côtés, les pavillons surbaissés des entrées latérales assurent un rôle essentiel dans l'illusionnisme développé par l'architecte : ils élargissent la façade et font en quelque sorte contrepoids à la verticalité du dôme et des colonnes. L'ensemble est magistral.

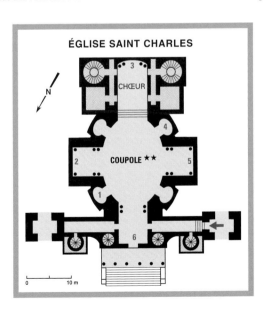

ÉGLISE SAINT CHARLES

CHŒUR

COUPOLE ★★

0   10 m

Intérieur – Pendant la restauration de la fresque de la coupole, qui devrait s'achever en 2007, il est possible d'emprunter un ascenseur panoramique pour y monter. C'est une formidable occasion d'admirer cette fameuse fresque de très près. Un escalier permet d'accéder à la lanterne de la coupole, du balcon de laquelle on jouit d'une belle vue sur Vienne.

Le plan de l'édifice combine une ellipse et une croix latine inversée. L'absence de nef et une relative sobriété du programme ornemental font que toute l'attention se porte sur la très vaste **coupole**★★ ovale décorée de fresques dues à **Johann Michael Rottmayr**. Elles représentent l'apothéose de saint Charles Borromée (remarquez à gauche l'ange mettant le feu à une bible de Luther jetée à terre).

En circulant dans le sens des aiguilles d'une montre, on découvre : un baptistère dont la voûte est décorée par un trompe-l'œil (**1**) ; une *Assomption* de Sebastiano Ricci (**2**) ; le maître-autel dont le programme sculpté représente saint Charles Borromée accueilli au ciel parmi les anges, probablement l'œuvre de Johann Bernhard Fischer von Erlach (**3**) ; *Saint Luc peignant la Vierge* de Jakob van Schuppen (**4**) ; *Sainte Élisabeth de Hongrie* de Daniel Gran (**5**). Avant de sortir, regardez la fresque qui surplombe la tribune d'orgue (**6**), *Sainte Cécile parmi les anges musiciens*, de Rottmayr.

La pièce d'eau située face à l'église est décorée d'une sculpture de Henry Moore.

Pavillon de la Sécession (Secessionsgebäude)★★ B2

Friedrichstraße 12 - &. - ✆ (01) 587 53 07 10 - www.secession.at - mar.-dim. 10h-18h (jeu. 20h) - fermé 1er mai, 1er nov. et 25 déc. - 6 €.

Terminé le 10 novembre 1898, le pavillon de la Sécession accueillit deux jours plus tard la deuxième exposition du groupe du même nom, fondé l'année précédente par **Josef Maria Olbrich** et ses amis, résolument opposés à tout académisme. Ce bâtiment doit donc être considéré comme le temple de ces artistes.

« Le tombeau de Mahdi » – Tel est le curieux surnom que les habitants de la capitale attribuèrent au pavillon édifié par Olbrich. En outre, la proximité du marché aux légumes du Naschmarkt *(voir p. 219)* et son dôme doré lui valurent également d'être parfois appelé la « tête de chou ». Les Viennois sont de temps à autre de facétieux observateurs. Il est toutefois incontestable que cette architecture qui nous est désormais familière était à la fin du 19e s. d'une incroyable modernité, ni plus ni moins qu'une provocation avant-gardiste. On le voit surtout à son fameux dôme aux 3 000 feuilles de laurier en métal doré.

« À chaque époque son art, à l'art sa liberté » : voici la devise inscrite au frontispice du pavillon d'Olbrich : une déclaration de guerre artistique à l'encontre des sociétaires de la proche maison des Artistes *(voir p. 215)*. Le pavillon sert toujours de lieu d'exposition. La vaste salle de ce temple voué à l'art bénéficie d'un éclairage zénithal et a été conçue dans un esprit fonctionnaliste puisque son espace est modulable grâce à des cloisons mobiles.

Pour ou contre, mais jamais indifférents

Malgré les idées reçues, le mouvement de la Sécession fut plutôt favorablement accueilli par les Viennois, probablement un peu lassés des grandiloquences de l'historicisme de la Ringstraße. En tout cas, la Sécession ne laissa pas les Viennois sans réactions. La résistance à la nouveauté trouva ses racines dans les milieux intellectuels, et notamment auprès de l'université, dont 87 professeurs signèrent en 1900 une lettre protestant contre les œuvres de Klimt. Le succès fut en revanche assuré par la grande bourgeoisie industrielle. Directeur du cartel de l'acier et ami de Mahler, Karl Wittgenstein (père de Louis Wittgenstein) fut le mécène déterminant qu'attendaient Klimt, Hoffmann, Olbrich et leurs consorts. Il y en eut d'autres, tels Ferdinand Bloch-Bauer, August Lederer, Otto et Robert Primavesi, ou encore le Belge Adolphe Stoclet.

L'Union des artistes de Vienne « Sécession » – et cela se sait peu en dehors de Vienne – est toujours vivante. Bien qu'il ait cessé ses activités en 1938, le mouvement ne fut jamais dissous. Professeur à l'École des beaux-arts, Edelbert Köb lui a permis de renaître, aidé en cela par un groupe de mécènes qui ont créé une fondation. C'est à cet homme généreusement obstiné que l'on doit de pouvoir admirer aujourd'hui la fabuleuse *frise Beethoven* de Klimt.

Fidèle à l'esprit des fondateurs, la Sécession affirme son ouverture vis-à-vis des nouvelles tendances artistiques, un enthousiasme certain pour les expériences nouvelles et la confrontation de l'art autrichien avec l'art international.

Pour des raisons de conservation, c'est au sous-sol du pavillon qu'il faut descendre pour contempler la **frise Beethoven★★** réalisée sur le thème de la *Neuvième Symphonie* par **Gustav Klimt**, à l'occasion de la 14e exposition (1902) de la Sécession. Auguste Rodin qui la visita qualifia la frise de « tragique, divine et somptueuse ».

Détail de la « frise Beethoven » de Gustav Klimt, 1902.

Longue de 34 m, elle a appartenu à trois collections privées avant d'être acquise par l'Österreichische Galerie en 1975 et replacée, grâce à l'énergique Edelbert Köb, dans le pavillon admirablement transformé et restauré en 1986 par Adolf Krischanitz. Ceux qui auront préalablement visité le Burgtheater pourront prendre conscience de l'évolution qui sépare les fresques du théâtre de cette frise exceptionnelle ! À gauche de l'entrée, le programme débute par *Le Désir de bonheur* et ses personnages flottants, ainsi que par *L'Humanité faible et souffrante* incarnée par un couple implorant un chevalier en armure (auquel Klimt aurait prêté les traits de Mahler) flanqué de l'Ambition et de la Pitié. Il se poursuit en face de l'entrée par un panneau à l'iconographie très riche où l'on voit successivement *Les Trois Gorgones*, dominées par la Maladie, la Folie et la Mort, *Le Géant Typhée*, *Les Forces hostiles* de l'Impureté, de l'Envie et de l'Excès, *Le Chagrin* et *Les Attentes de l'humanité volant au-dessus des forces hostiles*. Il s'achève à droite avec le même *Désir de bonheur* survolant la Poésie, avec les Arts tendant les bras à un chœur d'anges (*L'Hymne à la joie* de Beethoven), puis avec *L'Apaisement au bonheur*, une allégorie d'un vers de Schiller : « Ce baiser s'adresse au monde entier ».

Maison mortuaire de Schubert (Schubert-Gedenkstätte Sterbezimmer) A2

Kettenbrückengasse 6 - **U** *4 Kettenbrückengasse,* 🚌 *59A Große Neugasse -* 𝄐 *(01) 581 67 30 - www.museum.vienna.at - 2e étage - vend.-dim. et j. fériés 14h-18h - fermé 1er janv., 1er Mai et 25 déc. - 2 €.*

Du 1er septembre au 19 novembre 1828, Franz Schubert habita l'appartement de son frère Ferdinand, lui-même compositeur. Franz y vint sur le conseil du docteur Ernst Rinna von Sarenbach, afin de profiter du bon air des faubourgs. Il pensait ne pas y rester bien longtemps, car il avait laissé tous ses manuscrits chez son ami Franz von Schober chez qui il logeait précédemment, dans le centre-ville. Il ne s'était pas trompé. Son séjour Kettenbrückengasse fut court, mais fatal *(voir encadré p.224).*

La maison où est mort Schubert.

Bien qu'agrandi et transformé en musée, l'appartement continue de nous émouvoir. La pièce où est mort l'auteur du *Roi des Aulnes* est celle située directement au-delà du vestibule, côté rue. Parmi les documents et objets *(les chiffres entre parenthèses renvoient à la numérotation utilisée sur place)*, on remarque : une lithographie de Josef Kriehuber représentant Ferdinand *(1)* ; une reproduction du croquis à l'aquarelle et à la mine de plomb de Josef Teltscher, *Franz Schubert dans l'atelier de Teltscher (5)* (vers 1827) ; un piano Elwerkember ayant appartenu à Ferdinand *(4)* ; la dernière lettre de Franz *(8, voir ci-dessous)* ; un cure-dents en argent *(11)* ayant appartenu à Franz ; les fac-similés des dernières compositions *(16)*, dont le *Tantum ergo en mi bémol majeur*, D 960 et l'œuvre ultime, le lied *Der Hirt auf dem Felsen*, D 965 ; le fac-similé du faire-part mortuaire *(17)* ; un dessin de l'église des Augustins où fut célébré un service funèbre pour Schubert le 23 décembre 1828 *(26)*.

Lettre de Schubert, datée du 12 novembre

« Cher Schober,
Je suis malade. Depuis maintenant 11 jours, je n'ai rien mangé ni bu et je chancelle faiblement de ma chaise jusqu'au lit et refais le trajet en sens inverse. Rinna me soigne. Quand je tâche de manger quoi que ce soit, je ne parviens pas à le garder. Ayez donc, je vous en prie, la gentillesse de m'aider dans ma situation désespérante. Parmi les romans de Cooper [James Fenimore Cooper], j'ai lu : *Le Dernier des Mohicans*, *L'Espion* et *Les Pionniers*. Si vous avez d'autres romans de lui, je vous implore de les déposer au café à l'intention de la femme de Bogner. Mon frère qui est la conscience même, me les ramènera consciencieusement. Ou toute autre chose.
Votre ami
Schubert. »
Probablement inquiet de la contagion, Schober ne visita pas son ami ; Ferdinand était si « consciencieux » qu'il se prétendit l'auteur du *Deutsches Requiem* que son frère lui avait écrit afin de lui assurer un statut de compositeur.

Wieden pratique

Se restaurer

Le restaurant **Kleinsteiermark** *est décrit p. 237.*

🍴 **Naschmarkt** – *Linke Wienzeile/ Kettenbrückengasse - 4e et 6e arr. - lun.-sam. 6h30-22h.* De nombreux stands proposent des petits en-cas étrangers, tels que des kebabs, des sushis, des casse-croûte italiens ou indiens, etc. Plusieurs bars se partagent aussi le marché. Une bonne occasion de profiter de cette ambiance de bazar presque orientale devant un verre de mousseux.

🍴 **Café Anzengruber** – *Schleifmühlgasse 19 - 4e arr. - lun.-sam. 11h-1h, fermé dim. - plats principaux à partir de 6 €.* Ce Beisl patiné par le temps offre une cuisine viennoise de bonne facture et généreuse. Il est tenu par un Croate et beaucoup de ses compatriotes se retrouvent devant le billard et la télévision dans une ambiance chaleureuse pour boire un *weiß gespritzt* (verre de vin blanc coupé à l'eau pétillante).

🍴🍴 **Zum Alten Fassl** – *Ziegelofengasse 37 - 5e arr. - ℘ (01) 544 42 98 - www.zum-alten-fassl.at - lun.-vend. 11h30-15h30 et 17h-0h, sam. 17h-0h, dim. et j. fériés 12h-15h et 17h-24 - plats principaux à partir de 11 €.* À la limite de Wieden mais déjà dans le quartier de Margareten, les restaurants de qualité sont légion. Ce Beisl discret vous enchantera par son excellente cuisine viennoise et son cadre soigné. En été, on dîne dans un jardin sur cour très agréable. Vins de qualité.

Faire une pause

Café Museum – *Friedrichstraße 6 - 1er arr. - ℘ (01) 586 52 02 - www.cafe-museum.at - tlj 8h-0h.* Ce café, créé par Adolf Loos à la fin du 19e s., est idéalement situé à l'angle de la Karlsplatz, juste en face du pavillon de la Sécession. C'était le café favori d'Elias Canetti. Restauration légère et clientèle intellectuelle.

Kunsthalle-Café – *Karlsplatz/ Treitlstraße 2 - 4er arr. - ℘ (01) 587 00 73 - tlj 10h-2h.* Une clientèle jeune et soignée fréquente ce café fort agréable de la dépendance de la Kunsthalle. Sièges design blanc, musique lounge, serveurs sortis d'une revue de mode. On y sert des petits-déjeuners jusqu'à 16h. Terrasse en bois et parasols en été.

Achats

Naschmarkt – *Linke Wienzeile/ Kettenbrückengasse - à cheval sur les 4e et 6e arr.* Marché de produits frais : *lun.-sam. 6h30-18h.* Marché aux puces, à l'extrémité sud : *sam. 6h30-18h.*

Marché de Noël devant la Karlskirche – *Karlsplatz - 4e arr - de fin nov. à Noël.*

8

Landstraße★★

PLAN 1ᴱᴿ RABAT DE COUVERTURE D4 – PLAN X P. 216-217 – 3ᵉ ARR.

« L'Orient commence à la Landstraße », disait Metternich. Aujourd'hui, le 3ᵉ arrondissement, au sud-est du centre-ville, est à la fois le quartier des diplomates et celui qui offre le plus de contrastes. Autour de la Schwarzenbergplatz, des édifices majestueux s'alignent jusqu'au Belvédère, fabuleux palais du prince Eugène de Savoie qui fit dire à Montesquieu que dans ce pays « les sujets sont mieux logés que leurs souverains ». Une observation que l'on pourrait formuler également devant la HLM coiffée de bulbes dorés et couverte de végétation de Hundertwasser, tout droit sortie d'un conte de fées, une ode à l'utopie !

- 🔵 **Se repérer** – Le 3ᵉ arrondissement s'étend au sud et à l'est du Ring, entre Wieden et le canal du Danube.
  Ⓤ *4 Stadtpark*, **Ⓤ** *3, 4 Landstraße -* 🚋 *Schwarzenbergplatz 1, 2, 71, D, J,* 🚋 *71 Unteres Belvedere -* 🚌 *3A Schwarzenbergplatz.*
- 👁 **À ne pas manquer** – Le Belvédère, l'immeuble de Hundertwasser.
- 🕐 **Organiser son temps** – Comptez une après-midi entière pour visiter les musées des deux palais du Belvédère ; choisissez une journée ensoleillée pour profiter de la vue sur Vienne que l'on découvre du Belvédère supérieur et des jardins.
- 👥 **Avec les enfants** – L'immeuble de Hundertwasser et ses compositions colorées exposées à la Kunsthaus Wien.
- 👣 **Pour poursuivre la visite** – Les curiosités les plus proches sont situées dans le quartier du Fleischmarkt dans le centre-ville, ainsi que les arrondissements de Wieden et Leopoldstadt.

Se promener

Plan X p. 216-217.

Schwarzenbergplatz★ C2

🚋 *Schwarzenbergplatz 1, 2, 71, D, J,* 🚌 *3A Schwarzenbergplatz.*
Cette place monumentale porte le nom du prince Schwarzenberg, généralissime des armées coalisées de l'Autriche, de la Prusse et de Russie lors des campagnes de 1813 et 1814. Sa statue équestre en bronze (1857) par Ernst Julius Hähnel se trouve au centre de la place.

L'ambassade de France sur la Schwarzenbergplatz.

Ambassade de France C2 – Cet édifice construit entre 1901 et 1909 sur les plans de l'architecte Georges Chedanne, immédiatement reconnaissable à son drapeau français, est un bel exemple d'Art nouveau.

Centre Arnold-Schönberg C2 – *Schwarzenbergplatz 6 - entrée par la Zaunergasse 1, au 1er étage, accès par l'esc. 1 -* ❤ *-* ℘ *(01) 712 18 88 - www.schoenberg.at - lun.-vend. 10h-17h lors des expositions - 3 €.* Ce centre, géré depuis 1988 par une fondation privée de la succession d'Arnold Schönberg, organise des expositions temporaires sur la vie, l'œuvre et l'influence de ce compositeur né à Vienne. On peut y voir son dernier cabinet de travail de Los Angeles (avec son mobilier et ses outils de travail d'origine), où il décéda en 1951. À côté du centre, une bibliothèque et une médiathèque publiques permettent de mieux découvrir Schönberg. Les archives de la fondation et une salle de spectacle (concerts, soirées de lieder, conférences) complètent la visite.

Monument aux soldats soviétiques (Sowjetisches Kriegerdenkmal) C2 – Rebaptisée Stalinplatz par les Soviétiques juste après la Seconde Guerre mondiale, la place arbore le monument dressé en l'honneur des soldats de l'armée soviétique tombés pour la libération de l'Autriche du fascisme. Ce monument vit le jour dès le 19 août 1945. Mal accepté par les habitants de la ville, le soldat qui domine la colonne est ici surnommé « le pillard inconnu ».

Palais Schwarzenberg C2 – Les deux grands architectes viennois de l'époque baroque, Johann Lukas von Hildebrandt et Johann Bernhard Fischer von Erlach, ont collaboré à sa construction (1697-1723). Ce palais fut en son temps une des premières résidences d'été à être réalisées à l'extérieur des murs de la ville. Il a été presque entièrement détruit en 1945, puis reconstruit, et abrite aujourd'hui un hôtel.
Côté cour d'honneur, c'est-à-dire du côté de la place Schwarzenberg, le bâtiment présente une façade traversée par un ordre colossal de pilastres.
Le jardin du palais est l'œuvre de Josef Emmanuel Fischer von Erlach. Comme tant de jardins baroques, il prolonge la somptuosité des salons, ce qui explique que tout y soit tracé en fonction d'une scénographie très étudiée.

Gagnez le Rennweg au sud-est de la place pour rejoindre le Belvédère.

Palais Hoyos C2
Rennweg 3. Édifié en 1891 par Otto Wagner, il abrite aujourd'hui l'ambassade de Yougoslavie. On y reconnaît cet historicisme qui caractérise les débuts du célèbre architecte, notamment des éléments décoratifs de style rococo.

Gustav Mahler habita à l'angle du Rennweg et de l'Auenbruggergasse (n° 2), de 1898 à 1909.

Église de la Garde polonaise (Gardekirche) C2
Rennweg 5. L'ancienne église de la Garde polonaise, élevée en 1763 par Nikolaus Pacassi, est aujourd'hui la paroisse polonaise de la ville ; elle attire de nombreux fidèles qui se pressent chaque dimanche sous sa coupole plate à nervures.

Belvédère inférieur (Unteres belvedere)★ C2
Rennweg 6a. Voir « Visiter » p. 230.

Église du couvent des Salésiennes (Salesianerinnenkirche) C2
Rennweg 8/10. Précédée d'un splendide portail, cette église dont la coupole culmine à 48 m est l'œuvre de l'architecte italien Donato Felice d'Allio (1717-1730). Ses proportions sont harmonieuses, surtout celles de la façade, achevée par Joseph Emmanuel Fischer von Erlach ; toutefois, l'édifice ne bénéficie plus de la force baroque qui caractérise de nombreux sanctuaires de la ville.

Jardin botanique (Botanischer Garten) C2
Rennweg 14. Le jardin botanique fut créé en 1754 par l'impératrice Marie-Thérèse et Gerhard van Swieten, son médecin, afin de constituer une réserve de plantes médicinales pour l'université de Vienne. Déçue par la phytothérapie, elle fit transformer l'ensemble en Jardin botanique par Nikolaus von Jacquin. On y entretient aujourd'hui un parc de 9 000 espèces végétales. Il est particulièrement agréable d'y flâner.
Dans la partie supérieure, un petit portail le relie au jardin des Alpes **(Alpengarten)**, où sont cultivées des plantes alpestres et alpines particulièrement rares.

Continuez le Rennweg, tournez à gauche dans la Ungargasse puis à droite dans la Rochusgasse, prenez en face la Kundmanngasse puis à droite la Erdbergstraße et enfin la première à gauche.

Maison de Wittgenstein (Haus Wittgenstein) D1

Kundmanngasse 19, entrée Parkgasse 18 -
Ⓤ *3 Rochusgasse,* 🚌 *4A Geusaugasse -*
🖉 *(01) 713 31 64 - www.haus-wittgenstein.at - lun.-vend. 9h-17h - 3 €.*

Le philosophe a construit cette maison en 1929 pour sa sœur, Gretl, avec l'aide de Paul Engelmann. Directement inspiré des théories d'Adolf Loos, ce bâtiment est d'un modernisme un peu sec. Cet exercice de minimalisme réagissait au néoclassicisme Biedermeier. L'édifice abrite depuis 1975 l'ambassade de la république de Bulgarie ; des expositions temporaires y sont organisées.

Rejoignez et prenez la Kundmanngasse sur votre droite, puis tournez à gauche dans la Marxergasse et poursuivez en face dans la Löwengasse.

Maison de Hundertwasser (Hundertwasserhaus)★ D1

Kegelgasse 36-38, à l'angle de la Löwengasse - ne se visite pas.

👤👤 Peintre et graveur cosmopolite, **Friedensreich Hundertwasser** fit ses débuts à Paris. Mais c'est à Vienne qu'il exprima sa conception de l'habitat dans une réalisation niant tout conformisme architectural. La ville de Vienne fut le maître d'œuvre de cet immeuble commandé par l'ancien maire de la ville, Leopold Gratz, et achevé en 1985.

La variété des motifs et la diversité des matériaux (verre, brique, céramique, crépi multicolore individualisant les logements), jointes au dénivelé des gradins aménagés en jardins suspendus, éliminent la monotonie habituelle des grands ensembles. Controversée à Vienne, favorablement accueillie à l'étranger, cette HLM comprenant 50 appartements attire sans cesse un grand nombre de touristes et d'amateurs d'architecture. Selon Hundertwasser, elle a été conçue pour favoriser l'esprit créatif et permettre à l'individu de vivre en harmonie avec son environnement. Deux dômes bulbeux dorés coiffent l'édifice, car « un clocher byzantin sur une maison élève son habitant à la dignité de roi ».

Tournez à droite dans la Kegelgasse puis à gauche dans l'Untere Weißgerberstraße.

Ludwig Wittgenstein

Né à Vienne en 1889, il étudia à Berlin, Manchester et Cambridge, où il devint professeur de philosophie en 1929. Une phrase extraite de son ouvrage *Tractatus* (1921) résume la philosophie de Wittgenstein : « Ce qui peut être dit peut être dit clairement ; et ce dont on ne peut parler, il faut le passer sous silence. » Très apprécié dans les pays anglophones, il eut une influence sur les philosophes du cercle de Vienne et sur ceux de l'école analytique. Atteint d'un cancer, il décéda à Cambridge en 1951.

La maison de Hundertwasser, 1985.

R. Mattes / MICHELIN

Kunsthaus Wien D1

Untere Weißgerberstraße 13 - **U** *1, 4 Schwedenplatz puis* 🚋 *N, O Radetzkyplatz ou bien* **U** *3 Landstraße puis* 🚋 *O Hintere Zollamtstraße -* ♿ *-* ✆ *(01) 712 04 95 - www. kunsthauswien.com - tlj 10h-19h - 9 € (lun. demi-tarif).*

👥 Ce bâtiment a également été conçu par Hundertwasser. Il abrite un ensemble d'œuvres embrassant la diversité et l'originalité de la production de cet artiste : tableaux, gravures, plans et maquettes. Une partie du musée est dévolue à de grandes expositions temporaires. Le café offre, avec son architecture caractéristique de Hundertwasser, un cadre quelque peu différent pour apprendre à connaître la culture des cafés viennois.

Vous pouvez reprendre le 🚋 *N, O jusqu'au Ring pour retourner dans le centre, ou bien poursuivre la visite avec les alentours. Pour récupérer le* 🚋 *71 et rejoindre le cimetière St-Marx, prenez le* 🚋 *O jusqu'à Rennweg.*

Aux alentours

Cimetière St-Marx (St. Marxer Friedhof) Plan 2ᵉ rabat de couverture G3

Leberstraße 6-8 - 🚋 *71, 72 Litfassstraße,* 🚌 *74A Hofmannsthalgasse.*

Le 6 décembre 1791, la dépouille de Mozart est transférée de la maison mortuaire de la Rauhensteingasse *(voir p. 133)* jusqu'à la cathédrale où l'on bénit le cercueil. Puis, comme le temps est trop mauvais, c'est un cortège solitaire déserté par les Salieri et les Van Swieten qui entre dans le petit cimetière St-Marx où le prodige de la musique est tristement inhumé dans la fosse commune.

Aujourd'hui, le cénotaphe de Mozart se trouve au cimetière Central (**Zentralfriedhof**, *voir p. 285*), mais le cimetière St-Marx reste un lieu de pèlerinage pour qui cherche l'emplacement présumé de la sépulture de Mozart.

Musée viennois du Tramway (Wiener Straßenbahnmuseum)★

Plan 2ᵉ rabat de couverture G2

Erdbergstraße 109, entrée Ludwig-Koessler-Platz - **U** *3 Schlachthausgasse,* 🚋 *18, 72 Schlachthausgasse,* 🚌 *79A Erdbergstraße, 80B Ludwig-Koessler-Platz, 79A, 80B, 83A, 84A Schlachthausgasse -* ♿ *-* ✆ *(01) 786 03 03 - www.tram.at - mai-sept. : sam.-dim. et j. fériés 9h-16h - 2 €.*

Ouvert depuis 1986, ce musée, le plus important au monde dans son genre, est le sanctuaire du tramway viennois dont la livrée rouge et blanc est si caractéristique. Outre une riche documentation consacrée au développement des moyens de transport public à Vienne (renseignements techniques, photographies, etc.), le visiteur pourra admirer près d'une centaine de tramways et autobus, parfaitement entretenus ou restaurés.

Visiter

LE BELVÉDÈRE★★

Plan X C2

Un homme de culture – Amateur d'art, grand collectionneur, Vienne doit énormément au prince **Eugène de Savoie** dans le rayonnement culturel qu'elle a acquis au cours du 18ᵉ s. En témoignent d'une part le fait que le philosophe Gottfried Wilhelm Leibniz lui a dédicacé deux ouvrages rédigés à Vienne, *Principes de la nature et de la grâce* et *Principes de la philosophie*, d'autre part le fait que la majestueuse salle d'apparat de la Bibliothèque nationale (**Prunksaal**, *voir p. 185*) a bâti sa réputation sur les 15 000 volumes du prince qu'elle conserve aujourd'hui.

En signant la paix de Rastatt en 1714, le prince Eugène de Savoie, qui vient de passer la cinquantaine, met un point final à ses campagnes contre Louis XIV et décide de jouir de ses lauriers *(voir Comprendre)*. Il fait alors appel à Johann Lukas von Hildebrandt pour édifier deux palais reliés par un jardin sur la pente douce d'une colline située à peu de distance de la porte de Carinthie *(à côté de l'actuel Opéra national)*. Aujourd'hui, ce magnifique ensemble d'architecture baroque tardive est l'un des plus beaux et des plus cohérents que l'Europe connaisse dans un tel état de conservation.

Le Petit Capucin

Tel est le surnom que ses soldats donnèrent à Eugène de Savoie-Carignan (Paris, 1663 - Vienne, 1736), car il portait une simple tunique brune quand il aurait pu prétendre aux plus magnifiques tenues militaires.

Dès l'âge de 20 ans, Eugène met son épée au service de Léopold Ier, et rejoint l'armée commandée par le roi de Pologne chargée par le pape de délivrer Vienne assiégée par le vizir Kara Mustafa, en 1683. Devenu généralissime des armées impériales autrichiennes, il obtient la gloire en défaisant les Turcs à la bataille de Zenta (1697). Il leur impose ensuite la paix de Carlowitz (1699), puis le traité de Passarowitz (1718) qui fixent la plus grande expansion territoriale de l'empire des Habsbourg.

Feld-maréchal à 25 ans, le prince Eugène devient conseiller de Joseph Ier, puis principal ministre de Charles VI. En 1714, il impose à Louis XIV la paix de Rastatt, qui met fin à la guerre de Succession autrichienne ; le chef militaire est devenu un véritable homme d'État. Couvert de gloire et d'argent, il s'offre deux magnifiques résidences, l'une pour l'hiver (*voir p. 133*), l'autre pour l'été, le Belvédère.

Le Belvédère inférieur (Unteres Belvedere)★ C2

Rennweg 6/6a - 🚋 *71 Unteres-Belvedere -* 📞 *(01) 795 57-134 - www.belvedere.at - mar.-dim. 10h-18h - fermé 1er janv. jusqu'à 12h et 24, 25 et 31 déc. à partir de 15h - 9 €, ticket valable pour les trois musées de la galerie autrichienne du Belvédère - audioguide en français 3 € pour les collections du Belvédère supérieur.*

Oblique par rapport au Rennweg, le Belvédère inférieur est précédé d'une cour d'honneur ouverte par un portail dont l'imposant fronton est frappé de la croix de Savoie. Ce large palais fut achevé en 1716. Plus intéressante encore que la façade côté cour, celle côté jardin présente une admirable articulation dynamisée par l'utilisation de pilastres et de sculptures décoratives pour le corps central et les pavillons latéraux.

Galerie autrichienne du Belvédère : musée d'Art baroque
(Österreichische Galerie Belvedere : Barockmuseum)★★

Les œuvres de ce musée bénéficient du cadre majestueux des appartements d'été du prince et permettent de se faire une excellente idée de la peinture et de la sculpture dans l'Autriche du 18e s.

Quatre temps forts marquent la visite du musée Baroque autrichien, au point de reléguer de nombreuses œuvres présentées au domaine de l'anecdote. Tout d'abord la **salle de Marbre**★ ou « grande salle », magnifique, où ont été placées les sculptures originales de la **fontaine du Neuer Markt**★★ *(voir p. 151)*. L'ensemble est majestueux. Réalisées par Martino Altomonte en 1716, les fresques du plafond célèbrent le Triomphe du prince Eugène ; les peintures architecturales en trompe-l'œil des murs sont dues aux peintres bolonais Gaetano Fanti et Marcantonio Chiarini ; ces artistes exécutèrent également les fresques de la chambre à coucher. Deuxième bijou du musée : la série de **têtes grimaçantes**★★ *(salle 7)* que façonna à partir de 1770 Franz Xaver Messerschmidt, avec un esprit d'avant-garde absolument étonnant. Ce sculpteur allemand réalisa 69 *Têtes de caractères* (en pierre et en plomb). Ce musée en conserve 49 ; la salle en expose 7. Il s'agit d'études de physionomie, dont l'artiste aurait trouvé l'inspiration en grimaçant devant son

Tête grimaçante de Franz Xaver Messerschmidt.

miroir. On rapporte également que Messerschmidt se serait un peu vengé de certaines personnes qui le raillaient auprès de la Cour, en les représentant dans des expressions excentriques. Autre joyau décoratif : la **salle des grotesques★** ou « antichambre peinte en grotesques », œuvre de l'artiste allemand Jonas Drentwett qui s'est inspiré des peintures murales de la Rome et de la Pompéi antiques (avec des allégories des quatre saisons et des quatre éléments). Enfin, le **cabinet doré★★** ou « chambre de conversation », où l'on verra l'**Apothéose du prince Eugène★** (1718-1722) de Balthasar Permoser (qui s'est représenté aux pieds de son modèle, figuré lui-même sous les traits d'Hercule piétinant l'Envie), est une pièce éclatante de miroirs et de lambris de bois dorés ornés de porcelaines chinoises.

Plusieurs œuvres exposées dans les autres salles du musée méritent également toute votre attention. Dans la 1re salle, *La Colère de Samson* (vers 1740) par Johann Georg Platzer. Dans la 2e salle, *L'Impératrice Marie-Thérèse* et *L'Empereur François-Étienne* (vers 1760) par Franz Xaver Messerschmidt. Dans la 4e salle, *Le Deuil d'Abel* (1692) par Johann Michael Rottmayr, une toile dont le pendant, *Le Sacrifice d'Isaac*, se trouve aujourd'hui au Landesmuseum de Graz ; *La Lamentation* (vers 1692) de Peter Strudel ; *Susanne et les Vieillards* (1709) de Martino Altomonte. Dans la 5e salle ou « salle à manger », **Le Christ au mont des Oliviers★** (vers 1750) de Paul Troger, dont l'éclairage contrasté typiquement baroque est une merveille ; *Vénus à la forge de Vulcain* (1768) et *Jugement du roi Midas* (1768) de Johann Martin Schmidt. Dans une pièce annexe, la statue en marbre de François-Étienne de Lorraine en empereur François Ier (entre 1770 et 1780) par Balthasar Moll. Dans le petit salon, des reliefs antiquisants en bronze de Georg Raphael Donner : *Vénus à la forge de Vulcain* et *Le Jugement de Pâris* (vers 1735).

Dans l'ancienne chambre à coucher d'apparat se trouvent des sculptures de Donner : *Apothéose de l'empereur Charles VI* (1734), *Hagar dans le désert* (1739), *Jésus et la Samaritaine* (1739). Dans la galerie sont accrochés *La Famille du comte Nikolaus Pálffy* (1753) de Martin Van Meytens et *L'Empereur Ferdinand Ier* (vers 1750) de Franz Anton Palko, et l'imposant **Napoléon passant le col du Grand-Saint-Bernard★** (1801) de Jacques Louis David. Le passage expose un *Autoportrait* (vers 1767) de Franz Anton Maulbertsch. La seconde galerie abrite des toiles de Johann Christian Brand, paysagiste autrichien très important dont on voit ici les **Vues de Laxenburg★** (1758) et qui influença notamment Martin von Molitor et Michael Wutky. Les sept niches de la « galerie en marbre » abritaient trois célèbres statues antiques d'Herculanum, offertes en 1713 au prince par le général commandant les troupes impériales à Naples, ainsi que quatre statues baroques réalisées par Domenico Parodi. Au lendemain de la mort du prince, les statues antiques furent vendues à Dresde, et Parodi les remplaça par trois autres sculptures.

Galerie autrichienne du Belvédère - musée d'Art médiéval
(Österreichische Galerie Belvedere : Museum mittelalterlicher Kunst)★
Accès par le musée d'Art baroque.

Le musée d'Art médiéval occupe l'Orangerie attenante au Belvédère inférieur. Il donne un aperçu presque complet de l'évolution des arts figuratifs de 1370 à 1520. Voici une brève sélection parmi les nombreuses œuvres marquantes que l'on peut y admirer. L'unique pièce romane est le crucifix de Stummerberg dans le Tyrol (vers 1160). Deux statues de Vierge et un relief de la naissance de Marie représentent l'art gothique rayonnant. Les autres œuvres exposées appartiennent au gothique flamboyant : quatre sculptures du Maître de Gloßlobming (vers 1375-1385) ; le *retable de Znaim* (vers 1427) par un sculpteur sur bois viennois ; une **Crucifixion★** de Conrad Laib (1449), qu'il peignit pour l'obtention des droits civils à Salzbourg ; sept grands tableaux représentent des scènes de la vie de Marie et de la Passion provenant de l'ancien maître-autel de l'église abbatiale St-Pierre à Salzbourg, par Rueland Frueauf (1490-1491) ; deux volets de retable de St. Lorenzen im Pustertal et des fragments de la dernière œuvre majeure de Michael Pacher, le maître-autel de l'église des Franciscains de Salzbourg ; *L'Adoration des Mages* et **La Déploration★** du Maître du retable viennois de N.-D.-des-Écossais (vers 1469) ; **La Légende de la chaste Suzanne★** de l'artiste carinthien Urban Görtschacher.

N. Edwige / MICHELIN

La façade du Belvédère supérieur.

Jardin du Belvédère (Bundesgarten Belvedere) C2

Ce jardin à la française a été dessiné au début du 18ᵉ s. par le Parisien Dominique Girard. Cet élève d'André Le Nôtre était un architecte paysagiste spécialisé en hydraulique. Pour relier les deux palais, il aménagea des rampes et des terrasses ornées de sculptures, de parterres, de bosquets, de bassins, de fontaines et de cascades. Comme souvent à l'époque, la composition du jardin du Belvédère cache des allusions ésotériques. En l'occurrence, la partie inférieure est consacrée aux Quatre Éléments, la médiane évoque le Parnasse, la supérieure symbolise l'Olympe. C'est dans cette partie haute que l'on peut voir des sphinx, figures fabuleuses à tête et seins de femme et corps de lion. Les amateurs de lettres classiques se souviendront que cet animal proposait une énigme au passant voyageant sur la route reliant Delphes à Thèbes. Les malheureux qui ne pouvaient y répondre étaient aussitôt jetés dans la mer. Vint Œdipe, dont la réponse exacte précipita le Sphinx lui-même dans les flots.

Atteignant le sommet de ce jardin, on bénéficie d'une splendide **perspective★** sur Vienne qui semble un tableau de Canaletto soudainement concrétisé. C'est alors que l'on comprend pourquoi le prince baptisa son domaine « Belvédère ».

Le Belvédère supérieur (Oberes Belvedere)★★ C2

Prinz-Eugen-Straße 27 - **U** *1 Südtiroler Platz,* **Tram** *D Schloß Belvedere,* **Tram** *18, 0 Südbahnhof,* **Bus** *13A, 69A Südbahnhof.*

Voir également l'ABC d'architecture p. 90. Le palais du Belvédère supérieur, plus tardif (1722) que son homologue inférieur (1716), est considéré comme le chef-d'œuvre de Johann Lukas von Hildebrandt. Destiné aux fêtes que donnait le prince, il se compose de sept corps de bâtiments unifiés par une toiture, où ceux qui ont dépassé les rives du Bosphore dénoteront un certain orientalisme. La façade principale est au sud, ce n'est donc pas celle que l'on découvre depuis les jardins en terrasses en venant du Belvédère inférieur. Le côté sud présente des divisions davantage accentuées, et un corps central dont le porche à trois arcs était jadis destiné à accueillir les carrosses des invités du prince de Savoie. Ces derniers devaient donc franchir le portail sud qui ouvre de nos jours sur le Landstraßer Gürtel et contourner le grand bassin où se reflète le palais. La **grille** en fer forgé du portail est un somptueux ouvrage baroque de Arnold et Konrad Küffner ; si l'on y regarde bien, on déchiffre le « S » des Savoie et la croix de leur blason.

Le visiteur entre par l'étage de soubassement de la façade nord puisque Ferdinand Hetzendorf von Hohenberg a obturé les baies du porche de la façade sud lorsque l'archiduc François-Ferdinand, frère de François-Joseph, s'installa au Belvédère en 1897. Avec ses quatre atlantes (Lorenzo Mattielli) et ses voûtes ornées de stucs (Santino Bussi), le **vestibule★** ouvre à droite sur une salle décorée de **fresques** de Carlo Carlone *(Le Triomphe d'Aurore)*. Par l'escalier à volées latérales on gagne l'étage noble. L'une des salles du 1er étage permet de voir la chapelle dont les fresques sont également de Carlone ; le retable représente une Résurrection, œuvre de Francesco Solimena (1723).

Galerie autrichienne du Belvédère - collections de peintures des 19e et 20e s. (Österreichische Galerie Belvedere)★★

Cette galerie rassemble un nombre important d'œuvres majeures reflétant les grandes tendances de la peinture autrichienne et internationale des 19e et 20e s. Amateurs de Klimt, Romako ou Schiele, réjouissez-vous, vous pénétrez ici dans le temple de leur art.

Rez-de-chaussée – Il abrite la boutique et le café du musée.

1er étage – En venant de l'escalier, on trouve sur la gauche l'espace réservé aux expositions temporaires dans lequel est accroché un florilège des peintures du musée qui change en fonction des thématiques abordées. Certains des tableaux évoqués dans les sections peuvent donc avoir été placés pour les besoins d'une exposition particulière dans ce cabinet. En entrant dans la salle de marbre rouge, on commencera par la droite avec des peintres historicistes, réalistes, et impressionnistes. Dans cette section, on peut voir dans la première salle *L'Amiral Tegetthof à la bataille navale de Lißa* (1878-1880) d'Anton Romako. Après des débuts comme peintre d'histoire, **Anton Romako** (1832-1889) travailla dans l'ombre du succès de Makart et développa un style très personnel, sans imitateur et sans disciple. Sont également réunies des œuvres de plusieurs impressionnistes français, Renoir, Degas et Monet. On peut, en outre, voir : *Le Blessé* (1866) de Gustave Courbet, *La Plaine d'Auvers* (1890) de Vincent Van Gogh ; *Der Herzogstand am Walchensee im Schnee* (1922) de Lovis Corinth.

À partir de la salle 3 on aborde les tableaux de Gustav Klimt. Viennois, **Gustav Klimt** (1862-1918) est souvent considéré comme « le peintre de la femme » ou comme le « messie » de la Sécession. Traités de façon naturaliste, ses personnages présentent souvent des corps aux contours anguleux entourés de surfaces abstraites.

Oesterreichische Galerie Belvedere Vienna

« Le Baiser », de Gustav Klimt.

Après quelques œuvres de jeunesse comme la mystérieuse **Judith★** (1901), inspirée par la figure de l'Ancien Testament, on découvre les œuvres de la maturité. **Le Baiser★★★** (1907-1908) : même si tout aura été dit sur cette œuvre et si elle est probablement trop reproduite (dépliants, posters, cartes postales), elle garde toute la puissance de ce désir suggéré autant par le dessin que par le contraste du programme ornemental. *Adam et Ève★* (1917-1918) exalte aussi une sensualité profonde. *La Mariée* (1918) est une toile inachevée où l'on distingue le passage de l'esquisse au tableau. Il faut également remarquer la série des paysages carrés, qui représentent un tout autre aspect de l'œuvre de Klimt.

De la salle d'angle sud, on peut admirer à travers une vitre la décoration de la chapelle du château.

Après la volupté des corps de Klimt, on passe à l'expressionnisme. L'**Autoportrait rieur★** (1908) est de Richard Gerstl, peintre des plus solitaires qui se donna la mort à 25 ans sans jamais avoir exposé.

Né en 1890 à Tulln, au sud de l'Autriche, **Egon Schiele** est mort à Vienne en 1918. S'inspirant de Klimt à ses débuts, il s'en démarque vite en dessinant des corps envahis par cette structure ornementale qui chez Klimt cernait les corps. Son œuvre se compose principalement d'études de modèles et d'autoportraits (une centaine), d'où cette étiquette de peinture « narcissique ». **Rainerbub★★** (1910) montre la fraîcheur insouciante d'un enfant à l'air heureux. Infiniment plus triste, **La Mort et la Jeune Fille★★** (1915) exprime le deuil sentimental de Wally Neuzil, modèle de prédilection et compagne de l'artiste, dont il se sépara pour épouser Edith Harms et qui décédera de la scarlatine deux ans plus tard. Il faut donc reconnaître Schiele en cet homme sombre, et remarquer le détail des deux mains de la jeune femme : elles ne sont plus accrochées que par un seul doigt. *Quatre arbres* (1917) est une toile typique des paysages désolés et fortement expressionnistes de Schiele (un arbre effeuillé sur les quatre), mais cette œuvre tardive se caractérise par une palette plus chaude. *La Famille* (1918), dernier tableau important, tranche par son côté étonnamment réaliste par rapport à ce qui a précédé pour aborder le thème de la maternité.

L'expressionnisme est aussi représenté par des œuvres de Kokoschka, Lehmbruck, Kirchner, Munch, Léger et Beckmann.

> ## 1955, l'Autriche à nouveau souveraine
>
> Le « piano nobile » (l'étage noble) du Belvédère supérieur s'ouvre sur une superbe salle de marbre rouge qui servait de salle de bal. Elle occupe toute la hauteur du corps central du bâtiment. Son plafond est peint d'une fresque de Carlo Carlone représentant la Gloire du prince Eugène. Cette grande salle vit la signature, le 15 mai 1955, du traité d'État mettant fin à l'occupation de l'Autriche par les puissances alliées, dont on verra le fac-similé portant les signatures de Figl, Dulles, McMillan, Molotov, Pinay, etc.

2e étage – En venant de l'escalier, on découvre à droite la section « classicisme et romantisme », à gauche la section « Biedermeier ».

Classicisme et romantisme – Parmi les portraits, remarquez *La Comtesse Meerfeld* d'Angelika Kaufmann (vers 1790) ; *La Famille du comte Moritz Christian Fries* de François Gérard (vers 1805), *Portrait d'un jeune homme en noir* de Ferdinand Georg Waldmüller (1842). Exemple d'un paysage héroïque : *La Grande Chute d'eau de Tivoli près de Rome* de Jakob Philipp Hackert (1790) ; parmi les paysages, on admire surtout : *Der Königssee mit Watzmann* d'Adalbert Stifter (1837) ; *Le lac de Hallstatt* de Franz Steinfeld (1834) ; **Plage dans le brouillard★★** (vers 1807) et *Paysage rocheux dans la Elbsandsteingebirge* (vers 1822-1823) de Caspar David Friedrich. Parmi les Nazaréens est représenté Ludwig Ferdinand Schnorr von Carolsfeld, avec *Rodolphe de Habsbourg et le Prêtre* (1828).

Biedermeier – La collection est divisée en quatre domaines ; nous avons choisi de donner un exemple caractéristique de chacun d'entre eux. Portrait : **Le Jeune Pêcheur★** (1830) de Friedrich von Amerling. Nature morte : *Hommages à Jacquin* (1821-1822) de Johann Knapp. Paysage : *La Stephansdom* (1832) de Rudolf von Alt. Peinture de genre : *Mariage paysan en Basse-Autriche* (1843) de Ferdinand Georg Waldmüller.

« Paysage dans le brouillard » de Caspar Friedrich.

Musée d'Histoire militaire (Heeresgeschichtliches Museum)★ D3

Arsenalstraße - **U** *1 Südtirolerplatz,* **Tram** *18, D, 0 Südbahnhof,* **Bus** *13A, 69A Südbahnhof -* **♿** *-* ℘ *(01) 79 56 10 - www.hgm.or.at - tlj sf vend. 9h-17h - fermé 1ᵉʳ janv., dim. de Pâques, 1ᵉʳ Mai, 1ᵉʳ nov., 24, 25 et 31 déc. - 5,10 €.*

Le musée d'Histoire militaire a été bâti au cœur de l'Arsenal de 1852 à 1856 par l'un des futurs grands architectes du Ring, Theophil Hansen, aidé de Ludwig Förster. L'arsenal lui-même est une pseudo-forteresse médiévale dont la construction fut décidée par François-Joseph un an après la révolution de 1848 qui avait vu l'exil de Metternich et le déplacement de la Cour à Innsbruck. D'architecture gothico-byzantino-mauresque, le musée est l'un des 31 bâtiments de cette caserne babylonienne – on peut considérer l'édifice du musée comme un précurseur du style historiciste qui dominera le Ring. Ses collections résument l'histoire militaire des Habsbourg de la fin du 16ᵉ s. jusqu'en 1918.

L'entrée franchie, on traverse la **salle des Généraux** pour gagner l'étage si l'on souhaite procéder à une visite chronologique. Divisée en trois nefs, cette salle néogothique abrite les statues des plus célèbres généraux de l'Empire.

De la guerre de Trente Ans (1618-1648) au prince Eugène de Savoie – *1ᵉʳ étage, à gauche de la grande salle de la Gloire.* Cette section expose un grand nombre d'armes (hallebardes, lances, mousquets, armures), des documents signés Wallenstein et Tilly, 12 scènes de bataille du peintre Pieter Snayers, le **sceau du sultan Mustafa II**, l'étendard rouge du 13ᵉ régiment de dragons du prince Eugène de Savoie ainsi que sa cuirasse, ses **bâtons de commandement** et les parements funèbres utilisés pour sa messe de Requiem, probablement dans la cathédrale St-Étienne.

Le 18ᵉ s. (jusqu'en 1790) – La salle est divisée en trois sections. La première couvre la période de 1700 à 1740 : outre de nombreux étendards et un dessin réalisé à l'encre en 1700 par le futur Charles VI et représentant un fût de canon grandeur nature (sous la fenêtre), on découvre une **tente de prince ottoman★** et le **mortier de Belgrade** qui permit de faire sauter la poudrière de cette ville occupée par les Turcs en 1717. La deuxième section couvre le règne de Marie-Thérèse, époque de la guerre de la Succession d'Autriche et de la guerre de Sept Ans (1756-1763) : une vitrine contient le « manuscrit Albertina », dont est extraite une série de dessins à l'aquarelle (copies) illustrant les uniformes de l'armée impériale et royale à partir de 1762 ; une huile représente le maréchal comte d'empire Daun, vainqueur des Prussiens à Kolín en 1757. La troisième section couvre le règne de Joseph II : *Le Feld-maréchal*

Österreichische Galerie Belvedere Vienna

Gideon Ernst Freiherr von Laudon est un grand tableau (1878) de Sigmund l'Allemand représentant le vainqueur des troupes de Frédéric II à Kunersdorf où furent pris de nombreux étendards.

Revenez à la grande salle de la Gloire pour traverser entièrement l'autre aile du 1er étage.

Les guerres françaises (1789-1815) – Plusieurs pièces intéressantes sont exposées dont des drapeaux, des tableaux de Johann Peter Krafft, le modèle original du *Lion d'Aspern* d'Anton Dominik Fernkorn, le pardessus du général russe Schuwalow que revêtit Napoléon pour préserver l'anonymat lorsqu'il se rendit de Fontainebleau à son exil de l'île d'Elbe en 1814, le **ballon Hercule★** pris à la bataille de Würzburg le 3 septembre 1796 (cette montgolfière de la 1re compagnie française aéronautique était utilisée pour des missions de reconnaissance).

Salle de l'archiduc Charles – Le célèbre adversaire de Napoléon a été immortalisé par Anton Dominik Fernkorn dont on voit ici la réplique de la statue du vainqueur d'Aspern (1809) installée sur la Heldenplatz *(voir p. 178)*. Sont également exposés des portraits de famille (Johann Ender).

Salle Radetzky – Le maréchal von Radetzky, qui fut gouverneur de Lombardie et ministre de la Guerre, s'illustra en combattant les mouvements nationalistes italiens. Strauß père lui a consacré une marche très célèbre qui porte son nom. Plusieurs souvenirs le concernant ont été rassemblés ici.

Salle François-Joseph – Son portrait équestre (1856) par Franz Adam domine la section.

Descendez au rez-de-chaussée et prenez à gauche à partir de la salle des Généraux.

François-Joseph et Sarajevo – Uniformes et objets relatifs aux diverses nationalités de l'Empire précèdent la salle Sarajevo. C'est dans cette ville de Bosnie que furent assassinés l'archiduc François-Ferdinand et sa femme Sophie Chotek. La **voiture** du drame est exposée (voir l'impact de la balle qui a traversé la carrosserie de ce véhicule Graef & Stift),

L'uniforme maculé de sang de François-Ferdinand.

ainsi que l'uniforme maculé de sang de l'archiduc. Un reportage photographique de ce tragique événement est visible dans un des angles de la salle. L'assassin, Gavrilo Princip, décéda le 28 avril 1918 dans une cellule de Bohême où il avait été tenu enchaîné durant le conflit mondial que sa main avait déclenché en actionnant le chien de son revolver.

La fin de l'Empire et la Première Guerre mondiale – Les pièces intéressantes sont constituées par de l'artillerie lourde, et notamment un canon de 38 cm, ainsi que par un avion Albatros de 1914.

Regagnez la salle des Généraux pour rejoindre l'autre aile.

République et dictature

L'Autriche de 1918 à 1945 – Douze sections, organisées en différents lieux (par exemple le Parlement, les barricades, le champ de bataille) et illustrées par des objets originaux, des documents photographiques et audio, présentent le chemin de l'Autriche de la chute de la monarchie à la république et l'État corporatif, l'époque où l'Autriche faisait partie de l'Empire allemand et la Seconde Guerre mondiale jusqu'à la 2e République.

L'attentat de Sarajevo

Le 28 juin 1914, lors d'une visite officielle à Sarajevo, des nationalistes serbes tirent sur l'héritier de l'Empire austro-hongrois et sur son épouse Sophie, qui succombent à leurs blessures.

Dès la mort de l'archiduc connue, le général comte Conrad von Hötzendorf et le ministre des Affaires étrangères comte Berchtold décident d'en finir avec la Serbie dans une opération très localisée, mais qui vise en réalité l'État serbe tout entier, devenu menaçant pour les intérêts austro-hongrois des Balkans depuis les guerres balkaniques de 1912-1913. Assuré du soutien allemand, l'empereur François-Joseph approuve la décision.

Un ultimatum est lancé à la Serbie, mais les conditions en sont si dures qu'elles sont difficilement acceptables. L'Autriche déclare alors la guerre à la Serbie le 28 juillet ; par le mécanisme des alliances, c'est toute l'Europe qui bascule en une semaine dans la guerre. L'espoir d'en rester à un conflit localisé s'avérait illusoire.

Salle de la marine

Cela surprendra certains, mais l'Autriche a été une réelle puissance maritime ; Trieste et son port ont appartenu à l'Empire dès la fin du 14ᵉ s., qui s'agrandit aux côtes vénitiennes et dalmates au début du 19ᵉ s. Remarquez surtout la **maquette éclatée du Viribus Unitis★** de 7 m de long, navire austro-hongrois de la Première Guerre mondiale, à l'échelle 1/25, ainsi que la tour du sous-marin k.u.k. U 20. Sont exposés des documents relatifs à deux cents ans d'histoire de la marine autrichienne, des procédés d'intervention, de recherche et de découverte, ainsi que l'évolution de la marine de guerre (dont les navires de guerre sur le Danube) jusqu'à la fin de la flotte en 1918.

Landstraße pratique

Se loger

Pour la description des hôtels du quartier, voir la partie « Organiser son voyage » p. 28.

Se restaurer

⊖ **Kleinsteiermark** – *Schweizergarten 2 - 3ᵉ arr. - ℘ (01) 799 58 83 - tlj 11h-23h - plats principaux à partir de 8 €.* Situé à proximité du musée d'Histoire militaire dans l'agréable jardin suisse (Schweizer Garten), cette gentille Gasthaus sert des spécialités de la région du Steiermark. Intérieur tout en boiseries très chaleureux pour l'hiver et service en terrasse l'été.

Faire une pause

Café Schloß Belvedere – *Oberes Belvedere - 3ᵉ arr. - ℘ (01) 795 57 168 - tlj sf lun. 10h-18h.* Avant de vous lancer dans la visite du Belvédère supérieur, faites une halte au café qui propose, entre autres, des tartes autrichiennes appétissantes et de crémeux cappuccinos.

Café im Kunsthaus – *Weißgerberlände 14 - 3ᵉ arr. - ℘ (01) 712 04 97 - tlj 10h-23h.* Au rez-de-chaussée de la Kunsthaus. Dans un décor inspiré des fantaisies du peintre Hundertwasser, vous pourrez satisfaire un petit creux mais vous ne serez pas seul à profiter de ce cadre enchanteur.

Achats

Rochusmarkt – *Landstraßer Hauptstraße/Salmgasse - 3ᵉ arr - lund.-vend. 6h-18h30, sam. jusqu'à 14h - Produits frais.*

9 Schönbrunn★★★

PLAN 2ᴱ RABAT DE COUVERTURE E3 – PLAN P. 242-243 – 13ᵉ ARR.

Prenant comme modèle le château de Versailles, Joseph Iᵉʳ a voulu une résidence à l'image de son vaste Empire. Le château de Schönbrunn, poursuivi par ses successeurs, est à la hauteur de ses ambitions. La cour d'honneur s'ouvre sur une immense façade dans les tons ocre qui se déploie sur 180 m de long. Côté parc, le regard porte jusqu'au pavillon de la Gloriette, perché sur une colline. Tout y est d'une symétrie remarquable et grandiose. Après avoir traversé l'enfilade de salons et de galeries revêtus de parures luxueuses, les jardins émaillés de fontaines, de sculptures et de parterres fleuris offrent une délicieuse promenade.

Se repérer – Le château de Schönbrunn est situé dans l'arrondissement de Hietzing, à l'ouest du Ring, à la périphérie de Vienne.
[U] 4 *Schönbrunn, Hietzing* - Tram *10, 58, Hietzing* - Bus *10A.*

À ne pas manquer – La visite du château, la Gloriette, un tour du parc.

Organiser son temps – Comptez 20mn en métro pour rejoindre Schönbrunn. Le mieux est de réserver à l'avance son billet pour éviter la queue. Si vous avez des enfants, vous pouvez passer la journée à Schönbrunn car les attractions sont nombreuses dans le parc.

Avec les enfants – Le théâtre de marionnettes, le parc animalier, les serres, le jardin-labyrinthe, le musée des Carrosses.

Pour poursuivre la visite – Depuis Hietzing, les curiosités les plus proches sont situées dans les quartiers de Mariahilf, Penzing et Liesing *(voir p. 279, 250, 287)*. Ceux qui sont en voiture peuvent aisément amorcer l'itinéraire de la Forêt viennoise *(voir p. 292)*.

Comprendre

Le Versailles viennois – Au 16ᵉ s., d'immenses forêts s'étendent sur l'emplacement actuel de Schönbrunn, offrant un terrain de chasse prisé par les Habsbourg. Depuis le 14ᵉ s., une minoterie occupe la région, le Kattermühle, détruite par les Turcs en 1529. Quarante années plus tard, un pavillon de chasse et un château sont édifiés sur le site, après l'achat par Maximilien II du terrain de la région boisée environnante. On rapporte que l'empereur Matthias aurait découvert, au début du 17ᵉ s., la « belle source » qui donna son nom à l'endroit : « Schöner Brunnen ». De là, on jouit d'une vue agréable sur les collines couvertes de vignes et sur le Kahlenberg, situé à l'ouest de l'agglomération. Le Katterburg, utilisé pour les séjours de chasse de l'empereur, est à nouveau agrandi. Éléonore de Gonzague, la femme de Ferdinand II, reçoit le domaine après la mort de Ferdinand et fait construire un château de plaisance, achevé en 1642-1643. Mais, en 1683, l'imposant pavillon est entièrement détruit par les Turcs.

La victoire définitive sur le péril ottoman ouvre une période de prospérité qui voit de nombreux palais aristocratiques se construire à Vienne. En 1693, Léopold Iᵉʳ demande à **Johann Bernhard Fischer von Erlach** de lui dresser les plans d'un splendide pavillon de chasse pour son fils Joseph. L'architecte s'est déjà fait remarquer par un monumental projet de résidence impériale qui a impressionné l'empereur, bien qu'il ne fût jamais réalisé. En 1696, Fischer von Erlach commence la construction destinée à l'héritier du trône sur les fondements du château de Gonzague. En 1697, les plans sont modifiés, Schönbrunn devant maintenant être construit comme un château représentatif, servant de résidence au futur « roi-soleil » Joseph, mettant ainsi en évidence sa rivalité avec Louis XIV.

Entamés sous Joseph Iᵉʳ, les travaux sont interrompus à sa mort, d'autant plus que Charles VI, tout à son projet de « petit escurial » à Klosterneuburg *(voir p. 304)*, ne manifeste guère d'intérêt pour Schönbrunn sinon pour en faire la résidence d'été de sa fille qui s'était mariée en 1736. Les travaux reprennent sous Marie-Thérèse qui aime « sa maison ». Soucieuse de grandeur, elle fait appel à **Nikolaus Pacassi** pour achever, modifier et agrandir la construction (1744-1749), à laquelle elle sait imprimer sa marque personnelle, celle d'une souveraine brillante et vivante.

La façade ocre du château de Schönbrunn.

Le château définitif, qui rappelle Versailles dans l'échelonnement de sa cour d'honneur et l'enfilade de ses salles d'apparat, est une œuvre réussie, un édifice monumental d'un baroque presque classique ; à l'intérieur, le rococo règne en maître consacrant la victoire du goût français sur le goût italien, omniprésent jusqu'alors.
La décoration des pièces date en effet de Marie-Thérèse qui apprécie les boiseries rocaille, les marqueteries de bois rares, les ornements floraux et les chinoiseries colorées, les reflets des damas et les volutes aux lignes audacieuses : un dévergondage décoratif propre au style Régence.

Un lieu chargé d'histoire – De nombreux souvenirs historiques sont liés au château et au parc. Sous le règne de Marie-Thérèse, Schönbrunn était la résidence d'été de la Cour : **Marie-Antoinette**, future reine de France, y passa son enfance. Le château vit Mozart s'y produire et y étonner l'impératrice et ses courtisans par la précocité de son talent. Il vit aussi, en 1805 et en 1809, Napoléon Iᵉʳ y établir son quartier général, quelques années avant le célèbre congrès de Vienne. Après la chute de l'Empire français, Schönbrunn servit de résidence au fils de Napoléon, le jeune roi de Rome, placé sous la tutelle de son grand-père l'empereur François qui s'employait à lui interdire tout rapport avec la France. C'est à Schönbrunn que naquit et mourut l'empereur François-Joseph. C'est également ici que fut signé par Charles Iᵉʳ, le dernier des Habsbourg à régner, l'acte de renonciation du 11 novembre 1918. En 1961, John F. Kennedy et Nikita Khrouchtchev s'y rencontrèrent pour la première fois à l'occasion d'un « entretien au sommet » historique à l'époque de la guerre froide.

Le duc de Reichstadt

Le 20 mars 1811 naît aux Tuileries Napoléon II, le fils de Napoléon Iᵉʳ et de Marie-Louise, la fille de l'empereur François Iᵉʳ. Prince impérial et roi de Rome de 1811 à 1814, Napoléon-François quitte Paris le 29 mars 1814, peu avant la destitution de son père, avec sa mère : direction Blois puis l'Autriche où il est élevé à la cour de François Iᵉʳ. En 1818, il reçoit le duché bohémien de Reichstadt. Le château de Reichstadt, situé à 65 km de Prague, lui permet de prendre rang à la Cour après les archiducs. Il décède le 22 juillet 1832 au château de Schönbrunn.
Le cercueil du duc de Reichstadt a été installé dans la crypte des Capucins jusqu'à ce que Hitler le fasse transporter sous le dôme des Invalides le 15 décembre 1940. Son cœur (église des Augustins) et ses entrailles (catacombes de la cathédrale St-Étienne) sont restés à Vienne.

Visiter Schönbrunn

LE CHÂTEAU★★

U 4 Schönbrunn, **Tram** 10, 58 Schönbrun, **bus** 10A Schönbrunn - ✆ (01) 811 13 239 - www.
schoenbrunn.at - ♿ - avr.-oct. : 8h30-17h (juil.-août 18h) ; nov.-mars : 8h30-16h30 - 8,90 €
(Imperial Tour), 11,50 € (Grand Tour). L'Imperial Tour comprend 22 salles d'apparat,
dont les appartements du couple impérial, François-Joseph et Élisabeth, et les salles de
réception. Le Grand Tour 40 salles d'apparat, c'est-à-dire la première visite augmentée
des salles d'audience de Marie-Thérèse et de son époux François-Étienne de Lorraine. Le
billet combiné Classic Pass inclut le Grand Tour et différentes attractions du parc (jardin
du prince héritier, terrasse de la Gloriette, jardin-labyrinthe) 14,90 €.

Cour d'honneur (Ehrenhof)

On entre dans le château par l'immense cour d'honneur (24 000 m²) à laquelle on accède par la grille de l'entrée principale (Haupttor). Cette dernière est flanquée de deux obélisques surmontés par des aigles. À droite se trouve le **théâtre du château (Schloßtheater)**. La cour d'honneur, vaste place d'armes qui vit son sol à la fois foulé par la Grande Armée de Napoléon et les souverains du congrès de Vienne, est bordée des deux côtés par les ailes des Cavaliers et ornée par deux fontaines voulues par Marie-Thérèse, des allégories des fleuves et des royaumes appartenant à l'Empire austro-hongrois.

> ### Le théâtre du château
>
> Voulu par Marie-Thérèse qui souhaitait que le château bénéficiât d'une salle de spectacle pour se divertir « dans une aussi grande résidence », le théâtre du château de Schönbrunn fut construit par Nikolaus Pacassi entre 1745 et 1747 et décoré par Ferdinand Hetzendorf von Hohenberg quelque vingt années plus tard, d'après le modèle français d'un théâtre à balcons.

Depuis la cour d'honneur, on jouit d'une vue sur la façade de 180 m de long, à avant-corps et à redans, dépourvue de cette souplesse qui avait caractérisé de nombreux édifices du haut-baroque viennois au temps de Johann Bernhard Fischer von Erlach. L'harmonie de l'ensemble est soutenue par la couleur jaune-ocre des bâtiments, que rehaussent les encadrements verts des fenêtres. La couleur jaune-ocre qui recouvre les murs du château est également connue sous le nom de « jaune château de Schönbrunn » et vit le jour à l'époque de l'empereur François Ier. On peut voir dans la salle VII de la galerie de peinture du musée des Beaux-Arts (voir p. 207) un tableau du peintre vénitien Canaletto daté de 1758-1761 montrant la façade encore rose (murs) et gris (pilastres) du château vue depuis la cour d'honneur.

Imperial Tour

30mn environ. Le ticket indique l'heure du début de la visite ; en période d'affluence, ne pas se fier à la file d'attente mais à cet horaire pour franchir le contrôle. Demandez un audio-guide (gratuit et disponible en différentes langues) après avoir franchi le contrôle.

Appartements de l'empereur François-Joseph – Aux portraits de la **salle des gardes** succède la **salle de billard**, et son billard Biedermeier, où patientaient ceux auxquels l'empereur accordait une audience. L'attente pouvant durer cinq heures, les candidats avaient tout loisir d'apprécier les tableaux représentant la fondation de l'ordre militaire de Marie-Thérèse en 1758, et le banquet présidé par l'empereur François-Joseph dans la Grande Galerie à l'occasion du centenaire de l'ordre. La **salle en bois de noyer** servait à François-Joseph de salle des audiences ; elle tient son nom de sa décoration en précieux lambris de noyer ornés de rocaille dorée de l'époque de Marie-Thérèse. On y trouve plusieurs bustes de l'empereur François-Joseph, à l'âge de 23 ans, et de son père l'archiduc François-Charles. Cette salle s'ouvre sur le **cabinet de travail** où sont accrochés des portraits de l'empereur âgé de 33 ans, de son épouse Élisabeth, la fameuse Sissi, et du prince héritier Rodolphe. Dans la **chambre à coucher de l'empereur** se trouve, dans un angle, le lit de fer dans lequel décéda François-Joseph le 21 novembre 1916, précédé de son portrait funèbre exécuté au lendemain de sa disparition. Après avoir traversé un cabinet, le salon pour écrire de l'impératrice Élisabeth et son cabinet de toilette, on accède à la **chambre à coucher du couple impérial** garnie de mobilier de palissandre et de soieries bleu et blanc ; la pièce ne fut utilisée qu'au cours des premières années de leur mariage.

Appartements de l'impératrice – Le **salon de l'impératrice** est orné de portraits de plusieurs enfants de Marie-Thérèse, qui mit au monde onze filles et cinq garçons, dont Marie-Antoinette qui épousa à l'âge de 15 ans le dauphin de France, le futur Louis XVI. Depuis le **grand salon de l'impératrice**, qui faisait office de salle à manger familiale et qui contient une table dressée telle qu'elle l'était à l'époque, on accède à la **chambre des enfants**, qui abrite un beau bureau-pupitre ayant appartenu à Marie-Antoinette, représentée au-dessus du meuble. La salle de bains visible à gauche fut aménagée en 1917 pour le couple impérial formé par Charles et Zita. Le charmant **salon du petit-déjeuner**, ouvert à l'angle du salon, est décoré de 26 médaillons de soie jaune inscrits dans des encadrements ; leurs fleurs ont été brodées par Élisabeth Christine, la mère de Marie-Thérèse. Le **salon jaune** conserve une pendule offerte par Napoléon à son beau-père.

Salles de réception – En 1762, le jeune Mozart, âgé de 6 ans seulement, donna son premier concert dans le **salon des glaces**, dont les boiseries blanches sont rehaussées d'ornements en feuilles d'or. Les trois **salons Rosa** qui suivent portent le nom du peintre autrichien Joseph Rosa qui les décora de paysages suisses et italiens entre 1760 et 1769 ; le premier panneau, à gauche, représente les ruines du château de Habsbourg dans le canton d'Argovie, entre Bâle et Zurich, qui a donné son nom à la dynastie. La **salle des lanternes** sert d'antichambre aux 40 m de la **Grande Galerie★★★**, cadre des banquets officiels, des bals et des concerts d'autrefois (le congrès de Vienne y dansa de 1814 à 1815 ; John F. Kennedy et Nikita S. Khrouchtchev s'y rencontrèrent en 1961). Les fresques (1760) du plafond sont l'œuvre de l'artiste italien Gregorio Guglielmi, dont les allégories symbolisent les pays héréditaires autrichiens ainsi que la nation comme grande puissance de la Paix et de la Guerre. La **Petite Galerie**, qui servait pour les fêtes de famille en « petit comité », a retrouvé après restauration son vernis blanc d'origine ; elle est flanquée de deux superbes **cabinets chinois★** (visibles à travers des portes vitrées). Circulaire, le premier est magistralement décoré de panneaux de laque, de lustres en bronze plaqué d'or et de vases chinois en porcelaine (remarquez le singe assis sous la console dorée). Marie-Thérèse y tenait réunion avec son chancelier, le comte Kaunitz, qui pouvait y accéder à toute heure grâce à un escalier dont l'entrée était masquée par une porte tapissée ; artifice suprême, le centre de la pièce était équipé d'une trappe permettant de hisser une table dressée pour les collations, connue sous le nom de « table des complots », afin d'illustrer le caractère particulièrement secret de ce cabinet.

Le plafond de la Grande Galerie peint par Gregorio Guglielmi.

R. et P. Holzbachova & Benet / MICHELIN

Le salon du Carrousel – Nom dû au tableau représentant un carrousel de dames dans l'École d'équitation d'hiver de la Hofburg (actuelle École d'équitation espagnole). il ouvre sur le **salon des cérémonies**. Ce dernier conserve le célèbre portrait de Marie-Thérèse par Martin Van Meytens, peintre de la Cour ; le tableau situé à gauche évoque le mariage du futur Joseph II avec Isabelle de Parme, en 1760 ; le tableau situé à droite relate un concert donné dans la Redoute de la Hofburg ; on y voit un enfant (sous la loupe) qui représenterait Mozart. Les murs du **salon des chevaux** (visible à travers une porte vitrée) sont ornés de portraits de chevaux peints sur du cuivre.

Grand Tour

50mn environ (y compris les salles précédentes).

Salles de Marie-Thérèse – Tendu d'un précieux papier de riz, le **salon bleu chinois** est la pièce où le dernier empereur d'Autriche, Charles Ier, signa l'acte d'abdication qui mit fin au règne des Habsbourg, le 11 novembre 1918 ; Schönbrunn ne fut dès lors plus une résidence impé-

riale. La magnifique **salle Vieux-Laque★** accueillit Marie-Thérèse après la mort de son époux (portrait posthume de Pompeo Battoni), en 1765 ; cette pièce, dont les laques noires japonaises sont encastrées dans des boiseries en noyer, servit plus tard de cabinet de travail à Napoléon pendant les occupations françaises (1805 et 1809). Si la **chambre de Napoléon** commémore le passage de l'Empereur, elle fut surtout celle où décéda son fils, le roi de Rome ou duc de Reichstadt, à l'âge de 21 ans, le 22 juillet 1832 ; les tapisseries de Bruxelles datent du 18e s. On trouve également ici le plus cher compagnon de Napoléon II, une alouette huppée naturalisée, avec laquelle il partageait ses moments de solitude au château de Schönbrunn. Le portrait le dépeint à l'âge de 5 ans et la sculpture de marbre, réalisée par Franz Klein d'après son masque mortuaire, le

représente sur son lit de mort (copie, original à Paris). Après le **cabinet de porcelaine** que Marie-Thérèse utilisait comme bureau et dont les décorations en bois peint bleu et blanc imitent la porcelaine, on pénètre dans le **salon du Million★**. Cette pièce aux lambris en bois de rose présente des miniatures indo-persanes (d'après des originaux des 16e et 17e s. réalisées sur parchemin) encastrées dans des cadres dorés de style rocaille. Le **salon Gobelin** est tendu de tapisseries de Bruxelles du 18e s.; les sièges et les dossiers des six fauteuils sont ornés de tapisseries représentant les mois de l'année. On accède ensuite à l'ancien cabinet de travail de l'archiduchesse Sophie qui abrite de nombreux portraits de famille de la mère de l'empereur François-Joseph. Le **salon rouge** est orné de portraits des trois empereurs Léopold II, François Ier et son successeur Ferdinand le Bon.

La Chambre impériale (Reichenzimmer) – Elle abrite l'unique lit d'apparat de la cour impériale maintenu en état; vraisemblablement créé pour l'empereur Charles VI, il date de 1736. Ce lit de parade en précieux velours rouge décoré de broderies dorées se

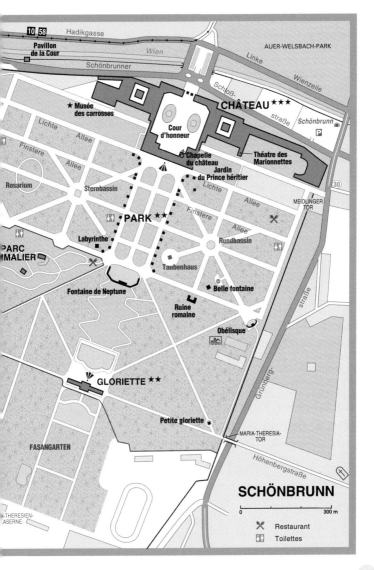

trouvait à l'origine dans la chambre à coucher de Marie-Thérèse à la Hofburg ; depuis 1946, on peut l'admirer dans le château de Schönbrunn. François-Joseph naquit dans cette pièce le 18 août 1830. Dans le cabinet de travail de l'archiduc François-Charles qui suit, remarquez, entre autres, le tableau de famille dû à Meytens et représentant François-Étienne de Lorraine et son épouse Marie-Thérèse : le traitement apporté à chacun de ces deux personnages permet de comprendre immédiatement lequel exerçait le pouvoir. À gauche se trouve un portrait de la comtesse Fuchs-Mollard, préceptrice et confidente de Marie-Thérèse. On aperçoit le **salon** attenant par une porte vitrée.

Chapelle du château (Schloßkapelle)

Entrée par l'intérieur du château ; accès libre. Elle remonte à la fin du 17e s. mais présente une architecture et un décor datant du règne de Marie-Thérèse. Œuvre de Franz Kohl, le maître-autel est surmonté du Mariage de la sainte Vierge à saint Joseph, tableau de Paul Troger. Les toiles ornant les autels latéraux sont de l'artiste vénitien Giovanni Battista Pittoni. C'est ici que le futur Joseph II épousa Isabelle de Parme, en 1760, puis, après le décès de celle-ci, Marie-Joséphine de Bavière, en 1765.

Musée des Carrosses (Wagenburg)★

📞 *(01) 877 32 44 - www.khm.at - ♿ - avr.-oct. : tlj 9h-18h, nov.-mars : tlj sf lun. 10h-16h - fermé 25 déc.- 4,50 €.*

👥 Installé depuis 1922 dans l'ancien manège d'hiver, il abrite une très importante collection de carrosses, calèches et autres chaises à porteurs de la cour impériale, de 1690 à 1918.

La première salle abrite des véhicules des 18e, 19e et début du 20e s., parmi lesquels quelques pièces particulièrement superbes : la berline du couronnement du roi d'Italie Napoléon Ier à Milan (Paris, vers 1790), qui devint plus tard un des plus importants carrosses d'apparat de la cour de Vienne ; la voiture officielle du maréchal Schwarzenberg (Vienne, 1791) à la décoration néogothique ; le « landau de couronnement » de l'impératrice Caroline Auguste (Vienne, 1826) ; le carrosse d'apparat à deux places de l'impératrice Élisabeth (Milan, 1857) et le carrosse d'apparat à quatre places de son époux François-Joseph (Vienne, vers 1865-1870). On remarquera également la petite calèche (Vienne, 1885) qu'elle utilisait à Genève avant d'être assassinée, ainsi que les deux corbillards, le rouge réservé à l'enterrement des archiducs et le noir à celui des souverains. À voir aussi la collection particulièrement intéressante de calèches d'enfants, dont le **phaéton du fils de Napoléon★** (Paris, 1811-1812), offert par sa tante Caroline Murat.

La seconde salle, plus petite, rassemble des véhicules baroques : le **carrosse impérial★★**, voiture richement décorée d'or et de peintures de Wagenschön, véhicule le plus haut de la Cour, tiré par huit chevaux blancs ; la « voiture de deuil » décorée de peintures d'Unterberger, ainsi que les somptueux carrosses (vers 1740) que l'impératrice Marie-Thérèse utilisait lors des fêtes de la Cour.

Théâtre de marionnettes (Marionettentheater Schloss Schönbrunn)

Hofratstrakt - 📞 (01) 817 32 470 - www.marionettentheater.at - représentations à 19h en semaine, à 16h et 19h le w.-end.

👥 Ses spectacles sont réputés pour la beauté des décors, les personnages enchanteurs et la mise en scène. Au programme la *Flûte enchantée* de Mozart, *Aladin* et autres contes. Un plaisir à partager en famille.

LE PARC DU CHÂTEAU★★

📞 *(01) 877 50 87 - www.schoenbrunn.at - ♿ - de 6h (nov.-mars 6h30) au crépuscule - gratuit.*

Tracé par le Français Jean Trehet vers 1691 (déjà auteur des jardins du palais Schwarzenberg), il fut modifié par Jean Jadot et Adrian von Steckhoven entre 1750 et 1780. De la façade du château donnant sur le parc se développe une très belle **perspective★★** sur la Gloriette.

S'étendant sur près de 2 km², les jardins étaient déjà ouverts au public en 1779, lorsque Schönbrunn était une résidence réservée à la famille impériale, hormis les sections situées de part et d'autre du château, c'est-à-dire le jardin du Prince héritier

La célèbre serre du parc de Schönbrunn.

et le Kammergarten. Des charmilles, des berceaux de verdure et de vastes parterres fleuris servent de cadre à de gracieuses fontaines et à d'élégants groupes sculptés aux sujets allégoriques (vers 1772), la plupart réalisés par Wilhelm Beyer de Gotha. Le parc est l'une des curiosités touristiques les plus visitées d'Autriche (8 millions de visiteurs par an).

Jardin du Prince héritier (Kronprinzengarten)
www.schoenbrunn.at - avr.-oct. 9h-17h (juil.-août 18h) - 2 €.
Devant la façade est du château, une romantique charmille émaillée de pavillons en treillage entourent des parterres de fleurs. Le prince Rodolphe, dont les appartements de plain pied s'ouvraient sur le jardin, lui ont donné son nom. De magnifiques citronniers agrémentent l'ensemble.

Belle Fontaine (Schöner Brunnen)
L'empereur Matthias aurait découvert la source de cette « Belle Fontaine » dont l'eau était censée préserver la beauté de celui qui en buvait. Cette eau était très appréciée par la famille impériale qui en emportait même en voyage dans des caisses en tôle fermées.

Obélisque
Réalisé en 1777 par Ferdinand Hetzendorf von Hohenberg, il reposait jadis sur quatre tortues dorées. Ses hiéroglyphes racontent des épisodes de l'histoire des Habsbourg jusqu'au règne de Marie-Thérèse.

Ruine romaine
Cette fantaisie qui fait penser à une quelconque Carthage détruite par Rome est une autre réalisation d'Hetzendorf von Hohenberg (1778).

Labyrinthe (Irrgarten)
☎ (01) 811 3 239 - www.schoenbrunn.at - avr.-sept. 9h-18h (juil.-août 19h), oct. 9h-17h, nov. 10h-16h - 2,60 €.
Ce labyrinthe végétal se composait à l'origine de quatre quarts de cercle organisés autour d'un pavillon central surélevé, duquel on pouvait apercevoir l'ensemble. Passé de mode, il fut déboisé en 1892. Il y a quelques années, il a été réaménagé d'après l'original et on peut de nouveau se perdre dans ses haies.

Fontaine de Neptune (Neptunbrunnen)
Située au pied de la butte que domine la Gloriette, cette belle et imposante fontaine est une réalisation en marbre blanc de l'architecte de la Cour Ferdinand Hetzendorf von Hohenberg (1780). L'artiste a coiffé son œuvre d'une scène inspirée de la mythologie grecque : Thétis implore à genoux Poséidon (Neptune) de protéger son

fils Achille dans son voyage vers Troie. La prière fut exaucée, mais seulement jusqu'à Troie, où le jeune héros mourut atteint par une flèche décochée par Pâris au seul endroit vulnérable de son corps : le talon.

Serre (Palmenhaus)★

℘ (01) 877 50 87 - www.bundesgaerten.at - ♿ *- mai.-sept. 9h30-18h ; oct.-avr. 9h30-17h - 4 €.*

👥 La plus grande serre de verre et de fer sur le continent européen vit le jour entre 1880 et 1882. Diverses zones climatiques, séparées les unes des autres, abritent quelque 4 000 plantes du monde entier, de la végétation de montagne de l'Himalaya à celle de la forêt tropicale humide.

Maison du Désert (Wüstenhaus)

℘ (01) 877 92 94 - www.bundesgaerten.at - mai-sept. 9h-18h, oct.-avril 9h-17h - 4 €.

👥 La serre construite en 1905 à la demande de François-Joseph pour abriter une collection de plantes d'Australie et d'Afrique du Sud expose désormais un florilège de cactées. Dans trois espaces, ont été reconstitués des paysages de Madagascar et des déserts de l'Ancien et du Nouveau Monde.

Parc animalier (Tiergarten)★

℘ (01) 877 92 94 - www.zoovienna.at - ♿ *- avr.- sept. : 9h-18h30 ; mars et oct. : 9h-17h30 ; nov.-janv. : 9h-16h30 ; fév. : 9h-17h - 12 €.*

👥 Sa fondation en 1752 par François-Étienne de Lorraine, l'époux de Marie-Thérèse, en fait le jardin zoologique le plus ancien d'Europe. Il est très fréquenté par les Viennois, et les dimanches ensoleillés y attirent des ribambelles d'enfants enthousiastes, surtout du côté des éléphants, des girafes, des singes, des ours et des pingouins. Dans l'**Aquarien-Terrarien-Haus**, on peut entreprendre une « balade en Amazonie » (dans un tunnel de plexiglas), admirer un grand aquarium avec un récif corallien et étudier dans le « monde des aventures » la flore et la faune de la forêt tropicale, ainsi que la steppe et le désert.

Au centre de ce jardin tracé selon les plans de l'architecte français Jean-Nicolas Jadot de Ville-Issey, se dresse le **pavillon du Petit-Déjeuner de l'empereur,** décoré de somptueux lambris, de miroirs et de peintures à l'huile rehaussés de dorures et représentant une trentaine d'animaux. L'édifice abrite désormais un café-restaurant ; dans les voûtes situées sous le pavillon, où de nos jours la cuisine est aménagée, se trouvait autrefois un laboratoire où des essais de fabrication d'or avaient été tentés sur l'ordre de l'empereur.

Jardin tyrolien

À l'ouest de la colline, l'archiduc Jean apporta une touche alpine au parc de Schönbrunn en y faisant reconstruire vers 1800 deux chalets tyroliens et un jardin alpestre. Le jardin tyrolien dispose d'une sorte de zoo, où les jeunes visiteurs peuvent observer de très près des animaux domestiques et de la ferme.

Jardin botanique

Gratuit. La passion de François Ier pour les sciences naturelles est à l'origine de ce jardin créé en 1753. Des expéditions lointaines sillonnèrent la planète pour le doter de plantes rares.

Gloriette★★

Terrasse panoramique : avr.-juin et sept. : 9h-18h, juil.-août : 9h-19h, oct. : 9h-17h - 2 €. Cette élégante galerie à arcades a été édifiée par Ferdinand Hetzendorf von Hohenberg en 1775 pour couronner la colline de Schönbrunn, suivant une idée de Fischer von Erlach qui avait déjà prévu un Belvédère pour achever harmonieusement ce château baroque. Si sa célèbre silhouette se détachant dans le ciel au sommet de sa butte fait penser à quelque arc de triomphe de l'Antiquité, elle annonce déjà la froide correction du style Empire. Un escalier situé dans l'aile est permet d'accéder à la terrasse panoramique, d'où l'on jouit d'une belle vue qui s'étend jusqu'aux Kahlenberg et Leopoldsberg. Depuis 1996, la Gloriette abrite aussi un café, où l'on peut profiter d'un petit rafraîchissement après l'ascension (*voir l'ABC d'architecture p. 90*).

Petite gloriette

À l'est de son aînée, ce pavillon est décoré de nombreuses fresques.

La Gloriette.

Se promener dans Hietzing

13e arr. - **U** *4 Hietzing,* *10, 58 Hietzing.*

À la fin du 19e s., le 13e arrondissement devint à la mode et attira un grand nombre d'industriels, d'artistes et d'intellectuels, notamment Egon Schiele et Gustav Klimt, qui y naquit et qui y eut son dernier atelier dans la Feldmühlgasse. Dominé par les bâtiments de la télévision autrichienne (ORF), l'ancien quartier aristocratique de Hietzing est aujourd'hui le plus chic de la capitale, l'arrondissement résidentiel par excellence, dont l'atmosphère intemporelle est particulièrement sensible dans les rues qui séparent la Lainzer Straße de la Maxingstraße.

Le circuit proposé offre un bref aperçu de l'architecture d'habitation viennoise de 1900 à 1932. Pour les maisons un peu plus éloignées de la Alm-Platz, la station de tramway la plus proche est indiquée.

La visite commence à la station de métro.

Pavillon de la Cour (Hofpavillon Hietzing)

Schönbrunner Schloßstraße - ♿ *-* ☎ *(01) 877 15 71 - www.museum.vienna.at - fermé pour travaux.*

Cette ancienne station de tramway, qui recouvre l'actuelle station de métro, servait à relier le château au pavillon de la Cour et était réservée à la famille impériale et à la Cour. Otto Wagner, qui réalisa entre 1893 et 1902 les plans du réseau de métro aérien (stations et ponts), édifia ce pavillon en 1899 avec l'aide de son élève Léopold Bauer et de Josef Maria Olbrichs, qui se chargea également des plans du célèbre pavillon de la Sécession, à proximité de la Karlsplatz *(voir p. 222).*

Les débuts orageux de Johann Strauß fils

Johann Strauß père entame sa carrière musicale dans l'orchestre de Pramer et dans le quatuor du célèbre Lanner, avec lequel il entretient ensuite une rivalité qui profite à la musique viennoise. Dans les années 1830, Lanner joue à la Redoute, Strauß au Sperl. Internationalement reconnu, il apprend soudain que son fils, à peine âgé de 20 ans, entend créer son propre orchestre. La rivalité bascule. Bravant l'interdit paternel, Johann Strauß fils donne son premier concert le 15 octobre 1844 à Hietzing, chez Dommayer. La soirée a un succès éclatant, et la consécration du jeune talent scelle l'antagonisme familial. En 1848, année de la révolution, le père soutient la cause des Habsbourg et compose l'immortelle *Marche de Radetzky*, tandis que le fils créée celle des révoltés et intègre *La Marseillaise* dans ses productions. Immuable, le **Café Dommayer** existe toujours, à deux pas de la Alm-Platz *(Dommayergasse 1).*

Le bâtiment possède une très belle salle centrale octogonale, la **salle d'attente de l'Empereur**. Avec son aménagement intérieur aux formes architecturales simples, il mélange d'une manière harmonieuse les principes de la Sécession avec la sévérité du protocole impérial (le tapis est une copie récente de l'original).

Suivez la Hauptstraße vers le centre de Hietzing.

On voit sur la gauche juste avant la sortie du château de Schönbrunn (Hietzinger Tor) un bureau de poste (face au Park Hotel) qui était autrefois le Kaiserstöckl (1770) ou résidence d'été des ministres des Affaires étrangères de Marie-Thérèse.

Alm-Platz

Elle est dominée par l'**Église paroissiale Maria Hietzing**, dont la fondation remonte au 13e s. Remanié au 17e s., l'intérieur présente une décoration baroque due à Georg Greiner pour les fresques du plafond et à Dominicus Piazzol pour les stucs. La place présente d'autres curiosités, parmi lesquelles une colonne de la peste (1772) et une statue de Maximilien, frère de l'empereur François-Joseph et empereur du Mexique.

Musée de Hietzing (Bezirksmuseum Hietzing) – *Am Platz 2 - 🖉 (01) 877 76 88 - ☝ - merc. 14h-18h, sam. 14h-17h, dim. 9h30-12h - fermé juil.-août - gratuit.* Cet édifice, postérieur à 1871, présente des documents sur l'histoire de l'arrondissement et ses habitants célèbres, parmi lesquels la comédienne Katharina Schratt, très liée à l'empereur François-Joseph, le compositeur Alban Berg et le peintre Egon Schiele.

Traversez la Altgasse (le n° 16 est un Heurige de l'époque Biedermeier), puis prenez à gauche la Fasholdgasse. À partir de là, tournez à droite dans la Trauttmannsdorffgasse.

Trauttmannsdorffgasse

Cette rue comporte plusieurs maisons Biedermeier dont l'ensemble constitue un témoignage intéressant. Au n° 27 se trouve la **maison d'Alban Berg**.

Tournez à gauche dans la Gloriettegasse et encore à gauche dans la Wattmanngasse.

Lebkuchenhaus

Wattmanngasse 29. Édifiée en 1914 par un élève d'Otto Wagner, la « maison pain d'épice » *(Lebkuchen)* présente au passant une remarquable façade décorée de majolique sombre à hauteur des fenêtres et de l'entablement.

Faites demi-tour et tournez à droite pour remonter la Gloriettegasse.

Villa Primavesi

Gloriettegasse 14-16. Cette villa, qui abrite aujourd'hui les services culturels de la ville de Vienne (Kulturamt der Stadt Wien), est une réalisation de **Josef Hoffmann** (1913-1915). Également appelée villa Skywa, elle fut construite pour Robert Primavesi, député à la Diète de Moravie et au Parlement – l'architecte était originaire de cette région.

Pour revenir à la station de métro Hietzing, prenez le 🚋 *60 à l'arrêt Gloriettegasse .*

AUX ALENTOURS Plan 2e rabat de couv. E3

Lotissement du Werkbund (Werkbundsiedlung)

Jagdschlossgasse, Woinovichgasse, Veitingergasse - Ⓤ *4 Ober St. Veit puis* 🚌 *54B Gobergasse. Prenez la Jagicgasse.*

Les amateurs d'architecture du 20e s. seront intéressés par ce lotissement très moderne pour son temps. Fondé en Allemagne en 1907, le Werkbund était un mouvement artistique qui récupérait la plupart des principes du mouvement anglais Arts and Crafts, à ceci près qu'il ne s'opposait pas aux méthodes de travail en série industrielle. La période des Werkbundsiedlungen, ou cités-Werkbund, s'ouvrit en 1927 avec le Weißenhof de Stuttgart qui présentait, sous la direction de Mies Van der Rohe, des prototypes d'habitations répondant aux recherches des nouvelles formes de construction. Suivirent le Wohnung und Werkraum de Breslau, en 1929, et le Werkbundsiedlung de Vienne, en 1932. Dans cette ville où l'activité édilitaire de l'administration socialiste avait réellement commencé en 1922 avec des blocs compacts de logements, dont le célèbre Karl-Marx-Hof *(voir p. 254)*, l'équipe de cette cité-Werkbund dirigée par Joseph Frank innovait avec un quartier de 70 habitations minimales.

Parmi les noms des architectes qui y collaborèrent, on relève quelques célébrités : les Viennois Adolf Loos, Josef Hoffmann, Oscar Strnad ; les Français André Lurçat et Gabriel Guévrékian (ancien élève de Strnad) ; le Hollandais Gerrit Rietveld ; l'Américain Richard Neutra (ancien élève de Loos), etc. La plupart des maisons de ce « laboratoire » architectural ont été rachetées par la ville de Vienne entre 1983 et 1985 et ont été restaurées. Le quartier dispose d'un petit musée dépendant de celui de Hietzing *(Woinovichgasse 32).*

Cimetière de Hietzing **(Friedhof Hietzing)**

Maxingstraße - **U** *4 Hietzing, puis* 🚌 *56B, 58B ou 156B Montecuccoliplatz -* ♿ *- ℘ (01) 877 31 07 - nov.-fév. 8h-17h ; mars-nov. 7h-18h - gratuit. Les chiffres entre parenthèses précisent l'emplacement (voir plan à l'entrée).* Au sud du jardin tyrolien du parc de Schönbrunn, le cimetière du 13ᵉ arrondissement de la capitale est la dernière demeure de plusieurs personnalités : le compositeur Alban Berg (1885-1935) *(groupe 49-tombe 24F)* ; le chancelier Engelbert Dollfuß (1892-1934) *(27-11/12)*, abattu lors d'une tentative de putsch menée dans la chancellerie ; Franz Grillparzer (1791-1872) *(13-107)*, le plus grand auteur dramatique autrichien ; le peintre Gustav Klimt (1862-1918) *(5-194/195)* ; Koloman Moser (1868-1918) *(16-14)*, très actif au sein des Ateliers viennois ; Anton Schmerling *(5-47)*, homme d'État ; et enfin Jean-Baptiste Cléry (1759-1809) *(3-6)*, dernier serviteur de Louis XVI, qui s'occupa du roi jusqu'à son exécution capitale.

Parc animalier de Lainz **(Lainzer Tiergarten)**★

U *4 Hietzing puis* 🚋 *60 Hermesstraße ; prenez ensuite le* 🚌 *60B jusqu'au terminus Lainzer Tor ; entrez par le Lainzer Tor (parking à l'extérieur, plan du parc à l'entrée) - ℘ (01) 804 31 69 - de 10h au crépuscule - gratuit.*
👥 À l'ouest de l'arrondissement de Hietzing, les 25 km² de la réserve de chasse de Marie-Thérèse ont été aménagés en parc forestier, principalement planté de chênes et de hêtres. En 1782, l'impératrice avait décidé de clore le domaine par un mur de pierre de 24 km de long percé de six portes : Gütenbachtor, Lainzer Tor, St. Veiter Tor, Adolfstor, Nikolaitor et Pulverstampftor. Ouvert au public depuis 1921, cette vaste réserve offre, avec ses 80 km de sentiers, un excellent but de promenade au vert lorsque les jambes et l'imagination du touriste se sont engourdies dans les musées de la ville.

Villa Hermes (Hermesvilla) – *15mn par l'allée principale - ℘ (01) 804 13 24 - www. museum.vienna.at - 21 mars-26 oct. : tlj sf lun. 10h-18h ; 27 oct.-20 mars : vend.-dim. 10h-16h30 - fermé 1ᵉʳ janv., 24-25 et 31 déc. - 5 € (dim. gratuit).*

La villa Hermes.

Karl von Hasenauer bâtit ce manoir à la demande de François-Joseph, entre 1882 et 1886, pour que l'impératrice Élisabeth (Sissi) puisse s'y isoler. La villa accueille des expositions temporaires organisées par le Musée historique de la ville de Vienne. Celles-ci sont l'occasion de voir notamment la chambre à coucher et ses scènes inspirées du *Songe d'une nuit d'été* dessinées par Hans Makart. Le dernier étage est occupé par une exposition sur la mode. Le fonds du Musée historique est constitué de quelque 20 000 vêtements et accessoires, qui en font l'une des plus riches collections de costumes d'Europe. Une infime partie seulement est présentée au public au gré des expositions dans la villa Hermes.

À l'époque de la construction de la villa, l'échec du mariage d'Élisabeth et de François-Joseph ne faisait plus de doute. Qu'on y regarde attentivement et l'on verra combien ces lieux en témoignent. La décoration des murs de Hans Makart, réalisée par ses successeurs, traduit malgré elle la déception et la solitude de l'impératrice, à la fois sensuelle et ascétique, une femme que la mort dramatique de son fils à Mayerling, en 1889, allait renfermer sur elle-même.

À travers bois jusqu'au point de vue – *1h30*. Que vous veniez de la Lainzer Tor ou de la villa Hermes, prenez la direction « St. Veiter Tor ». Arrivé à cette porte (ouverte le dimanche et les jours fériés), longez le mur et tournez à gauche après 50 m dans un sentier assez raide s'élevant sous les feuillages. Longez l'enclos animalier dans lequel on entre par une porte grillagée (panneau « Nikolai-Tor-über-Wienerblick »), en haut de la côte à droite. Continuez tout droit (le sentier est mal tracé) et gravissez la butte (alt. 434 m) pour découvrir une belle vue sur tout l'ouest de l'agglomération viennoise, avec notamment l'église d'Otto Wagner (Kirche am Steinhof) et, plus à droite, les deux tours de l'église Votive et la flèche de la cathédrale St-Étienne. Après une courte pause, longez la lisière de la forêt pour vous diriger à gauche vers la « Rohrhaus » dont le café est agrémenté d'une aire de jeux pour les enfants.

Le quartier de Penzing

Plan 2ᵉ rabat de couverture E2

Situé à l'Ouest de Vienne, l'arrondissement de Penzing se trouve au nord de celui de Hietzing. C'est un quartier résidentiel plutôt tranquille.

Musée technique (Technisches Museum)★ F3

Mariahilfer Straße 212 - 🇺 *4 Schönbrunn,* 🇺 *3 Johnstraße,* 🚋 *52, 58 Winkelmannstraße,* 🚌 *10A Johnstraße/Linzerstraße -* ♿ *-* ✆ *(01) 899 98 60 00 - www.tmw.ac.at - lun.-vend. 9h-18h, sam.-dim. 10h-18h - fermé 1ᵉʳ janv., 1ᵉʳ Mai, 1ᵉʳ nov., 25 et 31 déc. - 8,50 €.*

Ce musée fondé en 1909 rouvrit ses portes en 1999 après une vaste réorganisation. L'exposition, en partie interactive, donne un aperçu détaillé des facettes les plus diverses de la technique et de l'industrie : histoire des sciences naturelles, outillage, communication, industrie minière, industrie lourde, énergie, etc. Les démonstrations et expériences présentées au rez-de-chaussée et permettant d'aborder un phénomène technique dans son ensemble ne fascineront pas que les enfants.

Église am Steinhof (Kirche am Steinhof)★★ E2

Baumgartner Höhe 1 - 🚌 *48A Psych. Krankenhaus - entrez dans l'enceinte de l'hôpital, tournez à gauche et immédiatement à droite pour gravir l'allée - visite guidée uniquement, en allemand (45mn) -* ✆ *(01) 910 601 12 04 - paul.keiblinger@wienkav.at - renseignez-vous sur les horaires - 4 €.*

Bâtie de 1904 à 1907 par **Otto Wagner** pour le nouvel asile d'aliénés de la province de Basse-Autriche, l'église St-Léopold fut placée symboliquement au plus haut de la colline verdoyante (alt. 310 m) qui accueille l'établissement. Inscrite dans l'axe du domaine psychiatrique, elle est orientée au nord, et non à l'est comme le veut la tradition. Première église moderne de la capitale, elle est contemporaine de la caisse d'épargne de la Poste et utilise le même système de construction que cet édifice *(voir p. 136)* : le placage de marbre de Carrare qui la revêt à l'extérieur cache une simple construction de briques. L'énorme dôme reposant sur un double tambour est une structure métallique recouverte de plaques de cuivre initialement doré. L'architecte se servit de ces nouveautés techniques pour édifier une église dont la forme est un brillant écho des modèles baroques du Bernin et de Fischer von Erlach.

Les vitraux de l'église am Steinhof réalisés par Koloman Moser.

Ch. & J. Bastin & Evrard / MICHELIN

Wagner défendit et imposa son projet d'aménagement intérieur non en se fondant sur des critères esthétiques mais en insistant sur l'idée de « maison de Dieu ». Il s'agissait d'une église pour les malades et tout devait être hygiénique et fonctionnel. Les bénitiers étaient ainsi conçus pour écarter les risques de contamination, le sol en pente vers l'autel permettait de mieux le voir, les bancs étaient dépourvus d'arêtes vives afin d'éviter toute blessure, le personnel pouvait intervenir facilement en tout point de l'église, les portes d'entrée permettaient une séparation commode des hommes et des femmes. La décoration est presque néobyzantine, surtout pour le maître-autel et son baldaquin doré, un treillis de cuivre filigrané. Les anges qui en ornent le dais ont été réalisés par les ateliers des Ateliers viennois d'après un dessin d'Othmar Schimkowitz. La décoration du maître-autel (84 m²) présente le Sauveur, entouré des saints du Paradis, en pleine bénédiction ; elle fut imaginée par Remigius Geyling et réalisée par Léopold Forstner, des ateliers de mosaïque viennois. L'ensemble du mobilier liturgique a été dessiné par Wagner lui-même, qui confia à Koloman Moser la conception des **vitraux★**, dont l'iconographie est inspirée par le thème de la miséricorde. Au-dessus de l'entrée se trouve le Paradis perdu que les saints des baies latérales sont chargés de regagner ; ceux de droite sont conduits par Jean le Baptiste, ceux de gauche par Tobie.

Villas d'Otto Wagner★ E2
Hüttelbergstraße 26 et 28 - Tram *49 Bergmillergasse.*
La première (n° 26) de ces deux villas construites en 1888 sur la pente d'une colline marquant la naissance de la Forêt viennoise est, avec son portique à colonnes ioniques, d'une élégance toute classique. Otto Wagner s'était destiné cette villa éclectique – il y vécut jusqu'en 1911 – qui semble avoir été transportée ici depuis la Riviera méditerranéenne. À l'origine, les ailes étaient des pergolas, qui furent transformées et fermées avant la fin du siècle, rompant dès lors le contraste qu'elles entretenaient avec le volume central. C'est à son propriétaire ultérieur, le peintre contemporain Ernst Fuchs, que l'on doit les couleurs de la façade. Cette maison abrite aujourd'hui le **musée privé d'Ernst Fuchs** où sont exposés des tableaux, personnages, objets et meubles de l'artiste autrichien (℘ *(01) 914 85 75 - www.ernstfuchs-zentrum.com - visite guidée lun.-vend. 10h-16h - 11 €).*
Un quart de siècle plus tard, l'architecte réalisa à côté une villa à l'architecture nettement plus stricte, d'une rigueur qui rappelle l'immeuble visible dans l'arrondissement de Neubau *(voir p. 219),* qui lui est contemporain. Différente donc, d'une élégance davantage géométrique, la seconde villa n'a cependant pas renié tout ornement, et notamment une tête de méduse réalisée en mosaïque par Koloman Moser (au-dessus de l'entrée).

H. Champollion / AKG

La villa Wagner située au n° 26 de la Hüttelbergstraße.

Schönbrunn pratique

Informations pratiques

Concerts à Schönbrunn – *13ᵉ arr. -* ✆ *(01) 812 50 04 - www.imagevienna.com - avr.-oct. tlj à 20h30.* L'orchestre du château de Schönbrunn joue dans l'Orangerie des pièces de Mozart et de Strauß.

Se loger

Pour la description des hôtels du quartier, voir la partie « Organiser son voyage » p. 28.

Se restaurer

⊖ **Hietzinger Heuriger** – *Altgasse 16 - 13ᵉ arr. -* ✆ *(01) 877 25 35 - tlj 16h-0h - plats principaux à partir de 8 €.* Wiener Schnitzel géantes, rôti de porc, saucisses… sont servis dans un jardin de verdure l'été, sur des grandes tables en bois. Le plus ancien Heurige de Hietzing a conservé tout son cachet. Vins de la région.

⊖⊖ **Plachutta** – *Auhofstraße 1 - 13ᵉ arr. -* ✆ *(01) 87 77 08 70 - www.plachutta.at - tlj 11h30-15h, sam.- dim. 11h30-0h - plats principaux à partir de 16 €.* Digne représentant de la gastronomie viennoise qui possède aussi un établissement dans l'Innere Stadt. Restaurant classique pour le *Tafelspitz* viennois (viande de bœuf bouillie) et les plats de bœuf de toutes sortes.

Faire une pause

Dommayer – *Dommayergasse 2 - 13ᵉ arr. -* ✆ *(01) 877 54 65 - tlj 7h -0h.* À quelques pas du château de Schönbrunn. Concerts réguliers des « Wiener Walzermädchen » le samedi après-midi. Splendide jardin où il est agréable de faire une halte. Le café Dommayer évoque surtout le souvenir de Johann Strauß fils *(voir p. 247)*, qui célébra sa première entrée triomphale à 19 ans dans l'ancien casino Dommayer.

Café Gloriette – *Schloßpark Schönbrunn - 13ᵉ arr. -* ✆ *(01) 879 13 11 - tlj de 9h à la fermeture du parc.* Au sommet de la colline qui domine le château, cette élégante galerie accueille, sous de hautes colonnes et des médaillons de l'aigle impérial, un café soigné. Vue plongeante sur Schönbrunn, à savourer avec un café viennois.

Achats

Schwendermarkt – *Schwendergasse/Dadlergasse - 15ᵉ arr. - tlj sf dim.* On peut y goûter quelques spécialités autrichiennes dans les commerces de bouche.

Marché de Noël devant le château de Schönbrunn – *13ᵉ arr. - de fin nov. à Noël.* Nettement plus calme que celui de Spittelberg, mais dans un cadre historique qui attire nombre de touristes. Scène musicale.

Döbling★★

PLAN 2ᴱ RABAT DE COUVERTURE E-F1 –19ᵉ ARR.

Pour découvrir un autre visage de Vienne, campagnard et festif : direction Döbling ! Peu connu des non-Viennois, cet arrondissement très vaste comprend deux quartiers dont les noms trouvent néanmoins un écho au-delà des frontières : Heiligenstadt, immortalisé par le testament du même nom signé par Ludwig van Beethoven, et Grinzing, très réputé pour ses vignobles. Cet itinéraire vous conduit sur des collines couvertes de vignes qui dévoilent des vues magnifiques sur la capitale et dans les Heurigen où les vignerons vous servent le vin nouveau et des plats consistants sur fond de musique locale. Un vrai dépaysement !

- **Se repérer** – Döbling se situe à la lisière nord de Vienne, en bordure de la Forêt viennoise. Il se partage entre les vignobles de Grinzing, Nußdorf et Neustift dans sa partie supérieure et une zone d'habitat dense au sud.

- **À ne pas manquer** – Une soirée dans un *Heuriger*, la vue du Leopoldsberg.

- **Organiser son temps** – Les *Heurigen* ouvrent en principe à partir de 18h. Cela vous laisse le temps de flâner dans les ruelles de Döbling tout l'après-midi et de vous rendre au Leopoldsberg avant de passer la soirée chez un vigneron.

- **Avec les enfants** – Une excursion au Kahlenberg et au Leopoldsberg, une soirée dans un *Heuriger* qui ont, pour la plupart, des aires de jeux pour les enfants.

- **Pour poursuivre la visite** – Les arrondissements les plus proches sont Alsergrund et Währing *(voir p. 260 et 270)*. Vous pouvez aussi en profiter pour découvrir la Forêt viennoise *(voir p. 292)*.

H. Angermayr / © Wien Tourismus

L'arrondissement de Grinzing est très réputé pour ses vignobles.

Heiligenstadt★

Plan 2ᵉ rabat de couverture F1

U *4 Heiligenstadt,* **S** *S40 Heiligenstadt,* **tram** *D Halteraugasse.*

Englobé en 1892 dans Döbling, cet ancien village de vignerons ne comptait que trois rues un siècle plus tôt. Il présente aujourd'hui une partie basse urbanisée et une partie haute résidentielle très agréable, totalement retirée de l'agitation citadine qui filtre le long du canal du Danube et perceptible lorsqu'on arrive du centre de Vienne.

Si le beau temps est au rendez-vous ou si l'humeur vous en dit, il ne faut pas hésiter à vous écarter du circuit pour aller vous promener du côté des vignobles de **Nußdorf**, localité moins touristique que Grinzing. Ce sera l'occasion de cheminer le long du **Beethovengang** qui s'étire en bordure d'un ru, et de passer devant la Villa Lehár-Schikaneder *(Hackhofergasse 18)* qui, comme son nom l'indique, eut pour propriétaires Emanuel Schikaneder, librettiste de *La Flûte enchantée* et directeur du Theater An der Wien, et, à partir de 1932, le compositeur d'origine hongroise Franz Lehár.

Karl-Marx-Hof★
Heiligenstädterstraße 82 à 92.

Face à la sortie de la station de métro se dresse l'immense « forteresse rouge » inaugurée le 12 octobre 1930 par la municipalité austro-marxiste qui administra la ville de 1919 à 1934. Cet ensemble monumental est le plus célèbre de tous les *Höfe* bâtis durant cette période dans la capitale ; il est connu de tous les étudiants en architecture de la planète. Construite de 1927 à 1930 par **Karl Ehn**, un élève d'Otto Wagner, qui fut directeur du service d'urbanisme en 1922, cette « citadelle » compte près de 1 400 logements pouvant abriter quelque 5 000 personnes ; elle comprenait des magasins d'alimentation coopératifs, des buanderies centrales, des jardins d'enfants, une clinique dentaire, une infirmerie et une bibliothèque ouvrière. L'ensemble occupe une longue et étroite bande de terrain couvrant 156 000 m², 20 % étant réservés

> ### Révolte ouvrière
>
> En 1934, la capitale connut trois jours de guerre civile. Les militants du Republikanischer Schutzbund se retranchèrent dans les immeubles communautaires, dont le Karl-Marx-Hof, long de 1 km. Le chancelier Engelbert Dollfuß fit donner le canon pour les en déloger. Le bilan officiel des combats fit état de 314 morts ; les sociaux-démocrates annoncèrent pour leur part 1 500 victimes et plus de 5 000 blessés. Le sang venait confirmer le surnom de Vienne la Rouge que la ville avait acquis pour ses idées. En 1977, le Karl-Marx-Hof fut déclaré Monument historique. Il est devenu une attraction touristique de caractère culturel, mi-artistique mi-historique.

aux bâtiments, le reste aux espaces verts. Les arches de passage entre cours et jardins, les sculptures (Joseph Riedl) placées à leur verticale, les hampes bleues où flottaient des oriflammes, ainsi que la modulation décorative du rouge et de l'ocre du crépi ont incité certains à parler de *Ringstil* prolétarien. Ces critiques, qui ont probablement raison du point de vue de la forme, ont toutefois oublié de préciser que dans le Karl-Marx-Hof – tout comme dans le Karl-Seitz-Hof qui lui est comparable (construit par Hubert Gessner à Floridsdorf) – il n'y a point d'ascenseur et que le plus grand des appartements (trois pièces) totalise 60 m². Nous voici fort loin de la Ringstraße.

Le Karl-Marx-Hof, un incontournable exemple des cités ouvrières des années 1920.

Prenez le 🚌 *38A à la Februar Platz (face à la station de métro) et descendez à l'arrêt Fernsprechamt Heiligenstadt. Remontez la Grinzingerstraße et tournez à droite dans la Nestelbachgasse pour gagner la Pfarrplatz.*

Église St-Jacques (St. Jakobs-Kirche)

Pfarrplatz 3. Plusieurs fois reconstruite sur des fondations antiques et paléochrétiennes, l'église présente une simple façade de moellons et de briques. Des fouilles ont dégagé en 1952 des vestiges romains du 2e s. ainsi qu'une sépulture et des fonts baptismaux remontant au 5e s. On supposa qu'il s'agissait de la sépulture de saint Séverin. Ce *locus sanctus*, qui se traduit par *Heiligenstätte* en allemand ou « lieu saint » donna son nom au quartier. À l'intérieur de l'édifice, la statue commémorative de saint Séverin, avec relique, est surmontée de peintures sur verre du 16e s.

En sortant, on trouve sur la droite un plan recensant et situant les diverses résidences de Beethoven à Heiligenstadt. En 1817, il habita au n° 2 de la place, dans la maison (17e s.) dont l'angle est orné d'une statue en bois de saint Florian. On y trouve aujourd'hui le *Heuriger* **Mayer am Pfarrplatz**.

En face de l'église s'amorce la Probusgasse. Le nom de la rue célèbre l'empereur romain Probus (276-282), qui autorisa ses légionnaires de Vindobona à planter les premières vignes qui poussèrent dans la région.

Maison du Testament de Beethoven (Beethoven-Gedenkstätte Testamenthaus)

Probusgasse 6 - ✆ (01) 318 86 08 - mars-déc. : mar., jeu., sam.-dim. 10h-16h30 - fermé 1er janv., 1er Mai et 25 déc. - 1,50 €.

À 27 ans, le compositeur constate les premières atteintes d'une surdité qui ne fera qu'empirer. À 30 ans, il en fait pour la première fois mention dans une lettre adressée à son ami Carl Amenda : « Je n'entends pas les tons hauts des instruments. » À 31 ans, son médecin l'envoie faire une cure aux thermes de Heiligenstadt ; bientôt, il sait son mal incurable. À 32 ans, il rédige le douloureux *Testament d'Heiligenstadt* où se révèle tout son désespoir dès les premières lignes : « Ô vous, hommes qui me tenez pour hostile ou intraitable, misanthrope ou me réputez tel, comme vous me faites du tort ! Vous ne connaissez pas la cause secrète de ce qui vous paraît ainsi… » Une lettre adressée à ses frères et qu'il ne leur expédia jamais.

La maison habitée par Beethoven en 1802 sur la Probusgasse a été construite vers le milieu du 18e s. Elle a été transformée en musée en 1970 (estampes, fac-similés, piano Streicher). L'endroit où il composa la *Deuxième Symphonie* abrite aujourd'hui l'exposition de la Wiener Beethovengesellschaft. Une des huit vitrines expose le fac-similé du célèbre « testament » conservé depuis 1888 à la Bibliothèque nationale universitaire de Hambourg. Sur le mur du fond, cinq jolies gravures sur bois du peintre viennois Carl Moll (1907) évoquent des lieux qu'habita Beethoven dans la localité. Juste devant se trouve un buste en plâtre dû au ciseau de Josef Danhauser (1827), qui créa cette sculpture après avoir réalisé le masque mortuaire du compositeur (le masque original est conservé par le Musée historique de la ville de Vienne). La ville de Vienne a ouvert à côté un petit musée qui détaille l'année que le musicien passa ici pour soigner sa surdité et évoque l'ancienne station thermale d'Heiligenstadt au 19e s.

Reprenez la Grinzinger Straße jusqu'à Grinzing.

Beethoven le bucolique

L'héritier de Haydn et de Mozart travaillait avec une ardeur infatigable à créer une œuvre géniale. Il changeait très fréquemment de domicile, ainsi qu'en témoignent les nombreux lieux commémoratifs qui lui sont aujourd'hui dédiés dans l'agglomération viennoise et ses environs (jusqu'à Baden). Beethoven adorait la campagne. L'été, il se réfugiait au nord de Vienne. Il y composa la plus grande partie de l'*Héroïque (Troisième Symphonie)* et y trouva, en 1808, l'ambiance champêtre qui lui donna l'intuition de la *Pastorale (Sixième Symphonie)*. Entre Heiligenstadt et Nußdorf se trouve une « promenade Beethoven », le Beethovengang, le long du Schreiberbach *(s'engager dans l'Eroicagasse à partir de la Pfarrplatz où se dresse l'église St-Jacques)*, qui nous rappelle combien ce compositeur aimait à s'isoler dans la nature. « *À mesure qu'il perdait le contact avec le monde extérieur, il tournait un regard plus clairvoyant vers son monde intérieur.* » (Richard Wagner.)

Grinzing★

Plan 2ᵉ rabat de couverture F1

 38 Grinzing.

Mentionné pour la première fois en 1114, le charmant bourg de Grinzing, aux maisons basses et colorées, est le plus célèbre village vigneron à *Heurigen* de la banlieue de la capitale. Aujourd'hui englobé dans l'arrondissement de Döbling, Grinzing doit faire face à l'urbanisation qui s'étend petit à petit vers les premières hauteurs de la Forêt viennoise. Aussi la localité use-t-elle depuis plusieurs années d'un subterfuge bien sympathique pour y remédier : chacun peut acquérir un m² de terrain portant un cep de vigne, à l'instar de Léonard Bernstein, de Jimmy Carter ou de Sophia Loren.

Situé au pied de pentes verdies par les vignobles, il attire de nombreux Viennois et touristes venus y goûter le vin nouveau débité par les récoltants, notamment sur la Sandgasse. C'est donc surtout en soirée que le village s'anime, pour retrouver sa quiétude avec les douze coups de l'horloge du clocher à bulbe de l'église paroissiale Grinzinger (début 15ᵉ s., fortement restaurée), située sur la Himmelstraße. Au n° 25 de cette dernière, une plaque rend hommage à Franz Schubert, « prince du lied qui aimait s'attarder à Grinzing », tandis qu'au n° 29 une autre plaque évoque le souvenir du joueur de Schrammelmusik Sepp Fellner, le « Schubert de Grinzing ». Le célèbre chef d'orchestre Karl Böhm, qui fut l'ami de Richard Strauß et dirigea l'orchestre Philharmonique de Vienne, habita l'élégant immeuble blanc Jugendstil situé au n° 41. Adulé par les mélomanes viennois, Böhm se distingua par ses interprétations du répertoire germanique (Mozart, Wagner…).

Revenez à hauteur du chevet de l'église pour vous engager à droite dans la Mannaget-tagasse qui devient peu après le Mannagettasteig, puis tournez à droite dans la rue An den langen Lüßen.

Cimetière **(Friedhof)**

Consultez le plan à droite juste après l'entrée.

Gustav Mahler *(bloc 6, rang 7)* est enterré auprès de sa fille Maria, morte à 5 ans. Sobre, la pierre tombale a été dessinée par Josef Hoffmann. À quelques mètres se trouve la tombe de son épouse Alma *(bloc 6, rang 6)*, inhumée sous le

Alma Mahler, une légende

Née dans la capitale de l'Empire en août 1879, Alma était la fille de Jakob Emil Schindler, célèbre peintre paysagiste, et de Anna von Bergen qui, veuve, se remaria avec Carl Moll, un des membres fondateurs de la Sécession.

À la fin du siècle, le régime des Habsbourg allait vers sa ruine, mais la ville était au centre de la vie culturelle européenne. Alma avait 20 ans, et elle allait devenir la muse des plus grands artistes de l'époque. Gustav Klimt et le musicien Alexander von Zemlinsky en tombèrent amoureux avant qu'elle ne se mariât en 1902 avec Gustav Mahler, alors directeur de l'Opéra impérial. Après la mort du compositeur en 1911, elle eut une liaison orageuse avec Oskar Kokoschka, épousa l'architecte Walter Gropius en 1915 puis le poète Franz Werfel en 1929. Celle qui avait été décrite comme la plus belle fille de Vienne s'éteignit à New York en décembre 1964.

Alma Mahler vers 1902.

nom de Malher malgré deux mariages ultérieurs. Sous une tombe sans nom repose le grand écrivain Thomas Bernhard, décédé en 1989.

Revenez à Grinzing.

Excursion au Kahlenberg et au Leopoldsberg

Plan 2e rabat de couverture F1

👥 *Empruntez le* 🚌 *38A à Grinzing jusqu'aux arrêts Kahlenberg et Leopoldsberg.*

En voiture : de Grinzing par la Cobenzlgasse et la Höhenstraße.

À hauteur du café-restaurant Cobenzl, au pied du Latisberg, se révèle une **vue** intéressante sur Vienne, particulièrement le soir. C'est l'occasion d'une excursion jusqu'au restaurant que Sigmund Freud eut, le 24 juillet 1895, la révélation de

Kahlenberg, poste d'observation

En 1683, alors que le grand vizir Kara Mustafa était sur le point de s'emparer de Vienne, le roi de Pologne Jean III Sobieski répondit à l'appel du pape Innocent XI et rejoignit, à la tête d'une armée de 65 000 soldats, les vestiges de l'armée impériale aux ordres de Charles de Lorraine. Le matin de la bataille finale, le 12 septembre, le moine capucin Marco d'Aviano, légat du pape, célébra une messe au sommet du Kahlenberg. Nantie de la bénédiction pontificale, l'armée quitta ce poste à la vue imprenable et se déploya pour attaquer les forces de la Sublime Porte. À midi, les défenses adverses pliaient. En début de soirée, les Turcs étaient balayés. Selon une coutume guerrière, Jean III Sobieski pouvait piller le camp ennemi.

l'importance du rêve dans l'étude des troubles psychiques. Suivez la Höhenstraße jusqu'à hauteur de la Gasthaus Häuserl am Roan située sur le Dreimarkstein (alt. 454 m). Du parc de stationnement, on a une très belle vue sur l'ensemble de l'agglomération de Vienne et la Forêt viennoise.

Kahlenberg★

Le toit-terrasse (alt. 483 m) du restaurant offre une **vue★** sur Vienne dont émergent les flèches de la cathédrale St-Étienne et la tour du Ring. Au premier plan apparaissent les vignobles de Grinzing et, sur la droite, les hauteurs de la Forêt viennoise. Par temps clair, on distingue nettement la Gloriette qui domine le parc de Schönbrunn et, au-delà, les massives tours d'habitations blanc et noir de Alt-Erlaa. Édifiée en 1629, l'église du Kahlenberg (Kahlenbergkirche) abrite une copie de la Vierge noire de Czenstochowa, très vénérée en Pologne et attirant la communauté polonaise de la capitale autrichienne. Sur le mur de façade, une plaque est dédiée à Jean III Sobieski.

En 1809, de nombreux Viennois grimpèrent sur le « mont Chauve » pour suivre les évolutions des batailles contre Napoléon de Wagram (à l'est de l'agglomération) et d'Eßling (sur le territoire de Donaustadt ou 22e arrondissement).

Leopoldsberg★★

Léopold III de Babenberg fit construire un château pour son épouse Agnès sur cet extrême promontoire de la Forêt viennoise (alt. 423 m). Cette résidence fortifiée fut détruite par les Turcs en 1529 lorsque le sultan Soliman le Magnifique assiégea Vienne sans succès.

Gagnez la cour-terrasse du restaurant, devant la petite église St-Léopold (Leopoldskirche, 1679-1693), plusieurs fois reconstruite. La plate-forme accueille un plan en relief de Vienne en 1683 et le monument des Anciens combattants (Heimkehrerdenkmal), qui rend hommage aux 200 000 prisonniers de guerre et déportés morts en terre étrangère. De là, on jouit d'une **vue★★** très étendue, avec au premier plan la tour multicolore de l'usine d'incinération créée par Friedensreich Hundertwasser. On distingue le Prater, le canal du Danube, l'UNO-City et la Donauturm, la boucle du Vieux Danube, la plaine de Wagram et, à l'horizon, les Petites Carpates situées en Slovaquie ainsi que le Leithagebirge dressant les derniers reliefs alpins aux abords du lac de Neusiedl.

En voiture, poursuivez la Höhenstraße jusqu'à Klosterneuburg (voir p. 304) sur laquelle les lacets de la route offrent de belles vues une fois que l'on a changé de versant. Sinon revenez par Grinzing et poursuivez vers Oberdöbling.

Vous pouvez aussi revenir à Grinzing avec le 🚌 *38A et le* 🚃 *38 jusqu'à l'arrêt Sil-bergasse. À pied, engagez-vous dans la Hofzeile qui débouche dans la Döblinger Hauptstraße.*

Oberdöbling

Plan 2ᵉ rabat de couverture F1

🚃 *37 Pokornygasse.*

Weinbaumuseum

Döblinger Hauptstraße 96 - 📞 *(01) 368 65 46 - sam. 15h30-18h, dim. 10h-12h - fermé juil.-août et j. fériés - gratuit.*

Installé dans une cave médiévale, ce petit musée réunit une documentation et des objets consacrés à l'histoire et aux traditions du quartier de Döbling, indéniable quartier du vin à Vienne avec Grinzing, Nußdorf et Sievering sur son territoire. Parmi les différents outils et instruments se rapportant à la viticulture, remarquer la grosse presse dite *Winzerkrone* (« couronne de vigneron »), ainsi qu'une presse datant de l'époque de Marie-Thérèse.

Maison de Beethoven dite de la « Symphonie héroïque »
(Beethoven-Gedenkstätte Eroicahaus)

Döblinger Hauptstraße 92 - 📞 *(01) 369 14 24 - www.museum.vienna.at -* ♿ *- vend. 15h-18h ou sur demande téléphonique - fermé 1ᵉʳ janv., 1ᵉʳ mai et 25 déc. - 2 € (vend. matin gratuit).*

Beethoven aimait passer les mois d'été dans les faubourgs de Vienne et à la campagne. Au cours de l'été 1803, on rapporte qu'il habita à Oberdöbling et travailla, comme à son habitude, à plusieurs œuvres à la fois. Cette maison montre, dans trois pièces différentes, non seulement des notes et des lithographies relatives à sa *Troisième Symphonie*, dite l'*Héroïque*, ainsi que d'autres œuvres de l'époque (telles que le célèbre *Triple Concerto op. 56*), mais également des illustrations des endroits où habita Beethoven dans les faubourgs de Vienne de l'époque.

Döbling pratique

Se loger

Pour la description des hôtels du quartier, voir la partie « Organiser son voyage » p. 30.

Se restaurer

GRINZING

19ᵉ arr. - 🚃 *38 Grinzing à partir de la station Schottentor/Universität* Ⓤ *2. Attention : le dernier tramway en direction de la Schottentor est à 23h55 (terminus Ring) et 0h55 (terminus Gürtel).* Grinzing est le quartier à *Heurigen* le plus connu de Vienne et donc le plus fréquenté par les touristes. Un grand nombre d'établissements sont concentrés le long des Cobenzlgasse et Sandgasse. Ils forment avec d'autres restaurants le véritable centre gastronomique de la ville. Notre conseil : rendez-vous en fin d'après-midi dans le quartier, faites un petit tour d'horizon et choisissez votre table dans l'une de ces pittoresques « maisons » ; installez-vous dans le jardin s'il fait beau. Dans les *Heurigen*, la plupart du temps, vous composez votre repas vous-même

en choisissant parmi les plats du buffet et payez de suite ; le vin en revanche vous est servi à table et est facturé séparément.

🍷 **Altes Presshaus** – *Cobenzlgasse 15 -* 📞 *(01) 320 02 03 - www.altes-presshaus. com - tlj à partir de 16h - fermé janv.-fév. - repas autour de 15 €.* Le plus ancien *Heuriger* de Grinzing (maison de 1527), est situé en haut du village. Il est constitué en partie d'une ancienne cave voûtée avec des pressoirs à vin d'époque. Son cadre s'apprécie donc particulièrement en hiver. Concerts de musique très régulièrement. Buffet et plats à la carte.

🍷 **Reinprecht** – *Cobenzlgasse 22 -* 📞 *(01) 320 14 710 - www.weingut-reinprecht. at - tlj à partir de 15h30 - fermé mi-décembre à fin février - repas autour de 15 €.* Cette ancienne abbaye abrite aujourd'hui un immense *Heuriger*. Agréable, il est réparti en 15 salles de toutes tailles et agrémenté d'un vaste jardin. On peut y entendre de la musique viennoise typique *(Schrammelmusik)*, déguster des vins de la propriété et admirer la collection de tire-bouchons. Beaucoup de monde.

HEILIGENSTADT

19ᵉ arr. - U *4 jusqu'à Heiligenstadt, puis bus 38A jusqu'à l'arrêt « Fernsprechamt Heiligenstadt ».*

○ **Mayer am Pfarrplatz** – *Pfarrplatz 2 -* ℘ *(01) 370 12 87 - www.mayer.pfarrplatz. at - tlj à partir de 16h, sam.-dim. à partir de 11h - repas autour de 15 €.* C'est là que Beethoven écrivit autrefois son *Testament d'Heiligenstadt.* Les hôtes de cet Heuriger pourront y déguster un copieux buffet et d'excellents vins des meilleurs vignobles viennois en écoutant une musique typique des *Heurigen.* À la carte Grüner Veltliner, Rheinriesling, chardonnay, sauvignon blanc, Gelber Muskateller et bien d'autres encore… que l'on peut acheter à la boutique.

DÖBLING

○ **Eckel** – *Sieveringer Straße 46 -* 🚌 *39A Daringergasse - 19ᵉ arr. -* ℘ *(01) 320 32 18 - www.restauranteckel.at - fermé dim.-lun. et trois sem. en août - plats principaux à partir de 10 €.* Restaurant rustique et agréable avec une belle pièce annexe. L'été, les hôtes apprécieront la terrasse. Une cuisine régionale et une autre, plus classique, sont proposées. Parmi les spécialités, le homard. Une cuisine bourgeoise dans le bon sens du terme.

NEUSTIFT

19ᵉ arr. - 🚊 *38 de la station Schottentor/ Universität,* U *2 jusqu'à la Krottenbachstraße, puis* 🚌 *35A jusqu'à Neustift. Attention : le dernier bus en direction du centre-ville part à 0h du Neustift, le dernier tramway en direction de la Schottentor part à 0h24 de la station Glatzgasse.*

○ **Fuhrgassl-Huber** – *Neustift am Wald 68 -* ℘ *(01) 440 14 05 - www. fuhrgassl-huber.at - tlj à partir de 14h, dim. à partir de 12h - repas autour de 15 €.* Très agréable *Heuriger* l'été car les tables sont installées en terrasse au pied d'une colline recouverte de vignoble. Outre la vue, l'ambiance est toujours animée. Intérieur rustique dans les différentes pièces. Musique du mercredi au samedi à partir de 19h.

○ **Wolff** – *Rathstraße 46 -* ℘ *(01) 440 23 35 - www.wienerheuriger.at - tlj à partir de 11h - repas autour de 15 €. Heuriger* typique réparti en plusieurs pièces et agrémenté de terrasses immergées dans la verdure. Les concerts de Schrammelmusik tous les soirs à 20h30 insufflent une joyeuse ambiance. Bonne cuisine viennoise rustique, gâteaux maison et vins locaux.

NUSSDORF

19ᵉ arr. - 🚊 *D de la station Börse am Ring jusqu'au terminus à Nußdorf. Attention : le dernier tram en direction de la Südbahnhof part à 23h47.*

○ **Kierlinger** – *Kahlenberger Straße 20 -* ℘ *(01) 370 22 64 - tlj à partir de 15h30 - fermé fin déc., début janv., une semaine en avril, trois semaines en août - repas autour de 15 €. Heuriger* datant de 1787, aujourd'hui spécialisé dans le riesling, le weißburgunder (pinot blanc) et le veltliner (riesling rhénan). Ambiance familiale et vins de caractère, buffet chaud et froid. Jardin en été. Un lieu qui conserve toute son authenticité.

○ **Schübel-Auer** – *Kahlenberger Straße 22 -* ℘ *(01) 370 22 22 - ouvert fin janv.-Noël à partir de 15h30, fermé dim.- lun. - repas autour de 15 €.* Vaste et élégant *Heuriger* installé dans un bâtiment d'époque. Beau jardin, mais pas de musique. Nombreuses variétés de vin, y compris un vin blanc pour diabétiques. Copieux buffet. Les dimanches de juin s'y déroulent des « matinées musicales » *(Schrammel-Matineen)* entre 10h et 14h avec des acteurs de l'Opéra et des membres de l'Orchestre philharmonique de Vienne. Les spécialités culinaires changent au fil des saisons.

○ **Sirbu** – *Kahlenberger Straße 210 - attention : le dernier bus en direction de Heiligenstadt part à 23h29 -* ℘ *(01) 320 59 28 - avr.- mi-oct. 15h-0h, fermé j. fériés - repas autour de 15 €.* À 20mn du terminus Kahlenberg (🚌 *38A, à partir de la station* U *4 Heiligenstadt),* ce *Heuriger* perdu dans les vignes mérite bien une marche. Les vins sont excellents, le buffet délicieux propose d'authentiques produits du terroir et une magnifique vue s'étend du Leopoldsberg au Danube. L'endroit étant particulièrement prisé, pensez à réserver. Un des meilleurs Heurigen de Vienne.

SIEVERING

19ᵉ arr. - U *4 Heiligenstadt puis* 🚌 *39A jusqu'au terminus Sievering. Attention : le dernier bus en direction de Heiligenstadt part à 23h29.*

○ **Haslinger** – *Agnesgasse 3 -* ℘ *(01) 440 13 47 - www.buschenschank-haslinger.at - fermé lun., ouvert à partir de 14h (11h30 le w.-end) - repas à partir de 15 €. Heuriger* romantique offrant une terrasse couverte avec vue sur les vignobles et la campagne environnante. Salles agréables et excellent buffet. L'accueil très souriant et l'ambiance authentique ne manqueront pas de vous séduire. Pas de musique. Là aussi il est préférable de réserver.

11 Quartiers Ouest de Vienne

PLAN 2ᴱ RABAT DE COUVERTURE F2 – PLAN XII P. 262-263 – 8ᵉ, 9ᵉ ET 18ᵉ ARR.

La faculté de médecine et les hôpitaux ont forgé de longue date l'identité d'Alsergrund, ce n'est donc pas par hasard que le père de la psychanalyse Sigmund Freud a habité près d'un demi-siècle ici. Un pèlerinage tout aussi émouvant s'impose sur les traces de Franz Schubert. Et si cela ne suffisait pas, après cinquante ans de fermeture, le palais Liechtenstein dévoile une fabuleuse collection de tableaux de maîtres. Plus vivant que son voisin, Josefstadt distille une atmosphère baroque avec ses rues bordées de palais et ses églises exubérantes. À l'ouest, Währing présente une visage résidentiel qui s'anime aux abords de la Gürtel où quantité de cafés et lieux branchés ont élu domicile sous les arches de la voie ferrée.

- ▶ **Se repérer** – À l'ouest de l'Innere Stadt, Josefstadt est le plus petit arrondissement de Vienne en superficie, il est limitrophe du centre historique comme son voisin Alsergrund, situé plus au nord et baigné par le canal du Danube. Plus à l'ouest, Währing s'étend en longueur derrière la Gürtel.

- 👁 **À ne pas manquer** – Le palais Liechtenstein, le musée Freud, la maison natale de Franz Schubert.

- 🕐 **Organiser son temps** – Profitez de la matinée pour visiter le palais Liechtenstein, il y aura moins de monde ; réservez votre après-midi pour une balade dans Alsergrund et Josefstadt.

- 👪 **Avec les enfants** – Le musée des Arts et Traditions populaires autrichiens.

Comprendre

Au n° 19 de la Bergasse – La vision moderne de la psyché humaine est née ici, dans cet immeuble bourgeois presque anonyme où Sigmund Freud (1856-1939) vécut jusqu'à son exil à Londres. Avant ses travaux, l'inconscient était envisagé comme une réalité négative, comme une espèce de désordre qui embrouillait la raison, un égarement de la conscience. À partir de ses recherches sur l'étiologie des névroses, Freud a fondé une théorie qui a totalement bouleversé l'histoire de la pensée, à l'instar de l'astronome polonais Nicolas Copernic qui révolutionna le monde des Idées avec sa théorie du mouvement des planètes autour du Soleil. Universelle, la théorie freudienne décrit l'appareil psychique et développe une technique permettant d'interpréter les rêves. Cette théorie est exposée dans un livre culte, *La Science des rêves*, paru en 1900 dans sa version originale en allemand (en 1926 en français). Pour la première fois, le rêve a un sens, qui dissimule les désirs inconscients. Il a un langage et une syntaxe, celui et celle d'une névrose qu'il faut analyser. Trop brièvement, on peut dire que l'outil permettant d'entrer en contact avec ce « lieu psychique » qu'est l'inconscient et qui organise notre propre histoire est la psychanalyse.

Freud dut affronter les railleries et l'incompréhension de la plupart de ses contemporains. Mais, aidé de disciples tels que Alfred Adler ou Carl Gustav Jung, il put, malgré les tensions, transformer sa doctrine en mouvement.

Alsergrund★ 1

Plan XII B-C2

🇺 2 Schottentor/Universität, Schottenring, 🚋 1, 2, 37, 38, 40, 41, 42 Schottentor/Universität, 🚌 40A Schottentor.

Avec ses nombreux hôpitaux et maisons de repos, cet arrondissement situé au nord du centre de Vienne est celui de la médecine. Le Lycée français *(Liechtensteinstraße 37)* et l'Institut culturel français *(Währingerstraße 32)* y sont également installés. Ce quartier connut plusieurs célébrités parmi ses administrés : Ludwig van Beethoven, Anton Bruckner, Sigmund Freud, Franz Schubert, ainsi que l'écrivain Heimito von Doderer.

Musée Freud (Sigmund-Freud-Museum)★ C2

Berggasse 19 - 🇺 *2 Schottentor/Universität,* 🚋D *Schlickgasse,* 🚌 *40A Berggasse -* 📞 *(01) 319 15 96 - www.freud-museum.at - tlj 9h-18h - 8,50 €.*

R. et P. Holzbachova & Benet / MICHELIN

Le musée Freud.

Né à Freiberg en Moravie en 1856, Freud arrive à Vienne en 1859 avec ses parents. L'adresse de la Bergasse est pratiquement devenue un lieu de pèlerinage, car le père de la psychanalyse y habita de 1891 à 1938, soit près d'un demi-siècle avant de quitter la capitale autrichienne pour Londres, afin de fuir le régime nazi.

Inauguré en 1971, ce musée occupe l'appartement du premier étage où Freud écrivit ses ouvrages ; son cabinet de travail était au rez-de-chaussée. Le célèbre divan est absent, il se trouve au musée Freud de Hampstead, dans la banlieue londonienne. En revanche, le mobilier de la salle d'attente fut rapatrié à Vienne par Anna Freud, la fille cadette du grand homme, elle-même psychanalyste.

L'essentiel de la collection consiste en des documents photographiques (demandez un opuscule explicatif en français). Le visiteur se trouve plongé dans un véritable panorama d'instantanés de la vie de Freud, depuis la maison de Freiberg jusqu'au départ pour Londres, en passant par des photos de famille, comme ce cliché de Freud en compagnie de sa fille Sophie. Un documentaire audiovisuel commenté par Anna Freud nous montre son père au milieu des siens, lors de rares moments de loisirs. Une image touchante et quelque peu inattendue.

Un grand collectionneur

Sigmund Freud possédait une remarquable collection d'antiquités. Grâce à la complicité de Hans Demel, alors directeur du musée des Beaux-Arts, qui l'avait volontairement sous-estimée, Freud put l'emmener dans son exil londonien. Ces objets peuplaient les pièces du cabinet de la Berggasse. L'archéologue de l'âme qu'était l'éminent psychanalyste les trouvait instructives, pour lui comme pour ses patients.

Il avait posé sur son bureau des pièces significatives, telles qu'une tête en bronze d'Osiris, souverain de l'Au-delà, et une statue en bronze d'Imhotep, architecte de la pyramide de Sakkara.

Continuez la Bergasse et tournez à gauche dans la Servitengasse.

Église des Servites **(Servitenkirche)** C2
Servitengasse 9 - [Tram]*D Schlickgasse,* [Bus] *40A Berggasse.*
L'église des Servites, également appelée de l'Annonciation, a été édifiée par Carlo Canevale à partir de 1651 et achevée en 1677. Les flèches furent ajoutées entre 1754 et 1756. Cet édifice est le plus ancien de Vienne à présenter un plan central de forme

OUEST DE VIENNE

Plan XII

0   400 m

SE LOGER

SE RESTAURER

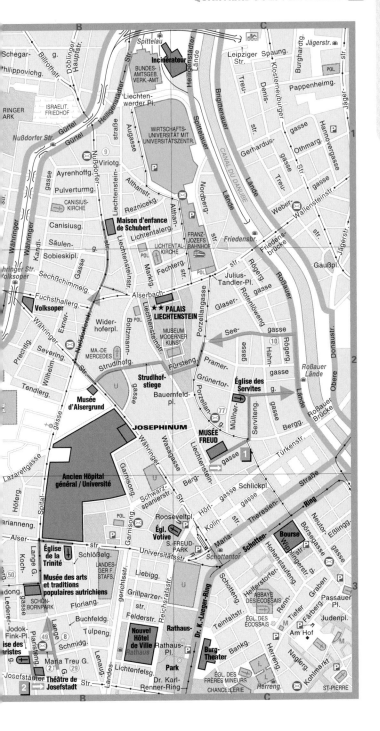

ovale. C'est donc un précieux témoignage de cet art d'importation qui caractérise le baroque primitif dans la capitale autrichienne. On peut légitimement supposer qu'il inspira les architectes des églises St-Charles et St-Pierre. L'intérieur attire les visiteurs pour la richesse de son décor. Les stucs sont l'œuvre de Jean-Baptiste Barberino et Jean-Baptiste Bussi. Sur la gauche, la belle **chaire baroque★★** (1739) présente des figures sculptées par Balthasar Moll, dont on peut voir les chefs-d'œuvre dans la crypte des Capucins *(voir p. 154)*, et qui réalisa ici les quatre Évangélistes et les trois Vertus théologales (sur l'abat-son).

À droite de l'église, la chapelle St-Peregrin fut ajoutée en 1727. Les fresques de sa coupole sont l'œuvre de l'artiste tyrolien Josef Adam Mölk.

Tournez à droite dans la Grünertorgasse pour rejoindre les quais. Les berges aménagées du canal du Danube offrent la possibilité d'une promenade attrayante. La station Rossauer Lände (U 4) a été édifiée au début du 20ᵉ s. par Otto Wagner.

Longez le quai sur la gauche et tournez à gauche dans la Seegasse. Vous passerez devant l'ancien cimetière juif de la Rossau, dont la fondation remonte au 16ᵉ s. (Seegasse 11, accessible par la maison de repos). Samuel Oppenheimer et Samson Wertheimer y sont enterrés (voir l'encadré sur les « Juifs de Cour » p. 310). Descendez la Porzellangasse jusqu'à la Fürstengasse sur la droite.

Palais Liechtenstein - musée Liechtenstein★★ B2

Fürstengasse 1 - Tram *D Seegasse,* Bus *40A Bauernfeldplatz - ♿ - ✆ (01) 31957 67 252 - www.liechtensteinmuseum.at - vend.-lun. 10h-17h - 10 € avec audioguide en français.*

Ce bâtiment baroque d'inspiration italienne est l'œuvre de Domenico Martinelli, qui le commença en 1700 et l'acheva en 1711. Il abrite le musée Liechtenstein, inauguré en 2004, qui présente la riche collection privée du prince Hans-Adam II de Liechtenstein. Celle-ci comprend quelque 1 600 chefs-d'oeuvre allant des débuts de la Renaissance au romantisme autrichien, avec notamment des tableaux de Lucas Cranach l'Ancien, Raphaël, Pieter Bruegel le Jeune, Jan Bruegel l'Ancien, Pierre Paul Rubens, Antoine Van Dyck, Rembrandt, Ferdinand Georg Waldmüller et bien d'autres encore.

Au rez-de-chaussée est exposé le **carrosse d'or★** avec lequel le prince Joseph Wenzel de Liechtenstein, ambassadeur impérial, fit son entrée à Paris en 1738. C'est aussi dans ce somptueux véhicule que la fiancée de l'empereur Joseph II, Isabelle de Bourbon-Parme, voyagea de Parme à Vienne en 1760. À gauche, la bibliothèque réalisée par Joseph von Hardtmuth (1758 – 1816) renferme près de 100 000 ouvrages.

Les **fresques★** du hall, des salons d'apparat (réservés aux expositions temporaires) et des escaliers furent commandées à Johann Michael Rottmayr (1654-1730) en 1705. Dissimulées sous d'autres peintures, elles ont été redécouvertes à l'occasion des travaux de rénovation récents et restaurées.

À l'étage, la première salle (salle IV) est consacrée à l'art religieux gothique et de la Renaissance italienne avec des tableaux de Lorenzo Monaco (1391-1423), **La Vierge à l'Enfant entre deux anges★** (vers 1420), de Giovanni Baronzio (1345-1362), *Les Rois mages, la Crucifixion et les sept saints* (vers 1345) ; de Naddo Ceccharelli (peintre du milieu du 16ᵉ s.), **Christ en douleur★** (vers 1347), de Lucas Van Leyden (1494-1533), *Le Triomphe de David.*

La salle V est consacrée à l'art du portrait de l'époque gothique tardive et de la Renaissance. De Lucas Cranach l'Ancien

Une histoire mouvementée

Depuis le 17ᵉ s., les princes de Liechtenstein n'avaient cessé de collectionner les tableaux de maîtres et les objets d'art. Dans le palais de la Rossau, la galerie Liechtenstein fut l'un des premiers musées de la ville permettant au public d'admirer une multitude de tableaux, de sculptures, d'objets d'art et de meubles.

Jusqu'en 1938, année de la fermeture de la galerie, ces collections constituaient un élément majeur du paysage artistique et muséographique viennois. Dans les dernières semaines de la guerre, elles furent transférées par souci de sécurité à Vaduz, capitale de la Principauté du Liechtenstein. Il a fallu attendre 2004 pour qu'elles réintègrent leur palais d'origine.

(1472-1553), le **Portrait du Grand Électeur Frédéric III de Saxe★★** (vers 1532) ; de Francesco di Cristofano, dit Franciabigio, **Portrait d'un homme★★** (vers 1517) ; de Paris Bordone (1500-1571) **Portrait de Nicolas Köbler★** (vers 1532).

En salle VI, les principales écoles du baroque italien sont représentées par Pierre de Cortone (1597-1669) avec **Le Châtiment d'Hercule★** (vers 1635), par Jean Valentin de Boulogne (1591-1623), avec *En agréable compagnie avec une diseuse de bonne aventure* (1631), par Sébastien Ricci (1659-1734) avec *L'Enlèvement des Sabines* (vers 1700) et par Pompeo Girolama Batoni (1708-1787), avec *Hercule à la croisée des chemins* (vers 1748).

En salle VII, on découvre le cycle **Victoire et mort du consul romain Decius Mus★** de Pierre-Paul Rubens (1577-1640) réalisé en sept tableaux (vers 1616/1617) ; d'Antoine Van Dyck (1599-1641), **Saint Jérôme★** (vers 1615/1616) ; des bronzes d'Adrian de Fries (1556-1626) et des bustes de Robert Le Lorrain (1666-1743).

La salle VIII est consacrée presque exclusivement à Rubens avec de nombreuses œuvres de jeunesse peintes entre 1602 et 1627. En salle IX sont exposés plusieurs portraits signés par son disciple, Antoine Van Dyck, notamment **Le Portrait d'un noble Gênois★** (vers 1624) ainsi que **Le Portrait d'un homme★** de Frans Hals.

La salle X expose le **cabinet dit de Badminton★★** (1720/1732) en bois d'ébène, bronze et pierres précieuses réalisé à Florence pour le duc de Beaufort, Henry Somerset, et destiné à sa propriété de la Badminton House dans le Gloucestershire ; trois panneaux en pierre dure illustrant des paysages proviennent de l'atelier Castrucci à Prague (vers 1600) ; **sept tableaux de Pierre Courteys★** (vers 1550), peintre sur émail de Limoges, évoquent des épisodes de la guerre de Troie ; les **neuf reliefs en ivoire★** d'Ignaz Elhafen (vers 1680/1690) sont extrêmement raffinés.

La salle XI, appelée le **salon d'Hercule★★**, dévoile une fresque de toute beauté du maître de la peinture baroque italienne, Andrea Pozzo (1642-1709).

Portrait de Clara Serena Rubens, par Rubens, 1616.

Prenez en face la Strudlhofgasse.

Strudlhofstiege B2

Entre la Strudlhofgasse et la Liechtensteingasse - ▇ 37, 38, 40, 41, 42 Sensengasse, ● 40A Bauernfeldplatz.

Cet escalier pittoresque à plusieurs volées a été dessiné par l'architecte Johann Theodor Jager en 1910. Joliment orné de balustrades et de candélabres Jugendstil, cet ouvrage d'art urbain est le cadre d'un célèbre roman de Heimito von Doderer, *Die Strudlhofstiege oder Melzer und die Tiefe der Jahre* (1951, pas encore traduit en français).

Tournez à droite dans la Währinger Straße.

Musée d'Alsergrund (Bezirksmuseum Alsergrund) B2

Währinger Straße 43 - ▇ 37, 38, 40, 41, 42 Sensengasse - ♿ - ℘ (01) 40 03 40 91 27 - merc. 9h-11h, dim. 10h-12h ; fermé juil.-août, j. fériés et vac. scolaires - gratuit.

Ce musée évoque le souvenir de l'écrivain **Heimito von Doderer** (1896-1966), l'auteur de *Strudlhofstiege* qui flirta un moment avec les idées du national-socialisme, puis s'en détourna lorsque Hitler déclara l'*Anschluß* de l'Autriche. Il habitait Währinger Straße. Une salle est également consacrée au poète lyrique juif **Erich Fried**, qui émigra en

Angleterre en 1938. Le musée expose en outre des documents sur l'artisanat et les métiers de la Vienne historique, ainsi que sur l'histoire de l'arrondissement d'Alsergrund.

Continuez la Währinger Straße et tournez dans la Nußdorferstraße ou bien prenez à l'intersection le 🚋 *37, 38 et descendez à l'arrêt Canisius (deux stations).*

Maison natale de Schubert
(Franz-Schubert-Gedenkstätte Geburtshaus)★ B1

Nußdorferstraße 54 - 🚋 *37, 38 Canisiusgasse,* 🚋 *D Althanstraße -* 📞 *(01) 317 36 01 - www.museum.vienna.at - mar.-dim. 10h-13h et 14h-18h - fermé 1ᵉʳ janv., 1ᵉʳ Mai et 25 déc. - 2 €.*

Un compositeur très « fécond » – Schubert naquit et mourut à Vienne, une ville dont il ne sortit qu'exceptionnellement.

Pour s'évader, il composait sans relâche et travaillait sans interruption : il prit ses premières leçons de contrepoint quelques semaines avant son décès. Grand ami de Franz Grillparzer et admirateur de Johann Wolfgang von Goethe et de Friedrich von Schiller, Schubert était fortement imprégné de désillusion. En 1818, il avait déjà composé près de 600 morceaux, après avoir écrit en 1815 et 1816 plus d'œuvres que de nombreux compositeurs n'en créèrent durant toute une vie. Dans sa solitude, Schubert engendra notamment 5 messes, 10 symphonies, 15 opéras et plus de 600 lieder.

Franz Schubert, le prince du Lied

« Voulais-je chanter l'amour, cela m'entraînait à la douleur ; voulais-je chanter la douleur, cela me menait à l'amour. » Cette phrase très connue qu'écrivit Franz Schubert en 1822 résume l'univers intérieur de ce compositeur méconnu de ses contemporains, et qui écrivit pourtant plus de 1 200 œuvres en moins de vingt ans. Dès son adolescence, Schubert créa des lieder, une forme musicale qui est du reste présente dans toute son œuvre. C'est probablement son enfance comme chanteur qui incita le jeune Schubert à explorer ce genre nouveau que l'on peut définir comme un poème chanté, à une ou plusieurs voix.

La maison natale de Schubert.

W. Buss / MICHELIN

Inauguré en 1912, ce musée a pris place dans la maison autrefois nommée « À l'Écrevisse Rouge » où Franz Peter Schubert naquit le 31 janvier 1797. Sa famille y occupait les pièces ouvrant sur la cour intérieure. Le futur compositeur y vécut ses quatre premières années avant d'habiter au n° 3 de la Säulengasse. Le Musée historique de la ville de Vienne a eu l'excellente idée de placer dans tous les « lieux commémoratifs de grands musiciens » qu'il administre, de petits meubles permettant d'écouter des extraits musicaux. On a donc la possibilité de s'équiper d'écouteurs afin de s'isoler dans la musique de Schubert en sélectionnant le morceau de son choix.

Le musée possède de nombreux documents et souvenirs du compositeur de *La Jeune Fille et la Mort*. Ses célèbres lunettes sont exposées *(1re salle)*, ainsi que des extraits de son journal *(1re salle)* et une boucle de ses cheveux, dûment authentifiée par un certificat et protégée dans un médaillon. Parmi les portraits, remarquez cette zincographie signée en 1821 par Leopold Kupelwieser, la lithographie réalisée vers 1825 par Josef Teltscher et le buste en marbre de Carrare exécuté par Carl Kundmann en 1893 *(2e salle)*. Sa guitare est également présente. Il s'agit d'un instrument datant des années 1820, réalisé par le Viennois Bernard Enzensperger *(4e salle)*.

Revenez avec le Tram *37 et 38 vers le centre-ville.*

QUARTIER DE LA MÉDECINE

Josephinum★ B2
Währinger Straße 25 - Tram *37, 38, 40, 41, 42 Sensengasse.*
L'ancienne Académie militaire de chirurgie et de médecine, dite « Josephinum », fut fondée par Joseph II et construite par Isidore Canevale entre 1783 et 1785. La cour d'honneur est dotée d'une fontaine réalisée par Johann Martin Fischer en 1787. Depuis 1920, le Josephinum abrite un musée consacré à la médecine.

Musée de l'Institut d'histoire de la médecine (Museum des Institutes für Geschichte der Medizin) – *1er étage -* &. *- ℰ (01) 427 76 34 22 - lun.-vend. 9h-15h et 1er sam. du mois 10h-14h - fermé j. fériés - 2 €.*

Ce musée se divise en deux parties. On visite tout d'abord deux salles regroupant des instruments du 19e s. (dont la première loupe de Carl Zeiss) et des documents (photographies, gravures, etc.). Remarquez la vitrine consacrée à S. Freud, A. Adler et J. Preuer (lettre manuscrite de Freud). On passe ensuite aux trois salles conservant des **préparations anatomiques★** grandeur nature, modelées dans la cire sous la direction de Felice Fontana et Paolo Mascagni. Cette collection de figures, dite « Anatomia Plastica », leur fut commandée par Joseph II dans le but de faciliter l'étude des futurs chirurgiens militaires. Certes inhabituelle, cette suite d'écorchés brillamment réalisés par ce duo de sculpteurs toscans, succession de muscles, de nerfs, de ligaments et de vaisseaux, est absolument étonnante de précision… et plutôt macabre.

En sortant du Josephinum, prenez la Währinger Straße à gauche, la Sensengasse sur la gauche et encore à gauche dans la Spitalgasse.

Ancien Hôpital général (AKH-Allgemeines Krankenhaus) B2-3
Spitalgasse 4.
Joseph II fit construire l'Hôpital général de Vienne à partir de 1783 et ce dernier ouvrit ses portes dès 1784. Agrandi au cours du siècle suivant, il forme un vaste ensemble de bâtiments organisés autour de 13 cours intérieures. Il sert aujourd'hui à l'université, un immense complexe hospitalier ayant vu le jour dans l'arrondissement de Währing.
Tour des Fous (Narrenturm) – *Entrez dans l'enceinte de l'hôpital et suivez les indications ; 6e cour.*
Cet édifice, qui servit d'asile pour aliénés à partir de 1784, a été bâti par l'architecte Isidore Canevale. Derrière ces étroites fenêtres qui ressemblent à des meurtrières dotées de barreaux, les aliénés vivaient (jusqu'en 1866) dans des cellules ouvrant sur un couloir encerclant une cour intérieure vraiment sinistre. L'endroit était surnommé « le kouglof de l'empereur Joseph » Le **musée de Pathologie et d'Anatomie** occupe depuis 1971 plusieurs niveaux de la tour des Fous (seul le rez-de-chaussée est accessible au public, le reste est réservé aux étudiants en médecine). Il abrite un impressionnant inventaire des malformations du corps humain. *(ℰ (01) 406 86 72 - www.pathomus. or.at - mer. 15h-18h, jeu. 8h-11h et 1er sam. du mois 10h-13h - fermé j. fériés - 2 €).*

AUX ALENTOURS

Volksoper B2
Währinger Straße 78 Tram *40, 41, 42 Währinger Straße/Volksoper ; bus : Währinger Straße/ Volksoper (40A).* L'Opéra populaire date de 1898 : il a été construit à l'occasion des fêtes jubilaires du cinquantenaire du règne de François-Joseph. Sa compagnie a été créée en 1903. Contrairement à l'Opéra national, les livrets des œuvres représentées

ici sont toujours chantés en allemand. Les opéras et opérettes à l'affiche de ce théâtre sont souvent interprétés par de jeunes chanteurs et de jeunes chefs, et parfois mis en scène avec un certain esprit d'avant-garde. Le Volksoper propose également des comédies musicales, comme *My Fair Lady* par exemple, un véritable « opéra populaire ».

Incinérateur (Müllverbrennungs-Fernwärme-Heizwerk) B-C1

Heiligenstädter Lände - U *4, 6 Spittelau,* Tram *D Spittelau.*

Situé au nord de la gare François-Joseph, cet incinérateur a été décoré par **Friedensreich Hundertwasser**. Sa cheminée couronnée d'or est devenue un symbole de l'horizon urbain viennois. Il appartient au nouveau complexe universitaire édifié par Kurt Hlawenicka et Associés entre 1972 et 1990 (faculté de sciences économiques, instituts de Zoologie, de Biologie et de Physique végétale).

Josefstadt 2

Plan XII B3

8ᵉ arr. - plan p. 262 - U *2 Lerchenfelderstraße, Rathaus,* Tram *J Rathaus,* Tram *43, 44 Lange Gasse,* Bus *13A Theater i. d. Josefstadt.*

L'incinérateur de Hundertwasser.

Au nord-ouest du centre-ville, tout proche de la Ringstraße, ce petit arrondissement doit son nom à l'empereur Joseph II. Il recèle de jolies rues qu'embellissent de nombreuses façades remontant au 18ᵉ s. La proximité de l'université et du palais de justice est sensible dans l'atmosphère des restaurants où se côtoient avocats et étudiants. Le quartier héberge en outre la scène anglaise de l'*English Theater* (*Josefsgasse 12*). Insatiable dans ses changements de domicile, Ludwig van Beethoven habita Josefstadt en 1819-1820 *(Auerspergstraße)*, de même que Stefan Zweig. On débute agréablement la visite par la Josefstädter Straße *(voir plaque relatant l'histoire du quartier au nᵒ 12)*, une rue tracée à l'emplacement d'une ancienne voie romaine et offrant des perspectives charmantes sur la Forêt viennoise et la silhouette de la cathédrale St-Étienne.

Théâtre de Josefstadt (Theater in der Josefstadt)

Josefstädter Straße 26 - U *2 Rathaus,* Tram *J Rathaus,* Bus *13A Theater i. d. Josefstadt.* Fondé en 1788 et toujours en activité, ce théâtre cher au cœur des Viennois fut reconstruit en 1822 par Josef Kornhäusel, architecte qui réalisa les plus beaux édifices de Baden *(voir p. 295)*. C'est à l'occasion de cette réouverture que Beethoven dirigea personnellement la *Consécration de la maison*, musique composée tout spécialement pour l'événement. Cet ancien théâtre doit l'essentiel de son excellente réputation au metteur en scène Max Reinhardt, représenté en médaillon sur la façade, ainsi qu'à l'écrivain Hugo von Hofmannsthal.

Tournez à droite dans la Piaristengasse.

Église des Piaristes (Piaristenkirche Basilika Maria Treu)

Jodok-Fink-Platz - ✆ *(01) 405 91 52 - www.piaristen.at/MariaTreu -* ♿ *- juil.- août : lun.-sam. 7h-9h (mar., jeu. et sam. également 18h-19h30), dim. 7h-12h et 18h-20h ; sept.-juin : lun.-sam. 7h-12h et 18h-20h - gratuit.*
C'est une église du « Patres scholarum piarum », dont la mission est de s'occuper des enfants pauvres. L'ordre fut fondé en 1597 et appelé dans la capitale austro-hongroise au 17ᵉ s. Ce sanctuaire fut commencé en 1716 et achevé en 1777 par Johann Lukas von Hildebrandt, plutôt connu pour ses palais. La belle façade de transition, entre

baroque et classique, présente un corps central couronné d'un fronton et encadré par deux hauts clochers terminés peu avant 1860 ; la composition ne manque assurément pas de grâce.

À l'intérieur, deux grandes coupoles sont décorées d'une fresque de style rococo due au célèbre Franz Anton Maulbertsch, qui conçut ici sa première grande réalisation (1753). Ce même artiste est l'auteur de la *Crucifixion* (1772) visible dans la chapelle située à gauche de l'autel. Le point central de l'église est la Vierge Marie qui se trouve sur le maître-autel, œuvre (1713) d'un peintre qui fut miraculeusement guéri de la peste. De célèbres musiciens ont joué dans l'église des Piaristes, de Joseph Haydn à Paul Hindemith, en passant par Franz Liszt et Anton Bruckner.

Au centre de la place flanquée par les bâtiments monastiques se dresse une colonne votive couronnée d'une Vierge. Il s'agit d'une des nombreuses colonnes de la peste élevées à Vienne et dans ses environs (celle-ci commémore la fin de l'épidémie de 1714), mais elle n'égale pas en beauté celles du Graben *(voir p. 135)*, de Mödling ou de Perchtoldsdorf *(voir p. 292 et 298)*.

En face de la Jodok-Fink-Platz, engagez-vous dans la Maria-Treu-Gasse, puis tournez à droite dans la Lange Gasse. Au n° 34, l'Alte Backstube abrite la plus ancienne boulangerie de Vienne, reconvertie en café-musée (voir carnet pratique p. 271).

Le fronton de l'église des Piaristes.

Rebroussez chemin dans la Lange Gasse. À l'angle de la Lange Gasse et de la Florianigasse, le parc de Schönborn s'ouvre par deux très jolies portes Jugendstil en fer forgé. De l'autre côté du parc se trouve la Kochgasse où habita (au n° 8) l'écrivain Stefan Zweig, de 1907 à 1919. Continuez la Lange Gasse et tournez à gauche dans la Laudongasse.

Musée des Arts et Traditions populaires autrichiens
(Österreichisches Museum für Volkskunde) B3

Laudongasse 15-19 - 🚋 *43,44 Lange Gasse,* 🚋 *5, 33 Laudongasse,* 🚌 *13A Laudongasse -* ♿ *-* ☏ *(01) 406 89 05 - www.volkskundemuseum.at - mar.-dim. 10h-17h - fermé 1ᵉʳ janv., dim. de Pâques, 1ᵉʳ Mai, 1ᵉʳ nov. et 25 déc. - 5 €.*

Ce musée est installé dans le palais Schönborn, somptueuse résidence campagnarde que Johann Lukas von Hildebrandt et Franz Jänggl transformèrent de 1706 à 1711, afin de réaliser un palais d'été pour Friedrich Karl Schönborn-Buchheim, chancelier adjoint de l'Empire, qui allait devenir le bienfaiteur de Hildebrandt.

Il s'agit du seul musée viennois consacré aux arts et traditions populaires de l'Autriche et des anciennes provinces de l'Empire ; le musée d'Art religieux populaire dépend de cette institution. La diversité des pièces exposées donne un bon aperçu de la vie quotidienne des provinces autrichiennes du 17ᵉ au 19ᵉ s. On y verra des sculptures sur bois, des outils, des maquettes de maisons paysannes, des intérieurs originaux, du mobilier (parfois peint), des costumes, de la céramique, etc. Quelques pièces méritent une attention particulière *(les chiffres entre parenthèses renvoient à la numérotation utilisée sur place)*, dont un étrange **« oiseau de la connaissance de soi-même »** ★ taillé dans le bois au Tyrol au milieu du 18ᵉ s. *(1/0)* ; un impressionnant masque tyrolien exécuté vers 1900 *(1/61)* ; un imperméable fait d'herbes réalisé en Slovénie ou en Croatie vers 1900 *(2/2)* ; une armoire peinte en Haute-Autriche en 1791 par Mathias Huember qui la décora d'allégories des saisons *(12/1)* ; un théâtre mécanique fabriqué à Vienne vers 1850 *(14/14)*.

Revenez à la Lange Gasse pour tourner à droite dans l'Alser Straße.

Église de la Trinité
(Dreifaltigkeitskirche)
Alser Straße 17 - 🚋 *43, 44 Lange Gasse -*
📞 *(01) 405 72 25 -* ♿ *(entrée latérale) -*
lun.-sam. 7h30-12h (dim. 12h30).

Face à l'Hôpital général *(voir p. 262)*, l'église de La Trinité, familièrement appelée Alserkirche, fut élevée entre 1687 et 1727. La vénération des Viennois pour saint Antoine s'y manifeste par plus de 4 500 ex-voto (dans la galerie du cloître et dans la chapelle, côté droit). La nef Nord abrite un retable de Martino Altomonte (1708) ; la nef Sud un crucifix en bois (début 16ᵉ s.) réalisé par l'atelier de Veit Stoß, un artiste de Nuremberg.

Un dernier hommage

Ludwig van Beethoven s'éteignit le 26 mars 1827. Le 29 mars, son corps fut exposé dans la Dreifaltigkeitskirche jusqu'à l'office funèbre auquel assistèrent l'éminent poète Franz Grillparzer et Franz Schubert, qui déclara plus tard : « Il coulera encore beaucoup d'eau dans le Danube avant que tout ce que cet homme a créé soit compris. » Lorsque le cortège s'ébranla en direction du cimetière de Währing, ce sont 30 000 Viennois qui accompagnèrent cet immense compositeur solitaire afin de lui rendre un dernier hommage.

Währing

Plan XII A1-2

L'arrondissement de Währing se situe entre ceux de Döbling et de Hernals, au nord-ouest du centre-ville, au-delà des arrondissements de Josefstadt et d'Alsergrund. Währing est un quartier résidentiel calme et agréable parsemé de mignonnes habitations Jugendstil.

Parc Schubert (Schubertpark) A2
Währinger Straße - 🚋 *40, 41 Martinstraße.*
Non loin du Volksoper *(voir p. 267)*, le parc Schubert se signale au promeneur par une étrange curiosité : quelques tombes et une croix, vestiges de l'ancien cimetière de Währing. C'est du reste contre le mur est que furent enterrés Franz Schubert et Ludwig van Beethoven. Leurs cercueils furent transférés au cimetière central en 1888 *(voir p. 285)*.

Türkenschanzpark A1
🚋 *41 Türkenschanzplatz,* 🚌 *10A Türkenschanzplatz.*
Le parc de la « redoute des Turcs » doit son nom au campement que les janissaires de Soliman le Magnifique établirent à son emplacement lorsqu'ils se retranchèrent face à la glorieuse résistance du comte Salm pendant le siège de 1529. Vers 1880, on décida de transformer ce terrain de 15 ha en jardin public et l'on chargea Gustav Sennholz de tracer des allées et de creuser des étangs. Joliment délimité par une grille Jugendstil, ce parc délicieusement arboré ne tarda pas à recueillir la faveur de nombreux Viennois amateurs de promenades, notamment Arthur Schnitzler qui appréciait ses vallons.
Au sud du parc, les amateurs d'architecture peuvent apprécier trois maisons construites au début du 20ᵉ s., les deux premières le furent par Robert Oerley, la troisième par Hubert et Gessner : la villa Paulick (1907, *Türkenschanzstraße 23*), la villa Schmutzer (1910, *Sternwartestraße 62/64*) et la villa Gessner (1907, *Sternwartestraße 70*).

Villa Moller plan 2ᵉ rabat de couverture E2
Starkfriedgasse 19 - ne se visite pas - 🚋 *41 Gersthoferstraße/Scheibenbergstraße.*
Souvent considérée comme un aboutissement dans la carrière de Loos, cette maison réalisée en 1928 pour Hans et Anny Moller est une épure géométrique dont la simplicité et la nudité choquent les uns ou séduisent les autres, mais ne laissent jamais indifférent.

Château de Geymüller (Geymüller-Schlößl) plan 2ᵉ rabat de couverture E1
Pötzleinsdorfer Straße 102 - 🚋 *41 Pötzleinsdorf (terminus) puis* 🚌 *41A Khevenhüllerstraße -* 📞 *(01) 71 13 62 48 - www.mak.at - visite sur rendez-vous téléphonique uniquement, au moins une sem. av. la date souhaitée.*
Ce manoir bâti en 1808 par le banquier Heinrich Geymüller abrite et expose une collection de montres, horloges et pendules anciennes datant du 17ᵉ s. au 19ᵉ s., soit du baroque à la période Biedermeier. Remarquez également le mobilier et les bibelots des sept salles d'exposition.

Les quartiers Ouest de Vienne pratique

Se loger

Pour la description des hôtels du quartier, voir la partie « Organiser son voyage » p. 28.

Se restaurer

ALSERGRUND

Stomach – *Seegasse 26 - 9ᵉ arr. - (01) 310 20 99 - merc.-sam. 16h-0h, dim. 10h-22h - plats principaux à partir de 10 €.* Excellents filets de bœuf (spécialités de Styrie), intéressante carte des vins et, pour les amateurs, plusieurs plats végétariens. L'établissement fait donc l'unanimité. Pensez à réserver ! La cour magnifique vous attend en saison. L'intérieur est tout aussi charmant.

JOSEFSTADT

Alte Backstube – *Lange Gasse 34 - 8ᵉ arr. - (01) 406 11 01 - www.backstube. at - fermé lun. et de mi-juillet à mi-août - plats principaux à partir de 6 €, menu le midi à 6,50 €.* Cette jolie maison bourgeoise construite en 1697 se signale par une sculpture en grès de la Sainte Trinité au-dessus de l'entrée. Jusqu'à un passé récent, elle hébergeait la plus ancienne boulangerie de la ville. Le restaurant s'étend dans une enfilade de pièces rustiques jusqu'à l'ancien fournil, qui a été conservé en l'état et abrite un petit musée. Cuisine viennoise et accueil attentionné.

Prinz Ferdinand – *Bennoplatz 2 - 8ᵉ arr. - (01) 402 94 17 - fermé lun. - menu le midi 7 €, plats principaux à partir de 8 €.* Dans un cadre Biedermeier fait d'une succession de petites salles, ce Beisl donne l'image d'un bistrot de quartier plutôt chic. On y déguste une cuisine bourgeoise classique et de bon

goût. La terrasse est très appréciée aux beaux jours. En hiver, on se réchauffe dans un intérieur coquet.

Schnattl – *Lange Gasse 40 - 8ᵉ arr. - (01) 405 34 00 - fermé w.-end - plats principaux à partir de 20 € - cartes de paiement acceptées American Express et Diner's.* À proximité du théâtre de la Josefstadt, vous pourrez goûter une délicieuse cuisine viennoise revisitée par un chef créatif. Cadre soigné et clientèle huppée du quartier. Jardin d'été.

Faire une pause

ALSERGRUND

Ruben's brasserie – *Füstengasse 1 - 8ᵉ arr. - (01) 319 23 96 11 - www. rubens. at - jeu.-lun. 10h-0h.* Ne pas hésiter, après la visite du musée Liechtenstein, à faire une halte gourmande dans le café merveilleusement situé sur la cour d'honneur du palais. Pâtisseries viennoises et du Liechtenstein.

Cafe der Provinz – *Maria Treu Gasse 3 - (01) 944 22 72 - www. cafederprovinz. at.tt - tlj, dim. jusqu'à 15h sf été.* Une gentille atmosphère campagnarde souffle sur ce petit établissement qui attire une clientèle jeune du quartier. Terrasse sur la rue, crêpes à la carte et brunch le w.-end.

Achats

Brunnenmarkt – *Brunnengasse - 16ᵉ arr. - tlj sf dim.* À la limite de Josefstadt, un marché presque quotidien.

ALSERGRUND

Marché de Noël du campus universitaire – *Ancien Hôpital général - 9ᵉ arr. - de mi-nov. au 24 déc.* Marché de Noël culturel et artistique.

12 **Quartiers Nord de Vienne**

PLAN 2^E RABAT DE COUVERTURE G1-2 – 2e ET 22e ARR.

La grande roue du Prater est à Vienne ce que la tour Eiffel est à Paris… Symbole de la ville, la « Riesenrad » s'élève au-dessus du parc d'attractions et offre une vue plongeante sur Donaustadt, cité moderne qui abrite les institutions onusiennes, des gratte-ciel et de vastes espaces de loisirs en bordure du Danube. Le fleuve canalisé en trois bras est ponctué, le long du Vieux Danube, de plages et de cabanons où les Viennois viennent passer le week-end. À découvrir idéalement à vélo.

- **Se repérer** – Au nord-est du centre historique, Leopoldstadt et Donaustadt s'étendent de part et d'autre des bras du Danube. Le premier s'étire le long du Danube et le second au-delà, à partir de l'île du Danube.
  Leopoldstadt : **U** *1 Praterstern/Wien Nord, Nestroyplatz.*
  Donaustadt : **U** *1 Donauinsel, Kaisermühlen-Vienna International Centre, Alte Donau.*

- **À ne pas manquer** – Le Prater et sa grande roue, Uno-City et le parc du Danube.

- **Organiser son temps** – Avec des enfants, vous pouvez passer la journée au Prater car les attractions sont nombreuses. Si vous êtes en quête de verdure et de baignade par un beau soleil, privilégiez le parc du Danube et les plages de l'Arbeiterstrand en bordure du Vieux Danube.

- **Avec les enfants** – Les attractions du Prater, l'ascension de la tour du Danube, une promenade à vélo sur l'île du Danube, le Vieux Danube et la baignade.

Comprendre

De la chasse impériale au parc d'attractions – La première mention du Prater date de 1403. En 1560, Maximilien II transforme la grande île qui s'allonge entre le canal du Danube et le fleuve en un terrain de chasse impérial qu'il fait fermer d'une clôture. Empereur libéral, Joseph II ouvre le Prater au peuple en 1766. Dix ans plus tard, des baraques et des chapiteaux y font leur apparition. Dès lors, le Prater devint un lieu d'attractions : en 1771, on y donne un feu d'artifice ; en 1791, Jean-Pierre Blanchard y décolle en montgolfière ; en 1815, de somptueux carrosses y déposent les souverains réunis au congrès de Vienne. On vient y faire du cheval ou s'y montrer, mais surtout, on vient y danser la valse viennoise à la Belle Époque car le Prater est alors parsemé de cafés dansants et chantants. Jusqu'à la fin de l'Empire, ce parc est un rendez-vous chic où les robes à crinoline ne s'arrêtent de tournoyer que pour changer de cavalier.

L'ONU à Vienne – Depuis août 1979, Vienne est l'un des quatre sièges des Nations unies, avec New York, Genève et Nairobi. Plus de 4 000 personnes issues de plus de 100 pays travaillent dans les organisations internationales qui y sont établies. Le Vienna International Centre abrite le Bureau des Nations unies de Vienne (UNOV), le Bureau des affaires spatiales (OOSA), l'Office pour le contrôle des drogues et la prévention du crime (ODCCP), l'Agence internationale de l'énergie atomique (AIEA), l'Organisation des Nations unies pour le développement industriel (ONUDI), la Coopération technique financée par le Budget ordinaire (CTBO PrepComm) et la Section des Nations unies pour le droit commercial international (UNCITRAL). D'autres organisations des Nations unies sont par ailleurs représentées à Vienne, telles que l'Organisation mondiale de la santé (OMS) ou le Haut-commissariat des Nations unies pour les réfugiés (UNHCR). La Commission internationale pour la protection du Danube (ICPDR), dont le siège est également au Vienna International Centre, coordonne les projets de protection de l'environnement des États danubiens.

Leopoldstadt★

2e arr.- [U] *1 Praterstern/Wien Nord,* [Tram] *5,
21, O Praterstern/Wien Nord,* [Bus] *5A Praterstraße, 80A Praterstern,* [S] *S1, S2, S3,
S7, S15 Praterstern.*

Le 2e arrondissement de la ville abrite
depuis 1897 la grande roue *(Riesenrad)*
qui élève lentement ses cabines au-
dessus du Prater, site également indissociable du célèbre film de Carol Reed,
Le Troisième Homme (1949). Du point de
vue historique, l'arrondissement doit son
nom à l'expulsion des juifs originaires de
Pologne et des Balkans qui le peuplaient
avant que Léopold Ier ne les expulsât en
1670, un peu moins d'un demi-siècle
après que Ferdinand II les y eut installés.
« Unterer Werd », comme on disait alors,
devint Leopoldstadt.

Le Prater des polichinelles.

LE PRATER★ G2

[U] *1 Praterstern,* [Tram] *5, 21, O Praterstern,*
[Bus] *80A Praterstern,* [S] *S1, S2, S3, S7, S15 Praterstern - www.prater.at.*

👫 Le gigantesque parc public est devenu un passage obligé pour les touristes
accompagnés de leurs enfants. Ses 1 287 ha sont en effet consacrés à la distraction
populaire, pour le plus grand plaisir des plus petits, mais aussi des plus grands s'ils
sont amateurs de football ou de courses de trot.

Le Prater se divise globalement en deux parties : l'une dédiée aux attractions foraines,
l'autre aux foires commerciales et aux installations sportives.

La première est connue sous le nom de **Wurstelprater** ou « Prater des Polichinelles »,
un vaste luna-park où des attractions sonores et multicolores se succèdent, depuis le
traditionnel tir à la carabine à plombs jusqu'aux montagnes russes, en passant par les
autos tamponneuses, les manèges de chevaux de bois et les barbes à papa qui collent
aux doigts. Longue de 5 km et bordée de châtaigniers, l'allée principale (Hauptallee)
qui s'amorce à hauteur du Praterstern (« étoile du Prater ») traverse la seconde partie
du parc dans toute sa longueur. Bien que goudronnée, elle est interdite aux voitures. Le
rond-point auquel aboutit cette ancienne allée cavalière est occupé par la **Lusthaus**,
pavillon de plaisance de Charles VI transformé en 1785 par l'architecte français Isidore
Canevale et qui abrite aujourd'hui un café-restaurant. Les foires commerciales se
tiennent dans le parc des expositions de la Messegelände, et de multiples manifestations et activités sportives animent divers endroits du parc : la piste de trot de Krieau
inaugurée en 1913 (de septembre à juin), le stade Ernst Happel, la piste de galop de
Freudenau (du printemps à l'automne), une piscine, un club de tennis, un terrain de
golf, ainsi qu'une multitude d'allées pour s'adonner au jogging.

Derrière la grande roue, le **Liliputbahn** est un petit train qui permet de se rapprocher
du stade de football et de la piscine après un circuit de 4 km.

Le **stade Ernst Happel** *(Meiereistraße 7)* porte le nom du plus grand des entraîneurs
autrichiens. Construit en 1931 par Otto Schweitzer et transformé pour la dernière fois
en 1986, le bâtiment peut accueillir 60 000 spectateurs.

Grande roue (Riesenrad)★★

*(01) 729 54 30 - www.wienerriesenrad.com - & - janv.-fév. et nov.-déc. : tlj 10h-20h ;
mar.-avr. et oct. : tlj 10h-22h ; mai-sept. : tlj 9h-0h - 7,50 €.*

Inauguré le 21 juin 1897, la grande roue fut construite en huit mois par l'Anglais Walter
B. Basset : l'engin devait servir de réclame à l'industrie métallurgique britannique.
Cet ingénieur en éleva d'autres, à Chicago, à Londres et à Paris, mais seule celle de
Vienne fonctionne encore. Elle fut utilisée comme poste d'observation militaire

au cours de la Première Guerre mondiale. Après avoir été incendiée pendant les bombardements qui s'abattirent sur la ville en 1944, elle fut reconstruite en 1947 avec deux fois moins de cabines. Elle servit de décor spectaculaire à la rencontre de Harry Lime (incarné par Orson Welles) et Holly Martins (par Joseph Cotten) dans le film tourné en 1949 par Carol Reed, *Le Troisième Homme*. Le film de la série des James Bond *Tuer n'est pas jouer (The Living Daylights)* s'en inspira pour quelques prises de vue impressionnantes.

Il est vrai que la **vue★** sur Vienne y est intéressante. Haute de 64,75 m et large de 61 m, la roue effectue un tour complet toutes les 20mn car les cabines se déplacent à la vitesse de 75 cm à la seconde.

Planetarium

Oswald Thomas Platz 1 (sur la Hauptallee, à côté de la grande roue) - 𝄞 (01) 726 76 83 - www.planetarium-wien.at - mar.-jeu. 10h-13h, vend.-dim. 14h-18h - fermé 1er janv., 1er Mai et 25 déc. - 2 €.

Fondé en 1927 par la société Zeiss, le planétarium abrite le petit **Prater-Museum** qui relate à travers une minuscule exposition de modèles réduits et de photographies l'histoire du Prater. On y verra une maquette de l'Exposition universelle de 1873.

AUX ALENTOURS DU PRATER

Plan 2e rabat de couverture F2

En venant du Praterstern, remontez la Praterstraße vers le centre-ville.

Avant d'arriver à hauteur du mémorial de Strauß, remarquez le Dogenhof (n° 70), un pastiche de la Ca'd'Oro du Grand Canal à Venise. Ce « palais des Doges » néogothique est probablement contemporain de la petite Venise viennoise percée – à l'emplacement qu'occupe aujourd'hui la grande roue – pendant les travaux de régularisation du Danube au cours du 19e s.

Maison de Johann Strauß (Johann Strauß Gedenkstätte)★

Praterstraße 54 - 1er étage - [U] 1 Nestroyplatz, ⊕ 5A Praterstraße - 𝄞 (01) 214 01 21 - www.museum.vienna.at - mar.-jeu. 14h-18h, vend.-dim. 10h-13h - fermé 1er janv., 1er mai et 25 déc. - 2 €.

Nombreux sont les objets et documents intéressants exposés dans ce musée. Certains attirent davantage l'attention *(les chiffres entre parenthèses renvoient à la numérotation utilisée sur place)* : une xylographie représentant un bal masqué au Bain de Diane où fut créé *Le Beau Danube bleu* (9) ; plusieurs partitions de cette œuvre *(22, 26, 27)* ; le meuble où les Strauß rangeaient leurs violons *(18)* ; les portraits des parents, Maria Anna Strauß par J. H. Schramm (1835) *(42)* et Johann Strauß père par J. Kriehuber (1835) *(43)* ; l'invitation à la soirée dansante du 15 octobre 1844 *(50)* – *voir p. 247* ; une lettre du fils au père, déclinant la tentative de réconciliation de ce dernier auquel il est reproché sa liaison avec une couturière *(51)* ; le masque mortuaire par Kaspar von Zumbusch *(93)*. Enfin, nombreux sont les portraits de Johann Strauß fils, dont le buste de Tilgner *(81)* et une huile d'August Eisenmenger *(83)*. Il ne faut pas manquer les **caricatures★** et silhouettes exposées dans la pièce où l'on écoute des extraits musicaux (écouteurs), spécialement : *Schani* à la première page du journal viennois *Der Floh*, daté du 21 février 1869 *(99)*, Johann Strauß en oiseau par Josef Beyer *(102)*, ou encore la célèbre silhouette du compositeur par Hans Schließmann *(121)*.

Continuez la Praterstraße jusqu'au canal du Danube ; prenez le Tram *N ou 21 et descendez à l'arrêt Obere Augartenstraße.*

Le roi de la valse

C'est dans cet appartement où il habitait que Johann Strauß fils composa en 1867 *Le Beau Danube bleu*, valse célébrissime qui résume peut-être à elle seule la longue et mouvementée histoire de cette musique. Cette œuvre fut jouée pour la première fois en public le 15 février 1867, dans la salle de bal du Bain de Diane, devant plus de mille spectateurs venus entendre la dernière composition du « roi de la valse » qui, ce soir-là, dirigeait ailleurs, comme c'était souvent le cas. Le succès fut immédiat, et huit mois plus tard, lors d'un concert londonien, le public applaudit tellement la *Valse opus 314* que Strauß dut la jouer quatre fois de suite. Fait unique.

Parc Augarten

Entrée principale : Obere Augartenstraße - 🚋 *21, N Obere Augartenstraße/Taborstraße,* 🚋 *31 Obere Augartenstraße,* 🚌 *5A Obere Augartenstraße.*

Planté d'arbres en 1650, ce parc de 52 ha fut redessiné par Jean Tréhet en 1712 – ce Français avait tracé le parc de Schönbrunn vers 1691. Joseph II l'ouvrit au public en 1775, comme il l'avait fait avec le Prater en 1766. En été, le Festival de cinéma en plein air (Kino Unter Sternen) diffuse en soirée des films sur grand écran.

Manufacture de Porcelaine d'Augarten (Porzellanmanufaktur) – ☎ *(01) 211 24 200 - visite guidée lun.-vend. à 10h sf fin juil.-début août et Noël - 6 €.* Fermés en 1864, ces célèbres ateliers ont repris leur activité en 1923. Fondée en 1718, l'ancienne manufacture impériale au monogramme « À la Ruche » est très connue des amateurs, surtout pour ses services Du Paquier, Prince-Eugène ou Marie-Thérèse. Aujourd'hui, les porcelaines plébiscitées par la clientèle sont celles représentant les lipizzans de la fameuse École espagnole. Ces figurines fort appréciées de nos jours s'inspirent de modèles remontant à l'époque de Marie-Thérèse. Administrée depuis sa réouverture par la municipalité, la fabrique est installée dans l'Alte Favorita de Léopold Ier. Bâti en 1654, ce petit palais fut détruit par les Turcs ; une Orangerie prit sa place sous Joseph Ier, en 1705. Mozart, Beethoven et Johann Strauß père y dirigèrent des concerts où se pressaient les mélomanes de la ville.

Augartenpalais – Dans l'angle sud du parc se trouve le palais du jardin. Probablement construit à la fin du 17e s par Johann Bernhard Fischer von Erlach pour un conseiller municipal, ce bâtiment est, depuis 1948, le siège des Petits Chanteurs de Vienne (Wiener Sängerknaben).

Tristes tours de béton

Le 9 septembre 1942, Hitler décida que Vienne serait dotée de tours de DCA, à l'instar de Berlin et Hambourg. Six tours furent construites autour du centre-ville, dont deux dans le seul parc d'Augarten. Inachevées, elles ne furent pas utilisées, sinon pour abriter la population lors d'attaques aériennes (jusqu'à 30 000 personnes chacune). Elles étaient alimentées par des installations en électricité et en eau autonomes, et l'air y était filtré. Leurs plates-formes supérieures sont toutes à même hauteur. Ces bunkers géants élevés en 1944 par Friedrich Tamms sont indestructibles – l'une d'elles comprend un musée *(voir p. 280)*, deux servent à l'armée, trois sont actuellement vides.

Atelier Augarten - Musée Gustinus-Ambrosi – *entrée par la Scherzergasse 1a -* ☎ *(01) 79 557 134 - tlj sf lun. 10h-18h - musée : 2 €, expositions temporaires 5 € (billet combiné avec les collections du Belvédère, voir p. 226).*

Au nord-est du parc, un musée consacré à Gustinus Ambrosi (1893-1975) présente plus de 200 sculptures de cet artiste autrichien, notamment des portraits de personnalités : Stefan Zweig (bronze, 1913), Richard Strauß (bronze, 1913), Otto Wagner (bronze, 1917) et Friedrich Nietzsche (bronze, 1910). Des œuvres d'artistes contemporains peuplent un jardin de sculptures. L'atelier organise régulièrement des expositions d'art contemporain.

Revenez sur l'Obere Augarten et tournez dans la Große Sperlgasse.

Musée du Crime (Wiener Kriminalmuseum)

Große Sperlgasse 24 - 🚋 *N, 21 Obere Augartenstraße,* 🚌 *5A Karmeliterplatz -* ☎ *(01) 214 46 78 - www.kriminalmuseum.at - jeu.-dim. 10h-17h - 5 €.*

Visite déconseillée aux enfants ! Ce musée présente l'histoire criminelle viennoise à l'aide de quelques exemples caractéristiques. Sont entre autres évoquées, à l'aide de documents historiques, la chasse aux sorcières à Vienne ou la tentative d'attentat contre l'empereur François-Joseph en 1853. La période allant du 18e s. à la Seconde Guerre mondiale constitue le point fort de l'exposition. La présentation des crimes est basée sur des rapports de police, des descriptions et des photos de lieux du crime.

Donaustadt★

Plan 2ᵉ rabat de couverture G2

Couvrant l'est de la ville avec le 21ᵉ arrondissement (Floridsdorf), celui de Donaustadt est parfois appelé la « Transdanubie ». Dominé par le souvenir du choc entre Napoléon et l'archiduc Charles et par la silhouette de la cité de l'ONU, Donaustadt offre au regard un paysage urbain moderne qui est toutefois resté très vert.

Île du Danube (Donauinsel)

U *1 Donauinsel,* **Tram** *31, 33 Floridsdorfer Brücke/Donauinsel.*

Née de la création du canal complémentaire du Nouveau Danube, l'île du Danube (à cheval sur les 21ᵉ et 22ᵉ arrondissements) est une étroite langue de terre de 700 ha dont la longueur totalise 21 km. Elle est entièrement consacrée aux **activités de loisirs**, sauf en période de crues. On la surnomme également **Copa Cagrana** en raison de sa proximité de l'arrondissement de Kagran. Amateurs de sports nautiques, cyclistes et joggeurs s'y retrouvent pour exercer leur activité favorite. Une enfilade de cafés et de paillotes à la sortie du métro précèdent les plages. La partie méridionale de l'île abrite une réserve naturelle riche d'une faune habitant les roseaux de ses rives.

Reprenez le métro jusqu'à la station suivante.

UNO-City★

U *1 Kaisermühlen-Vienna International Centre -* ℘ *(01) 26 06 03 33 28 - www.unis.unvienna. org - visite guidée (1h) : lun.-vend. à 11h et 14h - 5 € - se rendre au visitors Service.*

Également connue sous le nom de **Vienna International Centre**, la Cité de l'ONU fut érigée d'après les plans de l'architecte autrichien Johann Staber sur le territoire du Donaupark ; l'ONU et l'AIEA sont tenues de verser un « loyer » symbolique de 1 schilling (0,07 €) par an à l'État autrichien, et ce pendant une période de quatre-vingt-dix-neuf ans.

L'ONU (United Nations Organization) – La date de fondation officielle de l'Organisation des Nations unies est le 24 octobre 1945, jour où sa charte fut ratifiée par la Chine, la France, la Grande-Bretagne, l'Union soviétique et les États-Unis, ainsi que la plupart des États signataires (51 au total). Peut être membre de l'ONU tout État qui accepte les principes de la charte (ils sont actuellement au nombre de 189). Les six organes principaux des Nations unies sont l'Assemblée générale, le Conseil de sécurité, le Conseil économique et social, le Conseil fiduciaire, la Cour internationale de justice et le Secrétariat, avec à sa tête le secrétaire général. Kurt Waldheim, ancien président de la République d'Autriche (1986-1992), fut secrétaire général de l'ONU de 1972 à 1981. Ce poste est occupé depuis janvier 1997 par le Ghanéen Kofi Annan, 7ᵉ secrétaire général de l'ONU.

Le Vienna International Centre, baptisé Uno-City.

Parc du Danube (Donaupark)★

Tour : Donauturmstraße 4 - **U** *1 Kaisermühlen/Vienna International Centre et* 🚌 *20B Donauturm -* 📞 *(01) 263 35 72 - www.donauturm.at - tlj 10h-23h30 - 5,30 €, enf. 3,90 €).*

👥 En 1964, une décharge publique fut transformée pour accueillir les floralies internationales ! Tout à côté de la Cité de l'ONU, le parc du Danube est aujourd'hui le second parc public de la ville par sa superficie, 100 ha, et l'un des plus attrayants. Un petit train fait le tour du site et un lac artificiel, l'Irissee, a été aménagé. Sur son versant oriental s'étend une succession de plages avec piscines découvertes en bordure du Vieux Danube. La grande attraction du parc est la **tour du Danube** (**Donauturm**), qui est la plus haute construction de Vienne avec ses 252 m. Deux rapides ascenseurs mènent à la plate-forme panoramique située à 165 m du sol, ainsi qu'à deux restaurants. Cette terrasse effectue une rotation dont le tour complet prend selon le cas 26mn, 39mn, ou 52mn. La **vue**★★ qui s'offre au regard est magnifique.

Les quartiers Nord de Vienne pratique

Informations pratiques

Les plages aménagées sur le Vieux Danube sont généralement des concessions privées. Elles proposent des bassins découverts et des cabines de bains. Elles se succèdent le long de l'Arbeiterstrandbad dans Donaustadt.

Se loger

Pour la description des hôtels du quartier, voir la partie « Organiser son voyage » p. 28.

Se restaurer

BRIGITTENAU

😐😖😖 **Mraz & Sohn** –
Wallensteinstraße 59 - 20ᵉ arr. - 📞 *(01) 330 45 94 - fermé w.-end - plats principaux à partir de 23 €.* Restaurant moderne, dans lequel père et fils ne ménagent pas leur peine pour offrir à leur clientèle une cuisine volontiers créative. Écrevisses, poissons (dont un excellent sandre) et viandes tendres sont préparés avec des recettes savoureuses. Un lieu pour gourmets.

LEOPOLDSTADT

😐😖 **Schuppich** – *Rotensterngasse 18 - 2ᵉ arr. -* 📞 *(01) 212 43 40 - www.schuppich. at - merc.-sam. à partir de 18h, dim. 12h-22h, fermé en été - plats principaux à partir de 14 €.* Excellente cuisine triestine familiale. Friture de poissons de l'Adriatique, risotto à l'encre de seiche et bien d'autres spécialités savoureuses vous attendent. Cadre sobre.

😐 **Schweizer Haus** – *Straße des 1. Mai 116 - 2ᵉ arr. -* 📞 *(01) 728 0152 13 - www.schweizerhaus.at - 15 mars-31 oct.*

11h-23h - plats principaux à partir de 8 € - 🍴*. Installée dans le Prater depuis 1920, la Maison suisse est devenue une institution. Dans son intérieur de chalet ou sous les arbres du jardin, les Viennois viennent en famille manger la grande spécialité : le jambonneau grillé.

Faire une pause

DONAUSTADT

Café am Donauturm –
Donauturmstraße 4 - 22ᵉ arr. - 📞 *(01) 263 35 72 - www.donauturm.at - tlj 10h-0h.* Perché à 150 m de haut, le café de la tour du Danube embrasse une vue spectaculaire sur Vienne et jusqu'au Kaltenberg.

LEOPOLDSTADT

Schöne Perle – *Große Pfarrgasse 2 (angle Leopoldsgasse) - 2ᵉ arr. -* 📞 *0664 243 35 93 - www.schoene-perle.at - lun.-vend. 12h-0h, w.-end 10h-0h.* Avec ses grandes baies vitrées, ce café-restaurant à deux pas du parc Augarten permet de suivre les allers et venues dans le quartier en sirotant un délicieux jus de fruits bio.

Achats

LEOPOLDSTADT

Augarten GmbH – *dans le château d'Augarten - 2ᵉ arr.* Point de vente de la célèbre manufacture de porcelaine, dont les origines remontent à 1718 ; un autre se trouve près de la cathédrale St-Étienne.

BRIGITTENAU

Hannovermarkt – *Hannovergasse/ Othmargasse - 20ᵉ arr. - lun.-sam.* Marché aux produits alimentaires.

13 Quartiers Sud de Vienne

PLAN 2ᴱ RABAT DE COUVERTURE F3 – PLAN XIII CI-DESSOUS – 6ᵉ, 10ᵉ, 11ᵉ ET 23ᵉ ARR.

Exception faite de la trêve dominicale, la Mariahilfer Straße connaît une effervescence continuelle engendrée par la profusion de commerces qui attirent une foule dense. Plus au sud, Favoriten est assez caractéristique des arrondissements ouvriers de la « Vienne rouge », où la municipalité construisit dans les années 1920 infrastructures et logements sociaux. Les Viennois viennent y profiter des bienfaits des thermes d'Oberlaa et des bains Jugendstil d'Amalienbad tandis qu'à Simmering, le cimetière central, dernière demeure de nombreuses célébrités autrichiennes, fait l'objet d'un pèlerinage dans la grandeur du passé impérial.

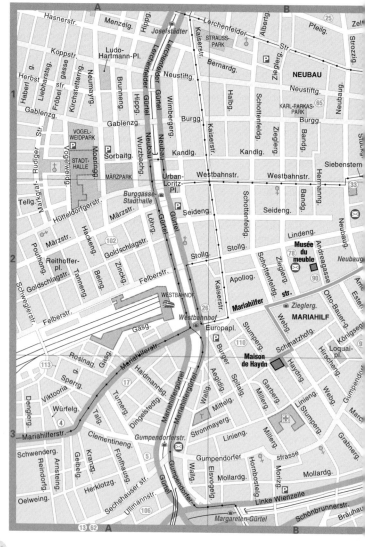

▶ **Se repérer** – Mariahilf est mitoyen du centre historique ; les arrondissements plus au sud de Liesing, Favoriten et Simmering tracent la limite méridionale de Vienne et se caractérisent par leur superficie importante. Ils sont néanmoins parfaitement desservis par les transports en commun.

👁 **À ne pas manquer** – La maison de Haydn, le cimetière central, Amalienbad.

🕐 **Organiser son temps** – La découverte de l'arrondissement Favoriten peut être facilement couplée avec celle du cimetière central où il est agréable de flâner l'après-midi.

👥 **Avec les enfants** – La maison de la Mer, Amalienbad, les thermes Oberlaa.

🚶 **Pour poursuivre la visite** – Si vous êtes dans la Mariahilfer Straße, vous pouvez combiner sa visite avec celle de Neubau (voir p. 210).

SUD DE VIENNE

Plan XIII

0 ———————— 350 m

SE LOGER

Altstadt Vienna .... ②

Altwienerhof .... ⑤

Gasthof Pension Riede... ⑬

Hostel Ruthensteiner ..... ⑰

Hotel Atlas .... ㉑

Hotel Avis .... ㉕

Hotel Fürstenhof .... ㉖

Hotel Kugel .... ㉝

Hotel-Pension Wild 57

Jugendgästehaus
Meidling 62

Jugendherberge
Myrthengasse 65

Mozart 70

Pension Anna 78

Pension Hargita 90

Pension Kraml 93

Pension Stadthalle 102

Reither 106

Westend City Hostel 110

Wombat's City Hostel ... 113

SE RESTAURER

Vikerl's local .... ④

La très animée Mariahilferstrasse.

Mariahilf B-C2

6ᵉ arr. - **U** *2 Museumsquartier,* **U** *6 Gumpendorferstraße, Westbahnhof,* **U** *3 Neubau-gasse, Zieglergasse,* **Tram** *6, 18 Mariahilfergürtel,* **Tram** *49 Neubaugasse/Westbahnstraße,* **BUS** *13A, 14A Neubaugasse.*

Sur son flanc nord, cet arrondissement situé au sud-ouest du centre-ville partage avec celui de Neubau la longue artère commerçante qu'est la Mariahilfer Straße. Sur son flanc sud, il est longé par la Vienne, ce ruisseau qui a donné son nom à la capitale de l'Autriche et qui va se jeter dans le canal du Danube. Si à l'instar de Döbling et du centre-ville, ce quartier a hébergé Ludwig van Beethoven *(Laimgrubengasse 22)*, d'octobre 1822 au 17 mai 1823, c'est surtout Joseph Haydn qui a marqué Mariahilf de son empreinte.

Mariahilfer Straße

U *2 Museumsquartier.*

Cet axe très fréquenté relie la Westbahnhof au Messepalast, lui-même séparé du célèbre Ring par les bâtiments identiques du musée d'Histoire naturelle et de celui des Beaux-Arts. La rue a vu naître l'auteur dramatique **Ferdinand Raimund** (1790-1836), au nº 45. Ce poète, qui sut donner une nouvelle vie aux vieux contes traditionnels viennois et dont les pièces appartiennent au répertoire du Burgtheater, se suicida après avoir été mordu par un chien qu'il supposa enragé. Erreur tragique.

Église de Mariahilf (Mariahilferkirche) C2 – *Mariahilfer Straße 55.*

Rebâtie après avoir été détruite par les Turcs en 1683, cette église de pèlerinage (1686-1726), précédée d'un monument à Haydn, conserve une réplique de la statue miracu-leuse de la Vierge du Mariahilfberg de Passau, en Bavière. À l'intérieur, remarquez le buffet d'orgue rococo que couronne une horloge. La tour gauche abrite la deuxième plus grande cloche de Vienne après la Pummerin de la cathédrale St-Étienne.

Dans une chapelle attenante, le Christ en Croix provient de la « maison des mauvais garçons » de la Rauhensteingasse (1ᵉʳ arr.), d'où les condamnés à mort partaient pour être exécutés sur le Hoher Markt.

Contournez l'église pour descendre la Barnabitengasse. Tournez à droite pour gagner l'Esterházypark.

Maison de la Mer (Haus des Meeres) C2

Esterházypark 6 - **U** *3 Neubaugasse,* **BUS** *13A, 14A, 57A Haus des Meeres -* ♿ *-* ✆ *(01) 587 14 17 - www.haus-des-meeres.at - tlj 9h-18h (jeu. 21h) - 9,80 €, enf. 4,60 €.*

👥 La maison de la Mer est installée dans l'énorme tour de béton plantée au centre du petit parc Esterházy. L'édifice fut érigé par les Allemands pendant la Seconde Guerre mondiale comme tour de défense antiaérienne *(voir aussi encadré p. 275)*.

L'exposition, qui présente 2 500 animaux vivants originaires de tous les continents, occupe quatre niveaux de la tour ainsi qu'une zone tropicale avec des petits singes et des oiseaux en liberté, adossée à la façade extérieure. Le rez-de-chaussée abrite un aquarium de 100 000 l, dans lequel on peut observer des requins. Les vivariums pour reptiles se situent au 1er étage, et les autres aquariums aux deux étages supérieurs. Si les serpents et les piranhas fascinent toujours autant la plupart des visiteurs, certains apprécieront la calme beauté colorée des poissons tropicaux (3e étage).

Musée de la Torture (Foltermuseum) C2

Il se trouve dans une ancienne cave-abri souterrain de l'Esterházypark ; entrée par la Scha-dekgasse - $\wp$ (01) 595 45 93 - www.folter.at - tlj 10h-19h - fermé 25 et 26 déc. - 6 €.
Ce musée s'est donné pour objectif d'illustrer, à l'aide de pièces fidèles à des originaux, l'évolution des châtiments corporels de l'Antiquité au début des Temps modernes. Des mises en scène avec des marionnettes et des tableaux d'explications détaillés permettent d'en savoir plus sur les différentes méthodes de torture, parfois non pratiquées à Vienne. La visite s'achève par une exposition d'Amnesty International sur la torture aujourd'hui.

Regagnez la Mariahilfer Straße dans laquelle vous vous engagerez du côté gauche pour tourner de nouveau à gauche dans la Webgasse. Prenez la première rue à droite, la Schmalzhofgasse, puis à gauche, la Haydngasse.

Maison de Haydn (Haydn-Gedenkstätte)★ B3

Haydngasse 19 - [U] 6 Westbahnhof, [U] 3 Zieglergasse **Tram** *6, 18 Mariahilfergürtel,* **bus** *57A Brückengasse - $\wp$ (01) 596 13 07 - www.wienmuseum.at - merc.-jeu. 10h-13h et 14h-18h, vend.-dim. 10h-13h - fermé 1er janv., 1er Mai et 25 déc. - 2 €.*
« Cette maison me plaît [...]. J'aimerais à l'avoir sur mes vieux jours, comme retraite de veuvage », écrit à son mari la tendre épouse de Haydn. Celui-ci était en tournée de concerts à Londres où l'on acclamait le maître de la symphonie. Il n'envoya pas d'argent à sa femme, mais il acheta la maison dès son retour à Vienne en 1793, dans le quartier alors neuf du « moulin à vent », précisément dans la Kleiner Steingasse, rebaptisée en 1862. Il y vécut de 1797 jusqu'à sa mort en 1809.
Dans cette maison, le directeur musical du prince Esterházy écrivit *La Création* (1798) et *Les Saisons* (1801), ses deux oratorios célébrissimes. Les œuvres exposées évoquent principalement l'entourage et les lieux qui marquèrent la carrière musicale de Haydn. Outre les extraits musicaux (écouteurs), on remarque *(les chiffres entre parenthèses renvoient à la numérotation utilisée sur place)* : le fac-similé *(1)* de la partition de la *Missa in Tempora belli* ; une gravure *(24)* inspirée d'une aquarelle de Balthasar Wigand représentant le concert de *La Création* qui eut lieu à l'Ancienne Université le 27 mars

Gravure de 1808 représentant le concert de « La Création » de Haydn.

Une mort discrète

Au printemps 1809, Napoléon entre dans Vienne. **Joseph Haydn** est malade, le son du canon ne le trouble qu'à peine. Pour résister, chaque midi, il s'installe au piano et joue le *Gott erhalte*, l'hymne national qui se chante alors dans toutes les langues de l'empire (dont l'allemand, le hongrois, l'italien, le polonais, le roumain, le serbo-croate, le slovaque, le tchèque et le ruthène). Tandis que Napoléon s'installe à Schönbrunn, Haydn reçoit la visite d'officiers français venus rendre hommage au grand compositeur. L'un d'eux, un capitaine de hussards, entonne un air de *La Création*, et Haydn de serrer le chanteur contre son cœur, son cœur qui s'arrête de battre cinq jours plus tard, le 31 mai. Averti, Napoléon fait aussitôt placer une garde d'honneur devant la maison. Le 15 juin est célébrée dans l'église des Écossais une messe à la mémoire de Haydn. Il n'y a presque personne car Vienne est aux mains des Français. Presque personne, peut-être, mais un homme se recueille dans l'église, un certain Henri Beyle, futur Stendhal, alors fonctionnaire impérial.

1808 en l'honneur et la mémoire de Haydn ; sa dernière carte de visite, dotée de sa propre mélodie *(37)* ; un fac-similé de sa dernière lettre relative à la vente d'un piano *(41)* ; son masque mortuaire, dans une vitrine (Haydn est décédé le 31 mai 1809 dans la petite salle dans laquelle est exposé le masque) ; le journal du compositeur, qui permet d'avoir un aperçu de sa vie quotidienne *(50)* ; un portrait de Haydn de profil *(51)*, réalisé à la mine de plomb par George Dance en 1794, ainsi qu'un portrait *(52)* de Johann Zitterer, peint à la gouache (vers 1795).

L'une des pièces du 1er étage est dédiée à **Johannes Brahms**, qui s'installa à Vienne en 1869. Son ancienne maison n'existant plus aujourd'hui, le musée-souvenir de ce fervent admirateur de Haydn a également été installé ici, avec des objets et meubles personnels trouvés dans sa maison.

Favoriten

Plan 2e rabat de couverture F3

Au sud de l'agglomération, c'est-à-dire au-delà de Wieden lorsqu'on vient du centre-ville, le 10e arrondissement est un quartier à la population principalement ouvrière, de même que ses voisins, Simmering et Meidling.

Amalienbad

Reumannplatz 23 - **U** *1 Reumannplatz,* **Tram** *6 Quellenstraße/Favoritenstraße,* **Bus** *14A, 66A, 67A, 68A Reumannplatz,* **Bus** *7A, 65A Davidgasse/Reumannplatz -* ✆ *(01) 607 47 47 - fermé lun.*

Ce complexe de bains publics, qui peut accueillir plus de 1 000 personnes, a été construit dans le cadre des grandes réalisations immobilières de la Vienne des années 1920, que l'on surnommait alors « Vienne la Rouge ». Réalisé entre 1923 et 1926 par Otto Nadel et Karl Schmalhofer, deux architectes viennois, ce centre innovait dans la culture européenne de la natation. Le client y bénéficiait – et y bénéficie toujours – de saunas, de bains à usage thérapeutique, d'une piscine entourée de galeries et couverte d'une verrière de 30 m de long. Le bassin d'eau chaude du sauna des dames, richement décoré de céramiques, constitue l'élément le plus somptueux de ce complexe et vous transporte à l'époque du Jugendstil.

Endommagé à la fin de la Seconde Guerre mondiale, l'établissement a été magnifiquement restauré, puis agrandi en 1986, accueillant une salle d'entraînement supplémentaire pour les écoles et associations.

Spinnerin am Kreuz

Triesterstraße - **Tram** *65 Windtenstraße.*

Cette colonne médiévale de style gothique tardif a été dessinée en 1452 par Johann Puchsbaum, l'architecte de la tour de l'Aigle de la cathédrale St-Étienne. Elle marquait la limite méridionale de la ville, et donc la fin de la protection qu'assurait la cité. En cet endroit, si l'on en croit la chronique, une femme aurait passé des années à attendre le retour de son mari qui s'était croisé, en filant la laine, d'où le nom de la colonne : la « Colonne de la fileuse près de la croix ». La réalité est moins romanesque : l'endroit servait aux exécutions capitales.

Le château d'eau de Favoriten.

H. Champollion / AKG

Le Musée historique de la ville de Vienne conserve un tableau représentant le site au début du siècle dernier ; on y saisit à quel point l'urbanisation a rongé, comme partout ailleurs, la campagne environnante.

Sur la gauche en regardant vers le centre-ville, à côté de la Spinnerin am Kreuz, se trouve la **George-Washington-Hof**, l'une des cités ouvrières les plus caractéristiques élevées à Vienne dans les années 1920 et 1930. Construite par Karl Krist et Robert Oerley entre 1927 et 1930, elle comprend 1 085 logements répartis en cinq blocs d'immeubles entourés de jardins.

Prenez la Windtenstraße, perpendiculaire à la Triesterstraße.

Château d'eau (Wasserturm)

Windtenstraße 3.
Ce château d'eau en brique rouge élevé au 19ᵉ s. présente une silhouette de tour fortifiée ornée d'encorbellements et d'une toiture en tuiles polychromes. Destinée à alimenter la capitale en eau potable provenant des Alpes, elle fut fermée en 1910. Les expositions temporaires qui s'y tiennent sont l'occasion de découvrir les installations de pompage, toujours en place.

AUX ALENTOURS

Plan 2ᵉ rabat de couverture G3

Thermes d'Oberlaa (Therme Oberlaa)

Kurbadstraße 14 - Tram 67 Kurzentrum Oberlaa - ℰ (01) 680 09 9600 – www.oberlaa.at - tlj 8h45-22h (dim. à partir de 7h45) - fermé 24 déc. - 9 € (pour 2 h).
⛌ Les thermes d'Oberlaa rappellent au visiteur que Vienne est également une ville d'eau. Situé à l'extrême sud de l'arrondissement, non loin du cimetière central, l'établissement est installé à l'emplacement d'un site où l'on découvrit, en 1934, des sources d'eaux sulfureuses… alors qu'on cherchait du pétrole ! L'eau est captée à 418 m de profondeur et jaillit à une température de 54 °C. Les cures de soufre s'adressent principalement aux personnes atteintes d'arthrose, de douleurs vertébrales et de rhumatismes. Les visiteurs peuvent profiter de deux bassins thermaux, un extérieur et un intérieur, trois piscines et un sauna. Les enfants ne sont pas oubliés, puisqu'un « kid's world » les accueille, avec, entre autres, un toboggan de 80 m.

Kurpark – Le vaste parc qui s'étend au nord des installations est un lieu de promenade très agréable comptant quelque 25 km de sentiers ainsi que des aires de jeux pour enfants et des installations sportives. Dans les années 1920, c'est dans ce parc que l'on tournait les grandes productions cinématographiques autrichiennes.

Cimetière central (Zentralfriedhof)

Plan 2ᵉ rabat de couverture G3

Simmeringer Hauptstraße 234 - 11ᵉ arr. - Tram 6, 71 Zentralfriedhof II. Tor - un plan du cimetière est en vente à la porte principale - ℰ (01) 760 41 - janv.-fév. et 3 nov.-31 déc. : 8h-17h ; mars-avr. et sept.-2 nov. : 7h-18h ; mai-août : 7h-19h.
Les formules pèchent souvent par excès, mais il est vrai que Vienne est souvent évoquée comme « la ville des morts ». L'agglomération comprend une cinquantaine de cimetières dont certains, comme ceux de Hietzing, de St-Marx et de Grinzing (ce dernier dans une moindre mesure), constituent des lieux presque touristiques ; la crypte des Capucins *(voir p.154)*, où sont ensevelis 138 membres de la famille impériale,

est une curiosité incontournable ; plusieurs sites funéraires, tels que les catacombes de la cathédrale St-Étienne, attirent les visiteurs pour leur atmosphère « particulière ». Aussi ne faut-il pas s'étonner de voir les Viennois fleurir, le premier dimanche après la Toussaint, la centaine de tombes du cimetière des Sans-Nom (Friedhof der Namenlosen) situé en bordure du Danube à Simmering, où sont inhumés les corps que le fleuve a rejetés sur ses berges.

Le cimetière central appartient aux visites que l'on entreprend traditionnellement à Vienne, car il contient les tombes de la plupart des célébrités autrichiennes du monde des arts et de la politique.

Un cimetière gigantesque

Créé en 1874, le cimetière central compte près d'un demi-million de pierres tombales et monuments funéraires. Il est le plus grand d'Autriche. Sa superficie est de 3,1 km² (avec le crématorium), son mur de clôture est long de 8 km, ce qui explique que l'on voit certains s'y déplacer en voiture. Imposante, sa porte principale a été érigée en 1905 par Max Hegele qui construisit également l'église du cimetière.

Dr.-Karl-Lueger-Kirche – Dédiée à saint Charles Borromée, cette imposante église Jugendstil porte le nom du fondateur du parti chrétien-social, ancien bourgmestre de la ville de Vienne. Œuvre de Max Hegele, elle fut achevée en 1910. L'édifice occupe plus de 2 000 m² au sol et dresse la croix qui coiffe son dôme à près de 60 m.

Tombes de personnalités célèbres

Peut-être est-ce au cimetière central que le visiteur étranger comprend le mieux à quel point Vienne a agi comme un aimant sur les grands créateurs, particulièrement du monde musical.

Groupe 32A – **N° 5 : Eduard von der Nül** (Vienne 1812-1868) : architecte qui réalisa l'Opéra. **N° 6 : Johann Nestroy** (Vienne 1801-Graz 1862) : comédien comique et amateur de parodies, moraliste et directeur de théâtre. **N° 10 : Hugo Wolf**

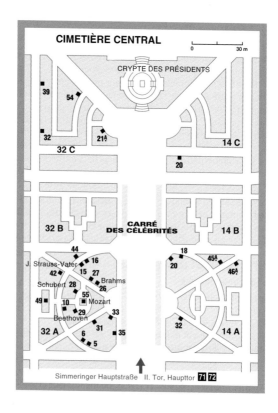

Vers le secteur des musiciens au cimetière central.

(Windischgrätz 1860-Vienne 1903) : compositeur de lieder, maître de chapelle à Salzbourg et critique musical au Wiener Salonblatt de 1884 à 1887. **N° 15 : Johann Strauß père** (Vienne 1804-1849) : compositeur et chef d'orchestre qui contribua, avec Josef Lanner, à faire triompher dans le monde entier la valse dite « viennoise ». **N° 16 : Josef Lanner** (Vienne 1801-1843) : compositeur (voir Johann Strauß père). **N° 26 : Johannes Brahms** (Hambourg 1833-Vienne 1897) : compositeur installé dans la capitale de l'Autriche en 1862 et qui y écrivit ses quatre symphonies ainsi que le célèbre Requiem allemand. **N° 27 : Johann Strauß fils** (Vienne 1825-1899) : compositeur qui donna une forme symphonique à la valse et se tourna ensuite vers l'opérette ; la gracieuse nymphe de la sépulture évoque le Danube bleu, la chauve-souris rappelle la célèbre opérette. **N° 28 : Franz Schubert** (Vienne 1797-1828) : compositeur, auteur de neuf symphonies. Tombe dessinée par Theophil Hansen. **N° 29 : Ludwig van Beethoven** (Bonn 1770-Vienne 1827) : ce compositeur écrivit la plupart de ses œuvres à Vienne ; initialement à Währing, sa tombe a été transférée ici en 1888. **N° 31 : Franz von Suppè** (Split 1819-Vienne 1895) compositeur, chef d'orchestre du Theater An der Wien, auteur d'opérettes devenues des classiques du répertoire. **N° 33 : Carl Freiherr von Hasenauer** (Vienne 1833-1894) : architecte qui réalisa avec Gottfried Semper le Burgtheater et la Neue Burg. L'allégorie de la tombe incarne l'Architecture. **N° 35. Carl Millöcker** (Vienne 1842-Baden 1899) : compositeur d'opérettes. **N° 42 : Eduard Strauß** (Vienne 1835-1916) : compositeur, frère de Johann et Josef Strauß, qu'il remplaça à la direction de l'orchestre Strauß. **N° 44 : Josef Strauß (**Vienne 1827-1870) : compositeur, maître de chapelle, frère de Johann et Eduard, auteur de valses mélancoliques. **N° 49 : Christoph Willibald von Gluck** (Erasbach 1714-Vienne 1787) : compositeur d'opéras, maître de la chapelle impériale. **N° 55 : Wolfgang Amadeus Mozart** (Salzbourg 1756-Vienne 1791) : l'enfant prodige de la musique fut inhumé dans la fosse commune du cimetière St-Marx. Le monument est donc un cénotaphe ; la figure tient dans sa main droite la partition du *Requiem*.

Groupe 32C – N° 21A : Arnold Schönberg (Vienne 1874-Los Angeles 1951) : compositeur, inventeur de la composition atonale qui déboucha sur la musique sérielle. Monument par Fritz Wotruba. **N° 32 : Fritz Wotruba** (Vienne 1907-1975) : sculpteur, élève de Anton Hanak, auteur de l'église de La Trinité à Liesing. **N° 39 : Franz Werfel** (Prague 1890-Beverly Hills 1945) : poète et homme de lettres qui épousa Alma Mahler en 1929 et émigra en 1938 aux États-Unis via la France. **N° 54 : Curd Jürgens** (Munich 1915-Vienne 1982) : comédien et acteur de cinéma qui connut la renommée sur les planches du Burgtheater entre 1941 et 1953, puis dans de nombreux films.

Crypte des Présidents (Präsidentengruft) – Les présidents de la République autrichienne y sont réunis. **Karl Renner** : Président de 1945 à 1950. **Theodor Körner** : Président de 1951 à 1957. **Adolf Schärf** : Président de 1957 à 1965. **Franz Jonas** : Président de 1965 à 1974.

Groupe 14C – N° 20 : Josef Hoffmann (Pirnitz 1870-Vienne 1956) : architecte, élève d'Otto Wagner, cofondateur des Ateliers viennois, fondateur du Werkbund autrichien.

Groupe 14A – N° 18 : Anton Dominik Fernkorn (Erfurt 1813-Vienne 1878) : sculpteur, auteur du Lion d'Aspern et des statues équestres de la place des Héros. **N° 20 : Theophil Hansen** (Copenhague 1813-Vienne 1891) : architecte, auteur de plusieurs édifices officiels dont le Parlement. **N° 32 : Hans Makart** (Salzbourg 1840-Vienne 1884) : peintre historique et portraitiste dont plusieurs œuvres sont visibles au Belvédère supérieur. **N° 45A : Josef Kornhäusel** (Vienne 1782-1860) : architecte Biedermeier dont plusieurs édifices sont visibles à Baden. **N° 46A : Pietro Nobile** (Campestre 1773-Vienne1854) : architecte, directeur de l'Académie d'architecture, auteur de l'Äußeres Burgtor de la Hofburg.

Groupe 0 – N° 54 : Antonio Salieri (Legnano 1750-Vienne 1825) : compositeur qui influença Beethoven, Schubert et Meyerbeer ; rival de Mozart, maître de la chapelle impériale de 1788 à 1790. **N° 84 : Peter Altenberg** (Vienne 1859-1919) : poète, écrivain, journaliste, brillant auteur d'aphorismes. Croix funéraire par Adolf Loos. **N° 112 : comte Theodor Baillet-Latour** (Linz 1780-Vienne 1848) : ce ministre de la Guerre fut pendu par la foule lors de la révolution de 1848. **N° 195 : Adolf Loos** (Brno 1870-Kalksburg 1933) : grand architecte novateur, partisan du fonctionnalisme, actif à Vienne et à Paris.

Groupe 5A – N° R 1/33 : Karl Kraus (Jisín 1874-Vienne 1936) : linguiste, critique littéraire et de théâtre, journaliste, auteur satirique.

Groupe 24 – N° R 3 : crypte d'angle. **Victor Adler** (Prague 1852-Vienne 1918) : médecin et homme politique, unificateur de la social-démocratie en Autriche. **Otto Bauer** (Vienne 1881-Paris 1938) : homme politique qui conduisit l'« austromarxisme » en Autriche au cours des années 1920.

Secteur israélite – *1. Tor.* **Groupe 19, rangée 58 : Arthur Schnitzler** (Vienne 1862-1931) : médecin et écrivain, poète de la psychanalyse. Il aurait demandé à ce qu'on lui plante un poignard dans le cœur pour être certain de ne pas être enterré vivant…

De l'autre côté de la Simmeringer Hauptstraße se trouve le crématorium construit par Clemens Holzmeister en 1922 *(Simmeringer Hauptstraße 337)*.

L'église cubiste de Wotruba.

Liesing

Plan 2ᵉ rabat de couverture E3

23ᵉ arr. - **U***4 Hietzing, puis* **tram***60 Maurer Hauptplatz, prenez ensuite le* **bus** *60A et descendez à l'arrêt « Kaserngasse ». Engagez-vous dans la Maurer Lange Gasse à droite et tournez à gauche pour monter la Georgsgasse.*
En voiture, prenez la Breitenfurter Straße (route 12), tournez à droite à hauteur de la Atzgersdorfer Platz dans la Levasseurgasse, puis à gauche dans la Endresstraße ; suivez les indications à partir de la Maurer Hauptplatz, signalée par un vieux pressoir à vin.

Église de Wotruba (Wotrubakirche)

Au bout de la Rysergasse - 📞 *(01) 888 61 47 - www.georgenberg.at - sam. 14h-20h et dim. 9h-17h - fermé 1ᵉʳ Mai, jour de la Fête-Dieu et 26 oct.*

L'église de la Très-Sainte-Trinité (Zur Heiligsten Dreifaltigkeit) est agréablement située sur le St-Georgenberg, à la lisière de la Forêt viennoise. Dédicacée en 1976, elle doit son nom officieux à Fritz Wotruba (1907-1975), célèbre sculpteur autrichien qui conçut le plan de l'église et auquel on doit notamment le cube de la tombe d'Arnold Schönberg (*voir ci-dessus*). Qu'il arrive de la Rysergasse ou de la Georgsgasse, le visiteur découvre soudain 152 blocs de béton octogonaux disposés asymétriquement. Cette composition massive, qui constitue avant tout une sculpture de 15,50 m de hauteur, est très éloignée de toute tradition pour un sanctuaire. L'église, qui peut rassembler 250 fidèles, contient une réplique de la croix que Wotruba avait réalisée pour l'église du château de Bruchsal, dans le Bade-Wurtemberg.

Bien qu'on n'y retrouve pas l'étonnante spiritualité de l'église N.-D.-du-Haut élevée par Le Corbusier à Ronchamp (France), l'église de Wotruba rappelle indirectement l'édifice du maître du béton armé.

Quartiers Sud de Vienne pratique

Se loger

Pour la description des hôtels, voir la partie « Organiser son voyage » p. 28.

Se restaurer

RUDOLFSHEIM-FÜNFHAUS

🍴 **Vikerl's Lokal** *– Würffelgasse 4 - 15ᵉ arr. -* 📞 *(01) 894 34 30 - fermé dim.-lun. - plats principaux à partir de 8 €.* Un petit restaurant avec tables en bois rustiques qui propose une cuisine viennoise moderne et savoureuse dans les environs de la Westbahnhof. Réservation impérative car les places sont comptées.

FAVORITEN

🍴🍴🍴 **Brunners Vienna** *– Wienerbergstraße 7 - 10ᵉ arr. -* 📞 *(01) 607 65 00 - plats principaux à partir de 23 €.* Ce restaurant situé au 22ᵉ étage d'un centre d'affaires offre une superbe vue sur Vienne et ses environs. La cuisine moderne est marquée par des influences asiatiques. Service très chic, cadre design.

Faire une pause

MARIAHILF

Café Sperl *– Gumpendorfer Straße 11 - 6ᵉ arr. -* 📞 *(01) 586 41 58 - www.cafesperl. at - lun.-sam. 7h-23h, dim. 11h-20h.* Les banquettes un peu inconfortables ? Qu'à cela ne tienne ! Ce café viennois séduit par son cadre patiné, ses hautes fenêtres, son parquet qui craque et ses tables de billard. Terrasse sur une placette aux beaux jours et profusion de journaux.

Tichy *– Reumannplatz 13 - 10ᵉ arr. -* 📞 *(01) 607 44 46 - tlj 10h-22h.* Ce glacier s'est taillé une grande renommée. Parmi ses spécialités les *Eis-Marillen-Knödel*, des abricots enrobés de crème glacée. Situé en face de l'Amalienbad, il fait les délices de tous ceux qui sont venus se dépenser à la piscine et ce, depuis des générations.

Oberlaa *– Kurbadstraße 12 - 10ᵉ arr. -* 📞 *(01) 680 09 9500 - tlj 9h-19h.* Ce pâtissier qu'on ne présente plus a ouvert une succursale près des thermes d'Oberlaa qui attire beaucoup de monde. Les tartes et gâteaux crémeux alignés dans les vitrines sont alléchants. Personne n'y résiste !

Achats

FAVORITEN

Blumengroßmarkt *– Laxenburger Straße 365 - 23ᵉ arr.* Ce marché aux fleurs coloré est un régal pour les yeux.

Sur le lac de Neusiedl.

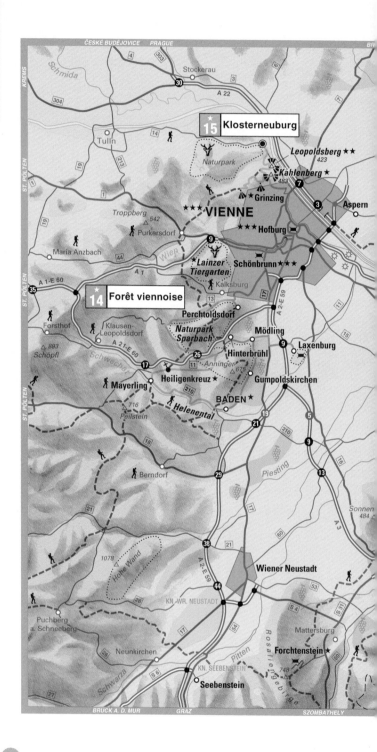

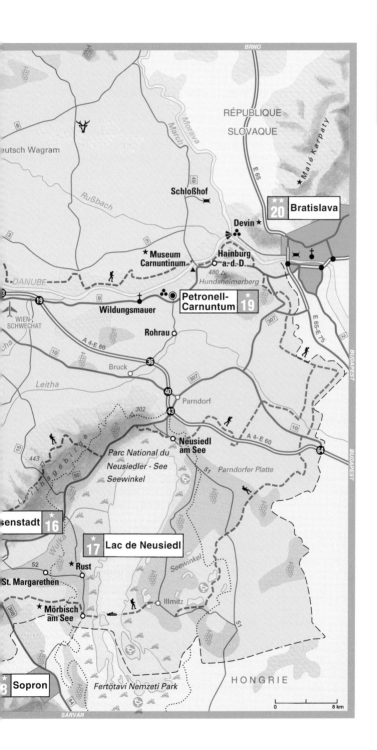

14

Forêt viennoise★
Wienerwald

BASSE-AUTRICHE
CARTE MICHELIN N° 730 T/U 5 – CARTE P. 290-291

Contrefort oriental des Alpes, ce vaste poumon vert qui s'étend à l'ouest de la ville et la borde de sa lisière laisse en héritage un charme supplémentaire au sein même de l'agglomération. À Vienne, la forêt est d'abord synonyme de vignobles et de promenades dans la fraîcheur des bois lors des étés chauds. C'est aussi une immense campagne abondamment feuillue que traversent des sentiers aimables où les gens se croisent en se saluant. C'est enfin des villages épars dans les vignobles où l'on vient goûter le vin nouveau.

- ▶ **Se repérer** – La Forêt viennoise s'étend à l'ouest de Vienne. En voiture, on la rejoint par l'A1 ou l'A21. Les villages de Perchtoldsdorf, Mödling, Mayerling, Hinterbrül, Gumpoldskirchen et la ville d'eaux de Baden se situent dans un petit périmètre, au sud de la capitale.

- 👁 **À ne pas manquer** – L'abbaye de Heiligenkreuz.

- 🕐 **Organiser son temps** – Le circuit peut s'effectuer en une journée. Comptez davantage si vous souhaitez faire une randonnée.

- 👫 **Avec les enfants** – Le parc naturel de Sparbach ; la piscine et les thermes romains de Baden, la Seegrotte.

- 🚶 **Pour poursuivre la visite** – Klosterneuburg, dans la partie septentrionale de la Forêt viennoise.

Circuit de découverte

Pour sortir de Vienne, prenez l'A4 en direction de Graz et Linz ; puis l'A23 toujours en direction de Graz, Linz ; ensuite l'A2 direction A21, Linz ; enfin l'A21 sortie Brunn am Gebirge, Perchtoldsdorf, suivez la B12, traversez Brunn am Gebirge.

Perchtoldsdorf

À 23 km au sud-ouest de Vienne par l'autoroute.

Découvrir la Marktplatz dans le silence ouaté d'une chute de gros flocons de neige tout en se réchauffant d'un *Glühwein* (vin chaud) vendu dans l'un de ces chalets miniatures qui ouvrent leurs stands pendant les périodes de l'Avent et de Noël, appartient aux images typiques qu'offre en hiver la région viennoise. Mais le centre de ce petit village de vignerons où habita le compositeur **Hugo Wolf** (1860-1903) offre aussi d'autres attraits.

Place du marché (Marktplatz)

Au centre de la place se dresse une très belle **colonne de la Peste★** (1713) ornée de huit sculptures et réalisée par Johann Bernhard Fischer von Erlach. L'hôtel de ville *(Marktplatz 10)*, édifice de style gothique tardif (fin du 15e s.) abrite trois petits musées.

Le côté nord de la place est clos par l'église St-Augustin et la Perchtoldsdorfer Turm. Cette tour massive, édifiée entre 1450 et 1521, présente une section carrée de près de 13 m de côté et s'élève à 59,5 m du sol.

Au sud de la place du marché commence la Brunnengasse, qui abrite au n° 26 la maison de Hugo Wolf (Hugo-Wolf-Haus).

Les colonnes de la peste

Fréquentes dans la région, ces colonnes rappellent que le fléau a jadis anéanti une grande partie de la population européenne. Vienne et ses environs subirent quatre épidémies particulièrement tragiques en 1348, 1629, 1679 et 1714, qui laissèrent chacune plus de 30 000 victimes après leur passage. Des colonnes de la peste étaient élevées en ex-voto pour remercier le Ciel d'avoir mit fin à la mort noire ; le plus connu de ces monuments est la colonne votive de La Trinité du Graben, à Vienne *(voir p. 136).*

Transformée en musée, cette dernière évoque le souvenir du compositeur *(Pâques-1ᵉʳ nov. sam.-dim. et j. fériés 10h-17h - 2 €).*

Église St-Augustin (Pfarrkirche zum hl. Augustinus)

Cette église-halle commencée en 1435 recèle quelques œuvres intéressantes. Avant de pénétrer dans l'église par le porche sud, remarquez *Le Mont des Oliviers* (relief polychrome de 1511) et, à l'intérieur même du portail, la **Mort de la Vierge**★ (relief polychrome de 1449). Cette dernière œuvre est une représentation de la Vierge couchée, typiquement byzantine, l'art d'Occident lui préférant généralement une Vierge mourante, le cierge à la main. L'intérieur de l'église est dominé par un maître-autel monumental de style baroque (vers 1700), orné de part et d'autre du retable de quatre statues des saints patrons des Länder impériaux, de gauche à droite : Joseph (pour la Styrie), Domitien (pour la Carinthie), Florian (pour la Haute-Autriche) et Léopold (pour la Basse-Autriche). À gauche du maître-autel, la niche sacramentelle date du 15ᵉ s.

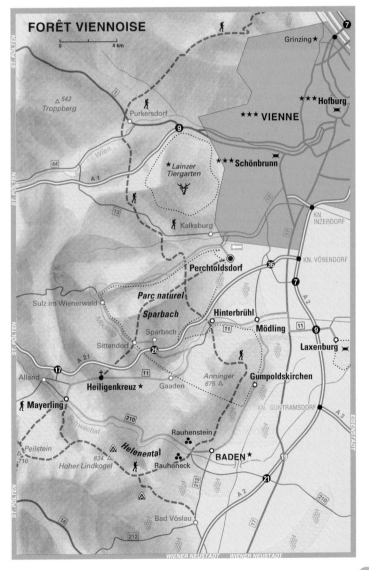

Dans le village de Perchtoldsdorf.

À l'extérieur, on voit à l'ouest les vestiges du château des ducs (Herzogsburg) construit du 11ᵉ au 15ᵉ s., qui abrite aujourd'hui un centre culturel, et au sud la chapelle St-Martin (**Martinikapelle**), bâtie de 1512 à 1520.

Presque en face de l'église, prenez la Wienergasse pour rejoindre la Spitalkirche qui fut fondée de 1406 à 1419 par la duchesse Beatrix von Zollern.

De Perchtoldsdorf, prenez la route n° 13 à l'angle de la Spitalkirche (Donauwörther Straße, puis Hochstraße) vers Vienne et tournez à gauche après 1,3 km dans la Kalten-leutgebnerstraße qui devient la Hauptstraße. Après 11 km, tournez à gauche vers Sulz im Wienerwald. Traversez Sittendorf et suivez l'indication Naturpark Sparbach juste avant de franchir l'autoroute. Si vous arrivez directement de Vienne par l'autoroute E 60/A 21, prenez la sortie 26, tournez à droite, puis à nouveau à droite, et parcourez 600 m en suivant la signalisation. Grand parc de stationnement face à l'entrée.

Parc naturel de Sparbach (**Naturpark Sparbach**)

℘ (022 31) 62 746 - avr.-oct. 9h-18h - fermé en cas de mauvais temps - 3 €, enf. 2 €.

👫 Ce parc naturel de quelque 355 ha, dont les origines remontent à 1812, dispose d'un enclos abritant des daims et des mouflons. Les sangliers vivent, en revanche, en liberté dans le parc et peuvent donc parfois être observés de très près. De nombreux sentiers permettent d'accéder à quelques ruines romantiques, telles que le **Burg Johannstein** (12ᵉ s.), le temple de Diane ou la Köhlerhaus (alt. 567 m). L'idyllique étang de la Lenau est peuplé de canards mandarins. Agréable pour sa fraîcheur, le parc naturel de Sparbach est un lieu de balade particulièrement convoité en plein été.

Passez au-dessus de l'autoroute E 60/A 21 et tournez à droite sur la route 11 vers Gaaden pour gagner, à travers bois et vallons, l'abbaye de Heiligenkreuz.

Abbaye de Heiligenkreuz★

Voir « Visiter » p. 301.

Poursuivez sur la route 11 en direction de Alland. Après 4 km, tournez à gauche vers Mayerling.

Mayerling

36 km au sud-ouest de Vienne - à Mayerling, suivez le panneau « Ehemaliges Jagds-chloß - Karmel St. Josef » (ancien pavillon de chasse - Carmel St-Joseph) - visite guidée du Carmel (30mn) : lun.-sam. 9h-12h30 et 13h30-18h, dim. 10h-12h30 et 13h30-18h (17h l'hiver) - fermé Jeudi et Samedi saints - 2 € - ℘ (022 58) 22 75.

Le drame de Mayerling

En 1888, l'**archiduc Rodolphe**, fils unique de François-Joseph et de l'impératrice Élisabeth (Sissi) et héritier du trône d'Autriche-Hongrie, a 30 ans. Sa sympathie pour les milieux de l'opposition parlementaire hongroise et son libéralisme intransigeant font frémir l'aristocratie. Son manque de piété lui vaut les attaques de l'Église ; enfin sa vie privée tumultueuse, aggravée par une mésentente conjugale avec Stéphanie de Belgique, l'éloigne des devoirs familiaux. Sa dernière conquête est une jeune fille de 17 ans, **Marie Vetsera**, rencontrée à un bal de l'ambassade d'Allemagne. Averti de cette liaison, l'empereur décide de mettre fin au scandale. Le 28 janvier 1889, il a avec son fils une scène orageuse au cours de laquelle il lui fait part du refus du pape Léon XIII de déclarer nul son mariage et il lui réitère son opposition personnelle à un divorce ; il le somme également de lui révéler les noms des conjurés hongrois, réunis dans un complot. Le lendemain, l'archiduc se réfugie avec Marie Vetsera au pavillon de chasse de Mayerling. Refusant de trahir ses amis et las de sa situation personnelle, Rodolphe, déjà en proie à la dépression, se donne la mort d'une balle de revolver après avoir tué sa jeune maîtresse.

Mayerling fut à la fin du 19e s. le théâtre d'un drame qui bouleversa le monde : le suicide du prince héritier. Après le décès de Rodolphe, l'empereur François-Joseph fit transformer l'ancien pavillon de chasse en couvent de carmélites. À l'endroit où se déroula la tragédie, on trouve aujourd'hui une église de style néogothique. La fresque de l'autel représente saint Joseph, patron de la famille impériale, le saint martyr Rodolphe, patron du prince royal, sainte Élisabeth et saint Léopold, patron de l'Autriche. Dans la chapelle on voit l'autel provenant du palais de l'impératrice à Corfou, le prie-Dieu de l'empereur et une Mater Dolorosa (par Victor Tilgner) qui possède les traits de l'impératrice Élisabeth. À côté de l'église, des salles commémoratives rassemblent, entre autres, des meubles du pavillon de chasse et un grand nombre de documents sur cette tragédie.

Prenez à gauche la route 210 en direction de Baden.

Helenental

Cette vallée pittoresque, arrosée par la rivière Schwechat, s'étire entre Mayerling et Baden. Soixante kilomètres de sentiers de randonnées balisés permettent des promenades particulièrement agréables en automne. Juste avant d'arriver à Baden, on découvre les ruines de deux châteaux jadis importants : le Rauhenstein (12e s.), sur le versant gauche et le Rauheneck (11e s.), sur le versant droit.

Baden★

26 km au sud-ouest de Vienne. Si vous arrivez à Baden par le tram, descendez au terminus Josefsplatz et engagez-vous dans la Frauengasse pour gagner la Hauptplatz.
Si vous êtes en voiture, le plus simple est de vous garer à proximité du casino.

Petite bourgade romantique située à l'orée des vallons de la forêt viennoise, Baden est entourée de vignobles fournissant d'excellents crus. Avec son admirable architecture Biedermeier et ses magnifiques villas, notamment sur le Kaiser-Franz-Ring (près du casino), le Rainer-Ring (entre le casino et la Josefsplatz) et la Breyerstraße (entre Josefsplatz et la Wassergasse), elle se montre à la hauteur de sa réputation : ambiance d'une station thermale, visage aimable et, pour se distraire, un casino, les thermes romains modernes et un théâtre d'opérettes renommé. Depuis presque trois siècles, Baden est animée presque tout au long de l'année par des spectacles de comédies, des concerts de musique classique et des opérettes, joués au Jubiläumsstadttheater d'octobre à mars et au Städtische Arena *(voir ci-dessous le « parc thermal »)* en été.

Place principale (Hauptplatz)

Au centre de la localité, cette place piétonnière se signale par sa **colonne de La Trinité** érigée en 1718 par Giovanni Stanetti après que la ville eut surmonté une épidémie de peste ; la petite fontaine qui lui est accolée a été ajoutée en 1833. L'**hôtel de ville** *(Hauptplatz 1)* a été conçu en 1815 par Josef Kornhäusel auquel la ville doit

Des hôtes illustres

Le cadre idyllique de Baden a attiré maintes personnalités, particulièrement des musiciens : Wolfgang Amadeus Mozart y créa son *Ave verum*, Franz Schubert y vint, tout comme Ludwig van Beethoven, qui y séjourna à cinq reprises et y acheva sa *Neuvième Symphonie* pendant l'hiver 1823-1824. On y rencontrait également l'écrivain Franz Grillparzer et le peintre Moritz von Schwind. Plus tard, la ville accueillit les rois de la valse et de l'opérette : Johann Strauß, Joseph Lanner, Karl Millöcker, Karl Zeller. À partir de 1805, les « listes de cure » se lisent comme des extraits d'un almanach de la noblesse. L'empereur Napoléon se montra particulièrement conquis par la pittoresque **Helenental** à l'ouest de la ville.

une profusion d'édifices remarquables. L'entablement central est ordonné par quatre colonnes ioniques et un pignon triangulaire ; dans les trois lunettes sont inscrites des allégories de l'Intelligence et de la Justice. La Kaiserhaus ou « maison impériale » *(Hauptplatz 17)*, construite en 1792, fut pendant trente ans la résidence d'été de l'empereur François Ier ; Charles Ier, le dernier empereur, y résida aussi entre 1916 et 1918.

Au nord de la Hauptplatz, tournez à droite dans la Pfarrgasse. On voit à gauche le Stadttheater.

Église St-Étienne
(Stadtpfarrkirche hl. Stephan)

De l'ancien bâtiment roman fondé en 1312 ne subsistent plus que les deux tours tronquées entre lesquelles fut ajouté en 1697 un clocher gothique couronné d'un bulbe. À l'intérieur, l'œuvre la plus intéressante est une *Lapidation de saint Étienne* due à Paul Troger (mur droit du chœur). Au-dessus de la porte menant à l'orgue (face à la porte d'entrée), une plaque rappelle que Wolfgang Amadeus Mozart écrivit son *Ave verum* en 1791 pour son ami Anton Stoll qui dirigeait la chorale de l'église. Le bel orgue conçu en 1744 par Johann Genckl pour l'église Ste-Dorothée a été transféré ici en 1787.

Passez devant la façade ouest de l'église et prenez à gauche le Kaiser-Franz-Ring pour gagner l'entrée du Kurpark.

Parc thermal (Kurpark)★

Ce merveilleux parc thermal où il fait bon se promener s'élève jusqu'à la Forêt viennoise (on peut suivre deux sentiers pédestres balisés, voir plan à l'entrée du parc).

Casino – ℰ *(022 52) 444 96 - www.casinos.at - tlj 15h-3h, Jackpotcorner à partir de 13h - ஃ - fermé 24 déc. Les visiteurs doivent être majeurs et muni d'une carte d'identité.*
Le bâtiment occupe un site historique, car c'est en effet sous ses murs que jaillit du « puits romain », la plus ancienne source thermale.

Le casino de Baden.

Städtische Arena (1906) – Un peu plus haut, ce théâtre mi-Jugendstil mi-Art déco offre en été un cadre prestigieux au festival d'opérettes (Operettensommer), grâce à son toit mobile en verre qui permet des représentations à ciel ouvert.

Au-delà du kiosque à musique dont les concerts (l'après-midi) sont très prisés des curistes, le parc est agrémenté de plusieurs monuments consacrés au souvenir des musiciens célèbres qui animèrent la ville : Lanner et Strauß, Mozart, Beethoven. Le petit pavillon ovale consacré à ce dernier est dominé par une plate-forme circulaire justement nommée « Bellevue ».

Si l'on fait l'effort de gravir encore un peu le versant pentu du parc, on s'enfonce dans la Forêt viennoise en passant devant quelques enclos où ruminent sans discontinuer de paisibles animaux (cerfs, daims, biches, poneys, chèvres, etc.).

Prenez à droite en sortant du parc, longez le Kaiser-Franz-Ring et tournez à gauche face au casino dans le Erzherzog-Rainer-Ring. Tournez à droite pour gagner la Brusattiplatz.

Architecture thermale (Bäderarchitektur)★

Dans la première moitié du 19e s. d'innombrables établissements imitant des temples classiques ont été construits. Certains d'entre eux sont encore conservés, même si la plupart ont changé d'affectation. Le **Leopoldsbad** *(Brusattiplatz)*, élevé en 1812 et qui abrite aujourd'hui le bureau d'informations touristiques, était le point d'expédition de l'eau minérale ; son nom célèbre le saint margrave Léopold. À sa droite, légèrement masqués par un bouquet d'arbres, se trouvent les **thermes romains** *(Brusattiplatz 4)*, les plus grands thermes à toit de verre d'Europe. Le bâtiment d'origine des deux architectes de l'Opéra national de Vienne, Eduard von der Nüll et August von Siccardsburg, est resté en état a été complété par des thermes modernes. Une piscine, des bassins d'activités et de repos, un autre adapté aux enfants ainsi que deux bassins extérieurs sont à la disposition des visiteurs pour se distraire *(022 52) 45 030 - www.romertherme.at - tlj 10h-22h - 2h : 8,50 € (en sem.), 10,10 € (w.-end et vac.)*. Sur la toute proche Josefsplatz, on voit le **Josefsbad** (1804), une petite rotonde voulant évoquer un temple de Vesta et transformée en restaurant, et le **Frauenbad** (1821), dû à Charles de Moreau, qui abrite aujourd'hui des expositions. Sur l'autre rive de la Schwechat, Joseph Kornhäusel a érigé le **Sauerhof** *(Weilburgstraße 11-13)*, aujourd'hui reconverti en grand hôtel et restaurant de luxe.

À hauteur du Frauenbad, obliquez vers la Frauengasse.

Frauengasse

Au n° 10, le Magdalenenhof est une maison Biedermeier où séjournèrent Beethoven (automne 1822) et Grillparzer (étés de 1848 à 1850 et 1860). Au n° 5, la Florastöckl est un immeuble attribué à J. Kornhäusel, dont l'attique est orné d'une statue de la déesse Flore (Joseph Klieber) ; l'impératrice Marie-Louise et son fils le duc de Reichstadt, le fils de Napoléon Ier, y séjournèrent après 1818. Juste avant la place principale (Hauptplatz), l'église Notre-Dame (Frauenkirche) a été construite en 1825 à l'emplacement d'une église bâtie vers 1260 et déjà dédiée à la Vierge.

Depuis la Hauptplatz, prenez à gauche la Rathausgasse.

Maison de Beethoven
(Beethoven-Gedenkstätte)

Rathausgasse 10 - (022 52) 86 80 02 30 - www.baden-bei-wien.at - mar.- vend. 16h-18h, sam.-dim. 9h-11h et 16h-18h - fermé 1er janv., 24 et 31 déc. - 2,50 €.

Le grand musicien y séjourna de 1821 à 1823 ; il y composa une partie de la *Missa solemnis* et y acheva la *Neuvième Symphonie*. Petite exposition sur la vie et l'œuvre de Beethoven dans sa chambre à coucher et son cabinet de travail.

Station thermale

La vertu curative des sources sulfureuses de Baden était connue des Romains et l'empereur Marc Aurèle mentionnait déjà l'*Aquæ Pannoniæ* située à « 18 000 doubles pas au sud de Vindobona » (Vienne). Aujourd'hui, les 15 sources débitent plus de 4 millions de litres d'eau par jour dont la température naturelle atteint 36 °C. Les eaux thermales apaisent les douleurs rhumatismales, renforcent le métabolisme, les tissus conjonctifs et le système vasculaire. L'âge d'or de la station coïncide avec l'époque Biedermeier lorsque l'empereur François Ier y séjournait volontiers chaque été de 1803 à 1834, une popularité qui reprit bientôt avec l'ouverture du chemin de fer du sud.

Rejoignez la Josefsplatz pour tourner à droite dans la Pergerstraße. Continuez tout droit jusqu'à la Pelzgasse que vous traversez pour entrer dans le parc.

Doblhoffpark

La grande curiosité de ce parc est son Rosarium, une **roseraie★** de 9 ha créée en 1969 et fort bien entretenue. Les amateurs y admireront une grande variété de spécimens (25 000 roses, 600 espèces), comme la lumineuse rose rouge Ruth Leuwerik (créée en 1960), les roses subtilement orangées Gloire de Dijon (1853) ou Ave Maria (1972), la blancheur de la John F. Kennedy (1965), la rose Else Poulsen (1924). En juin, le festival Badener Rosentage attire les visiteurs avec ses magnifiques fleurs.

Sortez du parc par le sud pour vous engager à droite dans la Helenenstraße.

Piscine publique (Thermalstrandbad)

Helenenstraße 19 - tlj 8h30-18h, juil.-août 19h30 - à partir de 6,30 € en sem. et 7,80 € le w.-end.

Cette piscine publique fut construite en 1926 dans un style Art déco qui, s'il est assez peu courant en Autriche, ne détonne pas sur les terres du Jugendstil et de la Sécession. Il s'agit en réalité de piscines au pluriel (5 000 m² à ciel ouvert) et d'une plage de sable, les concepteurs ayant en effet souhaité donner l'impression à l'utilisateur d'être sur les rives bleutées de l'Adriatique.

Pour rejoindre la route des vins (« Weinstraße ») qui mène à Gumpoldskirchen et Mödling à partir du centre de Baden, prenez le Kaiser-Franz-Joseph-Ring (direction « Gumpolds-kirchen » et « Pfaffstätten »), passez sous le pont de chemin de fer et tournez à gauche juste après (route 212). Poursuivez en direction de Gumpoldskirchen.

Gumpoldskirchen

18 km au sud-ouest de Vienne.

Situé en plein vignoble au pied de l'Anninger (alt. 625 m), ce sympathique petit village d'origine médiévale est très réputé pour la qualité de ses vins blancs que l'on peut apprécier dans les différents *Heurigen*, dont certains occupent des maisons du 16e s. Fin juin et fin août, les rues de Gumpoldskirchen sont animées par des fêtes corporatives du vin.

Le village s'étend principalement le long de la Wiener Straße. Il faut cependant s'engager dans la petite Kirchengasse, que signale l'hôtel de ville (milieu 16e s.), pour en apprécier tous les charmes. En haut de la rue et après un aimable pont de pierre se dresse la Gumpoldskirche ou église St-Michel, église-halle (15e s.) dont la porte intérieure est frappée de la croix de l'ordre des chevaliers Teutoniques présents dans le village depuis le milieu du 13e s. Le château de l'ordre fait face à l'église et sert aujourd'hui de lieu de rassemblement.

À hauteur de la Kirchenplatz, engagez-vous dans la Kurzegasse en contrebas du château. Le sentier s'enfonce entre les plantations et est étoffé à intervalles réguliers de panneaux informant sur les provenances et lieux de culture des différents cépages exploités sur ce coteau. On peut gravir le Kalvarienberg pour atteindre une chapelle et sa terrasse (Kreuzwegstationen) qui offrent un beau panorama sur la plaine.

La route de Mödling s'élève au milieu des vignobles en décrivant des lacets d'où l'on a une belle vue sur la ville (et jusqu'au Kahlenberg par beau temps).

Mödling

12 km au sud-ouest de Vienne.

Mödling, fondée dès le 10e s., fut très endommagée au cours de la Seconde Guerre mondiale mais elle est aujourd'hui une petite ville agréablement restaurée. Trois musi-ciens vinrent goûter le calme de ses murs : Ludwig van Beethoven (*Hauptstraße 79*, en 1818 et 1819 ; *Achsenaugasse 6*, en 1820) qui y travailla aux premiers feuillets de sa *Missa solemnis*, Arnold Schönberg *(Bernhardgasse 6)* et Anton von Webern *(Neusiedler Straße 58)*.

Outre une traditionnelle colonne de la peste (sur la Freiheitsplatz), traitée ici en colonne torse, Mödling possède un charmant quartier piétonnier (Fleischgasse et Elisabethstraße) mêlant plusieurs styles architecturaux. Quelques monuments historiques, dont les ruines d'un château du 11ᵉ s. (sur la Brühlerstraße), deux églises du 15ᵉ s. (St. Othmar et St. Aegyd) et un hôtel de ville du 16ᵉ s. (sur la Schrannenplatz), complètent la visite de la ville.

À partir de la Hauptstraße, prenez la Herzoggasse que prolonge la Pfarrgasse.

Église paroissiale de St-Othmar (Pfarrkirche St. Othmar)

La première pierre de cette église-halle de style gothique tardif, joliment située sur une légère hauteur dominant la ville, fut posée en 1454. L'édifice fut achevé en 1523 et endommagé par les Turcs en 1529 et 1683. Sa voûte est supportée par 12 colonnes symbolisant le nombre des apôtres. Remarquez sur la gauche l'autel Népomucène dont le tableau est une œuvre de Brandl (1725).

À l'extérieur, la chapelle romane de St-Pantaléon, de la seconde moitié du 12ᵉ s., recèle une crypte ornée de fresques de cette époque. À l'origine, cette chapelle servait de charnier.

Prenez la direction « Seegrotte » à l'ouest (direction E 60/A 21) par la Spitalmühlgasse qui se transforme assez rapidement en Brühlerstraße.

Hinterbrühl

Juste à l'ouest de Mödling, Hinterbrühl s'enorgueillit de posséder sur son territoire une curiosité fascinante : la Seegrotte.

Seegrotte★

📞 *(022 36) 263 64 - www.seegrotte.at - visite guidée (45mn) avr.-oct. tlj 9h-17h ; nov.-mars lun.-vend. 9h-12h et 13h-15h, sam.-dim. 9h-15h30 - 7 €, enf. 4,50 €.*

👥 Le plus grand lac souterrain d'Europe occupe un peu plus de 6 ha que l'on visite en canot à moteur. Ce lac s'est constitué en 1912, lorsqu'une source jaillit dans la galerie inférieure de cette ancienne mine de gypse.

Revenez à Mödling par la route 11. Traversez la ville et reprenez la route 11 via la Triester Straße, en direction de Schwechat. La route passe au-dessus de l'autoroute E 59/A 2. Suivre l'indication Laxenburg.

Seegrotte Hinterbrühl

La Seegrotte, le plus grand lac souterrain d'Europe.

Château de Laxenburg (Schloß Laxenburg)

15 km au sud de Vienne.

Ancienne résidence d'été de la Cour, le domaine de Laxenburg se situe non loin des contreforts de la Forêt viennoise, plus précisément au cœur des terrains de chasse des Habsbourg où Maximilien Iᵉʳ attrapait le héron au faucon. À l'origine, c'est Albert II le Boiteux qui, vers 1340, fit l'acquisition de ces terres. Son fils Albert III y fit élever un château fort entouré d'eau où aimait à venir sa femme, la belle Beatrix. Plus tard, Charles VI fut pris d'un véritable engouement pour Laxenburg, et l'art de la fête se substitua peu à peu aux plaisirs de la chasse. Aujourd'hui, le domaine comprend trois châteaux et un immense parc aux arbres plusieurs fois centenaires.

Palais Bleu (Blauer Hof)
Schloßplatz.

Le « palais Bleu » est revêtu d'un joli crépi jaune-ocre, par ailleurs dit « jaune Marie-Thérèse » ! Plus qu'à sa couleur, il doit probablement son nom à son premier constructeur, le Néerlandais Sebastiaan Bloe. L'architecte Nikolaus Pacassi y apporta quelques transformations en ajoutant la cour d'honneur et un petit théâtre. Ce palais connut son heure de gloire sous Marie-Thérèse, et le prince héritier Rodolphe y naquit, le 21 août 1858. La façade arrière ouvre sur le parc.

Dans le château de Laxenburg.

Église paroissiale de Laxenburg (Farrkirche Laxenburg)
Schloßplatz.

À l'emplacement d'un sanctuaire détruit par les Turcs en 1683, Christian Alexander Oedtl édifia cette église de 1693 à 1699, à la demande de Léopold Ier. Les tours datent de 1722. L'intérieur conserve une jolie **chaire** baroque en bois doré (1732) due à l'artiste munichois Johann Baptist Straub. On suppose que les fresques de la coupole ont été exécutées à partir d'un dessin de Johann Michael Rottmayr ; elles représentent la Jérusalem céleste.

Parc du château
Entrée par la Hofstraße, parking face à l'entrée - ✆ *(022 36) 71 22 60 -* ♿*- tlj 0h-0h - 1,30 €.*

De retour de France où il avait vu le parc d'Ermenonville à l'occasion d'une visite rendue à sa sœur, Marie-Antoinette, le futur Joseph II fit tracer ce parc à l'anglaise de 250 ha auquel François Ier fit ajouter un grand étang où glissent aujourd'hui des pédalos. Venant de l'entrée et après avoir obliqué à droite, on rencontre l'**Altes Schloß**, ou Vieux Château, où Charles VI promulgua en 1713 la Pragmatique Sanction qui allait permettre à sa fille Marie-Thérèse de monter sur le trône. Sur l'île *(passage : env. 0,44 €)* du grand étang se dresse le **Franzensburg**, château fort néogothique construit au début du 19e s. par Michael Riedl *(visite guidée tlj de Pâques au 1er nov. 11h, 14h, 15h, 4,20 €).* Un café *(voir carnet pratique)* permet de profiter de ce cadre romantique. Les niches de la cour intérieure sont ornées de 37 bustes de Habsbourg.

Gare impériale (Kaiserbahnhof)

Herzog-Albrecht-Straße.

Construite en 1847, c'est la seule gare Biedermeier au monde maintenue en état. Elle sert aujourd'hui de centre de communication et de lieu de manifestation, et abrite également un restaurant.

Regagnez Vienne par l'autoroute E 59/A 2.

Visiter

Abbaye de Heiligenkreuz (Stift Heiligenkreuz)★

32 km au sud-ouest de Vienne.

℘ (022 58) 87 03 - www.stift-heiligenkreuz.at - visite guidée (45mn) lun.-sam. 10h, 11h, 14h, 15h, 16h, dim. et j. fériés 11h, 14h, 15h, 16h - fermé Vendredi saint et 24 déc. - 6,20 €.

L'abbaye de Heiligenkreuz fut fondée par le margrave Léopold III de Babenberg, dit « le Pieux », qui voulait créer ici une nécropole pour sa dynastie. Influencé par son fils Otton, moine cistercien et futur évêque de Friesing en Bavière, il fit venir douze moines de Morimond en France, une abbaye-fille de Cîteaux. Ceux-ci jetèrent le 11 septembre 1133 les fondations de l'abbaye, qui doit son nom de Sainte-Croix (Heiligenkreuz) à un morceau de la vraie Croix que le duc Léopold V lui remit au 12ᵉ s.

La communauté monastique de cisterciens est aujourd'hui encore très active et entretient même une École supérieure de philosophie et de théologie pour la formation des prêtres. L'abbaye vit aujourd'hui de l'agriculture, de la sylviculture, de la viticulture et du tourisme.

Si la fondation remonte au 12ᵉ s., la plupart des bâtiments datent du 17ᵉ s., hormis l'église et le cloître. Dans la cour se dresse une **colonne de La Trinité**, édifiée par Giovanni Giuliani (1663-1744), qui réalisa de nombreuses œuvres pour Heiligenkreuz.

Église abbatiale★ – La façade de style roman présente des traits caractéristiques de l'architecture cistercienne avec son fronton à trois fenêtres et son absence de clocher. La longue nef de style roman tardif fut achevée en 1187, alors que le chœur gothique ne fut construit qu'un siècle plus tard. La décoration date du 19ᵉ s. L'autel néogothique, derrière lequel se trouve un tabernacle contenant la relique de la Croix, est couronné par la copie contemporaine d'une croix gréco-byzantine ; le reste de la décoration est de style baroque : très belles **stalles** de Giuliani avec des représentations des saints de l'ordre ; peinture de l'accueil de Marie au ciel par Johann Michael Rottmayr.

Cloître – Du 13ᵉ s., il flanque le côté sud du sanctuaire. On peut suivre l'évolution de sa construction en considérant les arcs romans de son aile nord et les arcs gothiques de son aile sud. Deux sculptures de Giuliani attirent le regard : *Le Christ lavant les pieds de saint Pierre* et *La Pécheresse oignant les pieds de Jésus*. Un pavillon ennéagonal (fin 13ᵉ s.), muni d'un bassin de style Renaissance destiné aux lavements, borde la façade sud. Les vitraux gris-noir du Moyen Âge représentent des membres de la dynastie des Babenberg.

Chapelle Ste-Anne – Aujourd'hui aménagée dans le style baroque, elle servait au Moyen Âge de bibliothèque et contenait les livres liturgiques.

Salle capitulaire – La salle carrée, où sont choisis les abbés et vêtus les novices, servait à la lecture des « chapitres » de la règle bénédictine. Elle abrite les sépultures des Babenberg, dont les peintures murales représentent tous les membres de la lignée. Le tombeau le plus ouvragé est celui de Frédéric II le Belliqueux ; il fut toutefois endommagé lors du pillage des Turcs.

Chapelle funéraire – L'ancien parloir, seule pièce où il était permis de parler, a perdu sa raison d'être aujourd'hui avec l'abandon de la restriction du temps de parole à quelques heures seulement. Elle sert de nos jours de **chapelle des défunts** : on y expose les corps des moines avant leur inhumation. Elle a été décorée par Giuliani. *La Danse des squelettes*, malgré son aspect macabre, symbolise l'espoir chrétien en la vie éternelle et signifie que la mort n'est pas à craindre.

Salle des moines – Au Moyen Âge, cette salle était l'atelier des frères. On aperçoit encore en partie la peinture d'origine du 13e s.

Sacristie – On y accède en traversant une petite cour. Cette pièce est dotée d'une niche accueillant un lavabo ; elle est joliment décorée dans le style du 18e s. et présente déjà des caractéristiques essentielles du rococo. Les quatre somptueuses **armoires** ont été fabriquées par les frères séculiers du cloître au début du 19e s. La finesse de l'ouvrage de marqueterie témoigne de l'adresse de ses créateurs.

Le petit cimetière du village garde la tombe de **Marie Vetsera** (*voir p. 295*), dont la pierre porte ces mots : « Comme une fleur, l'homme s'épanouit puis est brisé. »

L'église abbatiale de Heiligenkreuz.

Randonnées

La Forêt viennoise dépasse largement le cadre du circuit décrit ci-dessus. Nous proposons ici aux amateurs de marche quelques itinéraires de sentiers balisés qui comptent parmi les plus agréables de la Forêt viennoise. Les randonneurs intéressés devront acheter une carte suffisamment détaillée. Vous en trouverez à la librairie du voyage *Freytag & Berndt, Kohlmarkt 9, 1er arrondissement de Vienne,* ☎ *(01) 53 38 685.*

Klosterneuburg - Weidling – Au nord de Vienne. Partir de la gare de Klosterneuburg pour gagner Weidling via le Leopoldsberg (alt. 423 m) *(2h45).*

Maria Anzbach – Entre Vienne et St. Pölten. Circuit en boucle passant par le Kohlreithberg (alt. 516 m) *(2h).*

Böheimkirchen - Pottenbrunn – À l'est de St. Pölten. Partir de la gare de Böheimkirchen pour rejoindre celle de Pottenbrunn en passant par le Schildberg (alt. 393 m) *(1h15).*

Purkersdorf – À la lisière ouest de l'agglomération viennoise. Circuit en boucle à partir de la gare de Unterpurkersdorf *(2h).*

Kalksburg - Breitenfurt – À l'ouest de Vienne. Partir de Kalksburg pour rejoindre Breitenfurt via le Laabersteigberg (alt. 530 m) *(4h30).*

Klausen-Leopoldsdorf - Alland – Au nord-ouest de Mayerling *(3h30).*

Le Schöpfl – À l'ouest de Mayerling. Circuit en boucle à partir de Forsthof pour gravir et descendre le Schöpfl (alt. 893 m). Aller-retour *(environ 2h).*

L'ordre des Cisterciens

L'ordre réformateur des Bénédictins tient son nom de l'abbaye de Cîteaux, en France, fondée par Robert de Molesmes en 1098. L'ordre se développa rapidement sous Bernard de Clairvaux – lorsque le futur saint mourut en 1153, on comptait déjà plus de 350 abbayes dans toute l'Europe. Il interdit le prélèvement de la dîme, ainsi que l'acquisition ou l'acceptation de terres et s'engagea en faveur d'un strict respect des règles bénédictines.

L'architecture sobre des cisterciens est elle aussi fidèle à des principes stricts : des églises sans fioriture (pas de clocher, un clocheton seulement ; aucun vitrail peint en couleurs). C'est pourquoi une grande importance était accordée à la réalisation et l'exécution soignée des édifices, dont la beauté repose sur l'équilibre des mesures et la netteté des lignes. Toujours fidèle à la *Charta caritatis* édictée en 1115, l'ordre compte aujourd'hui environ 300 monastères et couvents dispersés dans le monde entier.

Mayerling - Bad Vöslau – Longue mais très belle, cette randonnée permet de rejoindre la gare de Bad Vöslau *(6h)*.

Berndorf - Pottenstein – Au sud-ouest de Baden. Partir de la gare de Berndorf pour rallier celle de Pottenstein *(4h)*.

Forêt viennoise pratique

Se loger

À BADEN

Schlosshotel Oth – *Schlossgasse 23 - 2500 Baden-* (022 52) 44 436 - www.oth.info - ouv. tte l'année - 34 ch. doubles - 76/124 € , selon le confort et la saison. Cette belle bâtisse jaune en bordure du Doblhoffpark propose des chambres à la décoration douillette et raffinée, toutes pourvues d'un balcon. Vous pourrez aussi profiter d'un jardin fleuri. Également restaurant. Il suffit de descendre la rue pour profiter de la superbe piscine publique Jugendstil.

AUX ENVIRONS DE BADEN

Hôtel-restaurant Helenenstüberl – *Schwechatbach 55 - Im Helental bei Baden - 2 534 Alland -* (022 58) 25 35 - www.helenenstueberl.at - ouv. tte l'année - plats principaux à partir de 8 € - 23 ch. doubles avec balcon - 78/83 € . Situé entre Mayerling et Baden, cet hôtel-restaurant moderne offre une halte au vert dans un vallon. Chambres simples et confortables, les plus belles offrent une vue étendue sur la forêt. À la carte, cuisine régionale, servie en été en terrasse. Des sentiers de randonnées passent au pied de l'établissement.

Se restaurer

À BADEN

Café Damals – *Rathausgasse 3 - 2500 Baden -* (022 52) 42 686 - lun.-sam. 10h-0h, dim. 10h-19h- plats principaux à partir de 7 €. Un agréable patio verdoyant conduit à une maison ancienne au décor rétro. Sur les murs sont accrochées des photos d'autrefois. Cuisine traditionnelle et pâtisseries l'après-midi.

À GUMPOLDSKIRCHEN

Altes Zechhaus Krug – *Kirchenplatz 1 - 2352 Gumpoldskirchen -* (022 52) 62 247 - www.krug.at - lun.-vend. 16h-0h, sam.-dim. 11h-0h- buffet autour de 15 €. Adorable *Heuriger* installé dans une maison du 16e s. en face de l'église et du château de Gumpolskirchen. Délicieux buffet chaud et excellents vins de propriété que l'on déguste parfois en musique.

Faire une pause

Neumann im Josefsbad – *Josefsplatz 2 - 2500 Baden -* (022 52) 252 212 - www.neumann-baden.com - tlj. Dans la rotonde de l'ancien Josefsbad a élu domicile un café à la décoration design qui propose tout ce qu'il faut pour combler le petit creux de l'après-midi.

Café-Konditorei Ullmann – *Schlossergäschen 16 - 2500 Baden -* (0 252) 486 65 - À côté du Doblhoffpark, une coquette pâtisserie-salon de thé qui propose des pralines fondantes et des petits gâteaux à déguster sur des petites tables en marbre.

Café Meierei im Franzenburg – *2361 Laxenburg-* (02 236) 710 408 -avr.-fin oct. Dans le parc du château de Laxenburg, un étang entoure une île où se dressent les tours crénelées du Franzenburg. Dans ce décor de conte de fées, un café déploie quelques tables sur une terrasse ombragée.

15

Klosterneuburg★

Basse-Autriche

CARTE MICHELIN Nº 730 U4 – CARTE DES ENVIRONS DE VIENNE P. 290-291

Après son mariage avec Agnès, fille de l'empereur Henri IV, le margrave Léopold III de Babenberg transféra sa résidence de Melk à Klosterneuburg. Il fit ériger sa forteresse sur une hauteur de Neuenburg, sans doute déjà colonisée par les Romains. En 1114, il fonda à cet endroit une abbaye de chanoines de Saint-Augustin ; remaniée, augmentée d'un palais impérial, elle affirme un visage très baroque et renferme dans ses murs des merveilles de l'art médiéval.

- **Se repérer** – Klosterneuburg est situé à 13 km au nord de Vienne sur la rive droite du Danube et est accessible en empruntant la B14. À l'arrivée, garez votre voiture dans le parking souterrain sous l'abbaye.
  En transports en commun : *S-Bahn S40 au départ de Franz-Josef-Bahnhof puis 10mn de marche de la gare ; bus 239, 241 de Wien-Heiligenstadt (U4) arrêt Niedermarkt.*

- **À ne pas manquer** – L'abbaye.

- **Organiser son temps** – Comptez 2h30 pour la visite de l'abbaye en cumulant le circuit impérial et le circuit sacré. S'il vous reste du temps et que l'art contemporain vous intéresse, faites un tour à la collection Essl.

- **Pour poursuivre la visite** – La Forêt viennoise ; Heiligenstadt, Grinzing et Döbling à Vienne.

Visiter

L'ABBAYE★

(022 43) 41 12 12 - www.stift-klosterneuburg.at - visite guidée en allemand et en anglais sam.-dim. 16h, en français sur demande - fermé 25 et 26 déc.
Le circuit impérial (Imperiale Weg) comprend la visite des appartements impériaux, de la salle de Marbre ainsi que du musée et s'effectue librement ; mar.-dim. 9h-18h, 7 €.
Le circuit sacré (Sakrale Weg) comprend la visite de l'abbaye, avec notamment l'autel de Verdun, et s'effectue en visite guidée ; tlj 10h-17h, 7 €, durée 1h.
Billet combiné circuits impérial et sacré : 10,50 €.
Le circuit du vin comprend la visite guidée des caves et du pressoir ; tlj 16h, 7 €.
Un circuit supplémentaire intitulé Le Moyen Âge (Das Mittelalter) consiste en une visite guidée de 30mn sur le quotidien médiéval à combiner avec un autre circuit ; tlj, 12h, 10,50 €.

Place abbatiale

Elle permet d'accéder à l'église abbatiale et au palais. Au centre se dresse une colonne-lanterne gothique (1381) ornée de scènes de la Passion du Christ. Face à l'entrée latérale de l'abbatiale se trouve la chapelle St-Sébastien qui conserve le retable d'Albert II (1438) dont un panneau présente la plus ancienne représentation de la cathédrale St-Étienne de Vienne. À droite se trouve la salle capitulaire et, à droite encore, la vinothèque qui renferme le célèbre « tonneau des mille sceaux » fabriqué en 1704 et d'une contenance de 56 000 l. Tous les ans, le jour de la St-Léopold (15 novembre) est organisé le traditionnel « roulage de tonneaux ». Les vignes de l'abbaye de Klosterneuburg (plus de 100 ha) sont réputées pour leur excellente qualité.

Église abbatiale

Pour ceux qui ne participent pas à la visite guidée, on peut apercevoir l'intérieur de l'église derrière de la grille. La basilique romane à trois nefs, commencée en 1114 et achevée quelques jours avant le décès de Léopold III en 1136, a été modifiée à plusieurs reprises au cours des siècles. Entre 1634 et 1645, elle connut une transformation baroque due au Génois Giovanni Battista Carlone et à Andrea de Retti. En 1879, Friedrich von Schmidt, l'architecte de l'hôtel de ville de Vienne, fut chargé de redonner au bâtiment son aspect médiéval : les deux tours furent donc remaniées, elles sont néogothiques.

L'**intérieur**★ de l'église est presque entièrement baroque (de 1680 à 1702 et de 1723 à 1730). Il en émane un sentiment d'harmonie et de grandeur dû à la valeur des artistes qui y travaillèrent. Les **fresques** de la voûte ont été exécutées par Georg Greiner (vers 1689) et représentent successivement les Turcs devant Klosterneuburg, les Pères de l'Église, le Couronnement de la Vierge, ainsi que d'autres scènes de la vie de Marie ; celles illustrant l'Assomption (chœur et abside) sont de Johann Michael Rottmayr. La décoration sculpturale des six autels latéraux (début 18e s.) a été réalisée par les frères Spaz. Le maître-autel (*Nativité de la Vierge* de Johann Georg Schmidt) est une œuvre de Matthias Steindl, tout comme l'abat-voix en cuivre de la chaire de marbre, ainsi que les magnifiques **stalles** datées de 1723 et ornées de 24 armoiries de la maison des Habsbourg. Datant de 1642, les grandes orgues baroques sont

L'église abbatiale.

très réputées pour leur son original dû à l'utilisation exclusive de tuyaux en étain. Anton Bruckner aimait y jouer.

Le cloître
Érigé aux 13e et 14e s., il constitue un bel exemple d'architecture de style gothique primitif mâtiné d'influences bourguignonnes. **L'ancienne fontaine** (Leopoldsbrunnen) abrite un **candélabre en bronze** à sept branches, travail véronais de la première moitié du 12e s. dont la forme évoque l'Arbre de Jessé. Si l'on se réfère à la légende relative à la fondation de l'abbaye, Léopold retrouva le voile de mariée perdu de son épouse Agnès après neuf ans passés sous une touffe de sureau et décida de fonder l'abbaye à cet endroit, lui donnant le nom de « Sambucus » (mot latin signifiant « sureau »).

La chapelle St-Léopold est munie de lumineux **vitraux**★ du 14e s. Elle abrite la sépulture de Léopold III qui fut canonisé en 1485 et dont les reliques reposent dans une châsse placée au-dessus du célèbre retable de Verdun *(voir ci-dessous)*. La chapelle de Freising contient le gisant de Berthold von Wehingen, évêque de Freising décédé en 1410.

Le retable de Verdun★★
En 1181, le prieur Wernher commanda à Nicolas un « grand émail » devant revêtir l'ambon de l'abbatiale. L'artiste réalisa 45 plaques de métal travaillées selon la technique de l'émail champlevé, puis dorées. En 1331, après un incendie, le prévôt fit transformer l'œuvre en retable : six plaques et quatre panneaux peints furent ajoutés *(voir ci-dessous le musée de l'Abbaye)*. Le retable se compose de trois registres illustrant des scènes de l'Ancien Testament (registres supérieur et inférieur) et du Nouveau Testament (registre médian). Chaque scène du Nouveau Testament est complétée par celles des événements antérieurs *(ante legem)* et postérieurs *(sub lege)* à la Loi. À gauche du panneau central, par exemple, on voit de haut en bas : le passage de la mer Rouge (parabole du baptême), le baptême du Christ, la Mer sur 12 bœufs (bassin du temple du roi Salomon). Au centre du panneau central se trouve la Crucifixion, terme de la Passion du Christ.

> ### Nicolas de Verdun
>
> Nicolas de Verdun était un orfèvre et émailleur lorrain. Voici à peu près tout ce que l'on en sait.
> Son nom ne nous est toutefois connu que par des inscriptions sur deux objets : la châsse de sainte Marie de la cathédrale de Tournai et l'œuvre conservée ici à Klosterneuburg, une œuvre avec laquelle il a touché à la perfection et qui compte parmi les merveilles de l'art du Moyen Âge. On lui attribue également les longs côtés de la châsse des rois Mages de la cathédrale de Cologne (1180-1230).

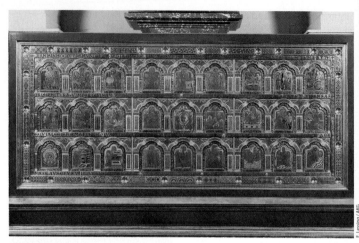

Le retable de Verdun.

Le palais baroque★

Après la perte de l'Espagne suite au traité d'Utrecht (1713), Charles VI, père de Marie-Thérèse, concentra ses efforts sur Vienne, où l'on construisait beaucoup. Dans l'Europe centrale des 17ᵉ et 18ᵉ s. où la bourgeoisie n'avait pas encore réussi à s'imposer comme une classe sociale autonome, l'idéal de représentation battait son plein. En 1720, les environs de Vienne comptaient quelque 200 châteaux, palais et belvédères, le double vingt ans plus tard !

Pour représenter la puissance de l'empire centralisateur, Charles VI décida de transformer l'abbaye en rien de moins qu'un Escurial autrichien. Commencée en 1730, cette construction devait bien entendu symboliser le pouvoir temporel, par opposition à l'église abbatiale, incarnation du pouvoir spirituel – une opposition architecturale voulant exprimer l'alliance de ces deux pouvoirs, à l'image de l'Escurial espagnol. Confié à Josef Emmanuel Fischer von Erlach, le projet était grandiose et prévoyait plusieurs corps de bâtiments coiffés par neuf dômes, mais le fils du grand Johann Bernhard Fischer von Erlach était accaparé par d'autres chantiers d'envergure (entre autres le manège d'hiver de la Hofburg et la Bibliothèque nationale). On appela l'architecte milanais Donato Felice d'Allio, qui dut faire face à de nombreux obstacles, notamment financiers, dont un fut insurmontable : la mort de l'empereur en 1740. Les travaux furent interrompus, Marie-Thérèse n'aimant pas ce gigantesque palais-monastère inachevé. En définitive, un quart du projet du palais abbatial aura été réalisé : un bâtiment baroque doté d'une seule cour et de deux dômes (coiffés par la couronne impériale romaine et le chapeau de l'archiduc autrichien), complété par une aile ajoutée vers 1840 par l'architecte Josef Kornhäusel afin de fermer la cour.

Appartements impériaux – On y accède par l'extraordinaire escalier impérial (1723) qui ne fut jamais décoré, à l'exception des quatre anges musiciens du palier supérieur. Parmi les salles que l'on peut visiter, deux méritent une attention particulière : celle des tapisseries de Bruxelles (18ᵉ s., scènes du roman *Télémaque* de Fénelon) et surtout la **salle de Marbre** dont la coupole ovale est ornée de fresques réalisées par Daniel Gran et représentant l'*Apothéose de la maison des Habsbourg*.

Bibliothèque – La plus grande bibliothèque privée d'Autriche est riche de 200 000 volumes, 1 250 manuscrits et 850 incunables.

Musée de l'Abbaye (Stiftsmuseum)★

Installé au-dessus des appartements impériaux, le musée de l'Abbaye conserve plusieurs pièces remarquables dont quatre **panneaux★** de Rueland Frueauf, le revers du retable de Verdun, ainsi qu'une collection de panneaux gothiques autrichiens. Des expositions sont, en outre, organisées chaque année.

Aux alentours de l'abbaye

Martinstraße

Au nord de la Stadtplatz, décorée de la colonne de La Trinité, cette rue étroite et légèrement montante offre une vision de calme idyllique. Bordée par de belles maisons bourgeoises, parmi lesquelles on remarquera le Martinschloß (n° 34, aujourd'hui un hôtel), elle mène à l'église St-Martin (Martinskirche), église la plus ancienne de Klosterneuburg (première évocation vers 800) qui abrite des ornements baroques de grande qualité.

Collection Essl (Sammlung Essl)★

An der Donau-Au 1 - 🚻 - 𝒫 (022 43) 370 50 - www.sammlung-essl.at - mar.-dim. 10h-19h (merc. 21h) - fermé 1ᵉʳ janv., 24 et 25 déc. - 7 € (gratuit merc. 19h-21h).

La coupole en marbre du palais baroque.

H. Champollion / AKG

Ce bâtiment d'exposition, spécialement conçu par l'architecte tyrolien Heinz Tesar pour accueillir la collection du couple Essl (plus de 4 000 œuvres), fut inauguré en 1999 (entrepôt, exposition permanente et expositions temporaires). L'édifice impressionne par son architecture multiforme ; des expositions temporaires sont organisées autour de l'art après 1945, et plus particulièrement sur la peinture autrichienne. Ce musée privé, constitué sans aucune aide publique, donne un aperçu unique et presque complet de l'art autrichien d'après-guerre et d'aujourd'hui.

Si vous êtes venu en voiture, il est possible et fort agréable de revenir à Vienne en passant par le Leopoldsberg et le Kahlenberg *(voir p. 257).*

Info pratique

Faire une pause

Café Escorial – *dans l'abbaye* - *3400 Klosterneuburg - tlj 10h-18h.* Situé dans le palais baroque de l'abbaye, ce café vous laisse amplement le temps de savourer l'atmosphère impériale d'antan. Délicieuses pâtisseries, cafés viennois et terrasse panoramique.

16

Eisenstadt ★

BURGENLAND
CARTE MICHELIN N° 730 V6 – CARTE DES ENVIRONS DE VIENNE P. 290-291

Eisenstadt s'est développée sur le versant sud du Leithagebirge, dernier témoin des massifs cristallins des Alpes orientales dont les forêts font penser à un vaste parc, là où commence l'immense plaine d'Europe centrale. La douceur du climat y permet la culture des pêchers, des abricotiers, des amandiers et surtout de la vigne qui place la ville en tête des marchés viticoles de la région. Fief autrichien des Estérhzy qui lui léguèrent un somptueux château, la capitale du Burgenland est aussi aux portes du lac de Neusiedl, une destination de vacances très prisée. Chaque année en septembre, elle célèbre Joseph Haydn dans un festival de musique prestigieux.

- ▶ **Se repérer** – À 59 km au sud de Vienne par l'autoroute : de Vienne, prendre l'A4 direction Graz, Linz, l'A23 direction Linz et l'A2. Eisenstadt est ensuite bien indiqué. En train, depuis la Südbahnhof, liaisons fréquentes (trajet : 1h environ).

- 👁 **À ne pas manquer** – Le château des Esterházy.

- 🕐 **Organiser son temps** – Comptez moins d'une demi-journée pour faire le tour de la ville.

- 👶 **Pour poursuivre la visite** – Après la découverte d'Eisenstadt et de ses environs, continuez vers le lac de Neusiedl à une quinzaine de kilomètres et profitez-en pour faire un saut à Sopron située juste après la frontière hongroise.

Comprendre

Le fief autrichien des Esterházy – Les Esterházy sont l'une des plus anciennes familles de l'aristocratie hongroise. Fidèle au catholicisme et à la maison d'Autriche – ce qu'il faut considérer comme une exception en Hongrie – cette dernière possédait, vers le milieu du 17e s., les seigneuries d'Eisenstadt et de Forchtenstein, ainsi que l'actuelle Fertöd (anciennement Esterháza) qui se trouve au sud-est du lac de Neusiedl, en Hongrie. Eisenstadt était la résidence d'hiver de cette grande famille qui a largement contribué à établir l'autorité des Habsbourg en Hongrie : **Nicolas** (1582-1645) exerça les fonctions de palatin et fut fait comte par Ferdinand II ; son fils **Paul Ier** (1635-1713), également palatin, s'engagea aux côtés de Léopold Ier qui le fit prince en 1697 en remerciement de son attitude pendant le siège de Vienne par les Turcs en 1683, ce qui n'empêcha nullement Paul de s'opposer ensuite à l'empereur en refusant d'imposer la noblesse hongroise ; **Nicolas Ier le Magnifique** (1762-1790) employa Haydn comme maître de chapelle à Eisenstadt.

La ville de Haydn – Tout ici rappelle le souvenir du génial compositeur, créateur de la symphonie classique et du quatuor à cordes. Joseph Haydn (1732-1809), né à Rohrau (*voir p. 100*), vécut trente années tantôt à Eisenstadt, tantôt au beau château d'Esterháza, surnommé le « Versailles hongrois », au service du prince Nicolas auquel il était attaché comme chef d'orchestre et compositeur attitré de la Cour. La situation de Haydn était un peu celle d'un prisonnier de luxe dans une « prison dorée », car Haydn n'était pas libre et devait même se présenter à son mécène en livrée bleue à galons d'or ou pour en recevoir les ordres. Ayant à sa disposition orchestre et théâtre, il composa sans relâche, se hissant à une notoriété sans cesse grandissante. Son œuvre considérable le place parmi les plus grands noms de l'art musical.

Se promener

Château des Esterházy (Schloß Esterházy)★

Esterházyplatz - 👶 - ☎ (026 82) 719 30 00 - www.schloss-estherhazy.at - visite guidée (45mn) en allemand (supports de lecture en français) : juil.-août : visite tlj à chaque heure entre 10h et 18h ; avr. et oct. : lun.-vend. 10h, 12h, 14h et 16h ; nov.-mars : mar.-vend. 10h et 14h - 6 €.

Désireux de se donner une résidence digne de son rang, le prince Paul Esterházy fit appel à l'architecte italien Carlo Martino Carlone. À l'emplacement d'une forteresse médiévale élevée à la fin du 14ᵉ s. pour la famille Kaniszai, Carlone édifia de 1663 à 1672 ce vaste quadrilatère encadrant une cour d'honneur. Les quatre tours d'angle étaient à cette époque coiffées d'un bulbe.

De 1797 à 1805, l'architecte français Charles de Moreau mit l'édifice au goût du jour : la façade donnant sur le parc fut dotée d'un portique de style néoclassique à colonnes corinthiennes, et le portail d'entrée de la façade principale fut surmonté d'une terrasse supportée par des colonnes toscanes. Des bustes en terre cuite, représentant les ancêtres de la famille Esterházy et plusieurs rois de Hongrie, ornent cette façade que surmonte un clocheton à bulbe.

Dans la boutique du château *(à gauche dans le couloir qui mène à la cour intérieure)* on peut, entre autres, acheter les produits issus du domaine viticole des Esterházy.

De l'autre côté de la place se dressent les anciennes écuries princières, construites en 1743.

L'imposant château des Esterházy.

Intérieur – Le circuit de l'exposition Esterházy traverse plusieurs pièces consacrées à la famille princière (tableaux, argenterie, mobilier, bibliothèque, etc.). Le clou de la visite est incontestablement la **salle Haydn★**, ancienne grande salle de bal et de banquet des princes Esterházy, dotée au 18ᵉ s. d'un plancher en bois à la place d'un dallage de marbre pour des raisons de qualité acoustique. Dans le noble cadre de cette vaste pièce, ornée à la fin du 17ᵉ s. de stucs, de grisailles (rois hongrois) et de fresques dues à Carpoforo Tencala (scènes de la mythologie grecque), J. Haydn a presque chaque soir dirigé l'orchestre de la cour princière et fait exécuter ses propres œuvres. Cette salle passe pour être une des meilleures salles de concerts du monde du point de vue acoustique et accueille, entre autres, aujourd'hui le Festival Joseph Haydn qui a lieu tous les ans.

Si vous recherchez un endroit calme et vert pour vous reposer après la visite du château, visitez donc le romantique **parc du château** autour du **Temple de Leopold★** *(accès par la Glorietteallee)*.

À la sortie du château, traversez la Glorietteallee pour gagner l'Unterbergstraße.

Musée du Burgenland (Burgenländisches Landesmuseum) M2

Museumsgasse 5 - ⚐ - ✆ (026 82) 600 1234 - mar.-sam. 9h-17h, dim. 10h-17h - fermé 1ᵉʳ janv., 1ᵉʳ nov., 25, 26 et 31 déc. - 3 €.

Ce musée est dédié à la nature, ainsi qu'aux arts et traditions populaires du Burgenland. L'une des salles évoque le souvenir de **Franz Liszt**, né à Raiding dans le Burgenland *(voir p. 322)*, notamment à travers certaines pièces du mobilier de sa maison de Schottenhof, à Vienne). Dans la cave on peut visiter, outre le « musée du Vin », les **mosaïques romaines★** (4e s.) de la villa Rustica de Bruckneudorf (au nord de Neusiedl).

Unterberg : l'ancien quartier juif

Les annales d'Eisenstadt font état de la présence de juifs depuis 1296. Après que l'empereur Léopold Ier eut chassé les juifs de Vienne en 1671, nombre d'entre eux se réfugièrent dans ce quartier juif de l'Unterberg, délimité par les Museumsgasse, Wolfgasse, Unterbergstraße et Wertheimergasse, et encore très bien conservé aujourd'hui. On voit toujours la chaîne permettant de préserver la quiétude du sabbat en bloquant les rues. Jusqu'à la disparition de la communauté juive en 1938, ce ghetto fut très connu dans l'empire pour la valeur de son école rabbinique. Il a fourni deux personnalités marquantes : Samson Wertheimer, qui eut une grande influence à la cour des Habsbourg en tant que financier, et Sandor Wolf, mécène et collectionneur d'art.

La Wertheimerstraße abrite l'ancien

« Juif de Cour »

Depuis les ordonnances médiévales interdisant aux chrétiens de pratiquer le prêt à intérêt, quelques juifs ont exercé un rôle clef dans les finances germano-autrichiennes des 17e et 18e s. Les Habsbourg ont ainsi nommé des « juifs de Cour » au statut privilégié, bénéficiant d'une entière liberté commerciale. Ce fut le cas de **Samuel Oppenheimer**, banquier originaire de Spire, qui finança les campagnes du prince Eugène de Savoie contre les Turcs après avoir été amené à Vienne par Charles de Lorraine, et de son gendre **Samson Wertheimer**, banquier auprès des empereurs Léopold Ier, Joseph Ier et Charles VI. Cette liberté commerciale était offerte à quelques-uns, mais insécurité et oppression étaient le quotidien de la communauté.

cimetière juif dont les tombes datent surtout des 17e et 18e s. et qui peut être visité. Le nouveau cimetière juif (1875-1938) se trouve non loin de là, dans la Carl-Moreau-Straße. Après la Seconde Guerre mondiale, on y plaça la fosse commune où furent exhumés les travailleurs de force juifs.

Musée juif autrichien (Österreichisches Jüdisches Museum)★ M1

Unterbergstraße 6 - ☏ (026 82) 651 45 - www.ojm.at - 2 mai-26 oct. mar.-dim. 10h-17h - 3,70 €.

Ce musée a pris place dans l'ancienne demeure de Samson Wertheimer. La visite commence au 1er étage avec l'ancienne synagogue privée de Wertheimer, dont l'aménagement actuel remonte à la première moitié du 19e s. Elle fait partie des quelques synagogues à avoir été épargnées à l'époque du national-socialisme. L'exposition présente le calendrier juif des fêtes avec les différentes étapes de la vie d'un juif croyant et la communauté juive d'Eisenstadt. Pour finir, visitez la salle commémorative consacrée aux juifs persécutés par le IIIe Reich.

Au bout de l'Unterbergstraße, tournez à gauche et montez l'Esterházystraße.

Mont du Calvaire et église (Kalvarienberg et Bergkirche)★

☏ (026 82) 626 38 - www.haydnkirche.at - du dim. des Rameaux à fin oct. 9h-12h et 13h-17h - 2,50 €.

L'architecture singulière du complexe, avec ses toits voûtés couverts de tuiles qui se chevauchent, et sa situation exposée attirent déjà de loin l'attention. Le « mont du Calvaire » fut artificiellement remblayé au début du 18e s. pour accueillir le **chemin de Croix★**. De style baroque, ses 24 stations encore maintenues en l'état, composées d'environ 200 statues traditionnelles en bois et 60 statues de pierre, retracent la Passion avec beaucoup de réalisme et de théâtralité. Une partie de la « montagne sainte » constitue aussi la **Gnadenkapelle** dans laquelle une statue de la Vierge Marie est honorée depuis 1711.

La **Bergkirche**, achevée en 1803, abrite le **mausolée de Haydn** où reposent les ossements du compositeur après quelques méprises (le crâne avait été séparé et n'y fut transféré qu'en 1954).

Revenir au château des Esterházy et prendre à gauche la Haydngasse.

Maison de Joseph Haydn (Haydn-Haus)

Haydngasse 21 - ℘ (026 82) 719 39 00 - www.haydnhaus.at - 6 avr.-30 juin et 1ᵉʳ sept.-11 nov. tlj 9h-17h, juil.-août jusqu'à 18h - 3,50 €

Cette maison, où Haydn vécut de 1766 à 1778, abrite un petit musée qui présente sa vie, son œuvre et ses mécènes. On peut, entre autres, y trouver une copie de son masque funéraire, son piano de service (1780) et l'ancien orgue de la Bergkirche *(voir ci-dessus)* sur lequel jouèrent Haydn et Beethoven. Écouteurs, vidéo et ordinateurs permettent d'écouter les œuvres de Haydn.

Prenez à droite la Franz Liszt-Gasse et encore à droite dans la Hauptstraße.

Hôtel de ville (Rathaus)

Hauptstraße 35.

Cet édifice Renaissance a pris son apparence actuelle au 17ᵉ s. Sa façade relève d'une grande originalité : des frontons aux rampants en contre-courbe, trois oriels, un portail plein-cintre paré d'un bossage en pointe de diamant, ainsi que des fresques alternant avec les fenêtres.

Poursuivez l'Hauptstraße, juste avant la colonne de la peste, tournez à gauche.

Cathédrale (Domkirche)

De style gothique tardif, la cathédrale a été érigée vers 1500. Elle est dédiée à saint Martin, patron du Burgenland. Après le réaménagement de l'intérieur en 1960, il ne reste de la fin du baroque qu'une superbe chaire, le chœur et les orgues.

Remarquer le beau relief du mont des Oliviers (datant d'avant 1500) sur le parvis de la cathédrale.

Revenez à la bifurcation du chemin et poursuivez en montée pendant environ 45mn sur le sentier bien balisé.

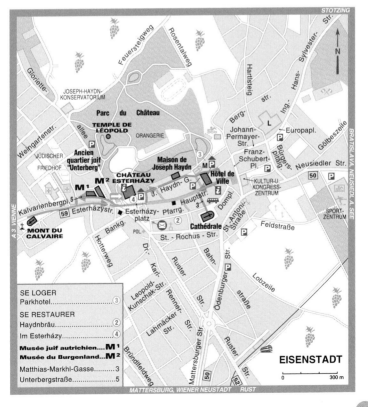

Türkensturz

Ruine romantique érigée en 1825-1826 par le prince Jean Ier de Liechtenstein, le Türkensturz, du nom d'un épisode légendaire des guerres turques du 16e s., offre un point de vue pittoresque portant jusqu'aux Alpes et au massif marqué de la Schneeberg à l'ouest.

Aux alentours

À quelques dizaines de kilomètres au sud-ouest d'Eisenstadt, d'impressionnantes forteresses sont à découvrir.

Burg Forchtenstein★

25 km au sud-ouest d'Eisenstadt. Carte Michelin n° 730 U6 ; d'Eisenstadt, prendre la S31 en direction de Vienne, Wiener Neustadt, Mattersburg ; le château est signalé.

☏ (026 26) 81 212 - www.burg-forchtenstein.at - 1er avr.- 31 oct. tlj 10h-18h - visite guidée du château 7 €, chambre du Trésor 9 €, galerie de peintures 6 €, ticket combiné château et galerie 11 €.

> ### La légende de Rosalie
>
> D'après la légende, un certain Giletus fut le premier châtelain de Forchtenstein. Alors qu'il était parti guerroyer, son épouse, Rosalie, fit exercer les pires cruautés sur ses sujets par un régiment. À son retour, Giletus fut informé par ses fidèles des méfaits de sa femme. Il les rapporta à celle-ci comme s'ils avaient eu lieu dans un pays lointain et lui demanda quelle sentence appliquer pour juger avec équité une souveraine aussi impitoyable. Rosalie recommanda une peine sévère... et finit ainsi dans le cachot du château, condamnée par son propre arrêt. La légende dit encore que son esprit agité hanta ensuite la forteresse et que pour la délivrer Giletus fit construire la chapelle dédiée à sainte Rosalie.

Dans un environnement rural plein de charme, en haut d'une éminence rocheuse des contreforts de la Rosaliengebirge, se dresse la forteresse de Forchtenstein, dominée par un donjon massif de 50 m de haut, partie la plus ancienne de l'édifice encore en état. Construite au début du 14e s. par les comtes de Mattersdorf qui immigrèrent d'Espagne en Hongrie au 13e s., la forteresse prit son aspect actuel au 17e s. La famille Esterházy, qui possède Forchtenstein depuis 1622, fit établir un cordon de bastions pour faire face à la menace turque et des pièces d'habitation à des fins de représentation. À partir du début du 18e s. la famille s'installa dans le château d'Eisenstadt et la forteresse de Forchtenstein fit dès lors fonction de « coffre-fort », d'arsenal et d'archives.

Lors de la visite guidée du château, on admire un échantillon des **vastes collections des princes Esterházy★★**, dont les pièces datent essentiellement des 17e et 18e s. Les 20 000 objets gardés dans la forteresse constituent l'une des plus grandes collections privées d'Europe ouvertes au public. Point fort de la visite, l'**armurerie** : armes et armures des régiments Esterházy, pièces de butin prises lors des guerres contre les Prussiens et provenant des campagnes du prince Paul Esterházy (1652-1713) contre les Turcs. Les pièces les plus remarquables sont conservées dans la **chambre du Trésor★** (œuvres d'art, horloges et automates, argenterie, chinoiseries, porcelaine, bibliothèque), impressionnant témoignage de la passion

M. Hertlein / MICHELIN

La tour du château de Burg Forchtenstein.

collective des Esterházy pour les objets somptueux et souvent très exotiques pour l'époque. La **galerie de peintures** présente une vaste collection de portraits de famille et de peintures de batailles.

Si l'on continue à monter la route à partir de la forteresse, on atteint après environ 4 km la **chapelle de Rosalie** (1670) dédiée à sainte Rosalie, protectrice de la peste ; de là, on jouit d'une vue sur Eisenstadt et le lac de Neusiedl, ainsi que sur la forteresse au premier plan.

Pour rejoindre la vallée de la Pitten, poursuivez cette route qui serpente dans les bois à Hollerberg, tournez à droite en direction d'Erlach. Traversez le village et suivez la direction Pitten, Seebenstein.

Seebenstein

45 km au sud-ouest de Vienne. Cette commune située dans la Pittental se distingue par deux constructions, visibles depuis l'autoroute du sud A2 : le Burg Seebenstein et le Türkensturz, qui surplombent la vallée.

Garez-vous sur le parc de stationnement situé près du Gemeindeamt. Suivez le chemin qui mène au château vers le sud. On atteint un sentier ombragé qui conduit au Türkensturz. Après environ 10mn de marche, le sentier oblique à gauche vers la forteresse.

Burg Seebenstein – *(026 27) 470 17 - visite guidée (1h) : de Pâques au 2ᵉ dim. d'oct. sam.-dim. à 10h30, 14h et 15h - 4 €.* Cette imposante forteresse, dont les origines remontent au 11ᵉ s., renferme une collection privée d'art médiéval, dans laquelle se distingue une Vierge du sculpteur de Würzburg Tilman Riemenschneider (vers 1460-1531).

Eisenstadt pratique

Se loger

🛏🛏 **Parkhotel** – *Joseph-Haydngasse 38 - (026 82) 75 325 - www.parkhotel-eisenstadt.at - 28 ch. - ch. double à partir de 68 € .* Hôtel moderne situé dans le centre historique, tout près du parc du château des Esterházy. Les chambres sont décorées de meubles contemporains et offrent un bon confort.

Se restaurer

🍴 **Haydnbräu** – *Pfarrgasse 22 - (026 82) 639 45 - www.haydnbraeu.at - tlj 8h-23h - plats principaux à partir de 7 €.* Brasserie maison avec cinq variétés de bières brassées sur place ; cuisine régionale. Jardin dans l'enceinte historique de la ville. Un lieu agréable pour goûter des spécialités du Burgenland.

🍴 **Im Esterházy** – *Esterházyplatz 5 - (026 82) 628 19 - www.imesterhazy.at - tlj 9h-23h - plats principaux à partir de 7,20 €* Cet agréable restaurant s'est installé dans les anciennes écuries princières. À la carte, cuisine d'inspiration italienne et nombreux crus du Burgenland. La terrasse rythmée par une série de colonnes offre une vue somptueuse sur la façade jaune du château.

Événements

Festival international Haydn – Chaque année, en septembre, d'excellentes formations viennent jouer des pièces de l'ancien maître de chapelle des Esterházy dans le prestigieux cadre du château. *Rens. : Haydn Festspiele - Schloss Esterházy - 7000 Eisenstadt - (026 82) 618 66 - www.haydnfestival.at.*

Concerts au château Esterházy – En été, des matinées de concert sont organisées dans la salle Haydn du château Esterházy (œuvres de Haydn et d'autres grands compositeurs, parfois en costumes d'époque du 18ᵉ s.). *Fin juin à fin sept. merc.-vend. à 11h, env. 45mn, 8 €. Rens. et réservation : Schloß Esterházy Management Ges.mbH - Schloß Esterházy - A-7000 Eisenstadt - (026 82) 719 30 00 - www.schloss-esterhazy.at.*

Lac de **Neusiedl** ★
Neusiedler See

BURGENLAND
CARTE MICHELIN N° 730 VW 5/6 – CARTE DES ENVIRONS DE VIENNE P. 290-291

Exemple unique en Europe centrale de lac steppique, le lac de Neusiedl est l'une des grandes curiosités du Burgenland. Steppe ! Le mot surprend, si près de Vienne. Or la puszta hongroise commence ici, au pied des premiers plis de la chaîne alpine élevés par le Leithagebirge. Le lac couvre une superficie totale de quelque 320 km², dont plus de la moitié revient à la ceinture de roseaux qui l'entoure. Son extrémité sud, particulièrement riche en alluvions, appartient à la Hongrie. Paradis des botanistes et ornithologues, cette étendue d'eau est aussi un peu la « mer » des Viennois, comme en témoignent les petites stations balnéaires qui émaillent ses berges.

- **Se repérer** – Neusiedl am See est situé au nord du lac ; Rust et Mörbisch sur la rive occidentale plus au sud, à proximité de la frontière hongroise. De Vienne, prenez l'A4 direction Graz, Linz et empruntez la sortie 43 Neusiedl am See qui se trouve à 55 km au sud de la capitale.

- **À ne pas manquer** – Le lac, Rust.

- **Organiser son temps** – Commencez par Neusiedl am See et enchaînez avec Rust et Mörbisch. La visite des villages et les activités de loisirs occupent facilement une journée.

- **Avec les enfants** – Les stations balnéaires autour du lac de Neusiedl offrent de nombreuses attractions.

- **Pour poursuivre la visite** – Sopron en Hongrie n'est qu'à 24 km au sud de Rust.

Sime / PHOTONONSTOP

La scène du Festival d'opérettes de Mörbisch am See installée sur le lac.

Comprendre

Si le lac de Neusiedl n'est pas sans évoquer la Camargue ou le delta du Danube, ses abords l'en distinguent toutefois. À l'est, il baigne un plateau, la Parndorfer Platte, et une plaine steppique jonchée d'étangs, le Seewinkel, peu à peu conquise par les vergers et les cultures. Sa bordure occidentale, en revanche, voit son horizon limité par deux chaînes de collines, le Leithagebirge que l'on voit derrière Donnerskirchen et Purbach, et les coteaux du Ruster Höhenzug qui dominent Rust et Oggau. Au pied de ces hauteurs prospèrent sur un sol remarquablement riche, d'une belle teinte jaune ocrée, et grâce à la douceur du climat, vigne, maïs, arbres fruitiers – amandiers même – et cultures maraîchères.

Des vignobles prisés – Étagé à flanc de coteau ou parsemé dans la plaine, le vignoble bénéficie d'un excellent ensoleillement et produit des crus réputés dont ceux de Rust, Mörbisch, Gols et Illmitz sont les plus célèbres pour leur bouquet. Les vignerons de Rust ont vu la qualité de leurs cépages reconnue par privilège royal en 1524 ; en vertu de ce privilège, ils ont le droit de décorer aux armes de la ville les énormes foudres qui s'alignent dans leurs caves voûtées. Tous les villages qui cernent la partie autrichienne du lac, c'est-à-dire de Mörbisch à Apetlon, possèdent leurs Buschenschenken. Ce sont des guinguettes que colore joliment la saison du lilas et où l'on boit un vin blanc fruité qui débusque la gaieté des plus taciturnes.

La « mer des Viennois » – À l'exception de Podersdorf, situé directement sur l'eau, presque chaque bourgade proche du lac possède une petite station balnéaire à laquelle on accède par une chaussée tracée le plus souvent entre une double haie de roseaux. Des vedettes relient Rust à Podersdorf et Mörbisch à Illmitz.

La proximité de la capitale a fait du lac de Neusiedl un but d'excursion convoité par les Viennois. Il attire en été les amateurs de sports nautiques (voile, planche à voile, aviron, natation), et en hiver les fervents des sports de glace (surtout patinage à voile).

Un parc national transfrontalier – Créé en 1992, le parc national du Neusiedler See-Seewinkel est administré en commun par l'Autriche et la Hongrie. Lorsque le printemps dévoile les premières chaleurs du soleil, on voit éclore des milliers de fleurs dans cette ancienne Pannonie romaine. La première d'entre elles à apparaître, vers février-mars, est la petite adonide printanière *(Adonis vernalis)* au feuillage jaune finement divisé. Selon la saison, on pourra admirer, entre autres, d'élégants iris nains *(Iris pumila)* qui ne dépassent pas 15 cm de haut, des lis hybrides *(Iris spuria)* à la corolle en forme de glaive, de hautes sauges des steppes *(Salvia nemorosa)* aux teintes mauves, des violettes élancées et purpurines dites « cierges de roi » *(Verbascum phoeniceum)*, le bleu lumineux du léger

Un lac étonnant

Sa profondeur varie de 1 m à 1,5 m et n'excède jamais 2 m. Il ne possède pas d'émissaire naturel régulier : son seul affluent, la Wulka au nord-ouest, constitue un apport presque négligeable si l'on songe que l'évaporation normale est quatre fois plus importante. Son alimentation est donc assurée principalement par les eaux de pluie, la fonte des neiges et les nappes souterraines. Il arrive même, mais beaucoup plus rarement, que les eaux disparaissent complètement, jusqu'au jour où le lac réapparaît aussi mystérieusement qu'il était parti. Entre 1855 et 1868, le lac fut même complètement sec pendant des années.

lin d'Autriche *(Linum ostriaca)*, de superbes asters saumon *(Aster canus)* que l'on rencontre uniquement dans la région, et des millions d'étoiles salines rosées *(Aster tripolium)* qui, en automne, tapissent le sol sablonneux.

Dans ces inextricables fourrés que forment les roseaux du lac de Neusiedl et des étangs du Seewinkel vit une extraordinaire faune aquatique, de la farouche couleuvre d'Esculape à la tarentule de Russie méridionale. Cette zone constitue une exceptionnelle réserve naturelle où stationne et se reproduit une avifaune migratrice. Du reste, les seuls pics de ce site absolument plat sont les rares tourelles d'observation des ornithologues qui viennent y guetter plus de 250 variétés d'oiseaux. Ainsi a-t-on de bonnes chances d'apercevoir un héron pourpré, volontiers caché au cœur des plantes aquatiques, un guêpier d'Europe avec son habit de plumes multicolores, un petit gravelot, qui niche à même le sol, une avocette élégante, dont le bec sabre l'eau pour trouver de la nourriture, un petit gorge bleue, voire une outarde barbue, qui se déplace en petits groupes, la tête dressée.

Entre l'Autriche et la Hongrie

Par la signature du traité de Saint-Germain-en-Laye, en 1921, des parties des trois Komitat de la Hongrie revinrent à l'Autriche, pour former le Burgenland actuel. Il n'est ainsi pas étonnant que l'influence magyare soit restée très sensible dans ce jeune Land. À Siegendorf, Trausdorf an der Wulka et Apetlon, par exemple, il existe encore des orchestres de *tamburizza* (instrument à cordes semblable à la mandoline et à la balalaïka russe).

À vrai dire, le Burgenland a conservé sa mosaïque de minorités ethniques : Tsiganes Roms et Sintés, colons germanophones, réfugiés croates chassés par les avancées turques, Hongrois devenus Autrichiens. Si ces minorités se sont ancrées dans le Burgenland et plus particulièrement autour du lac, c'est que la zone fit partie de cette ceinture défensive volontairement dépeuplée par les souverains hongrois qui avaient bouclé leur royaume d'une sorte de no man's land.

De Neusiedl à Mörbisch

Allez à Neusiedl par l'autoroute A 4-E 60 et prenez la sortie 43.

Neusiedl am See

La localité qui a donné son nom au lac possède plusieurs attraits : les ruines d'un château fort du 13e s., une église du 15e s. proche de l'hôtel de ville, et le **Pannonisches Heimatmuseum** (*Kalvarienbergstraße 40 - &. - ℘ (021 67) 81 73 - mai-oct. mar.-dim. 14h30-18h30 - gratuit),* consacré aux arts et traditions populaires de la région.

Quittez Neusiedl par le nord-ouest et suivez la route d'Eisenstadt. Bifurquez à gauche 2,5 km après Donnerskirchen pour atteindre Rust.

Rust★

Célèbre pour ses nids de cigognes occupés chaque année, Rust est aussi réputée pour ses vins. L'endroit offre de nombreuses perspectives pittoresques au visiteur : de charmantes façades Renaissance et rococo avec des encorbellements et d'imposantes portes sculptées, des cours intérieures à arcades très agréables, des fortifications en partie conservées. En raison de son important patrimoine architectural, la vieille ville dans son ensemble est classée monument historique.

Église des Pêcheurs (Fischerkirche) – *Côté ouest de la Rathausplatz - avr. et oct. : 11h-12h et 14h-15h, mai.-sept. : 10h-12h et 14h30-17h - 1,50 €.*

Fortifiée et entourée d'un rempart muni de 13 meurtrières, l'église des Pêcheurs est un sanctuaire irrégulier dont les **fresques★** remarquables remontent aux 12e et 15e s. Dans

Le village de Rust est célèbre pour ses nids de cigognes.

le chœur, l'autel des trois Rois mages (construction du baroque primitif décorée de personnages du gothique tardif) constitue une œuvre majeure. Bel orgue daté de 1705.

Une chaussée tracée au milieu des roseaux permet d'accéder à la **station balnéaire de Rust** aux habitations lacustres très curieuses. Ces *Pfahlbauten* sont des maisons de bois surprenantes reposant sur des pilotis et reliées entre elles par des pontons. Masqués par les roseaux, leurs toits de chaume ne se distinguent pas de loin. *Accès aux installations balnéaires : 4 €, enf. 2 € ; parking : 2,60 €/j.*

À partir de Rust, un petit sentier permet de gagner St. Margarethen (9 km AR). En voiture, suivez la direction Eisenstadt.

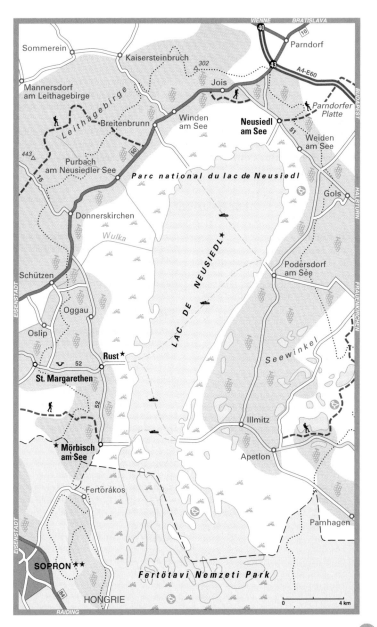

St. Margarethen

En été, les anciennes carrières romaines de cette petite localité accueillent un spectacle à ciel ouvert relatant la Passion du Christ et interprété par près de 500 figurants amateurs. Celui-ci a lieu tous les cinq ans depuis 1961 (prochain spectacle en mai 2011). Depuis 1995, un festival d'opéra a également lieu tous les ans dans ce cadre *(voir ci-dessous « Lac de Neusiedl pratique »)*.

Le grès de St. Margarethen fut, entre autres, utilisé pour construire à Vienne la cathédrale St-Étienne, la Hofburg, l'Opéra, l'église St-Charles et le château de Schönbrunn.

Mörbisch am See

Dernière bourgade de la rive occidentale du lac avant la frontière hongroise, Mörbisch aligne des maisons blanchies à la chaux qui sont presque toutes précédées d'un escalier extérieur surmonté d'un portique. Portes et volets peints de couleurs vives, grappes de maïs suspendues le long des murs, balcons et fenêtres abondamment fleuris composent un tableau riant.

À l'est du village, la Seestraße mène à travers les marais et les roseaux à un embarcadère, à la station balnéaire aménagée sur le lac et aux installations du festival d'été dont la scène est placée sur l'eau *(voir ci-dessous « Lac de Neusiedl pratique »)*. Accès aux installations balnéaires : 4 €, enf. 2 € ; parking 2,60 €/j.

En louant un vélo, et à condition d'être muni de papiers d'identité, il est possible d'aller faire un tour du côté hongrois, dans le Nemzeti Park, en franchissant le poste frontière de Fertőrákos. C'est du reste également une excellente occasion de visiter Sopron *(voir ci-contre)*.

Lac Neusiedl pratique

Se loger

⊖⊖ **Hotel Sifkovits** – Am Seekanal 8 - 7071 Rust - ℘ (026 85) 276 - www.sifkovits. at - fermé nov.-Pâques - 34 ch. - ch. double 90/122 € ⌷. Posté à deux pas du lac de Neusiedl et du village de Rust, cet hôtel clair et calme dégage un charme certain. Les chambres sont très confortables et coquettes. Son cadre de verdure est propice à la détente.

Se restaurer

⊖⊖ **Rusterhof** – Rathausplatz 18 - 7071 Rust - ℘ (026 85) 64 16 - fermé merc.-jeu. sf pendant l'été - plats principaux à partir de 15 €. Situé à côté de l'église des Pêcheurs (Fischerkirche), il domine de sa terrasse la belle place principale du village bordée de façades colorées. Parmi les spécialités, le pavé de sandre pêché dans le lac de Neusiedl. Cuisine raffinée inspirée par les recettes du Burgenland.

⊖ **Römerzeche** – Rathausplatz 11 - 7071 Rust - ℘ (026 85) 332 ou 504 - fermé mar. - www.roemerzeche.at.tf - plats principaux à partir de 8 €. L'été, on déjeune dans une cour fleurie et ombragée d'un goulash hongrois ou de girolles, à accompagner d'un vin blanc fruité du Burgenland. Ambiance conviviale et cadre rustique.

Événements

Festival d'opéra de St. Margarethen – Chaque année en juillet et août, des grands opéras sont joués dans les carrières romaines. *Festspielbüro St. Margarethen - Kirchengasse 20 - 7062 St. Margarethen - www.ofs.at - ℘ (026 80) 21 00.*

Festival d'opérettes de Mörbisch am See – Du grand spectacle ! La scène est installée sur le lac de Neusiedl. Les représentations attirent toujours beaucoup de monde. Chaque année en juillet et août. *Seefestspiele Mörbisch - Joseph Haydngasse 40/1 - 7000 Eisenstadt - ℘ (026 82) 66210-0 - www.seefestspiele-moerbisch.at.*

Sopron★★

Ödenburg – Hongrie

CARTE MICHELIN Nº 730 V6 – CARTE DES ENVIRONS DE VIENNE P. 290-291
VOIR ÉGALEMENT LE GUIDE VERT BUDAPEST ET LA HONGRIE

18

Sopron ou la petite Prague, ancienne Ödenburg de l'Empire austro-hongrois, est une ville exquise où l'architecture médiévale se mêle au baroque. Elle a gardé presque tous les bâtiments de son histoire. Ceux qui ont été endommagés pendant la Seconde Guerre mondiale ont été restaurés grâce à un homme, Endre Gatsk, qui travailla un demi-siècle à la remise en état du patrimoine architectural et à sa conservation. Les fins de semaine, on vient de l'Autriche voisine faire des emplettes, car les produits sont moins chers, et s'offrir un ou deux jours de détente.

- **Se repérer** – À 74 km au sud de Vienne. Prenez la direction Linz, Graz, puis l'A3 et suivez le panneau « Ungarn ». On peut également rejoindre Sopron par train (nombreuses liaisons de la Südbahnhof). Toutes les curiosités sont situées au centre, à l'intérieur de la partie appelée vieille ville, qui se parcourt facilement à pied.

- **À ne pas manquer** – La vieille ville.

- **Organiser son temps** – Une demie-journée est nécessaire pour s'imprégner de l'atmosphère baroque de cette cité hongroise.

- **Pour poursuivre la visite** – Faites un tour au bord du lac de Neusiedl et un arrêt à Eisenstadt.

Comprendre

Les vins de Sopron – Les vins produits dans la région de Sopron sont à 75 % des vins rouges, dont de nombreux cabernets-sauvignons, quelques merlots, cabernets et peu de pinots noirs. Les vins rouges locaux ont un goût légèrement acidulé et sont riches en tanin. Pour vous faire une idée, goûtez un soproni cabernet-sauvignon de 1995 ou un sauvignon blanc de la même année.

Les habitants de Sopron souffriraient-ils tous des dents et des yeux ? – On pourrait le croire vu le nombre de cabinets de chirurgiens-dentistes, d'oculistes, d'opticiens ou de cliniques. Mais non, les habitants de la ville ne sont pas frappés d'une malédiction particulière. On vient de l'Autriche voisine à Sopron, comme dans beaucoup de villes de l'ouest hongrois, se faire examiner, soigner, traiter, parce que les soins y sont moins chers, que les praticiens hongrois sont de haut niveau et qu'ils sont équipés des appareils les plus perfectionnés. Il paraîtrait que l'économie faite sur le coût des soins compenserait largement le séjour en hôtel.

Un peu d'histoire – Les Celtes furent apparemment les premiers à s'installer sur le site de Sopron. Les Romains, arrivés au 1er s., construisirent sur l'emplacement de la vieille ville un camp appelé Scarbantia et y restèrent durant plus de trois siècles. Scarbantia fut élevée au rang de municipe, c'est-à-dire bénéficiant de la citoyenneté romaine. Vers la fin du 3e s., la ville dut faire face aux assauts de cavaliers nomades orientaux mais elle connut une nouvelle phase de prospérité au début du 4e s., sous l'empereur Valentin. Ce dernier renforça les défenses, mais celles-ci ne tardèrent pas à être détruites. À partir du 5e s., les occupants se succédèrent. Après les Huns, ce furent les Avars, les Bavarois et finalement les Magyars. Ces derniers s'installèrent dans la cité et y reconstruirent de puissants remparts (5 m d'épaisseur, 15 m de hauteur), qui résistèrent au 11e s. à

Bon à savoir

Pour le passage de la frontière, les citoyens de l'Union européenne et de l'Espace Économique Européen, doivent être munis d'une carte d'identité ou d'un passeport en cours de validité. Les ressortissants canadiens, américains, roumains, bulgares n'ont pas besoin de visa. Pour les autres pays, il est nécessaire de s'informer au préalable auprès de son ambassade.

Pierre d'Amiens, surnommé l'Ermite, et aux aventuriers qu'il conduisit à Jérusalem en 1096.

En 1277, Sopron reçut son statut de ville royale, qui lui donna la liberté de commerce sans avoir à subir les droits et pressions des seigneurs. Elle se renforça à nouveau, s'entoura de remparts, érigea 34 tours et donjons et put ainsi protéger ses quelque 22 000 âmes et assurer leur prospérité économique et culturelle.

Se promener

La vieille ville est entourée par un boulevard circulaire le Várkerület à l'est et au nord, Színház utca et Petőfi tér à l'ouest et Széchenyi tér au sud.

« Civitas fidelissima », la ville la plus fidèle

Sopron est en Hongrie parce que ses habitants l'ont voulu. En effet, en 1921, ceux-ci refusèrent par référendum les conclusions du traité de Trianon qui avait placé Sopron en Autriche et demandèrent à rester hongrois. Voilà pourquoi sur la carte Sopron semble avoir été détachée de l'Autriche pour être contournée par la frontière qui la place en Hongrie à 6 km du pays voisin. Les habitants affichent une certaine fierté quant au choix fait par leurs anciens maires.

Fö tér★★

La place principale est l'espace le plus aéré de la vieille ville ; on peut s'arrêter quelques instants au pied de la colonne de la peste ou de La Trinité (1701) et appréhender quelques bâtiments de caractère.

Tour de la cité (Várostorony) ou Tüztorony (tour du Feu ou tour du guet) – ℘ (0036 99) 31 13 27 - avr.-oct. tlj sf lun. 10h-20h (avr., sept.-oct. 18h) - 500 forints. Cette tour, symbole de Sopron, s'élève à 61 m et est ainsi l'édifice le plus haut de la ville. Du balcon de la tour, le guetteur surveillait la ville pour prévenir des dangers d'incendie d'où son nom qui signifie en hongrois tour du Feu. Il est aujourd'hui accessible aux visiteurs et offre les toits et la structure de la vieille ville à leurs regards ainsi qu'un **panorama★** sur les alentours et les contreforts des Alpes autrichiennes. La tour, appuyée sur des fondations et une base romaines, est un composé de différents styles. La partie du rez-de-chaussée de forme carrée avec des murs de 2 m d'épaisseur date du 12e s. Posé sur ce socle s'appuie un cylindre autour duquel s'enroule le balcon à arcades. Ces deux éléments ont été réalisés au 16e s. Le couronnement baroque qui coiffe l'ensemble fut posé en 1680.

Városháza (hôtel de ville) – Il fut construit dans le style dit éclectique à la fin du 19e s. Outre les services municipaux, la mairie abrite 15 000 ouvrages et 5 000 documents médiévaux, chartes, bulles royales, fragments de manuscrits, accumulés depuis 1381.

Maison Storno (Storno-ház) – Fö tér 8 - ℘ (0036 99) 31 13 27 - avr.-sept. : tlj sf lun. 10h-18h ; oct.-mars : tlj sf lun. 14h-18h - 800 forints.
Construite au 15e s., elle a été transformée à plusieurs reprises et reconstruite dans le style baroque au 18e s. Elle a accueilli des hôtes célèbres parmi lesquels le roi Matthias en 1482 et Franz Liszt en 1820 et 1881. Aujourd'hui, outre une exposition sur l'histoire de Sopron du 16e s. à nos jours, la maison expose une partie de l'héritage Storno qui permet de découvrir le cadre de vie d'une famille bourgeoise du 19e s.

Maison Fabricius (Fabricius-ház) et Musée romain – Fö tér 6 - ℘ (0036 99) 31 13 27 - avr.-sept. : tlj sf lun. 10h-18h ; oct.-mars : tlj. sf. lun. 10h-14h - maison Fabricius : 500 forints, musée romain : 500 forints.

La place Fö tér.

Mauritius / PHOTONONSTOP

Elle s'élève, comme la plupart des édifices de la ville, sur des fondations romaines et sa forme actuelle remonte au 18e s. La maison Fabricius abrite trois expositions, parmi lesquelles aux 1er et 2e étages une histoire de la route de l'ambre sur laquelle est située Sopron.

L'exposition sur la vie quotidienne à Sopron au 18e s. est plus intéressante pour son cadre et surtout pour la qualité, le nombre et la présentation des objets d'usage domestique (meubles de grande valeur, coffres renfermant des « trousseaux », poêles de faïence et, parmi les objets de cuisine, un étrange tournebroche à plusieurs vitesses). Au sous-sol, dans un splendide espace à voûtes gothiques en brique, le **Musée romain**★ sert de cadre à une exposition de pierres tombales de l'époque romaine ainsi qu'à trois grandes statues représentant Jupiter, Minerve et Junon, qui furent trouvées lors de la construction de l'hôtel de ville.

La tour du Feu.

J. Gabanou / PHOTONONSTOP

Musée de la Pharmacie (Patika múzeum) – *Fő tér 2.* 𝄢 *(0036 99) 31 13 27 - avr.-sept. : tlj sf lun. 10h-18h ; oct.-mars. : 14h-18h - 300 forints.*

La première pharmacie créée à Sopron, baptisée **pharmacie de l'Ange**, date de 1595 (ou, pour certains, de 1601). En 1623 s'ouvrit la deuxième, appelée pharmacie du Lion. À la fin du 19e s., Sopron comptait onze pharmacies, soit une pour 6 000 habitants. Il existe encore à ce jour une **pharmacie du Lion** au n° 29 de Várkerület.

La pharmacie de l'Ange expose de nombreux objets de l'époque de sa création : pots en verre bleuté ou en faïence émaillée pour garder les onguents, pommades, potions à l'abri de la lumière, tiroirs où étaient rangés par ordre alphabétique, nommés par leur nom latin, les plantes séchées, ainsi que les instruments, outils, récipients servant aux préparations, etc. Les pots sont décorés d'un ange ou d'un lion selon leur appartenance à l'une ou l'autre des pharmacies.

Au sud-ouest du Fő tér, poursuivez le tour de la vieille ville en empruntant Templom utca (la rue de l'Église).

Église de la Chèvre (Kecske templom)

Templom utca 1. Selon une légende, les bêtes d'un chevrier auraient découvert un trésor dont il aurait profité ; pris de remords, le chevrier aurait fait construire cette église avec une partie de sa « fortune ». D'autres pensent que l'édifice porte ce nom à cause des sculptures, visibles en plusieurs endroits, sur lesquelles figurent une tête de chèvre et de chevreau, et qui seraient les armoiries de la famille du donateur « anonyme ».

Les franciscains commencèrent la construction aux 13e et 14e s. et les travaux durèrent jusqu'au 18e s. Par la suite, le monastère fut occupé par les sœurs bénédictines, c'est pourquoi l'église porte parfois leur nom. La **peinture du maître-autel** est due à Dorfmeister dont on retrouve les œuvres dans de nombreuses églises hongroises. Cet artiste, qui vécut à Sopron, reste l'un des grands maîtres de la peinture baroque. On peut remarquer également un tabernacle de la fin du 15e s. ainsi qu'une chaire de la même époque.

La **salle du chapitre** est une belle salle gothique voûtée d'ogives dont les nervures descendent jusqu'au pied des colonnes. Au 17e s., cette église servit de siège à cinq diètes, et trois reines y furent couronnées.

Musée de la Mine - palais Esterházy (Központi Bányászati Múzeum)

Templom utca 2 - ☎ (0036 99) 312 667 - avr.-oct. : tlj sf lun. 10h-18h ; nov.-mars : 10h-16h - 400 forints.

En face de l'église de la Chèvre, un bâtiment baroque, ancienne résidence de la **famille Esterházy** dont les armes figurent au-dessus de la porte, abrite aujourd'hui un musée de la Mine. En effet, dans la région de Sopron se trouvent les plus anciennes mines de Hongrie, qui furent ouvertes au 18e s. La visite est intéressante ; toutes les techniques d'exploitation, anciennes et nouvelles, des mines souterraines y sont expliquées. De très grandes maquettes animées illustrent le fonctionnement de monstres mécaniques, impressionnants tarauds des filons de charbon.

C'est dans l'hôtel particulier voisin *(au nº 4)* que les représentants de l'Entente, c'est-à-dire les Alliés, contrôlèrent en 1921 les résultats du référendum demandé par les habitants de Sopron.

Église luthérienne (Evangélikus templom)

Construite en 1782-1783, elle ne reçut toutefois son clocher que quatre-vingts ans plus tard, car Joseph II, l'empereur d'Autriche, en avait interdit la construction pour les églises luthériennes. Elle peut recevoir 4 000 fidèles sur trois niveaux. L'orgue à 3 claviers, 52 registres et 1 860 tuyaux est le plus grand de Hongrie. L'autel principal fut acheté aux enchères à Vienne. Au sommet, on remarque Dieu le Père et saint Michel entourés de six anges sculptés dans le bois. Quatre cloches habitent le clocher. La plus grande, qui pèse 3 400 kg, baptisée « cloche des Héros », porte les noms des luthériens qui moururent lors de la Première Guerre mondiale ; sur la deuxième, la « cloche de la Paix », est gravé le portrait de Luther ; la troisième, plus petite, ne sonne que lorsque le pasteur récite le *Pater Noster*, d'où son nom de « cloche du Pater » ; la quatrième, qui sonna le résultat du référendum, porte le nom de « cloche de la Fidélité ».

Descendez Templom utca et empruntez Fegyvertár utca à gauche.

Orsolya tér

L'**église de la Vierge Marie** ainsi qu'une ancienne maison à arcades, la **Lábasház** (« maison sur pieds »), où sont présentées des expositions temporaires, donnent sur cette petite place. Au centre de la place, la fontaine de Marie date du 16e s., mais elle ne fut placée là qu'en 1930.

Ancienne synagogue (Ó-Zsinagóga)★

Új utca 22-24 - ☎ (0036 99) 31 13 27 - avr.-oct. tlj sf lun. - 400 forints.

La rue Új utca fut aussi nommée rue des Juifs en raison des juifs qui s'installèrent en cet endroit dans le courant du 9e s. Au début du 14e s., ils construisirent une synagogue qui fut transformée en maison d'habitation après leur expulsion en 1526. À partir de cette date et jusqu'au milieu du 19e s., aucun juif ne fut mentionné comme habitant de Sopron. La synagogue, retrouvée en 1967, a depuis été restaurée avec beaucoup de soin et mérite une visite.

Au nº 28, une plaque rappelle qu'en 1944 cette rue fut pour les juifs de Sopron le ghetto où on les enferma avant de les acheminer vers les camps de la mort.

Aux alentours

Raiding

Quittez Sopron par la route 84 (direction Balaton) et tournez à droite vers Deutschkreuz pour rentrer en Autriche. À Horitschon, tournez à gauche vers Raiding.

Maison natale de Liszt (Liszts Geburtshaus) – *Lisztgasse 46 - ☎ (026 19) 72 20 - www.franz-liszt.at - ♿ - dim. des Rameaux-31 oct. 9h-12h et 13h-17h - 2,50 €.*

Le musée Franz Liszt est installé dans une partie de l'ancienne demeure de fonction du père de Liszt, intendant des

Franz Liszt à Sopron

Franz (Ferenc) Liszt naquit à Raiding, à quelques kilomètres de Sopron, les deux localités étant alors situées dans la même province hongroise. En 1820, âgé seulement de 9 ans, le musicien se rendit à Sopron pour y donner un récital ; il revint à de nombreuses reprises dans cette ville pour s'y produire. Sopron se souvient de l'auteur des *Rhapsodies hongroises* avec émotion, car celui-ci offrit toujours les recettes de ses concerts aux bonnes œuvres de la ville.

bergeries Esterházy à Raiding où le compositeur naquit le 22 octobre 1811. Différents souvenirs de famille, photos et documents jalonnent la carrière du jeune prodige. Le petit orgue de l'ancienne église, sur lequel il travaillait, a été transféré ici.

Lac Fertő (partie hongroise du lac de Neusiedl)★★

15 km au nord-est. Prenez la route en direction de Tómalom, Sopronkőhida.

Une halte au village de **Fertőrákos** s'impose pour visiter les **carrières**★ qui évoquent les Baux-de-Provence. Du sentier qui borde la partie supérieure de l'ancienne zone d'exploitation des pierres, la **vue** plongeante est des plus spectaculaires. En été, des concerts sont donnés dans cet univers chaotique.

Sopron pratique

Informations pratiques

La monnaie nationale hongroise est le forint (1 € = 275 forints). Nous avons préféré indiquer les prix en euros. Pour les numéros de téléphone, nous avons mentionné l'indicatif international de la Hongrie.

Se loger

⊖ **Palatinus Hotel** – *Új utca 23 - ☎ (0036 99) 523 816 - www.palatinussopron. com - 32 ch. - ch. double env 40 €*. Cette modeste pension est intéressante pour son emplacement en plein centre de la vieille ville et son tarif bon marché. Les chambres sont petites mais ont été entièrement rénovées.

⊖⊖ **Hotel Wollner** – *Templom utca 20 - ☎ (0036 99) 524 400 - www.wollner.hu - 18 ch. - ch. double env. 80 € 🍽*. Un hôtel clair et agréable installé dans un palais baroque de la vieille ville. Les chambres bien aménagées offrent un bon confort et sont décorées dans un style ancien. À deux pas de Fő tér.

⊖⊖ **Pannonia Med Hotel** – *Várkerület 75 - ☎ (0036 99) 312 180 - www. pannoniahotel.com - 60 ch. - ch. double à partir de 85 € 🍽*. Situé sur le boulevard intérieur qui ceinture la vieille ville, un établissement de très bon confort et doté de chambres agréables. L'accueil est à l'image du lieu, chaleureux. Cuisine de qualité.

Se restaurer

La ville est parsemée de bons restaurants, qui se trouvent au fond d'une cour, sous un passage voûté gothique, une tonnelle, etc.

⊖ **Pannonia Med Hotel** – *Várkerület utca 75 - ☎ (0036 99) 312 180 - www.pannoniahotel.com - ouvert tlj - plats principaux à partir de 6 €*. L'hôtel Pannonia possède un très agréable restaurant où la cuisine est de qualité. Vous pourrez y déguster un large choix de plats hongrois.

⊖ **Gambrinus** – *Fő tér 3 - ☎ (0036 99) 505 540 - ouvert tlj - plats principaux à partir de 5,50 €*. Dans la vieille ville, au rez-de-chaussée de la maison Gambrinus. Tant en terrasse qu'à l'intérieur, on vous servira repas ou consommations à toute heure du jour. Plats consistants comme cette côtelette de porc à la magyar.

⊖ **Cézár Pince** – *Hátsókapu 2 - ☎ (0036 99) 311 337 - ouvert tlj - plats principaux à partir de 2 €*. Dans la vieille ville, à proximité d'Orsolya tér, une cave où l'on peut déguster d'agréables vins locaux et se restaurer d'une assiette de charcuterie et de fromage dans une atmosphère conviviale.

⊖ **Rondella Etterem** – *Szent György utca 12-14 - ☎ (0036 99) 312 346 - ouvert tlj - plats principaux à partir de 2 €*. Dans la vieille ville, ce restaurant discret prépare une cuisine familiale de bon aloi. Plats simples dans un cadre dépouillé. Dans la cave voûtée, concerts le soir.

Faire une pause

Dömötöri Cukrászda – *Széchenyi tér 13 - ☎ (0036 99) 506 623 - ouvert tlj*. À un angle de la grande place aménagée au sud de la vieille ville, ce café distille un charme très Mitteleuropa avec un Intérieur décoré de boiseries et de guéridons. Coupes de glaces et tartes des plus appétissantes.

19 Petronell-Carnuntum ★

Basse-Autriche

CARTE MICHELIN Nº 730 W5 – CARTE DES ENVIRONS DE VIENNE P. 290-291

Sur le territoire de cette commune et de la ville voisine, Bad Deutsch-Altenburg, ont été mis au jour de nombreux vestiges appartenant à la garnison que les Romains établirent au cours du 1er s. sur le Danube. Le site devint au début du siècle suivant le siège du gouverneur de la province de Pannonie supérieure. Aux alentours, une halte s'impose au château de Rohrau, détenteur d'une magnifique collection de tableaux de maîtres et à la majestueuse demeure de plaisance baroque du prince Eugène de Savoie, le Schlosshof.

- **Se repérer** – À 42 km à l'est de Vienne. De Vienne, prendre l'A4 direction Bratislava, sortie 19 Fischamend, Bratislava. Suivez ensuite Bad Deutsch-Altenburg.

- **À ne pas manquer** – Le site et Musée archéologique de Petronell-Carnuntum, la galerie Harrach'sche du château de Rohrau, le Schlosshof.

- **Organiser son temps** – Comptez une petite journée pour cet itinéraire.

- **Avec les enfants** – Le Musée de plein air de Petronell présente des activités ludiques pour les enfants sous des tentes romaines.

- **Pour poursuivre la visite** – Bratislava ou le lac de Neusiedl.

Sur le site archéologique.

E. Lessing / AKG

Comprendre

L'origine – Installée au cours du 1er s. sur le Danube, l'ancienne ville illyro-celtique qu'était Carnuntum se trouvait sur la route de l'ambre qui reliait l'Italie à la Baltique. La date exacte de l'établissement des Romains sur le site est presque certaine : la garnison remonterait à l'an 15, lorsque l'empereur Tibère (14-37) prit la décision d'envoyer sur le Danube sa redoutée 15e légion, dite « Apollinaris », pour contrer les Marcomans.

La capitale de la Pannonie supérieure – La Pannonie, qui correspondait en grande partie à la Hongrie actuelle, fut conquise sous Auguste après un soulèvement en 16 av. J.-C. Elle devint province romaine à partir de l'an 9 av. J.-C. Le camp gagna rapidement en importance grâce à l'installation de nombreux vétérans venus avec leur famille, attirant dans leur sillage marchands et commerçants. Au cours de la première décennie du 2ᵉ s., Carnuntum devint la capitale de la Pannonie supérieure : la cité était le centre militaire, politique et économique de la région. Sous l'empereur Hadrien (117-138), elle fut ensuite élevée au rang de municipe, ce qui signifiait que la totalité de ses habitants étaient citoyens romains.

En 171, l'empereur **Marc Aurèle** vint en personne à Carnuntum – il y aurait rédigé ses *Pensées* – afin de repousser les Marcomans et les Quades, qu'il finit par vaincre en 174. Endommagée par ces batailles, la ville fut reconstruite et connut une nouvelle période d'opulence. En 192, Septime Sévère fut élu empereur. Il était alors le commandant en chef de la Pannonie supérieure, ce qui explique que Carnuntum fut élevée aussitôt au rang de colonie. En 261, c'est-à-dire en pleine période d'anarchie militaire, la cité poussa l'esprit d'indépendance jusqu'à élire directement son commandant comme empereur : un certain Caius Publius Regalianus. Ce chef fut tué par ses soldats peu après. Sous l'empereur Dioclétien (284-305), l'Empire fut divisé en deux : l'empire de l'Ouest et celui de l'Est. Le 11 novembre 308, trois ans après l'abdication de Dioclétien, la conférence impériale chargée de sauver l'Empire se tint à Carnuntum, où Licinius fut nommé Auguste de la partie Ouest, Galère restant à la tête de la partie Est. La mort de l'empereur Valentinien Iᵉʳ en l'an 375 marque le début des grandes invasions, au cours desquelles d'abord les Goths, ou Quades pour être exact, puis les Huns ruinèrent bientôt et à jamais (407) la ville.

Visiter le parc archéologique de Carnuntum★

Centre d'information Hauptstraße 296 à Petronell-Carnuntum - ☏ (021 63) 337 70 - www.carnuntum.co.at - ♿ - 21 mars-12 nov. - Musée de plein air : tlj 9h-17h ; musée archéologique : lun. 12h-17h, mar.-dim. 10h-17h - 8 €. Le parc comprend différents sites distants de plusieurs kilomètres : le Musée de plein air de Petronell, les amphithéâtres et enfin le Musée archéologique de Carnuntum. Un « sentier romain » de 18,5 km, la **via Carnuntina***, sillonne tout le parc (pour les marcheurs et les cyclistes).*

Les fouilles permirent de découvrir le camp de la 15ᵉ légion (et son hôpital). Elles s'étendent sur près de 8 km². Elles furent entreprises à partir de 1885, bien qu'elles trouvent leur origine dans les visites que Wolfgang Lazius, auteur de la chronique *Vienna Austriae*, y fit au milieu du 16ᵉ s. pour recenser les autels votifs.

Musée de plein air de Petronell (Freilichtmuseum Petronell)

Il abrite des fondations de maisons d'habitation et de commerce, de thermes et de canaux. On remarque également la reconstruction d'un temple à Diane, ainsi que la copie d'un étal de marché romain et d'une cuisine. Complétez la visite par l'exposition des vestiges, la tente de jeu, le « café des Romains », la grue de chantier romaine et la tour panoramique. Dans la cité civile, ou plus précisément la colonie de Septime Sévère, qui compta jusqu'à 50 000 habitants, se trouvait la ruine des « grands thermes ». On la surnommait également la « ruine du Palais » ; elle fait partie des plus importants vestiges antiques découverts au nord des Alpes. On reconnaît clairement le vestiaire, la salle de repos, le petit et le grand bassin, ainsi que les installations prévues pour l'arrivée de l'eau chaude.

Amphithéâtre II

10mn à pied, prenez à droite à la sortie du musée de Petronell et longez la route.

Il était capable de recevoir 13 000 personnes ; son arène elliptique est munie de deux portails (celui situé au sud est doté d'un bassin qui serait en fait un baptistère paléochrétien).

Porte des Païens (Heidentor)

20mn à pied, à la sortie du musée de Petronell, prenez à droite puis la première route à gauche.

Au sud de la ville romaine se trouve la porte des Païens, l'une des quatre portes que comptait la ville, de 20 m de haut.

Prenez la voiture en direction de Bad Deutsch-Altenburg (à gauche en sortant du musée Petronell).

Amphithéâtre I

Mesurant 72 m de long et 44 m de large, l'amphithéâtre I possède une arène qui pouvait accueillir entre 6 000 et 8 000 spectateurs ; au centre, un bassin rectangulaire alimenté en eau par un canal permettait de nettoyer la piste. On peut, par ailleurs, admirer la reproduction d'un camp romain en mouvement et une exposition sur les jardins romains.

Allez à Bad Deutsch-Altenburg et tournez à gauche juste avant la jonction avec la route n° 9. Garez-vous le long du parc qui borde le Danube.

Musée archéologique de Carnuntinum★

Badgasse 40-46.
Inauguré en 1904 par l'empereur François-Joseph, ce bâtiment a été largement restauré et réaménagé.
Que l'on songe, en visitant ce musée, que seuls 5 % de la remarquable moisson de vestiges et d'objets découverts lors des fouilles de la cité romaine sont exposés ici. Les pièces constituent une magnifique collection, dont de splendides sculptures. Parmi les œuvres les plus importantes, on remarque la superbe statuette de marbre de la **Ménade dansante de Carnuntum★** (2ᵉ s., à l'étage).

La plupart des pièces exposées au rez-de-chaussée concernent le **culte de Mithra** et proviennent du mithraeum, sanctuaire souterrain découvert sur le site. Mithra était un Dieu perse très honoré par les soldats romains des garnisons frontalières. Dans les premiers siècles après Jésus-Christ, cette religion à mystères s'imposa, sept étapes solennelles permettant d'y être initié. Soutenue par plusieurs empereurs romains, elle obtint le statut de religion mondiale et se trouva en forte opposition avec le christianisme, dont la reconnaissance officielle signifia la fin du culte de Mithra ; il disparut aussi vite qu'il s'était popularisé.

La chapelle circulaire

À Petronell-Carnuntum, vous apercevrez une chapelle originale avec un toit en pointe et un chœur en hémicycle greffé à l'est qui s'élève sur la droite de la route. À l'extérieur, un sobre décor de colonnettes et d'arcatures sur modillons rehausse l'édifice. Le petit **tympan★** sculpté au-dessus de l'entrée et représentant le Baptême du Christ donne à penser que cette chapelle était à l'origine un baptistère. On reconnaît à gauche saint Jean-Baptiste vêtu de sa peau de mouton, au centre le Christ ceint d'un pagne et surmonté de la colombe du Saint-Esprit, incarnation de l'essence divine, à droite l'Ange ailé qui tient le chrémeau, linge destiné à recouvrir les onctions. Souvent personnifié, le Jourdain est ici signalé par des incisions semi-circulaires ; l'iconographie de l'art chrétien veut qu'il soit presque à sec. La chapelle est aujourd'hui une propriété privée (crypte de la famille Abensperg-Traun) et ne se visite pas.

Aux alentours

Wildungsmauer

5 km à l'ouest de Petronell.
La petite église Saint-Nicolas est un édifice qui a préservé l'essentiel de son caractère roman malgré des restaurations et les ajouts du porche et de la tour du transept qui datent du 19ᵉ s. Cette église à nef unique résulte d'une transformation (avant 1300) d'un ouvrage fortifié.

Rohrau

4 km au sud de Petronell.
Le château posté à l'entrée du village abrite une exceptionnelle collection de tableaux de maîtres.

Galerie Harrach'sche★★ – *Schloss Rohrau à l'entrée du village en venant de Bruck - ☎ (021 64) 22 53 18 - harrach.nwy.at - de Pâques au 1ᵉʳ nov. tlj sf lun. 10h-17h - 7 €.* La plus importante collection privée d'Autriche se trouve au sein du château de Rohrau, qui date du 16ᵉ s. Créée en 1668 et conservée jusqu'en 1970 dans le palais Harrach, à Vienne, elle présente des œuvres de maîtres espagnols, napolitains et romains des 17ᵉ et 18ᵉ s., ainsi que des maîtres flamands et hollandais des 16ᵉ et 17ᵉ s. (Bruegel, Jordaens, Rubens, Ruysdael, Van Dyck). *Le Concert*, gracieux tableau de demi-figures d'un supposé maître hollandais, jouit d'une célébrité particulière.

Tableau de Teniers à la galerie Harrach'she.

Maison natale de Joseph Haydn – *Obere Straße 25 - ☎ (021 64) 22 68 - tlj sf lun. 10h-16h - fermé 1ᵉʳ janv., 24-26 déc. et 31 déc. - 2 €.* Elle se trouve sur la route qui traverse le village. Le compositeur y naquit le 31 mars 1732. Sa mère était cuisinière au château ; son père, charron. On y voit la copie de l'extrait de baptême des frères Haydn, Joseph et Michael, des fac-similés de partitions et quelques gravures, ainsi qu'une aquarelle de Balthasar Wigand représentant le concert de *La Création* qui eut lieu à l'Ancienne université de Vienne. Remarquez le piano (1809) de la maison Érard Frères, à Paris.

Hainburg
9 km au nord-est.
Cette localité joua au Moyen Âge un rôle stratégique et a conservé au pied des vestiges de son château sa ceinture de murailles et de portes fortifiées.

S'il vous reste du temps avant de retourner vers Vienne, Bratislava (voir p. 328), la capitale de la Slovaquie, n'est qu'à une dizaine de kilomètres de Hainburg.

Schloßhof★
🚏 *21 km au nord-est - ☎ (022 85) 20 000 - www.schlosshof.at - visite du 14 avril au 1ᵉʳ nov., tlj. 10h-18h - 8,50 €.*
Cette somptueuse demeure baroque fut construite au début du 18ᵉ s. par Lukas von Hildebrandt pour le prince Eugène de Savoie, général au service de l'empereur d'Autriche. Le chantier occupa 800 ouvriers, dont 300 jardiniers. De magnifiques jardins à la française ornés de sculptures, de fontaines, entrecoupés de terrasses et de portails aux grilles ouvragées, faisaient l'admiration des contemporains (on ne peut aujourd'hui en voir que quelques vestiges ; uniquement à visiter depuis la terrasse). L'impératrice Marie-Thérèse acheta en 1760 le château, conçu comme un pavillon de chasse et un château de plaisance ; elle y fit ajouter un étage et décorer somptueusement l'intérieur. Les salons en enfilade sont ornés de parures et de tableaux anciens. Au 20ᵉ s., le château servit à la cavalerie militaire. Remarquez également la **Sala Terrena★**, par laquelle on accède à la terrasse.
Les dépendances abritent des ateliers d'artisans et une basse-cour qui attise la curiosité des enfants. Des balades à poney leur sont aussi proposées.

20

Bratislava★★
Presbourg – Slovaquie

CARTE MICHELIN Nº 730 W4 – CARTE DES ENVIRONS DE VIENNE P. 290-291

Le 1ᵉʳ janvier 1993, Bratislava est devenue la capitale de la république de Slovaquie, pays dont le potentiel touristique est immense et encore insuffisamment exploité. Baignée par le Danube, l'ancienne Presbourg se situe à l'extrême Ouest du pays, à proximité des frontières autrichienne et hongroise, entre les Carpates, la plaine danubienne et la Moravie. Elle est aujourd'hui dotée de nombreuses institutions nationales politiques et culturelles, ainsi que d'une université réputée.

- **Se repérer** – À 53 km à l'est de Vienne. Complètement à l'ouest de la république de Slovaquie. À partir de Vienne, empruntez à l'est de la ville l'autoroute A4-E60 en direction de Budapest. Quittez l'autoroute à la sortie n° 19 (Fischamend) et prenez la route E 58 en direction de Bratislava. On peut aussi se rendre à Bratislava en bateau *(voir carnet pratique)* ou par train (nombreuses liaisons de la Südbahnhof).

- **À ne pas manquer** – Une balade dans la vieille vile.

- **Organiser son temps** – En partant tôt de Vienne, il est possible de combiner une journée à Bratislava avec la visite des fouilles romaines de Petronell-Carnuntum dans les environs de Vienne.

La ville de Bratislava dominée par son château.

Comprendre

Un destin de capitale – Bratislava fut surtout connue sous le nom de Presbourg (« Pozsony » en hongrois) quand elle devint la capitale de la Hongrie après la prise de Buda par les Turcs en 1536. Elle le resta jusqu'au 19ᵉ s. et plusieurs rois hongrois s'y firent couronner. Le 26 décembre 1805, le **traité de Presbourg** y fut signé au lendemain de la victoire d'Austerlitz. À la suite de la scission de l'Empire austro-hongrois, Bratislava fut rattachée à la Tchécoslovaquie en 1920 et connut les heurs et malheurs de ce pays avant de devenir capitale de la Slovaquie en 1993 et d'entrer dans la Communauté européenne en 2004.

Une industrie dynamique – Important nœud ferroviaire et routier, Bratislava connaît une activité industrielle assez dynamique (chimie, électronique, mécanique, etc… Au sud-est, on trouve le combinat de pétrochimie et la raffinerie de Slovnaft, la plus importante industrie de transformation du pétrole de Slovaquie. Réalisé dans le cadre d'un projet de liaison fluviale vers l'Oder par la Morava et l'Elbe, l'impressionnant barrage de Gabíkovo, achevé en 1992 au sud de la ville, permet à la Slovaquie de couvrir près du cinquième de ses besoins en énergie tout en assurant la canalisation d'une partie du fleuve.

Visiter

Trois bâtiments dominent la ville : le **château**, doté de quatre tours, bâti sur son rocher ; le **pont futuriste du Soulèvement national slovaque** (SNP most) et la **cathédrale St-Martin** se dressant en bordure de la vieille ville. Le charme de Bratislava réside dans son centre historique que l'on peut aisément découvrir à pied. De splendides palais baroques, de belles églises et d'agréables places composent un ensemble harmonieux. Ce quartier ancien semble cependant petit comparé aux impressionnantes et inhumaines banlieues industrielles envahissant les deux rives du Danube.

Château (Hrad)★★
Tlj sf lun. 9h-17h.
Le château siège au sommet du dernier promontoire des Carpates, dominant le Danube qui est ici plus large qu'à Vienne. Plusieurs fois reconstruit, sa structure rectangulaire remonte néanmoins à l'époque médiévale. Sa décoration baroque date de la seconde moitié du 18ᵉ s. et fut entreprise par l'impératrice Marie-Thérèse. Détruit par un incendie en 1811, sa restauration ne date que de quelques années. Il abrite les collections historiques du **Musée national**.
Les remparts du château ainsi que les terrasses et jardins autour du **Parlement**, tout proche, offrent des **vues**★★ imprenables sur la ville, le Danube et sur les plaines qui s'étendent à perte de vue, de même que sur le pont SNP qui semble appartenir à un univers de science-fiction, et sur les immeubles de Petralka, banlieue tentaculaire de la rive droite du fleuve.

Autour de Hlavné námestie★★

La **Hlavné námestie**★★, ancienne place du marché de la Bratislava médiévale, où se trouve la fontaine Roland de style Renaissance, est aujourd'hui fortement imprégnée de l'atmosphère des 18ᵉ et 19ᵉ s. Le café situé au n° 5 est un chef-d'œuvre d'architecture Art déco, mais l'édifice le plus impressionnant reste l'**ancien hôtel de ville** avec sa grande tour. Les nombreux styles et périodes qui le caractérisent en font un témoin de la longue histoire de la ville.
En face de l'hôtel de ville, l'ambassade et le centre culturel français occupent le **palais Kutchersfeld**, de style rococo.

Au nord, la **place des Franciscains (Franti˘skánske námestie)**, plantée d'arbres, procure un cadre presque rustique à son église jésuite.

Plus loin, on peut découvrir le **palais Mirbach**★, de style rococo, l'un des plus beaux du genre, l'église et le monastère franciscains. Dans le palais, deux **salles**★ sont curieusement décorées de plus de 200 gravures colorées des 17ᵉ et 18ᵉ s., encastrées dans des boiseries.

Prendre une rue étroite, longeant le musée municipal (Mestké múzeum), qui relie la place principale (Hlavné námestie) à la place primatiale (Primacialné námestie).

C'est dans le **palais Primatial** à la séduisante **façade**★ (encore plus belle sous les éclairages nocturnes) qu'après la bataille d'Austerlitz, l'empereur Napoléon Iᵉʳ signa avec l'empereur François Iᵉʳ d'Autriche la paix de Presbourg en décembre 1805.

Une rue de la vieille ville et ses toits.

S. Ollivier / MICHELIN

Près de la porte St-Michel

Dernière porte des anciennes fortifications de la ville, la **porte St-Michel★** (Michalská brána) comprend une tour gothique d'origine, transformée à l'époque baroque. La **statue de saint Michel** la surmonte à 51 m au-dessus du sol.

Non loin, on trouve un fascinant **musée de la Pharmacie**.

La **rue Michalská puis Ventúrska**, qui file vers le sud, est bordée de ravissantes demeures et palais des époques baroque et Renaissance, enserrant la chapelle gothique miniature de Ste-Catherine.

Cathédrale St-Martin
(Dóm sv. Martina)★

La cathédrale gothique de Bratislava, qui monte la garde à l'angle sud-ouest de la vieille ville, est séparée de la colline du château par la route qui mène au pont SNP. Les architectes de la cathédrale St-Étienne de Vienne participèrent au projet de cette cathédrale St-Martin qui, jusqu'en 1580, fut le lieu de couronnement des monarques hongrois.

Maison du Bon Pasteur
(U dobrého pastiera)★

La charmante maison rococo du « **Bon Pasteur** » abrite un musée de l'Horlogerie. Située au pied de la côte raide qui mène au château, elle rappelle les charmes de l'ancien quartier juif aujourd'hui disparu. Celui-ci, pittoresque mais devenu insalubre, s'étendait entre le château et la cathédrale ; il fut démoli pour faire place à la voie express.

Autour de la Hviezdoslavovo námestie

Entre la ligne des remparts de l'ancienne cité et le Danube, un grand nombre d'institutions culturelles de la ville furent édifiées. À l'extrémité est de la **place Hviezdoslav** bordée d'arbres, le **Théâtre national** de 1886 est l'un de ces innombrables édifices érigés à travers l'Empire austro-hongrois par Fellner et Helmer, architectes viennois. En approchant du fleuve, on découvre la **Redoute**, de style néoclassique, construite en 1919, qui abrite l'orchestre Philharmonique slovaque et, sur la berge même du Danube, la Galerie nationale.

W. Buss / MICHELIN

La charmante maison du Bon Pasteur.

La Galerie nationale★★
Tlj sf lun. 9h-17h.

Elle abrite de belles œuvres, en particulier celles de la fin du Moyen Âge. Autre intérêt particulier de cette galerie : toutes les peintures datant de l'entre-deux-guerres et de la première République tchécoslovaque. On y remarquera les tableaux audacieux et très colorés des peintres Ludovít Fulla et Martin Benka.

Aux alentours

Devín★
11 km à l'ouest.

Perchée sur un rocher, l'ancienne forteresse de Devín surplombe l'endroit où la Morava se jette dans le Danube. Encore plus impressionnante que le château de Bratislava, cette forteresse médiévale, héritière des places fortes celtes, romaines et moraves, n'est plus qu'une ruine à l'allure romantique depuis l'invasion française en 1809.

Les Petites Carpates★

Depuis les portes de Bratislava, des vignobles courent jusqu'au pied des montagnes. Au nord-est s'égrène un chapelet de villages viticoles et de petites villes, dont **Svätý Jur** (St. Georges), avec son célèbre **retable** du début de la Renaissance. **Pezinok** (Bösing) avec son charmant musée des Petites Carpates, et **Modrá**, renommé pour ses poteries et ses vins.

Bratislava pratique

Informations utiles

OFFICE DE TOURISME

La capitale dispose d'un excellent office de tourisme proposant de nombreuses brochures. Il se trouve juste derrière le palais primatial. *Primacialne namestie 1 - 814 99 Bratislava -* ☎ *(00 421) 2 16 186 - www.bratislava.sk*

FORMALITÉS

Les ressortissants de l'Union européenne, les Suisses et les Canadiens doivent se munir de leur passeport ou de leur carte d'identité en cours de validité pour le passage de la frontière.

La monnaie nationale slovaque est la couronne (35 sk pour 1 €). Si vous ne restez qu'une journée, vous pouvez payer directement en euros ; le taux de change alors pratiqué est évidemment mauvais mais la différence est faible pour de petites sommes.

TRANSPORTS EN BATEAU

Pourquoi ne pas se rendre de Vienne à Brastilava ou vice versa en prenant le bateau sur le Dabube ?

Depuis juin 2006, le **Twin City Liner** assure plusieurs trajets aller-retour par jour sur le Danube entre Vienne et Bratislava. Ces trajets s'effectuent en catamaran express en 75mn. *6 trajets entre juin et octobre, le reste de l'année uniquement les w-ends. Les dép. de Bratislava ont lieu à 10h15, 14h15 et 18h15 ; ceux de Vienne à 8h30, 12h30, 16h30. Les prix pour un aller varient selon l'heure du dép. (entre 15 et 25 €). Pour tout renseignement, Twin City Liner -* ☎ *(01) 588 80 - www.twincityliner.com*

Se loger

Bratislava compte un certain nombre d'hébergements mais peu se trouvent dans le centre historique, hormis des établissements très haut de gamme ou des pensions proposant peu de chambres donc à réserver à l'avance. Vous pouvez aussi dormir dans un des deux bateaux des quais (*www.botelgracia.sk, www.botelmarina.sk*).

⊖ **Old City Hotel** – *Michalska 2 –* ☎ *(00 421) 2 544 30 258 – www.oldcityhotel. sk – 15 ch. – à partir de 52 € -* 🍽 *3 €* . Situé en plein centre de la vieille ville, cet hôtel offre des chambres cosy sous le toit d'un bâtiment historique. Il est conseillé de demander une chambre donnant sur la cour intérieure.

⊖ **Chez David** – *Zamocka 13 –* ☎ *(00 421) 2 544 13 824 – www.chezdavid.sk – 9 ch. – à partir de 88 €.* Cette pension située au pied du château dans l'ancien quartier juif en a gardé l'atmosphère. Les chambres lumineuses sont agréables et on vous proposera un petit-déjeuner cascher. Le restaurant faisant partie du même établissement sert de la cuisine traditionnelle juive.

Se restaurer et boire un verre

Le petit centre-ville propose un grand nombre de restaurants et de bars. Vous pouvez aussi passer le pont et dîner dans la tour futuriste (restaurant UFO - *www.u-f-o.sk*).

⊖ **Slovenska restauracia** – *Hviezdoslavovo namestiee 20 – www.menu. sk – plats principaux à partir de 5 €.* Situé dans la Vieille Ville ce restaurant propose de la cuisine slovaque traditionnelle.

⊖ **Paparazzi** – *Laurinska 1 – www.paparazzi.sk – plats principaux à partir de 6 €.* Cette adresse à la mode est fréquentée en soirée pour ses excellents cocktails.

⊖ **Slovak pub** – *Obchodna 62 – www.slovakpub.sk – plats principaux à partir de 4 €.* Sous son nom de pub, on découvre un immense restaurant comprenant plusieurs salles, extrêmement animé en soirée.

Schubert, Franz : noms historiques et termes faisant l'objet d'une explication.
L'index est bilingue. En français et en allemand, les sites sont classés par odre alpha-
bétique.
ex : Chapelle Saint-Virgile (Virgilkapelle)
On retrouve la chapelle Saint-Virgile à «Chapelle» et à «Virgilkapelle»
Pour mémoire :

Dom : cathédrale	Garten : jardin	Haus : maison
Kapelle : chapelle	Kirche : église	Platz : place
Stadt : ville		

INDEX

CARTES ET PLANS

Manufacture française des pneumatiques Michelin

Société en commandite par actions au capital de 304 000 000 EUR
Place des Carmes-Déchaux - 63000 Clermont-Ferrand (France)
R.C.S. Clermont-Fd B 855 200 507

© Michelin, Propriétaires-éditeurs.
Compogravure : Nord Compo à Villeneuve-d'Ascq
Impression et brochage : IME ; Beaume-les-Dames
Dépot légal 03/2007 – ISSN 0293-9436
Printed in 02/2007.

QUESTIONNAIRE LE GUIDE VERT

VOTRE AVIS NOUS INTÉRESSE...
TOUTES VOS REMARQUES NOUS AIDERONT À ENRICHIR NOS GUIDES.

Merci de renvoyer ce questionnaire à l'adresse suivante :
MICHELIN – Questionnaire Le Guide Vert
46, avenue de Breteuil
75324 PARIS CEDEX 07

En remerciement,
les 100 premières réponses recevront en cadeau
la Carte Locale Michelin de leur choix !

VOTRE GUIDE VERT

Titre acheté : ....

Date d'achat : ....

Lieu d'achat (librairie et ville) : ....

VOS HABITUDES D'ACHAT DE GUIDES

1) Aviez-vous déjà acheté un Guide Vert Michelin ?

     O   oui   O non

2) Achetez-vous régulièrement des Guides Verts Michelin ?

     O tous les ans
     O tous les 2 ans
     O tous les 3 ans
     O plus

3) Sur quelles destinations ?

– régions françaises : lesquelles ? ....

– pays étrangers : lesquels ? ....

– Guides Verts Thématiques : lesquels ? ....

4) Quelles autres collections de guides achetez-vous ?

....

5) Quelles autres sources d'information touristique utilisez-vous ?

O Internet : quels sites ? ....

O Presse :   quels titres ? ....

O Brochures des offices de tourisme

VOTRE APPRÉCIATION DU GUIDE

1) Notez votre guide sur 20 : ....

2) Quelles parties avez-vous utilisées ?..
....

3) Qu'avez-vous aimé dans ce guide ?...
....

4) Qu'est-ce que vous n'avez pas aimé ?..
....

5) Avez-vous apprécié ?

	Pas du tout	Peu	Beaucoup	Énormément	Sans réponse
a. La présentation du guide (maquette intérieure, couleurs, photos...)	O	O	O	O	O
b. Les conseils du guide (sites et itinéraires)	O	O	O	O	O
c. L'intérêt des explications sur les sites	O	O	O	O	O
d. Les adresses d'hôtels, de restaurants	O	O	O	O	O
e. Les plans, les cartes	O	O	O	O	O
f. Le détail des informations pratiques (transport, horaires, prix...)	O	O	O	O	O
g. La couverture	O	O	O	O	O

Vos commentaires ....
....

6) Vos conseils, vos avis, vos suggestions d'amélioration :.................................
....

7) Rachèterez-vous un Guide Vert lors de votre prochain voyage ?

O oui   O non

VOUS ÊTES

O Homme   O Femme   Âge : ....   Profession : ....

Nom..

Prénom...

Adresse...
....
....
....

Acceptez-vous d'être contacté dans le cadre d'études sur nos ouvrages ?

O oui   O non

Quelle carte Local Michelin souhaitez-vous recevoir ?

Indiquez le département : ....

Offre proposée aux 100 premières personnes ayant renvoyé un questionnaire complet.
Une seule carte offerte par foyer, dans la limite des stocks disponibles.